Die Innenhaftung des Vorstands
in einer Aktiengesellschaft -
eine rechtsvergleichende Betrachtung
zum deutschen und polnischen Recht

Europäische Hochschulschriften

European University Studies

Publications Universitaires Européennes

Reihe II **Rechtswissenschaft**

Series II Law

Série II Droit

Band/ Volume **6031**

Martyna Sabat

Die Innenhaftung des Vorstands in einer Aktiengesellschaft - eine rechtsvergleichende Betrachtung zum deutschen und polnischen Recht

PETER LANG

Bibliografische Information der Deutschen Nationalbibliothek
Die Deutsche Nationalbibliothek verzeichnet diese Publikation in der Deutschen Nationalbibliografie; detaillierte bibliografische Daten sind im Internet über http://dnb.d-nb.de abrufbar.

Zugl.: Berlin, Humboldt-Univ., Diss., 2018

11
ISSN 0531-7312
ISBN 978-3-631-76583-8 (Print)
E-ISBN 978-3-631-76643-9 (E-PDF)
E-ISBN 978-3-631-76644-6 (EPUB)
E-ISBN 978-3-631-76645-3 (MOBI)
DOI 10.3726/b14600

Peter Lang – Berlin · Bern · Bruxelles · New York · Oxford · Warszawa · Wien

Diese Publikation wurde begutachtet.

www.peterlang.com

Für Julian

Vorwort

Die vorliegende Arbeit wurde vom Fachbereich Rechtswissenschaft der Humboldt-Universität zu Berlin im Wintersemester 2017/2018 als Dissertation angenommen. Literatur konnte bis einschließlich September 2017 berücksichtigt werden.

Die Arbeit ist im Wesentlichen während meines Forschungsaufenthaltes in Berlin, den ich dem Deutschen Akademischen Austauschdienst zu verdanken habe, sowie während meiner Zeit als wissenschaftliche Mitarbeiterin bei der Rechtsanwaltskanzlei Hengeler Mueller entstanden.

Mein Dank gilt zunächst meinem Doktorvater, Herrn Prof. Dr. iur. Gregor Bachmann, LL.M. (Michigan), für die Betreuung dieser Arbeit, die mir eine lehrreiche Zeit ermöglicht hat. Ferner danke ich dem Zweitgutachter, Herrn Prof. Dr. Patrick C. Leyens, LL.M. (London), für die zügige Begutachtung der Arbeit.

Meinem guten Freund, Ingo Hartmann, Richter am Landgericht in Berlin, danke ich für die Zeit und Geduld während des Korrekturlesens sowie für die vielen wertvollen Hinweise und Anregungen.

Meine Zeit während der Promotion prägten schließlich meine Kolleginnen, von denen ich nur einige nennen kann: Dr. Sophie Nordhues, Dr. Lea C. Faissner, Anna Sauter-Getschmann, Joanna Scholz und Lisa Markert.

Meine lieben Eltern, Małgorzata und Adam Sabat, haben mich auf meinem langen Bildungsweg unermüdlich unterstützt, wofür ich mich an dieser Stelle bedanken möchte. Die vorliegende Arbeit bildet gleichsam den Abschluss dieser aufregenden (Bildungs-)Reise, die ohne meine Eltern nicht möglich gewesen wäre.

Mein wunderbarer Freund, Julian Gebauer, hat diese Arbeit persönlich und fachlich mit unbeschreiblichem Engagement begleitet. Seine Geduld hat mir erst ermöglicht, die Arbeit in dieser Form zu erstellen. Ohne diese verständnis- und liebevolle Unterstützung wäre ich nicht so weit gekommen. Diese Arbeit ist ihm gewidmet.

Berlin, im Mai 2018 Martyna Sabat

Inhaltsverzeichnis

Literaturverzeichnis

Literatur zum deutschen Recht

Adolff, Johannes: Hard Choices: Zur Business Judgment Rule bei existenzgefährdenden Risiken, in: Siekmann, Helmut u.a. (Hrsg.), Festschrift für Theodor Baums zum siebzigsten Geburtstag, Tübingen 2017, S. 31-43 (zitiert: *Adolff* in FS Baums Bd. I, 2017)

Albers, Joachim: Der Pflicht-Selbstbehalt im Rahmen der D&O Versicherung – Überlegungen zur Umsetzung in der Praxis, CCZ 2009, 222-226

Arnold, Arnd: Die Steuerung des Vorstandshandelns. Eine rechtsökonomische Untersuchung der Principal-Agent-Problematik in Publikumskapitalgesellschaften, München 2007 (zitiert: *Arnold*, Die Steuerung des Vorstandshandelns, 2007)

Bachmann, Gregor: Reform der Organhaftung? – Materielles Haftungsrecht und seine Durchsetzung in privaten und öffentlichen Unternehmen, Gutachten E zum 70. Deutschen Juristentag, München 2014, E 1-124 (zitiert: *Bachmann*, Gutachten)

Ders.: Doppelspitze in Vorstand und Aufsichtsrat, in: Siekmann, Helmut u.a. (Hrsg.), Festschrift für Theodor Baums zum siebzigsten Geburtstag, Tübingen 2017, S. 107-125 (zitiert: *Bachmann* in FS Baums Bd. I, 2017)

Ders.: Das „vernünftige" Vorstandsmitglied – Zum richtigen Verständnis der deutschen Business Judgment Rule (§ 93 Abs. 1 Satz 2 AktG), in: Habersack, Mathias/Hubner, Karl/Spindler, Gerald (Hrsg.), Festschrift für Eberhard Stilz, München 2014, S. 25-44 (zitiert: *Bachmann* in FS Stilz, 2014)

Ders.: Die Beschränkung der Organhaftung nach den Grundsätzen des Arbeitsrechts, ZIP 2017, 841-851

Ders.: Interne Ermittlungen – ohne Grenzen?, ZHR 180 (2016), 563-577

Ders.: Untreue von Geschäftsleitern aus Sicht des Zivilrechts, in: Fahl, Christian/Müller, Eckhart/Satzger, Helmut/Swoboda, Sabine (Hrsg.), Festschrift für Werner Beulke zum 70. Geburtstag, Heidelberg 2015, S. 1259-1271 (zitiert: *Bachmann* in FS Beulke, 2015)

Ders.: Die Durchsetzung von Schadenersatzansprüchen gegen Organmitglieder, in: Fleischer, Holger/Kalss, Susanne/Vogt, Hans-Ueli (Hrsg.), Enforcement im Gesellschafts- und Kapitalmarktrecht 2015, Tübingen 2015, S. 65-83 (zitiert: *Bachmann*, Enforcement, 2015)

Ders.: Die Geschäftsleiterhaftung im Fokus von Rechtsprechung und Rechtspolitik, BB 2015, 771-777

Ders.: Anmerkung zum Teilurteil des LAG Düsseldorf v. 20.01.2015 (16 Sa 459/14) – Zur Frage der Haftung eines GmbH-Geschäftsführers für Kartellbußen des Unternehmens, BB 2015, 911

Ders.: Zehn Thesen zur deutschen Business Judgment Rule, WM 2015, 105-112

Ders.: Vorstandshaftung in Deutschland. Jüngste Entwicklung und Reformfragen, ecolex 2015, 37-43

Ders.: Organhaftung im Brennpunkt, Audit Committee Quarterly III/2014, 7-8

Ders.: Anmerkung zum Urteil des LG München I v. 10.12.2013 – 5 HK o 1387/10 – Zur Haftung des Vorstands für Mängel des Compliance-Systems, ZIP 2014, 579-583

Ders.: Die maßgeblichen Vorschläge zur Neugestaltung der Organhaftung in Deutschland, GesRZ 2014, 149-158

Ders.: Es soll wehtun, aber nicht die Existenz zerstören, in: Börsen-Zeitung (2014), Nr. 178, S. 9 (zitiert: *Bachmann*, Es soll wehtun, aber nicht die Existenz zerstören, Börsen-Zeitung v. 13.9.2014)

Ders.: Reform der Organhaftung? Materielles Haftungsrecht und seine Durchsetzung in privaten und öffentlichen Unternehmen (Kurzfassung des Gutachtens E zum 70. DJT), NJW-Beil. 2014, 43-46

Ders.: Die Haftung des Geschäftsleiters für die Verschwendung von Gesellschaftsvermögen, NZG 2013, 1121-1128

Ders.: Organhaftung in Europa – Die Ergebnisse der LSE-Studie 2013, ZIP 2013, 1946-1952

Ders.: Reformbedarf bei der Business Judgment Rule? ZHR 177 (2013), 1-12

Ders.: Der „Deutsche Corporate Governance Kodex“: Rechtswirkungen und Haftungsrisiken, WM 2002, 2137-2143

Ders.: Compliance. Rechtsgrundlagen und offene Fragen, in: Schriftenreihe der Gesellschaftsrechtlichen Vereinigung (Hrsg.), Gesellschaftsrecht in der Diskussion 2007, Jahrestagung der Gesellschaftsrechtlichen Vereinigung, Köln 2008, S. 65-101 (zitiert *Bachmann* in VGR, Bd. 13, 2008)

Bachmann, Gregor/*Casper*, Matthias/*Schäfer*, Carsten/*Veil*, Rüdiger (Hrsg.): Steuerungsfunktion des Haftungsrechts im Gesellschafts- und Kapitalmarktrecht, Schriften zum Gesellschafts-, Bank- und Kapitalmarktrecht, Bd. 1, 2007 (zitiert: *Bearbeiter* in Steuerungsfunktion des Haftungsrechts)

Bastuck, Burkhard: Enthaftung des Managements: Corporate Indemnification im amerikanischen und deutschen Recht, Köln 1986 (*Bastuck*, Enthaftung, 1986)

Baumbach, Adolf/*Hueck*, Alfred (Hrsg.): Gesetz betreffend die Gesellschaften mit beschränkter Haftung, 20. Aufl., München 2013 (zitiert: *Bearbeiter* in Baumbach/Hueck GmbHG)

Baums, Theodor: Bericht der Regierungskommission Corporate Governance: Unternehmensführung, Unternehmenskontrolle, Modernisierung des Aktienrechts, BT-Drucksache 14/7515 (zitiert: *Baums*, Bericht RegK, 2001)

Ders.: Risiko und Risikosteuerung im Aktienrecht, ZGR 2011, 218–274

Bayer, Walter: Vorstandshaftung in der AG de lege lata und de lege ferenda, NJW 2014, 2546-2550

Ders.: Empfehlen sich besondere Regelungen für börsennotierte und für geschlossene Gesellschaften?, in: Ständige Deputation des Deutschen Juristentages (Hrsg.), Verhandlungen des 67. Deutschen Juristentages Erfurt 2008, Bd. I: Gutachten E, München 2008, E 1-129 (zitiert: *Bayer*, Gutachten zum 67. DJT)

Bayer, Walter/*Habersack*, Mathias (Hrsg.): Aktienrecht im Wandel, Bd. I: Entwicklung des Aktienrechts; Bd. II: Grundsatzfragen des Aktienrechts, Tübingen 2007 (zitiert: *Bearbeiter* in Aktienrecht im Wandel)

Bayer, Walter/*Scholz*, Phillip: Haftungsbegrenzung und D&O-Versicherung im Recht der aktienrechtlichen Organhaftung. Grundsatzüberlegungen zum 70. DJT 2014, NZG 2014, 926-934

Dies.: Zweifelsfragen der gesamtschuldnerischen Organhaftung im Aktienrecht. Zur Bewährung der bürgerlich-rechtlichen Institute der „gestörten Gesamtschuld“ und „beschränkten Gesamtwirkung“ vor der aktienrechtlichen Dogmatik, ZGR 2016, 619-643

Berger, Anna Victoria: Vorstandshaftung und Beratung. Ision-Kriterien, unternehmerische Entscheidung und Legal Judgment Rule, Baden-Baden 2015 (zitiert: *Berger*, Vorstandshaftung und Beratung, 2015)

Bicker, Eike: Legalitätspflicht des Vorstands – ohne Wenn und Aber?, AG 2014, 8-14

Binder, Sabrina: Grenzen der Vorstandshaftung: eine Untersuchung der vorhandenen Beschränkungen der Haftung der Vorstandsmitglieder gegenüber der Aktiengesellschaft und der Möglichkeiten und Notwendigkeiten der Schaffung von Haftungserleichterungen de lege lata und de lege ferenda, Berlin 2016 (zitiert: *Binder*, Grenzen der Vorstandshaftung, 2016)

Binder, Ulrike/*Kraayvanger*, Jan: Regress der Kapitalgesellschaft bei der Geschäftsleitung für gegen das Unternehmen verhängte Geldbußen, BB 2015, 1219-1230

Bohata, Petr: Tschechische Republik: Gesetz über Korporationen – Teil 2, WiRO 2012, 274-281

Breitenfeld, Eva: Die organschaftliche Binnenhaftung der Vorstandsmitglieder für gesetzwidriges Verhalten. Eine Untersuchung der aktienrechtlichen Legalitätspflicht, Berlin 2016 (zitiert: *Breitenfeld*, Die organschaftliche Binnenhaftung, 2016)

Brommer, Andreas: Die Beschränkung der Rechtsfolgen der Vorstandshaftung, Berlin 2016 (zitiert: *Brommer*, Die Beschränkung der Rechtsfolgen der Vorstandshaftung, 2016)

Brömmelmeyer, Christoph: Neue Regeln für die Binnenhaftung des Vorstands – Ein Beitrag zur Konkretisierung der Business Judgment Rule, WM 2005, 2065–2070

Buck-Heeb, Petra: Die Plausibilitätsprüfung bei Vorliegen eines Rechtsrats – zur Enthaftung von Vorstand, Geschäftsführer und Aufsichtsrat, BB 2016, 1347–1355

Dies.: Die Haftung von Mitgliedern des Leitungsorgans bei unklarer Rechtslage. Notwendigkeit einer Legal Judgment Rule?, BB 2013, 2247–2257

Caprasse, Jean-Nicolas (Hrsg.), Study on Monitoring and Enforcement practices in Corporate Governance in the Member States v. 23.9.2009, Risk Metrics Group, 2009 (zitiert: *Caprasse*, Study on comply-or-explain, 2009)

Casper, Matthias: Hat die grundsätzliche Verfolgungspflicht des Aufsichtsrats im Sinne des ARAG/Garmenbeck-Urteils ausgedient?, ZHR 176 (2012), 617–652

Davies, Paul/*Hopt*, Klaus/*Nowak*, Richard/*van Solinge*, Gerard (Hrsg.): Corporate Boards in Law and Practice: A comparative Analysis in Europe, Oxford 2013 (zitiert: *Bearbeiter* in Corporate Boards, 2013)

Demircan, Ozan: Wenn Manager zum Risiko werden, in: Handelsblatt (2013), Nr. 20, S. 26–27 (zitiert: *Demircan*, Wenn Manager zum Risiko werden, Handelsblatt v. 29.1.2013)

Diekmann, Hans/*Leuering*, Dieter: Der Referentenentwurf eines Gesetzes zur Unternehmensintegrität und Modernisierung des Anfechtungsrechts (UMAG), NZG 2004, 249–257

Dreher, Meinrad: Die kartellrechtliche Bußgeldverantwortlichkeit von Vorstandsmitgliedern – Vorstandshandeln zwischen aktienrechtlichem Legalitätsprinzip und kartellrechtlicher Unsicherheit, in: Dauner-Lieb, Barbara/Hommelhoff, Peter/Jacobs, Matthias/Kaiser, Dagmar/Weber, Christoph (Hrsg.), Festschrift für Horst Konzen zum siebzigsten Geburtstag, Tübingen 2006, S. 85–108 (zitiert: *Dreher* in FS Konzen, 2006)

Ders.: Die selbstbeteiligungslose D&O-Versicherung in der Aktiengesellschaft, AG 2008, 429–438

Druey, Jean Nicolas: Standardisierung der Sorgfaltspflicht? Fragen zur Business Judgment Rule, in: Habersack, Mathias/Hommelhoff, Peter (Hrsg.), Festschrift für Wulf Goette zum 65. Geburtstag, München 2011, S. 57-73 (zitiert: *Druey* in FS Goette, 2011)

Eckert, Georg/*Spani*, Markus/*Wess*, Norbert: Neuregelung des § 153 StGB und Auswirkungen auf die Praxis – Teil I, ZWF 2015, 258-263

von Falkenhausen, Joachim: Die Haftung außerhalb der Business Judgment Rule. Ist die Business Judgment Rule ein Haftungsprivileg für Vorstände?, NZG 2012, 644-651

Ders.: Enthaftung durch Hauptversammlungsbeschluss. Kann § 93 IV 1 AktG den Vorstand vor Haftung schützen? NZG 2016, 601-605

Faßbender, Paul-Ott: 18 Jahre ARAG Garmenbeck – und alle Fragen offen?, NZG 2015, 501-508

Fehrenbach, Markus: Beschränkte Vorstandshaftung? Zur Frage, ob sich aus dem geltenden Recht Regeln zur Haftungsverschonung oder Haftungsbegrenzung zugunsten von Vorstandsmitgliedern ableiten lassen, AG 2015, 761-775

Fest, Timo: Der Umgang mit Legal Transplants am Beispiel des Aktienrechts, in: Kreutz, Peter/Renftle, Norbert/Faber, Erasmus u.a. (Hrsg.), Realitäten des Zivilrechts – Grenzen des Zivilrechts, Jahrbuch Junger Zivilrechtswissenschaftler 2011, Stuttgart 2012, S. 119–162 (zitiert: *Fest* in Jahrbuch Junger Zivilrechtswissenschaftler, 2011)

Fleck, Hans-Joachim: Zur Beweislast für pflichtwidriges Organhandeln, GmbHR 1997, 237-240

Fleischer, Holger: Handbuch des Vorstandsrechts, München 2006 (zitiert: *Bearbeiter* in Hdb. VorstandsR)

Ders.: Die „Business Judgment Rule" im Spiegel von Rechtsvergleichung und Rechtsökonomie, in: Wank, Rolf/Hirte, Heribert/Frey, Kaspar/Fleischer, Holger/Thüsing, Gregor (Hrsg.), Festschrift für Herbert Wiedemann zum 70. Geburtstag, München 2002, S. 827-849 (zitiert: *Fleischer* in FS Wiedemann, 2002)

Ders.: Rechtsvergleichende Inspirationsquellen für das Aktiengesetz von 1965 und seine Ausstrahlung auf ausländische Aktienrechte, in: Fleischer, Holger/Koch, Jens/Kropff, Bruno/Lutter, Marcus (Hrsg.), 50 Jahre Aktiengesetz, ZGR – Sonderheft 19, 2016, S. 326-345 (zitiert: *Fleischer* in 50 Jahre Aktiengesetz, 2016)

Ders.: Aktienrechtliche Compliance-Pflichten im Praxistest: Das Siemens/Neubürger-Urteil des LG München I, NZG 2014, 321-329

Ders.: Reformperspektiven der Organhaftung: Empfiehlt sich eine stärkere Kodifizierung von Richterrecht?, DB 2014, 1971-1975

Ders.: Verjährung von Organhaftungsansprüchen: Rechtspraxis – Rechtsvergleichung – Rechtspolitik, AG 2014, 457-472

Ders.: Regresshaftung von Geschäftsleitern wegen Verbandsgeldbußen, DB 2014, 345-352

Ders.: Aktienrechtliche Legalitätspflicht und „nützliche" Pflichtverletzungen von Vorstandsmitgliedern, ZIP 2005, 141-152

Ders.: Haftungsfreistellung, Prozesskostenersatz und Versicherung für Vorstandsmitglieder, WM 2005, 909-920

Ders.: Zur aktienrechtlichen Verantwortlichkeit faktischer Organe, AG 2004, 517-528

Ders.: Die „Business Judgment Rule": Vom Richterrecht zur Kodifizierung, ZIP 2004, 685-692

Ders.: Zur Leitungsaufgabe des Vorstands im Aktienrecht, ZIP 2003, 1-11

Ders.: Zum Grundsatz der Gesamtverantwortung im Aktienrecht, NZG 2003, 449-459

Fleischer, Holger/*Goette*, Wulf (Hrsg.): Münchener Kommentar zum Gesetz betreffend die Gesellschaften mit beschränkter Haftung, §§ 35-52, 2 Bd., 2. Aufl., München 2016 (zitiert: *Bearbeiter* in MünchKommGmbHG)

Freund, Stefan: Brennpunkte der Organhaftung. Anmerkungen aus der Praxis zur organrechtlichen Innenhaftung, NZG 2015, 1419-1424

Fritz, Hans-Joachim: Haftungsbegrenzung bei Führungskräften, NZA 2017, 673-679

Fuchs, Andreas/*Zimmermann*, Martin: Reform der Organhaftung? – Materielles Haftungsrecht und seine Durchsetzung in privaten und öffentlichen Unternehmen, JZ 2014, 838-846

Gerner-Beuerle, Carsten/*Paech*, Philipp/*Schuster*, Edmund Philipp: Study on Directors' Duties and Liability prepared for the European Commission DG Markt, London 2013 (zitiert: *Bearbeiter* in LSE-Studie)

Goette, Wulf: Leitung, Aufsicht, Haftung – zur Rolle der Rechtsprechung bei der Sicherung einer modernen Unternehmensführung, in: Geiß, Karlmann/Nehm, Kay/Brandner, Hans Erich/Hagen, Horst (Hrsg.), Festschrift aus Anlass des fünfzigjährigen Bestehens von Bundesgerichtshof, Bundesanwaltschaft und Rechtsanwaltschaft beim Bundesgerichtshof, Köln 2000, S. 123-142 (zitiert: *Goette* in FS 50 Jahre BGH, 2000)

Ders., Der Geschäftsführerdienstvertrag zwischen Gesellschafts- und Arbeitsrecht in der Rechtsprechung des Bundesgerichtshofs, in: Wank, Rolf/Hirte, Heribert/Frey, Kaspar/Fleischer, Holger/Thüsing, Gregor (Hrsg.), Festschrift für Herbert Wiedemann zum 70. Geburtstag, München 2002, S. 873-888 (zitiert: *Goette* in FS Wiedemann, 2002)

Ders., Stellungnahme zum Entwurf eines Gesetzes zur Angemessenheit der Vorstandsvergütung (VorstAG) (BT-Drucks. 16/12278) (abrufbar unter http://www.kapitalmarktrecht-im-internet.eu) (zitiert: *Goette*, Stellungnahme zum VorstAG)

Goette, Wulf/*Habersack*, Mathias (Hrsg.): Münchener Kommentar zum Aktiengesetz, Bd. 1: §§ 1-75; 3. Aufl., München 2008; Bd. 2: §§ 76-117, MitbestG, DrittelbG, 4. Aufl., München 2014; Bd. 3: §§ 118-178, 3. Aufl., München 2013 (zitiert: *Bearbeiter* in MünchKommAktG)

Ders.: Stellungnahme zum Entwurf eines Gesetzes zur Angemessenheit der Vorstandsvergütung (VorstAG), (BT-Drucks. 16/12278)

Götz, Heinrich: Die Pflicht des Aufsichtsrats zur Haftbarmachung von Vorstandsmitgliedern – Besprechung des ARAG-Urteils des BGH, NJW 1997, 3275-3278

Grigoleit, Hans Christoph (Hrsg.): Aktiengesetz, München 2013 (zitiert: *Bearbeiter* in Grigoleit AktG)

Grunewald, Barbara: Gesellschaftsrecht, 9. Aufl., Tübingen 2014 (zitiert: *Grunewald*, GesellschaftsR)

Dies.: Die Abwälzung von Bußgeldern, Verbands- und Vertragsstrafen im Wege des Regresses, NZG 2016, 1121-1124

Haarmann, Wilhelm/*Weiß*, Michael: Reformbedarf bei der aktienrechtlichen Organhaftung, BB 2014, 2115-2125

Habersack, Mathias: Verzichts- und Vergleichsvereinbarungen gemäß § 93 Abs. 4 S. 3 AktG – de lege lata und de lege ferenda, in: Siekmann, Helmut u.a. (Hrsg.), Festschrift für Theodor Baums zum siebzigsten Geburtstag, Tübingen 2017, S. 531-545 (zitiert: *Habersack* in FS Baums Bd. I, 2017)

Ders.: 19 Jahre „ARAG/Garmenbeck" – und viele Fragen offen, NZG 2016, 321-327

Ders.: Enthaftung des Vorstandsmitglieds qua Anstellungsvertrag?, NZG 2015, 1297-1300

Ders.: Perspektiven der aktienrechtlichen Organhaftung, ZHR 177 (2013), 782-806

Ders.: Staatliche und halbstaatliche Eingriffe in die Unternehmensführung, Gutachten E zum 69. Deutschen Juristentag, München 2012, in: Ständige Deputation des Deutschen Juristentages (Hrsg.), Verhandlungen des 69. Deutschen Juristentages, Bd. I, Gutachten E, München 2012, E 1-106 (zitiert: *Habersack*, Gutachten zum 69. DJT)

Ders.: Die Legalitätspflicht des Vorstands der AG, in: Burgard, Ulrich/Hadding, Walther/Mülbert, Peter O./Nietsch, Michael/Welter, Reinhard (Hrsg.), Festschrift für Uwe H. Schneider zum 70. Geburtstag, Köln 2011, S. 429-441 (zitiert: *Habersack* in FS Schneider, 2011)

Ders.: Managerhaftung, in: Lorenz, Egon (Hrsg.), Karlsruher Forum 2009: Managerhaftung, Versicherungsrecht Sonderheft, Karlsruhe 2010, S. 5-40 (zitiert: *Habersack* in Karlsruher Forum 2009)

Handelsrechtsausschuss des DAV: Stellungnahme des Deutschen Anwaltvereins zum Referentenentwurf eines Gesetzes zur Unternehmensintegrität und Modernisierung des Anfechtungsrechts (UMAG), NZG 2004, 555-567

Hasselbach, Kai: Haftungsfreistellung für Vorstandsmitglieder, NZG 2016, 890-896

Hasselbach, Kai/*Ebbinghaus*, Felix: Anwendung der Business Judgement Rule bei unklarer Rechtslage, AG 2014, 873-883

Hauger, Nils F. W./*Palzer*, Christoph: Kartellbußen und gesellschaftsrechtlicher Innenregress, ZGR 2015, 33-83

Hemeling, Peter: Neuere Entwicklungen in der D&O-Versicherung, in: Krieger, Gerd/Lutter, Marcus/Schmidt, Karsten (Hrsg.), Festschrift für Michael Hoffmann-Becking zum 70. Geburtstag, München 2013, S. 491-510 (zitiert: *Hemeling* in FS Hoffmann-Becking, 2013)

Heermann, Peter W.: Wie weit reicht die Pflicht des Aufsichtsrats zur Geltendmachung von Schadensersatzansprüchen gegen Mitglieder des Vorstands?, AG 1998, 201-211

Henssler, Martin/*Strohn*, Lutz (Hrsg.): Gesellschaftsrecht, 3. Aufl., München 2016 (zitiert: *Bearbeiter* in Henssler/Strohn GesellschaftsR)

Henze, Hartwig: Leitungsverantwortung des Vorstands – Überwachungspflicht des Aufsichtsrats, BB 2000, 209-216

Ders.: Prüfungs- und Kontrollaufgaben des Aufsichtsrates in der Aktiengesellschaft – Die Entscheidungspraxis des Bundesgerichtshofes, NJW 1998, 3309-3312

Herrmann, Harald: Risikomanagement als Methode des Wirtschaftsrechts – Theoretische Grundfragen und Fallstudie zum Gesellschaftsrecht, in: von Berger, Klaus Peter/Borges, Georg/Herrmann, Harald u.a. (Hrsg.), Zivil- und Wirtschaftsrecht im Europäischen und Globalen Kontext/Private and Commercial Law in a European and Global Context, Festschrift für Norbert Horn zum 70. Geburtstag, Berlin 2006 (zitiert: *Herrmann* in FS Horn, 2006)

Hirte, Heribert/*Mülbert*, Peter O./*Roth*, Markus (Hrsg.): Aktiengesetz. Großkommentar, 4. Bd., Teilband 1: §§ 76-91, bearbeitet v. Habersack, Mathias/Kort, Michael/Foerster, Max, 5. Aufl., Berlin/München/Boston 2015, 4. Bd., Teilband 2: §§ 92-94, bearbeitet v. Habersack, Mathias/Hopt, Klaus J./Roth,

Markus/Kort, Michael/Foerster, Max, 5. Aufl. Berlin/München/Boston 2015 (zitiert: *Bearbeiter* in GroßkommAktG)

Hoffmann, Gunter M.: Existenzvernichtende Haftung von Vorständen und Aufsichtsräten?, NJW 2012, 1393-1399

Hoffmann, Andreas C./*Schieffer*, Anita: Pflichten des Vorstands bei der Ausgestaltung einer ordnungsgemäßen Compliance-Organisation, NZG 2017, 401-407

Hoffmann-Becking, Michael (Hrsg.): Münchener Handbuch des Gesellschaftsrechts, Bd. 4, Aktiengesellschaft, 4. Aufl., München 2015 (zitiert: *Bearbeiter* in Münch. Hdb. AG)

Ders.: Vorstandsvergütung nach Mannesmann, NZG 2006, 127-131

Holle, Philipp Maximilian: Die Binnenhaftung des Vorstands bei unklarer Rechtlage, AG 2016, 270-280

Ders.: Rechtsbindung und Business Judgment Rule, AG 2011, 778-786

Hopt, Klaus J.: Die Reform der Organhaftung nach § 93 AktG – Bemerkungen zu den Beschlüssen des 70. Deutschen Juristentages 2014, in: Ackermann, Thomas/Köndgen, Johannes (Hrsg.), Privat- und Wirtschaftsrecht in Europa: Festschrift für Wulf-Henning Roth zum 70. Geburtstag, München 2015, S. 225-240 (zitiert: *Hopt* in FS Roth, 2015)

Ders.: Die Verantwortlichkeit von Vorstand und Aufsichtsrat: Grundsatz und Praxisprobleme – unter besonderer Berücksichtigung der Banken, ZIP 2013, 1793-1806

Ders.: Die Haftung von Vorstand und Aufsichtsrat, in: Immenga, Ulrich/Möschel, Wernhard/Reuter, Dieter (Hrsg.), Festschrift für Ernst-Joachim Mestmäcker zum siebzigsten Geburtstag, Baden-Baden 1996, S. 909-931 (zitiert: *Hopt* in FS Mestmäcker, 1996)

Ders.: Aktionärskreis und Vorstandsneutralität, ZGR 1993, 534-566

Horn, Norbert: Die Haftung des Vorstands der AG nach § 93 AktG und die Pflichten des Aufsichtsrats. Zugleich Besprechung der Urteile des Bundesgerichtshofs v. 21. April 1997, ZIP 1997, 883, und des OLG Düsseldorf v. 28. November 1996, ZIP 1997, 27, im Fall ARAG/Garmenbeck, ZIP 1997, 1129-1139

Hölters, Wolfgang (Hrsg.): Aktiengesetz, 2. Aufl., München 2014 (zitiert: *Bearbeiter* in Hölters AktG)

Hüffer, Uwe/*Koch*, Jens: Aktiengesetz, 12. Aufl., München 2016 (zitiert: Hüffer/*Koch* AktG)

Hüffer, Uwe: Aktiengesetz, 10. Aufl., München 2012 (zitiert: *Hüffer*, AktG 10. Aufl.)

Ders.: Das Leitungsermessen des Vorstands in der Aktiengesellschaft, in: Damm, Reinhard/Heermann, Peter W./Veil, Rüdiger (Hrsg.), Festschrift für Thomas Raiser zum 70. Geburtstag am 20. Februar 2005, Berlin 2005, S. 163-180 (zitiert: *Hüffer* in FS Raiser, 2005)

Ihlas, Horst: D&O. Directors & Officers Liability, 2. Aufl., Berlin 2009 (zitiert: *Ihlas*, D &O Liability, 2009)

Ihrig, Hans-Christoph: Reformbedarf beim Haftungstatbestand des § 93 AktG, WM 2004, 2098-2107

Iwersen, Sönke/*Votsmeier*, Volker: Die Abrechnung, in: Handelsblatt (2016), Nr. 178, S. 28-29 (zitiert: *Iwersen/Votsmeier*, Die Abrechnung, Handelsblatt v. 14.9.2016)

Jaeger, Carsten/*Trölitzsch*, Thomas: Die Pflichten des Aufsichtsrats bei der Prüfung und Durchsetzung der Vorstandshaftung, WiB 1997, 684-687

Jahn, Joachim: 70. Deutscher Juristentag fasst Beschlüsse: Aktionäre sollen Haftung der Vorstände begrenzen dürfen, AG 2014, R 300-304

Ders.: Ex-Manager geraten künftig häufiger in die Haftungsfalle, in: Frankfurter Allgemeine Zeitung (2011), Nr. 249, S. 23 (zitiert: *Jahn*, Ex-Manager geraten künftig häufiger in die Haftungsfalle, FAZ v. 26.10.2011)

Jungmann, Carsten: Die Business Judgment Rule im Gesellschaftsinsolvenzrecht. Wider eine Haftungsprivilegierung im Regelinsolvenzverfahren und in der Eigenverwaltung, NZI 2009, 80-86

Ders.: Die Business Judgment Rule – ein Institut des allgemeinen Verbandsrechts? Zur Geltung von § 93 Abs. 1 Satz 2 AktG außerhalb des Aktienrechts, in: Bitter, Georg/Lutter, Marcus/Priester, Hans-Joachim/Schön, Wolfgang/Ulmer, Peter (Hrsg.), Festschrift für Karsten Schmidt zum 70. Geburtstag, Köln 2009, S. 831-855 (zitiert: *Jungmann* in FS K. Schmidt, 2009)

Kahnert, Tobias: Quo vadis § 148 AktG – Neukonzeption oder kontinuierliche Fortentwicklung?, AG 2013, 663-672

Kallmeyer, Harald: Pflichten des Vorstands der Aktiengesellschaft zur Unternehmensplanung, ZGR 1993, 104-113

Kalss, Susanne (Hrsg.): Vorstandshaftung in 15 europäischen Ländern, Wien 2005 (zitiert: *Bearbeiter* in Vorstandshaftung in Europa, 2005)

Dies.: Organhaftung in Österreich – einige rechtspolitische Anmerkungen, GesRZ 2014, 159-167

Keßler, Jürgen: Die aktienrechtliche Organhaftung im Lichte der „Business Judgment Rule“ – eine rechtsvergleichende Betrachtung zum deutschen und US-amerikanischen Recht, in: Verein zur Förderung der Versicherungswissenschaft an den drei Berliner Universitäten (Hrsg.), Festschrift für Horst Baumann, Karlsruhe 1999, S. 153-178 (zitiert: *Keßler* in FS Baumann, 1999)

Kindler, Peter: Vorstands- und Geschäftsführerhaftung mit Augenmaß – Über einige neuere Grundsatzentscheidungen des II. Zivilsenats des BGH zu §§ 93 AktG und 43 GmbHG, in: Habersack, Mathias/Hommelhoff, Peter (Hrsg.), Festschrift für Wulf Goette zum 65. Geburtstag, München 2011, S. 231-238 (zitiert: *Kindler* in FS Goette, 2011)

Ders.: Unternehmerisches Ermessen und Pflichtbindung, ZHR 162 (1998), 101-119

Kinzl, Ulrich-Peter: Gesetzgeber auf Abwegen? Kritische Überlegungen zur Übernahme der Business Judgment Rule, AG 2004, R3-R4

Klausing, Friedrich: Gesetz über Aktiengesellschaften und Kommanditgesellschaften auf Aktien (Aktiengesetz) nebst Einführungsgesetz und „amtlicher Begründung", Berlin 1937 (zitiert: *Klausing*, Aktiengesetz, 1937)

Kleinert, Ursula: Aktuelle Entwicklungen bei der Organhaftung für Compliance-Verstöße, in: Siekmann, Helmut u.a. (Hrsg.), Festschrift für Theodor Baums zum siebzigsten Geburtstag, Tübingen 2017, S. 669-684 (zitiert: *Kleinert* in FS Baums Bd. I, 2017)

Koch, Jens: Beschränkungen des gesellschaftsrechtlichen Innenregresses bei Bußgeldzahlungen, in: Hüffer, Uwe/Hoffmann-Becking, Michael/Reichert, Jochem (Hrsg.), Liber amicorum für Martin Winter, Köln 2011, S. 327-350 (zitiert: *Koch* in Liber amicorum Winter, 2011)

Ders.: Die schleichende Erosion der Verfolgungspflicht nach ARAG/Garmenbeck, NZG 2014, 934-942

Ders.: Regressreduzierung im Kapitalgesellschaftsrecht – eine Sammelreplik, AG 2014, 513-525

Ders.: Beschränkung der Regressfolgen im Kapitalgesellschaftsrecht, AG 2012, 429-440

Ders.: Keine Ermessensspielräume bei der Entscheidung über die Inanspruchnahme von Vorstandsmitgliedern, AG 2009, 93-102

Ders.: Das Gesetz zur Unternehmensintegrität und Modernisierung des Anfechtungsrechts (UMAG), ZGR 2006, 769-804

Kock, Martin/*Dinkel*, Renate: Die zivilrechtliche Haftung von Vorständen für unternehmerische Entscheidungen. Die geplante Kodifizierung der Business Judgment Rule im Gesetz zur Unternehmensintegrität und Modernisierung des Anfechtungsrechts, NZG 2004, 441-448

Kort, Michael: Compliance-Pflichten von Vorstandsmitgliedern und Aufsichtsratsmitgliedern, in: Grundmann, Stefan/Haar, Brigitte/Merkt, Hanno/Mülbert, Peter O./Wellenhofer, Marina, u.a. (Hrsg.), Festschrift für Klaus J. Hopt zum 70. Geburtstag am 24. August 2010, Unternehmen, Markt, Verantwortung, Bd. 1, Berlin/New York 2010, S. 983-1003 (zitiert: *Kort* in FS Hopt, Bd. 1, 2010)

Kožiak, Jaromír: Business judgement rule in Czech Corporations Act, Juridical Tribune, 2013, Bd. 3/2, S. 126-135

Kraakman, Reinier (Hrsg.): The Anatomy of Corporate Law. A Comparative and Functional Approach, 2. Aufl., Oxford 2009 (zitiert: *Kraakman*, The Anatomy of Corporate Law, 2009)

Kremer, Thomas: Haftungsausschluss durch Beratung, in: Schriftenreihe der Gesellschaftsrechtlichen Vereinigung (Hrsg.), Gesellschaftsrecht in der Diskussion 2012, Jahrestagung der Gesellschaftsrechtlichen Vereinigung, Köln 2013, S. 171-185 (zitiert *Kremer* in VGR, Bd. 18, 2013)

Kremer, Thomas/*Bachmann*, Gregor/*Lutter*, Marcus/*v. Werder*, Axel (Hrsg.): Deutscher Corporate Governance Kodex. Kommentar, 6. Aufl., Berlin 2016 (zitiert: *Bearbeiter* in DCGK Komm)

Krieger, Gerd: Beweislastumkehr und Informationsanspruch des Vorstandsmitglieds bei Schadensersatzforderungen nach § 93 Abs. 2 AktG, in: Burgard, Ulrich/Hadding, Walther/Mülbert, Peter O./Nietsch, Michael/Welter, Reinhard (Hrsg.), Festschrift für Uwe H. Schneider zum 70. Geburtstag, Köln 2011, S. 717-736 (zitiert: *Krieger* in FS Schneider, 2011)

Kroneck, Stefan: SKW und Ex-Chefin Ines Kolmsee beenden Rechtsstreit, in: Börsen-Zeitung (2017), Nr. 58, S. 16 (zitiert: *Kroneck*, SKW und Ex-Chefin Ines Kolmsee beenden Rechtsstreit v. 23.3.2017)

Kropff, Bruno: Aktiengesetz: Textausgabe des Aktiengesetzes vom 6.9.1965 (Bundesgesetzbl. I S. 1089) und des Einführungstextes zum Aktiengesetz vom 6.9.1965 (Bundesgesetzbl. I S. 1185) mit Begründung des Regierungsentwurfs, Bericht des Rechtsausschusses des Deutschen Bundestags, Verweisungen und Sachverzeichnis, im Anhang: Aktiengesetz von 1937, Düsseldorf 1965 (zitiert: *Kropff*, Aktiengesetz, 1965)

Kunz, Peter: Würde die Übernahme des § 93 Abs. 1 dAktG in das österreichische Aktienrecht zu mehr Rechtssicherheit in Bezug auf nützliche Gesetzesverletzungen führen?, GesRZ 2007, 91-135

Leitel, Kerstin: Breuer schließt mit der Deutschen Dank ab, in: Handelsblatt (2016), Nr. 66, S. 29 (zitiert: *Leitel*, Breuer schließt mit der Deutschen Dank ab, Handelsblatt v. 6.4.2016)

Lohse, Andrea: Unternehmerisches Ermessen: zu den Aufgaben und Pflichten von Vorstand und Aufsichtsrat, Tübingen 2005 (zitiert: *Lohse*, Unternehmerisches Ermessen, 2005)

Löbbe, Marc/*Fischbach*, Jonas: Die Business Judgment Rule bei Kollegialentscheidungen des Vorstandes, AG 2014, 717-729

Lutter, Marcus: Interessenkonflikte und Business Judgment Rule, in: Heldrich, Andreas/Prölss, Jürgen/Koller, Ingo (Hrsg.), in: Festschrift für Claus-Wilhelm

Canaris zum 70. Geburtstag, Bd. II, München 2007, S. 245-256 (zitiert: *Lutter* in FS Canaris Bd. II, 2007)

Ders.: Unternehmensplanung und Aufsichtsrat, in: Kistner, Klaus-Peter/Schmidt, Reinhart (Hrsg.), Unternehmensdynamik: Horst Albach zum 60. Geburtstag, Wiesbaden 1991, S. 345-360 (zitiert: *Lutter* in FS Albach, 1991)

Ders.: Die Erklärung zum Corporate Governance Kodex gemäß § 161 AktG, ZHR 166 (2002), 523-543

Ders.: Zum unternehmerischen Ermessen des Aufsichtsrats, ZIP 1995, 441-442

Meckbach, Anne: Organhaftung und Beweisrisiken. Adäquate Risikoallokation durch Vertragsgestaltung, NZG 2015, 580–585

Merkt, Hanno: Rechtliche Grundlagen der Business Judgment Rule im internationalen Vergleich zwischen Divergenz und Konvergenz, ZGR 2017, 129-148

Ders.: Compliance und Risikofrüherkennung in kleinen und mittleren Unternehmen, ZIP 2014, 1705-1714

Ders.: US-amerikanisches Gesellschaftsrecht, 3. Aufl., Frankfurt am Main 2013 (zitiert: *Merkt*, US-amerikanisches Gesellschaftsrecht, 2013)

Mertens, Hans-Joachim: Schadensersatzhaftung des Aufsichtsrats bei Nichtbeachtung der Regeln des ARAG-Urteils über die Inanspruchnahme von Vorstandsmitgliedern?, in: Bitter, Georg/Lutter, Marcus/Priester, Hans-Joachim/ Schön, Wolfgang/Ulmer, Peter (Hrsg.), Festschrift für Karsten Schmidt zum 70. Geburtstag, Köln 2009, S. 1183-1196 (zitiert: *Mertens* in FS K. Schmidt, 2009)

Mutter, Stefan: Unternehmerische Entscheidungen und Haftung des Aufsichtsrats der Aktiengesellschaft, Köln 1994 (zitiert: *Mutter*, Unternehmerische Entscheidungen, 1994)

Neubürger, Joachim: Organmitglieder benötigen persönliches Risikomanagement, in: Börsen-Zeitung (2012), Nr. 173, S. 8 (zitiert: *Neubürger*, Organmitglieder benötigen persönliches Risikomanagement, Börsen-Zeitung v. 7.9.2012)

Nietsch, Michael: Geschäftsleiterermessen und Unternehmensorganisation bei der AG. Zur haftungsbegrenzenden Wirkung des § 93 Abs. 1 Satz 2 AktG im Bereich gesetzlicher Pflichtaufgaben unter besonderer Berücksichtigung von Compliance, ZGR 2015, 631-666

Oltmanns, Martin: Geschäftsleiterhaftung und unternehmerisches Ermessen. Die Business Judgment Rule im deutschen und im amerikanischen Recht, Frankfurt am Main 2001 (zitiert: *Oltmanns*, Geschäftsleiterhaftung und unternehmerisches Ermessen, 2001)

Ott, Nicolas: Anwendungsbereich der Business Judgment Rule aus Sicht der Praxis – Unternehmerische Entscheidungen und Organisationsermessen des Vorstands, ZGR 2017, 149-173

Paefgen, Walter G.: Unternehmerische Entscheidung und Rechtsbindung der Organe in der AG, Köln 2002 (zitiert: *Paefgen*, Unternehmerische Entscheidung, 2002)

Ders.: „Compliance" als gesellschaftsrechtliche Organpflicht?, WM 2016, 433-444

Ders.: Organhaftung: Bestandsaufnahme und Zukunftsperspektiven, AG 2014, 554-584

Ders.: Die Darlegungs- und Beweislast bei der Business Judgment Rule, NZG 2009, 891-896

Ders.: Die Inanspruchnahme pflichtvergessener Vorstandsmitglieder als unternehmerische Ermessensentscheidung des Aufsichtsrats, AG 2008, 761-769

Ders.: Dogmatische Grundlagen, Anwendungsbereich und Formulierung einer Business Judgment Rule im künftigen UMAG, AG 2004, 245-261

Papendick, Ulrik/*Schwarzer*, Ursula: Im Zweifel gegen den Angeklagten, Manager-Magazin (2014), Nr. 2, S. 80-89 (zitiert: *Papendick/Schwarzer*, Im Zweifel gegen den Angeklagten, Manager-Magazin 2/2014)

Peitsmeier, Henning: Siemens beendet Affäre und schließt letzten Vergleich, in: Frankfurter Allgemeine Zeitung (2014), Nr. 290, S. 28 (zitiert: *Peitsmeier*, Siemens beendet Affäre und schließt letzten Vergleich, FAZ v. 13.12.2014)

Peltzer, Martin: Mehr Ausgewogenheit bei der Vorstandhaftung, in: Krieger, Gerd/Lutter, Marcus/Schmidt, Karsten (Hrsg.), Festschrift für Michael Hoffmann-Becking zum 70. Geburtstag, München 2013, S. 861-870 (zitiert: *Peltzer* in FS Hoffmann-Becking, 2013)

Ders.: Das Zulassungsverfahren nach § 148 AktG wird von der Praxis nicht angenommen! Warum? Was nun?, in: Burgard, Ulrich/Hadding, Walther/Mülbert, Peter O./Nietsch, Michael/Welter, Reinhard (Hrsg.), Festschrift für Uwe H. Schneider zum 70. Geburtstag, Köln 2011, S. 953-968 (zitiert: *Peltzer* in FS Schneider, 2011)

Pokornă, Jarmila: Business Judgment Rule und das tschechische Recht in: Boric, Tomislav/Lurger, Brigitta/Schwarzenegger, Peter/Terlitza, Ulfried (Hrsg.), Öffnung und Wandel – Die internationale Dimension des Rechts II: Festschrift für Willibald Posch zum 65. Geburtstag, Wien 2011, S. 579-588 (zitiert: *Pokornă* in FS Posch, 2011)

Raff, Thomas: Vertragstypenbildung im polnischen Recht unter besonderer Berücksichtigung der Generalklausel von Art. 750 KC, in: Santos, Francisco Javier Andrés/Dedek, Christian/Baldus, Helge (Hrsg.), Vertragstypen in

Europa. Historische Entwicklung und europäische Perspektiven, Köln 2011, S. 233-258 (zitiert: *Raff* in Vertragstypen in Europa, 2011)

Reichert, Jochem: „ARAG/Garmenbeck" im Praxistest, ZIP 2016, 1189-1198

Ders.: Existenzgefährdung bei der Durchsetzung von Organhaftungsansprüchen, ZHR 177 (2013), 756-781

Reuter, Alexander: Unternehmensgeldbußen, Organregress, Grenzen der Versicherbarkeit und Gesellschaftsrecht: eine systemische Verletzung der Grundrechte der Anteilseigner?, BB 2016, 1283-1294

Ders.: Rückbau oder Ausbau der Managerhaftung? Eine Befundung im Lichte der neueren Rechtsprechung und der Unternehmenspraxis, ZIP 2016, 597-607

Ritzer, Uwe: Affäre in Istanbul, in: Süddeutsche Zeitung (2016), Nr. 51, S. 19 (zitiert: *Ritzer*, Affäre in Istanbul, Süddeutsche Zeitung v. 2.3.2016)

Roth, Marcus: Unternehmerisches Ermessen und Haftung des Vorstands. Handlungsspielräume und Haftungsrisiken insbesondere in der wirtschaftlichen Krise, München 2001 (zitiert: *Roth*, Unternehmerisches Ermessen, 2001)

Ruffner, Marcus: Die ökonomischen Grundlagen eines Rechts der Publikumsgesellschaften, Zürich 2000 (zitiert: *Ruffner*, Die ökonomischen Grundlagen, 2000)

Säcker, Franz Jürgen/*Rixecker*, Roland (Hrsg.): Münchener Kommentar zum Bürgerlichen Gesetzbuch: BGB, Bd. 4: §§ 611-704, EFZG, TzBfG, KSchG, 6 Aufl., München 2012 (zitiert: *Bearbeiter* in MünchKommBGB)

Ders.: Gesellschaftsrechtliche Grenzen spekulativer Finanztermingeschäfte – Überlegungen aus Anlass der Garantieerklärung der Bundesregierung für die Hypo Real Estate-Group, NZG 2008, 3313-3317

Sánchez, Antonio Roncero: The introduction of the „Business Judgment Rule" through the Recent Reform of the Spanish Company Law: American or German Model? in: Siekmann, Helmut u.a. (Hrsg.), Festschrift für Theodor Baums zum siebzigsten Geburtstag, Tübingen 2017, S. 997-1012 (zitiert: *Sánchez* in FS Baums Bd. II, 2017)

Schäfer, Carsten: Die Binnenhaftung von Vorstand und Aufsichtsrat nach der Renovierung durch das UMAG, ZIP 2005, 1253-1259

Schmidt, Andreas (Hrsg.): Hamburger Kommentar zum Insolvenzrecht, 5. Aufl., Köln 2015 (zitiert: *Bearbeiter* in HambKommInsO)

Schmidt, Karsten (Hrsg.): Münchener Kommentar zum Handelsgesetzbuch, 4. Aufl., München 2016 (zitiert: *K. Schmidt* in MünchKommHGB)

Ders.: Gesellschaftsrecht, 4. Aufl., Köln 2002 (zitiert: *K. Schmidt*, GesellschaftsR)

Ders.: § 93 Abs. 1 Satz 2 AktG – Business Judgment Rule als Lehrstück zwischen Positivismus und Rechtsfortbildung. Ein Streifzeug nach dem 70. Deutschen

Juristentag, in: Blumenberg, Jens/Crezelius, Georg/Gosch, Dietmar/Schüppen, Matthias (Hrsg.), Festschrift für Wilhelm Haarmann, Düsseldorf 2015, S. 195-205 (zitiert: *K. Schmidt* in FS Haarmann, 2015)

Schmidt, Karsten/*Lutter*, Marcus (Hrsg.): Aktiengesetz, Kommentar, I. Bd.: §§ 1-149, 3. Aufl., Köln 2015 (zitiert: *Bearbeiter* in K. Schmidt/Lutter AktG)

Schmolke, Klaus Ulrich: Die Aktionärsklage nach § 148 AktG. Anreizwirkungen de lege lata und Reformanregungen de lege ferenda, ZGR 2011, 398-442

Schneider, Uwe H.: Die Haftung von Mitgliedern des Vorstands und der Geschäftsführer bei Vertragsverletzungen der Gesellschaft, in: Kindler, Peter/ Koch, Jens/Ulmer, Peter/Winter, Martin (Hrsg.), Festschrift für Uwe Hüffer zum 70. Geburtstag, München 2010, S. 905–916 (zitiert: *Schneider* in FS Hüffer, 2010)

Schnyder, Anton K.: Verantwortlichkeitsansprüche gegen Leitungsorgane einer Aktiengesellschaft - und deren Versicherbarkeit, in: Honsell, Heinrich/ Portmann, Wolfgang/Zäch, Roger/Zobl, Dieter (Hrsg.), Aktuelle Aspekte des Schuld- und Sachenrechts, Festschrift für Heinz Rey zum 60. Geburtstag, Zürich 2003, S. 319-328 (zitiert: *Schnyder* in FS Rey, 2003)

Schockenhoff, Martin: Haftung und Enthaftung von Geschäftsleitern bei Compliance-Verstößen in Konzernen mit Matrix-Strukturen, ZHR 180 (2016), 197-232

Scholz, Philipp: Die existenzvernichtende Haftung von Vorstandsmitgliedern in der Aktiengesellschaft - Eine Untersuchung der Notwendigkeit und Möglichkeiten einer Beschränkung der Vorstandshaftung im geltenden und künftigen Recht, Jena 2014 (zitiert: *Scholz*, Die existenzvernichtende Haftung von Vorstandsmitgliedern, 2014)

Ders.: Die Haftung bei Verstößen gegen die Business Judgement Rule, AG 2015, 222-231

Schubert, Werner/*Hommelhoff*, Peter (Hrsg.): Hundert Jahre modernes Aktienrecht. Eine Sammlung von Texten und Quellen zur Aktienrechtsreform 1884 mit zwei Einführungen, ZGR - Sonderheft 4, 1985 (zitiert: *Schubert/Hommelhoff*, Hundert Jahre modernes Aktienrecht, 1985)

Schug, Christoph: Risikoeinschränkung und -transfer in der Vorstandshaftung, Baden-Baden 2010 (zitiert: *Schug*, Risikoeinschränkung, 2010)

Schulze, Reiner/*Dörner*, Heinrich/*Ebert*, Ina u.a. (Hrsg.): Bürgerliches Gesetzbuch. Handkommentar, 9. Aufl., Baden-Baden 2016 (zitiert: *Bearbeiter* in Schulze BGB)

Seibert, Ulrich: Aus dem Entwurfs-Atelier der Gesetzgebung. Beobachtungen zur Denk- und Arbeitsweise des Gesetzgebungsreferenten im Bundesministerium, in: Wank, Rolf/Hirte, Heribert/Frey, Kaspar/Fleischer, Holger/Thüsing, Gregor

(Hrsg.), Festschrift für Herbert Wiedemann zum 70. Geburtstag, München 2002, S. 123-132 (zitiert: *Seibert* in FS Wiedemann, 2002)

Seibert, Ulrich/*Schütz*, Carsten: Der Referentenentwurf eines Gesetzes zur Unternehmensintegrität und Modernisierung des Anfechtungsrechts - UMAG, ZIP 2004, 252-258

Seibt, Christoph: „Halbvermögensschutzklausel" als Instrument zur Vermeidung existenzgefährdender Binnenregressansprüche in Fällen grober Disproportional, NZG 2016, 361-367

Ders.: 20 Thesen zur Binnenverantwortung im Unternehmen im Lichte des reformierten Kapitalmarktsanktionsrechts, NZG 2015, 1097-1103

Ders.: Persönliches Risikomanagement für Vorstände, in: Börsen-Zeitung (2015), Nr. 140, S. 9 (zitiert: *Seibt*, Persönliches Risikomanagement für Vorstände, Börsen-Zeitung v. 25.7.2015)

Ders.: Deutscher Corporate Governance Kodex und Entsprechens-Erklärung (§ 161 AktG-E), AG 2002, 249-259

Seibt, Christoph/*Cziupka*, Johannes: 20 Thesen zur Compliance-Verantwortung im System der Organhaftung aus Anlass des Siemens/Neubürger-Urteils. LG München I v. 10.12.2013 - 5 HK O 1387/10, DB 2014, 1598-1602

Semler, Johannes: Überlegungen zur Praktikabilität der Organhaftungsvorschriften, in: Habersack, Mathias/Hommelhoff, Peter (Hrsg.), Festschrift für Wulf Goette zum 65. Geburtstag, München 2011, S. 57-74 (zitiert: *Semler* in FS Goette, 2011)

Ders.: Zur aktienrechtlichen Haftung der Organmitglieder einer Aktiengesellschaft, AG 2005, 321-336

Spindler, Gerald: Die Haftung von Vorstand und Aufsichtsrat für fehlerhafte Auslegung von Rechtsbegriffen, in: Heldrich, Andreas/Prölss, Jürgen/Koller, Ingo (Hrsg.), Festschrift für Claus-Wilhelm Canaris zum 70. Geburtstag, Bd. II, München 2007, S. 403-428 (zitiert: *Spindler* in FS Canaris Bd. II, 2007)

Ders.: Organhaftung in der AG - Reformbedarf aus wissenschaftlicher Perspektive, AG 2013, 889-904

Ders.: Regeln für börsennotierte vs. Regeln für geschlossene Gesellschaften - Vollendung des Begonnenen?, AG 2008, 598-604

Spindler, Gerald/*Stilz*, Eberhard (Hrsg.): Kommentar zum Aktiengesetz, Bd. 1: §§ 1-149, 3. Aufl., München 2015 (zitiert: *Bearbeiter* in Spindler/Stilz AktG)

Ständige Deputation des Deutschen Juristentages: Verhandlungen des 70. Deutschen Juristentages, Hannover 2014, Bd. II/1: Sitzungsberichte - Referate und Beschlüsse; Bd. II/2: Sitzungsberichte - Diskussion und Beschlussfassung, München 2015 (zitiert: *Bearbeiter* in Verhandlungen 70. DJT, Bd. II/1; Bd. II/2)

Dies.: Verhandlungen des 69. Deutschen Juristentages, München 2012, Bd. II/1 Sitzungsberichte – Referate und Beschlüsse, München 2013 (zitiert: *Bearbeiter* in Verhandlungen 69. DJT, Bd. II/1)

Dies.: Verhandlungen des 63. Deutschen Juristentages, Leipzig 2000, Bd. II/1 Sitzungsberichte – Referate und Beschlüsse, München 2001 (zitiert: *Bearbeiter* in Verhandlungen 63. DJT, Bd. II/1)

Thole, Christoph: Managerhaftung für Gesetzesverstöße. Die Legalitätspflicht des Vorstands gegenüber seiner Aktiengesellschaft, ZHR 173 (2009), 504-535

Thomas, Stefan: Bußgeldregress, Übelszufügung und D&O-Versicherung, NZG 2015, 1409-1419

Thümmel, Roderich C.: Persönliche Haftung von Managern und Aufsichtsräten. Haftungsrisiken bei Managementfehlern, Risikobegrenzung und D&O-Versicherung, 5. Aufl., Stuttgart/München/Hannover/Berlin/Weimar/Dresden 2016 (zitiert: *Thümmel*, Persönliche Haftung von Managern, 2016)

Ders.: Organhaftung nach dem Referentenentwurf des Gesetzes zur Unternehmensintegrität und Modernisierung des Anfechtungsrechts (UMAG) – Neue Risiken für Manager?, DB 2004, 471-474

Ders.: Zu den Pflichten des Aufsichtsrats bei der Verfolgung von Haftungsansprüchen gegenüber dem Vorstand der AG, Zugleich Besprechung der Entscheidung des BGH vom 21-04-1997 – III ZR 175/95, DB 1997 S. 1068 ff. „ARAG/Garmenbeck", DB 1997, 1117-1120

Thüsing, Gregor: Das Gesetz zur Angemessenheit der Vorstandsvergütung, AG 2009, 517-529

Ders.: Stellungnahme zum Entwurf eines Gesetzes zur Angemessenheit der Vorstandsvergütung (VorstAG) (BT-Drucks. 16/12278) (abrufbar unter http://www.kapitalmarktrecht-im-internet.eu) (zitiert: *Thüsing*, Stellungnahme zum VorstAG)

Trockels, Friedrich: „Business Judgment Rule" und „Corporate Takeovers", AG 1990, 139-144

Tröger, Tobias: Durchsetzung der Vorstandshaftung, ZHR 179 (2015), 453-489

Ulmer, Peter: Strikte aktienrechtliche Organhaftung und D&O Versicherung – zwei getrennte Welten?, in: Heldrich, Andreas/Prölss, Jürgen/Koller, Ingo (Hrsg.), Festschrift für Claus-Wilhelm Canaris zum 70. Geburtstag, Bd. II, München 2007, S. 451-472 (zitiert: *Ulmer* in FS Canaris Bd. II, 2007)

Ders.: Haftungsfreistellung bis zur Grenze grober Fahrlässigkeit bei unternehmerischen Fehlentscheidungen von Vorstand und Aufsichtsrat? – Kritische Bemerkungen zur geplanten Kodifizierung der Business Judgment Rule im UMAG-Entwurf (§ 93 Abs. 1 Satz 2 AktG), DB 2004, 859-863

Ders.: Der Deutsche Corporate Governance Kodex – ein neues Regulierungsinstrument für börsennotierte Aktiengesellschaften, ZHR 166 (2002), 150-181

Ders.: Die Aktionärsklage als Instrument zur Kontrolle des Vorstands- und Aufsichtsratshandelns, ZHR 163 (1999), 290-342

Verse, Dirk A.: Organhaftung bei unklarer Rechtslage – Raum für eine Legal Judgment Rule?, ZGR 2017, 174-195

Ders.: Compliance im Konzern. Zur Legalitätskontrollpflicht der Geschäftsleiter einer Konzernobergesellschaft, ZHR 175 (2011), 401-424

Vetter, Eberhard: Spagat zwischen Freiheit und Verantwortung: Reform der Organhaftung? Materielles Haftungsrecht und seine Durchsetzung in privaten und öffentlichen Unternehmen, AnwBl 2014, 582-587

Ders.: Aktienrechtliche Organhaftung und Satzungsautonomie. Überlegungen de lege ferenda, NZG 2014, 921-926

Vetter, Jochen: Reformbedarf bei der Aktionärsklage nach § 148 AktG, in: Krieger, Gerd/Lutter, Marcus/Schmidt, Karsten (Hrsg.), Festschrift für Michael Hoffmann-Becking zum 70. Geburtstag, München 2013, S. 1317-1340 (zitiert: *J. Vetter* in FS Hoffmann-Becking, 2013)

VOV GmbH: Studie: Managerhaftung 2017. Durchgeführt durch Faktenkontor (abrufbar unter http://www.vovgmbh.de/fileadmin/user_upload/VOVDokumente/Sonstige/VOV_Studie_Managerhaftung_2017.pdf) (zitiert: VOV-Studie Managerhaftung, 2017)

Wagner, Gerhard: Organhaftung im Interesse der Verhaltenssteuerung – Skizze eines Haftungsregimes, ZHR 178 (2014), 227-281

Weiguny, Bettina: Erträgt Deutschland diesen Mann?, in: Frankfurter Allgemeine Sonntagszeitung (2014), Nr. 39, S. 26-27 (zitiert: *Weiguny*, Erträgt Deutschland diesen Mann?, FAS v. 28.09.2014)

Weiss, Susanne/*Buchner*, Markus: Wird das UMAG die Haftung und Inanspruchnahme der Unternehmensleiter verändern? WM 2005, 162-171

Wenger, Ekkehard/*Terberger*, Eva: Die Beziehung zwischen Agent und Prinzipal als Baustein einer ökonomischen Theorie der Organisation, in: Wirtschaftswissenschaftliches Studium (WiSt), 17. Jg. (1988), S. 506-514

Werner, Rüdiger: Die Enthaftung des Vorstands: Die strafrechtliche Dimension, CCZ 2011, 201-207

Westermann, Harm Peter: Freistellungserklärungen für Organmitglieder im Gesellschaftsrecht, in: Beisse, Heinrich/Lutter, Marcus/Närger, Heribald (Hrsg.), Festschrift für Karl Beusch zum 68. Geburtstag am 31. Oktober 1993, Berlin 1993, S. 871-891 (zitiert: *Westermann* in FS Beusch, 1993)

Ders.: Haftung und Zurechnung im Unternehmensbereich – Grundlagen im Zivil- und Versicherungsrecht, in: Klingmüller, Ernst (Hrsg.), Karlsruher Forum 1993: Haftung und Zurechnung im Unternehmensbereich, Versicherungsrecht Sonderheft, Karlsruhe 1993, S. 15-23 (zitiert: *Westermann* in Karlsruher Forum 1993)

Wiedemann, Herbert: Gesellschaftsrecht – Ein Lehrbuch des Unternehmens- und Verbandsrechts, Bd. I: Grundlagen, München 1980 (zitiert: *Wiedemann*, GesellschaftsR I)

Wilhelmi, Rüdiger: Beschränkung der Organhaftung und innerbetrieblicher Schadensausgleich, NZG 2017, 681–690

Windbichler, Christine: Gesellschaftsrecht, 23. Aufl., München 2013 (zitiert: *Windbichler*, GesellschaftsR)

Dies.: Empfehlen sich besondere Regeln für börsennotierte und für geschlossene Gesellschaften?, JZ 2008, 840-846

Winnen, Armin: Die Innenhaftung des Vorstandes nach dem UMAG – eine Untersuchung des § 93 Abs. 1 S. 2 AktG und der Durchsetzungsmöglichkeiten von Innenhaftungsansprüchen, Baden-Baden 2009 (zitiert: *Winnen*, Die Innenhaftung des Vorstandes, 2009)

Wirth, Andreas/*Pospiech*, Lutz: Der besondere Vertreter gem. § 147 Abs. 2 Satz 1 AktG als Organ der Aktiengesellschaft? Besprechung von OLG München, Urteil vom 28.11.2007 – 7 U 4498/07, DB 2008, 2471-2475

Zöllner, Wolfgang: Aktienrechtsreform in Permanenz – Was wird aus den Rechten des Aktionärs?, AG 1994, 336-342

Zöllner, Wolfgang/*Noack*, Ulrich (Hrsg.): Kölner Kommentar zum Aktiengesetz, Bd. 2/1: §§ 76-94 AktG, 3. Aufl., Köln 2009 (zitiert: *Bearbeiter* in KölnerKomm-AktG)

Zumbansen, Peer/*Lachner*, Constantin M.: Die Geheimhaltungspflicht des Vorstands bei der Due Diligence: Neubewertung im globalisierten Geschäftsverkehr, BB 2006, 613-619

Literatur zum polnischen Recht

Allerhand, Maurycy: Kodeks handlowy z komentarzem. Spółka z ograniczoną odpowiedzialnością [Handelsgesetzbuch mit Kommentar. Gesellschaft mit beschränkter Haftung], Bielsko-Biała 1993 (zitiert: *Allerhand*, HGGB-Komm)

Bąk, Jacek/*Oplustil*, Krzysztof: Ius cogens w prawie spółki akcyjnej – analiza prawno-ekonomiczna [Ius cogens im Recht der Aktiengesellschaft – eine rechtsökonomische Analyse], Czasopismo Kwartalne Całego Prawa Handlowego, Upadłościowego oraz Rynku Kapitałowego 2/1997, 141-194

Banaszczyk, Zbigniew/*Granecki*, Paweł: O istocie należytej staranności [Zum Kern der erforderlichen Sorgfalt], Palestra 7-8/2002, 12-29

Berak; Łukasz: Odpowiedzialność odszkodowawcza członków zarządu [Die Schadensersatzhaftung von Vorstandsmitgliedern], Legalis, ius.focus Dezember 2016

Bieniak, Jacek (Hrsg.): Kodeks spółek handlowych. Komentarz [Handelsgesellschaftengesetzbuch. Kommentar], 4. Aufl., Warschau 2015 (zitiert: *Bearbeiter* in Bieniak/HGGB-Komm)

Bieniek, Gerard u.a. (Hrsg.): Komentarz do Kodeksu cywilnego. Księga trzecia. Zobowiązania, tom 2 [Kommentar zum Zivilgesetzbuch. Drittes Buch. Schuldrecht, Bd. 2], Warschau 2013 (zitiert: *Bearbeiter* in Bieniek/ZGB-Komm)

Bilewska, Katarzyna: Dochodzenie roszczeń spółki kapitałowej przez jej wspólników (actio pro socio) [Die Durchsetzung von Ansprüchen der Kapitalgesellschaft durch ihre Gesellschafter (actio pro socio)], Warschau 2008 (zitiert: *Bilewska*, Dochodzenie roszczeń (actio pro socio), 2008)

Dies.: Odpowiedzialność menedżerów wymaga racjonalności [Managerhaftung erfordert Rationalität], in: Rzeczpospolita (2012), Nr. 154, S. C7 (zitiert: *Bilewska*, Rzeczpospolita v. 4.7.2012)

Dies.: Dobra i zła wiara w prawie spółek handlowych [Der gute und böse Glaube im Recht der Gesellschaften], Palestra 9-10/2009, 28-35

Dies.: Odpowiedzialność odszkodowawcza członka zarządu spółki sp. z o.o. jako odpowiedzialność „ex contractu“ [Die Entschädigungshaftung des Geschäftsführers einer GmbH als Haftung „ex contractu“], MoP 19/2009, 1070-1073

Dies.: Odpowiedzialność odszkodowawcza za wniesienie nieuzasadnionego powództwa actio pro socio [Die Entschädigungshaftung für die Erhebung einer unbegründeten actio pro socio], MoP 3/2009, 127-131

Dies.: Bezprawność a niedochowanie należytej staranności w rozumieniu art. 293 k.s.h. [Rechtswidrigkeit und Verletzung der erforderlichen Sorgfalt nach Art. 293 HGGB], Palestra 3-4/2007, 275-279

Dies.: Dochodzenie roszczeń odszkodowawczych [Die Geltendmachung von Schadensersatzansprüchen], Glosa 3/2007, 41-48

Dies.: Glosa do wyroku SN z dnia 15 czerwca 2005 r., IV CK 731/04 [Anmerkung zum Urteil des Obersten Gerichts vom 15. Juni 2005, IV CK 731/04], OSP 2007, Nr. 9 Pos. 103

Błaszczak, Anita: Menedżer pod parasolem polisy [Manager unter einem Versicherungsschirm], in: Rzeczpospolita (2009), Nr. 211, S. B15 (zitiert: Błaszczak, Rzeczpospolita v. 9.9.2009)

Błaszczyk, Paweł: Odpowiedzialność cywilna osób działających za spółkę handlową w procesie jej łączenia się, podziału i przekształcania [Die Zivilhaftung der für die Gesellschaft handelnden Personen im Prozess ihrer Verschmelzung, Aufspaltung und Umwandlung], Warschau 2011 (zitiert: *Błaszczyk*, Odpowiedzialność, 2011)

Ders.: Koncepcja „biznesowej oceny sytuacji“ na tle prawa polskiego (uwagi de lege lata i de lege ferenda) [Das Konzept der „Business Judgment Rule“ im polnischen Recht (Anmerkungen de lege lata und de lege ferenda)], PiP 2/2012, 75-88

Ders.: Glosa do wyroku SN z 9.2.2006 r. (Przesłanka bezprawności w ramach odpowiedzialności odszkodowawczej menedżerów spółek) [Anmerkung zum Urteil des OG vom 9.2.2006 (Das Merkmal der Pflichtwidrigkeit im Rahmen der Entschädigungshaftung der Gesellschaftsmanager)], MoP 1/2012, 47-50

Ders.: Sposób na menedżera [Mittel gegen den Manager], in: Rzeczpospolita (2012), Nr. 177, S. C7 (zitiert: Błaszczyk, Rzeczpospolita v. 31.7.2009)

Ders.: Odpowiedzialność odszkodowawcza menedżerów spółek a przekroczenie tzw. dopuszczalnego ryzyka gospodarczego [Die Entschädigungshaftung der Gesellschaftsmanager und Überschreiten eines zulässigen Wirtschaftsrisikos], PPH 11/2009, 37-43

Ders.: Odpowiedzialność odszkodowawcza menedżerów spółek za zawieranie umów opcji walutowych [Entschädigungshaftung der Gesellschaftsmanager für Devisenoptionsgeschäfte], Prawo Spółek 6/2009, 2-11

Ders.: Znaczenie prawne absolutorium [Die rechtliche Bedeutung der Entlastung], PPH 3/2009, 22-31

Breidenbach, Stephan u.a. (Hrsg.); Handbuch Wirtschaft und Recht in Osteuropa: WiRO, Bd. 2, PL 350, 135. Aufl. (Loseblatt), München 2017 (zitiert: *Bearbeiter* in Hdb. WiRO)

Brunner, Georg: Die Entstehung eines neuen Gesellschaftsrechts in Osteuropa, in: Pyzioł, Wojciech u. a. (Hrsg.), Studia z prawa gospodarczego i handlowego. Księga pamiątkowa ku czci Profesora Stanisława Włodyki [Studien zum Wirtschafts- und Handelsrecht. Festschrift zu Ehren von Professor Stanisław Włodyka], Krakau 1996, S. 43-66 (zitiert: *Brunner* in FS Włodyka, 1996)

Buszmak, Dawid: Regulacja odpowiedzialności odszkodowawczej członków zarządu z perspektywy zasad ładu korporacyjnego: uwagi polemiczne [Die Regulierung der Organhaftung aus der Perspektive der Corporate Governance – kritische Anmerkungen], PPH 2/2017, 40-47

Ders.: Działanie lub zaniechanie sprzeczne z prawem lub postanowieniami umowy spółki jako przesłanka odpowiedzialności odszkodowawczej członków zarządu na podstawie art. 293 k.s.h. [Rechts- oder satzungswidriges

Handeln oder Unterlassen als Tatbestandsmerkmal der Schadensersatzhaftung von Geschäftsführern nach Art. 293 HGGB], PPH 5/2016, 51-58

Chełkowska, Anna: Regulacja odpowiedzialności odszkodowawczej członków zarządu z perspektywy zasad ładu korporacyjnego [Die Regulierung der Organhaftung aus der Perspektive der Corporate Governance], PPH 10/2017, 31-39

Cudny, Łukasz: Uchwała w przedmiocie wyrażenia zgody na dochodzenie roszczeń o naprawienie szkody wyrządzonej przy zawiązaniu spółki lub sprawowaniu zarządu albo nadzoru [Beschluss der Hauptversammlung über die Zustimmung zur Geltendmachung von Schadensersatzansprüchen für die der Gesellschaft bei der Gründung oder Geschäftsführung und Aufsicht entstandenen Schäden], PPH 4/2016, 25-33

Czachórski, Witold: Zobowiązania. Zarys wykładu [Schuldverhältnisse. Abriss einer Vorlesung], Warschau 2009 (zitiert: *Czachórski*, Zobowiązania, 2009)

Czerniawski, Ryszard: Zarząd spółki akcyjnej [Vorstand einer Aktiengesellschaft], Warschau 2008 (zitiert: *Czerniawski*, Zarząd, 2008)

Ders.: Kodeks spółek handlowych. Przepisy o spółce akcyjnej. Komentarz [Handelsgesellschaftengesetzbuch. Vorschriften über die Aktiengesellschaft. Kommentar], Warschau 2004 (zitiert: *Czerniawski*, HGGB-Komm)

Duraj, Tomasz: Problem materialnej odpowiedzialności pracowników zajmujących najwyższe stanowiska kierownicze w organizacjach gospodarczych [Das Problem der Haftung von leitenden Angestellten in Unternehmen], MoPr 5/2011, 234-239

Dziurzynski, Tadeusz/*Fenichel*, Zygmunt/*Honzatko*, Mieczysław (Hrsg.): Kodeks handlowy. Komentarz, [Handelsgesetzbuch. Kommentar], Lodz 1993 (zitiert: *Bearbeiter* in Dziurzynski/Fenichel/Honzatko/Kommentar-HGB 1934)

Glapiak, Elżbieta: Milionowe roszczenia za skutki błędnych decyzji [Millionenschadensersatzansprüche für die Folgen der fehlerhaften Entscheidungen], in: Rzeczpospolita (2014), Nr. 104, S. B7 (zitiert: *Glapiak*, Rzeczpospolita v. 7.5.2014)

Giezek, Jacek/*Wnuk*, Dariusz: Odpowiedzialność cywilna i karna w spółkach prawa handlowego. Komentarz i przegląd orzecznictwa [Zivil- und Strafhaftung in Handelsgesellschaften. Kommentar und Rechtsprechung], Warschau 1994 (zitiert: *Giezek*/*Wnuk*, Odpowiedzialność, 1994)

Gniewek, Edward (Hrsg.): Kodeks cywilny. Komentarz [Zivilgesetzbuch. Kommentar], 6. Aufl., Warschau 2014 (zitiert: *Bearbeiter* in Gniewek/ZGB-Komm)

Gutowski, Maciej: Charakter prawny i zakres przedmiotowy odpowiedzialności członków zarządu spółki z o.o. na podstawie art. 299 k.s.h. [Charakter und

Umfang der Haftung von Geschäftsführern einer sp. z o.o. nach Art. 299 HGGB], PPH 11/2008, 24-30

Guzewicz, Agnieszka/*Jagodziński*, Marcin: Przesłanki odpowiedzialności członków zarządu w świetle art. 293 i art. 483 k.s.h. – *de lege lata* i *de lege ferenda* [Tatbestandsmerkmale der Haftung der Geschäftsführer (Vorstandsmitglieder) nach Art. 293 und Art. 483 HGGB], PPH 11/2013, 47-50

Hauptamt für Statistik (Hrsg.): Zmiany strukturalne grup podmiotów gospodarki narodowej w rejestrze REGON, I półrocze 2016 r. [Die strukturellen Veränderungen der Subjekte der Nationalwirtschaft in dem REGON-Register, 1. Quartal 2016], bearbeitet v. Budzyński, Ireneusz/Wojciechowska, Ewa/Bartuszek, Renata/Kuśmierowska, Ewa, Warschau 2016 (zitiert: Bericht des Hauptamtes für Statistik in Polen v. 12.8.2016)

Hommelhoff, Peter/*Oplustil*, Krzysztof: Deutsche Einflüsse auf das polnische Recht der Kapitalgesellschaften: Vorgesellschaft, Eigenkapitalersatz und dualistische Organstruktur in Aktiengesellschaften, in: Dauner-Lieb, Barbara/Hommelhoff, Peter/Jacobs, Matthias/Kaiser, Dagmar/Weber, Christoph (Hrsg.), Festschrift für Horst Konzen zum siebzigsten Geburtstag, Tübingen 2006, S. 309-320 (zitiert: *Hommelhoff/Oplustil* in FS Konzen, 2006)

Iwulski, Józef: Stosunki pracy w spółkach kapitałowych prawa handlowego [Die arbeitsrechtlichen Verhältnisse in Kapitalgesellschaften], Prawo Pracy 9/1995, 28-35

Jagodziński, Marcin: Pojęcie „nieuzasadnionego powództwa" actio pro socio w świetle regulacji art. 295 § 4 i art. 486 § 4 kodeksu spółek handlowych – rozważania de lege lata i de lege ferenda [Der Begriff einer „unbegründeten Klage" actio pro socio nach Art. 295 § 4 und Art. 486 § 4 des Handelsgesellschaftengesetzbuches – Anmerkungen de lege lata und de lege ferenda], Rejent 3/2012, 34-46

Jara, Zbigniew (Hrsg.): Kodeks spółek handlowych. Komentarz [Handelsgesellschaftengesetzbuch. Kommentar], Aufl. 15, Warschau 2017 (zitiert: *Bearbeiter* in Jara/HGGB-Komm)

Jastrzębski, Jacek: W sprawie odpowiedzialności członków organów spółek kapitałowych [Zur Haftung der Mitglieder der Organe der Kapitalgesellschaften], PPH 7/2013, 15-20

Ders.: O umownych modyfikacjach podstawy odpowiedzialności odszkodowawczej dłużnika [Über vertragliche Modifikationen der Grundlage der Entschädigungshaftung eines Schuldners], KPP 2007 Nr. 3, 801-837

Kaliński, Maciej: Szkoda na mieniu i jej naprawienie [Vermögensschaden und sein Ersatz], 2. Aufl., Warschau 2014 (zitiert: *Kaliński*, Szkoda, 2014)

Kidyba, Andrzej (Hrsg.): Kodeks cywilny. Komentarz. Zobowiązania. Część szczególna. Tom III [Zivilgesetzbuch. Kommentar. Schuldrecht. Besonderer Teil. Bd. III], 2. Aufl., Warschau 2014 (zitiert: *Bearbeiter* in Kidyba/ZGB-Komm)

Ders.: Kodeks spółek handlowych. Komentarz. Tom II. Komentarz do art. 301-633 KSH [Handelsgesellschaftengesetzbuch. Kommentar. Bd. II. Kommentar zu Art. 301-633 KSH], 11. Aufl., Warschau 2014 (zitiert: *Kidyba*, HGGB-Komm)

Ders.: Przepisy dodane jako normy kreujące nowe instytucje k.s.h. [Die hinzugefügten Vorschriften als Normen, die neue Institutionen schaffen], PPH 3/2004, 13-18

Kizner, Ewa: Rezygnacja członka zarządu sp. z o.o. ze sprawowanej funkcji - glosa - III CZP 89/15 [Verzicht eines Geschäftsführers einer sp. z o.o. auf seine Funktion - Anmerkungen - III CZP 89/15], MoP 9/1017, 500-503

Kłoda, Marcin: Glosa do wyroku Sądu Najwyższego z 24.7.2014 r., II CSK 627/13 [Anmerkungen zum Urteil des Obersten Gerichtshofs vom 27.7.2014, II CSK 627/13], OSP 2016, Nr. 10 Pos. 95

Krajewski, Marcin: Niezachowanie należytej staranności - problem bezprawności czy winy? [Verletzung der erforderlichen Sorgfalt - ein Problem der Rechtswidrigkeit oder des Verschuldens?], PiP 10/1997, 32-44

Kruczalak, Kazimierz (Hrsg.): Kodeks spółek handlowych. Komentarz [Handelsgesellschaftengesetzbuch. Kommentar], Warschau 2001 (zitiert: *Kruczalak*, HGGB-Komm)

Koch, Andrzej: Zasady i przesłanki odpowiedzialności za szkody wyrządzone spółce z ograniczoną odpowiedzialnością na tle przepisów kodeksu spółek handlowych [Haftungsgrundsätze und Haftungstatbestandsmerkmale für Schäden der Gesellschaft mit beschränkter Haftung nach dem Handelsgesellschaftengesetzbuch], in: Pyziak-Szafnicka, Małgorzata (Hrsg.), Odpowiedzialność cywilna. Księga pamiątkowa ku czci Profesora Adama Szpunara [Zivilrechtliche Haftung. Festschrift zu Ehren von Professor Adam Szpunar], Krakau 2004, S. 537-553 (zitiert: *A. Koch* in FS Szpunar, 2004)

Kubot, Zdzisław: Odpowiedzialność dyrektora przedsiębiorstwa państwowego [Die Haftung eines Direktors eines staatlichen Unternehmens], Breslau 1995 (zitiert: *Kubot*, Odpowiedzialność, 1995)

Ders.: Formy zatrudnienia członków zarządu spółek kapitałowych [Die Formen der Anstellung von Organmitgliedern der Kapitalgesellschaften], in: Frąckowiak, Józef (Hrsg.), Spółka jako podmiot gospodarczy [Eine Gesellschaft als eine wirtschaftliche Einheit], Acta Universitatis Wratislaviensis, Prawo, Breslau 1995, S. 95-108 (zitiert: *Kubot* in Gesellschaft als eine wirtschaftliche Einheit, 1995)

Kwaśnicki, Radosław L.: Zasady odpowiedzialności korporacyjnej „rzekomego reprezentanta" wobec spółki [Haftung eines „faktischen Organs" gegenüber der Gesellschaft], Prawo Spółek 11/2002, 20-32

Łakomy, Konrad: Kontrowersje wokół stosunku pracy prezesów zarządu spółek kapitałowych [Kontroverse um das Arbeitsrechtsverhältnis von Geschäftsführern der Kapitalgesellschaften], PPH 11/2004, 17-22

Liebscher, Marc/*Oplustil*, Krzysztof: Regelungen und Praxis der internen Corporate Governance in polnischen Aktiengesellschaften, WiRO 2008, 97

Litwińska-Werner, Marta: Komentarz do Kodeksu spółek handlowych [Kommentar zum Handelsgesellschaftengesetzbuch], 3. Aufl., Warschau 2007 (zitiert: *Litwińska-Werner*, HGGB-Komm)

Malinowski, Artur: Charakterystyka organów spółki w perspektywie nadzoru korporacyjnego [Die Charakteristik der Gesellschaftsorgane in der Perspektive der Corporate Governance], Prawo Spółek 4/2003, 22-33

Muszalski, Wojciech (Hrsg.): Kodeks pracy. Komentarz [Arbeitsgesetzbuch. Kommentar], 10. Aufl., Warschau 2015 (zitiert: *Muszalski*, AGB-Komm)

Nartowski, Andrzej S.: Kilka uwag w kwestii ubezpieczenia D&O w polskich realiach [Einige Anmerkungen zur D&O-Versicherung in der polnischen Wirklichkeit], Nasz Rynek Kapitałowy, 6/2002, 26-29

Nowak, Arkadiusz: Bezprawność zachowania jako przesłanka odpowiedzialności odszkodowawczej członka zarządu spółki kapitałowej [Ein rechtswidriges Verhalten als ein Tatbestandsmerkmal der Haftung eines Organmitglieds in einer Kapitalgesellschaft], Z Problematyki Prawa Pracy i Polityki Socjalnej, 17/2008, 7-24

Ders., Uwagi w sprawie odpowiedzialności materialnej członków zarządu spółek kapitałowych [Anmerkungen zur Haftung von Vorstandsmitgliedern in Kapitalgesellschaften], Gdańskie Studia Prawnicze, 17/2007, 173-183

Okolski, Józef (Hrsg.): Spółka akcyjna. Komentarz [Aktiengesellschaft. Kommentar], Warschau 2001 (zitiert: *Bearbeiter* in Okolski/HGGB-Komm)

Okolski, Józef/*Modrzejewski*, Jerzy/*Gasiński*, Łukasz: Odpowiedzialność członków zarządu w spółkach kapitałowych – miernik staranności [Haftung der Geschäftsführer in Kapitalgesellschaften – Sorgfaltsmaßstab], in: Kepiński, Marian/Koch, Andrzej/Nowicka, Aurelia u. a. (Hrsg.), Prawo Prywatne Czasu Przemian. Księga pamiątkowa dedykowana Profesorowi Stanisławowi Sołtysińskiemu [Privatrecht im Wandel. Festschrift zu Ehren von Professor Stanisław Sołtysiński], Posen 2005, S. 495-508 (zitiert: *Okolski/Modrzejewski/Gasiński* in FS Sołtysiński, 2005)

Opalski, Adam (Hrsg.): Kodeks spółek handlowych. Tom III A. Spółka akcyjna. Komentarz Art. 301-392, Tom III B. Spółka akcyjna. Komentarz Art. 393-490

[Handelsgesellschaftengesetzbuch. Bd. III A. Aktiengesellschaft. Kommentar Art. 301-392; Bd. III B. Aktiengesellschaft. Kommentar Art. 393-490], Warschau 2016 (zitiert: *Bearbeiter* in Opalski/HGGB-Komm)

Ders.: Kodeks spółek handlowych w ostatnich latach – tendencje w orzecznictwie sadowym [Das Handelsgesellschaftengesetzbuch in den letzten Jahren – die Tendenzen in der Rechtsprechung], in: Kodeks spółek handlowych po dziesięciu latach [Handelsgesellschaftengesetzbuch nach zehn Jahren], Breslau 2013, S. 20-39 (zitiert: *Opalski* in FS Zehn Jahre HGGB, 2013)

Ders.: Rada nadzorcza w spółce akcyjnej [Der Aufsichtsrat in einer Aktiengesellschaft], Warschau 2006 (zitiert: *Opalski*, Rada nadzorcza, 2006)

Opalski, Adam/*Oplustil*, Krzysztof: Niedochowanie należytej staranności jako przesłanka odpowiedzialności cywilnoprawnej zarządców spółek kapitałowych [Die Verletzung der erforderlichen Sorgfalt als das Tatbestandsmerkmal der Haftung der Organwalter der Kapitalgesellschaften], PPH 3/2013, 11-23

Dies.: Zarządzanie i nadzór w spółkach akcyjnych – status quo i dylematy reformy [Geschäftsführung und Überwachung in Aktiengesellschaften – Status quo und die Dilemmata einer Reform], MoP 7/2014, 4-13

Dies.: Jeszcze w sprawie odpowiedzialności organów spółek kapitałowych [Noch einmal zur Haftung von Organen der Kapitalgesellschaften], PPH 12/2013, 26-29

Dies.: Za co odpowiadają zarządzający spółkami kapitałowymi [Wofür die Geschäftsführer der Kapitalgesellschaften haften], in: Rzeczpospolita (2012), Nr. 147, S. C8 (zitiert: *Opalski/Oplustil*, Rzeczpospolita v. 26.6.2012)

Dies.: Za co odpowiada menedżer spółki [Wofür ein Gesellschaftsmanager haftet], in: Rzeczpospolita (2012), Nr. 296, S. C7 (zitiert: *Opalski/Oplustil*, Rzeczpospolita v. 19.12.2012)

Opalski, Adam/*Wiśniewski*, Andrzej A.: W sprawie autonomii zarządu spółki z o.o. – polemika [Zur Autonomie des Vorstands einer sp. z o.o. – eine Polemik], PPH 1/2012, 52-58

Oplustil, Krzysztof: Instrumenty nadzoru korporacyjnego (*corporate governance*) w spółce akcyjnej [Die Instrumente der Corporate Governance in einer Aktiengesellschaft], Warschau 2010 (zitiert: *Oplustil*, Instrumenty, 2010)

Oplustil, Krzysztof/*Radwan*, Arkadiusz: Company Law in Poland: Between Autonomous Development and Legal Transplants in: Jessel-Holst, Christa/Kulms, Rainer/Trunk, Alexander (Hrsg.), Private Law in Eastern Europe. Autonomous Development or Legal Transplants, Tübingen 2010, S. 455-493 (zitiert: *Oplustil/Radwan* in Private Law in Eastern Europe, 2010)

Oplustil, Krzysztof/*Włudyka*, Tadeusz: O związkach między prawem karnym i prawem spółek. Uwagi na marginesie cywilnej i karnej odpowiedzialności menedżerów spółek kapitałowych [Über die Zusammenhänge zwischen Strafrecht und Gesellschaftsrecht am Rande der Zivil- und Strafhaftung der Manager der Kapitalgesellschaften], in: Kardas, Piotr/Sroka, Tomasz/Wróbel, Włodzimierz (Hrsg.), Państwo prawa i prawo karne. Księga jubileuszowa Profesora Andrzeja Zolla [Rechtsstaat und Strafrecht. Festschrift für Professor Andrzej Zoll], Warschau 2012, S. 829-848 (zitiert: *Oplustil/Włudyka* in FS Zoll, 2012)

Orlicki, Marcin/*Raczyński*, Aleksander: Ubezpieczenie odpowiedzialności cywilnej członków władz spółki (D&O) jako element zarządzania ryzykiem [Zivilhaftung der Organwalter (D&O) als Element des Risikomanagements], in: Rzeczpospolita (2012), Nr. 260, S. G2 (zitiert: *Orlicki/Raczyński*, Rzeczpospolita v. 7.11.2012)

o. V.: Menedżerowie szukają polisy [Manager suchen eine Versicherung], GU 12/2001, 14

Pabis, Robert: Spółka z o.o. Komentarz [GmbH. Kommentar], 3. Aufl., Warschau 2006 (zitiert: *Pabis*, Komm sp. z o.o.)

Ders.: O potrzebie nowelizacji kodeksu spółek handlowych (cz. III) [Zum Reformbedarf des Handelsgesellschaftengesetzbuches (Teil III)], Prawo Spółek 5/2003, 21-26

Ders.: O potrzebie nowelizacji kodeksu spółek handlowych (cz. II) [Zum Reformbedarf des Handelsgesellschaftengesetzbuches (Teil II)], Prawo Spółek 4/2003, 40-47

Ders.: O potrzebie nowelizacji kodeksu spółek handlowych (cz. I) [Zum Reformbedarf des Handelsgesellschaftengesetzbuches (Teil I)], Prawo Spółek 2/2003, 2-13

Ders.: Prawny charakter absolutorium udzielanego członkom organów spółki kapitałowej [Rechtscharakter eines den Organmitgliedern einer Kapitalgesellschaft erteilten Entlastungsbeschlusses], MoP 1/2005, 13-21

Ders.: Powództwo wspólnika o naprawienie szkody wyrządzonej spółce [Eine Gesellschafterklage wegen des Schadens der Gesellschaft], Prawo Spółek 12/2000, 24-38

Pajor, Tadeusz: Odpowiedzialność dłużnika za niewykonanie zobowiązania [Haftung des Schuldners für die Verletzung eines Schuldverhältnisses], Warschau 1982 (zitiert: *Pajor*, Odpowiedzialność, 1982)

Pisarczyk, Łukasz: Pracownicza odpowiedzialność członków zarządu w spółkach kapitałowych [Die arbeitsrechtliche Haftung von Organmitgliedern der Kapitalgesellschaften], PiZS 1/1999, 23-28

Płonka, Ewa: Odpowiedzialność odszkodowawcza członków zarządu spółki kapitałowej wobec spółki (art. 292 i 474 k.h.) [Entschädigungshaftung von

Geschäftsführern/Vorstandsmitgliedern gegenüber der Gesellschaft (Art. 292 und 474 HGB)], KPP 1994 Nr. 2, 207-227

Pokrzywniak, Jakub: Polisa D&O służy nie tylko spółce, lecz także jej kadrze zarządzającej [Die D&O Versicherung nutzt nicht nur der Gesellschaft, sondern auch den Managern], in: Rzeczpospolita (2011), Nr. 162, S. D8 (zitiert: *Pokrzywniak*, Rzeczpospolita v. 14.7.2011)

Popielarski, Bartłomiej: Zwolnienie członków zarządu z odpowiedzialności wobec spółki [Befreiung der Geschäftsführer von der Haftung gegenüber der Gesellschaft], PPH 6/2001, 5-16

Popiołek, Wojciech/*Pyzioł*, Wojciech (Hrsg.): Kodeks spółek handlowych. Komentarz [Handelsgesellschaftengesetzbuch. Kommentar], Warschau 2008 (zitiert: *Bearbeiter* in Popiołek/HGGB-Komm)

Radwan, Arkadiusz: Między nieudolnością a bezprawnością [Zwischen dem unsorgfältigen Verhalten und der Pflichtwidrigkeit], in: Rzeczpospolita (2012), Nr. 201, S. C7 (zitiert: *Radwan*, Rzeczpospolita v. 29.8.2012)

Rajski, Jerzy (Hrsg.): Prawo zobowiązań – cześć szczegółowa. System Prawa Prywatnego. Tom 7 [Schuldrecht – besonderer Teil. System des Privatrechts. Bd. 7], 3. Aufl., Warschau 2011 (zitiert: *Bearbeiter* in Rechtssystem/ZGB Schuldrecht)

Reszczyk, Katarzyna: Problematyka podziału kompetencji zarządczych w spółce akcyjnej [Die Problematik der Aufgabenverteilung in der Geschäftsführung in einer Aktiengesellschaft], PPH 1/2014, 19-26

Rodzynkiewicz, Mateusz: Kodeks spółek handlowych. Komentarz [Handelsgesellschaftengesetzbuch. Kommentar], 6. Aufl., Warschau 2014 (zitiert: *Rodzynkiewicz*, HGGB-Komm)

Romanowski, Michał: Spółka nie jest domkiem z bajki Fredry [Die Gesellschaft ist kein Häuschen aus einem Märchen von Fredra], in: Rzeczpospolita (2012), Nr. 209, S. C6 (zitiert: *Romanowski*, Rzeczpospolita v. 7.9.2012)

Ders.: Czy członek zarządu może się mylić [Darf sich ein Geschäftsführer irren?], in: Rzeczpospolita (2012), Nr. 248, S. C8 (zitiert: *Romanowski*, Rzeczpospolita v. 23.10.2012)

Ders.: W sprawie pojęcia i natury spółki publicznej [Zum Begriff und zur Natur einer Publikumsgesellschaft], PPH 3/2009, 10-16

Ders.: Absolutorium w spółce kapitałowej [Die Entlastung in einer Kapitalgesellschaft], PPH 1/2002, 21-33

Rożnowska, Maria: Pojęcie zgody organu spółki kapitałowej [Begriff der Zustimmung eines Organs einer Kapitalgesellschaft], PPH 2/2004, 31-37

Sabat, Martyna: Innenhaftung des Vorstands einer Aktiengesellschaft im Lichte der Business Judgment Rule in Polen, WiRO 2014, 225-230

Schnell, Christian/*Brockhuis*, Jörn: Polen: Gesetzbuch der Handelsgesellschaften - AG, WiRO 2002, 15-26

Schubel, Joanna: Gestaltungsfreiheit und Gestaltungsgrenzen im polnischen Vertragskonzernrecht, Tübingen 2010 (zitiert: *Schubel*, Polnisches Vertragsrecht, 2010)

Siemiątkowski, Tomasz: Odpowiedzialność cywilnoprawna w spółkach kapitałowych [Zivilrechtliche Haftung in Kapitalgesellschaften], Warschau 2007 (zitiert: *Siemiątkowski*, Odpowiedzialność, 2007)

Siemiątkowski, Tomasz/*Potrzeszcz*, Radosław (Hrsg.): Kodeks spółek handlowych. Komentarz. Tytuł III. Spółki kapitałowe. Dział II. Spółka akcyjna, tom 3 [Handelsgesellschaftengesetzbuch. Kommentar. Titel III. Kapitalgesellschaften. Abteilung II. Aktiengesellschaft, Bd. 3], Warschau 2011 (zitiert: *Bearbeiter* in Siemiątkowski/HGGB-Komm)

Skibińska, Regina: Parasol ochronny dla członków zarządu ułatwi kierowanie biznesem [Ein Schutzschirm für die Geschäftsführer erleichtert die Unternehmensführung], in: Rzeczpospolita (2013), Nr. 288, S. D6 (zitiert: *Skibińska*, Rzeczpospolita v. 11.12.2013)

Dies.: Polisa pomoże zarządowi uniknąć odpowiedzialności materialnej [Die Versicherung hilft dem Vorstand, die Haftung zu vermeiden], in: Rzeczpospolita (2012), Nr. 98, S. D12 (zitiert: *Skibińska*, Rzeczpospolita v. 26.4.2012)

Sobczyk, Arkadiusz (Hrsg.): Kodeks pracy. Komentarz [Arbeitsgesetzbuch. Kommentar], 3. Aufl., Warschau 2017 (zitiert: *Bearbeiter* in Sobczyk/AGB-Komm)

Sołtysiński, Stanisław (Hrsg.): Prawo spółek kapitałowych. System Prawa Prywatnego. Tom 17A [Recht der Kapitalgesellschaften. System des Privatrechts. Bd. 17A], 2. Aufl., Warschau 2015 (zitiert: *Bearbeiter* in Rechtssystem/KapGes sp. z o.o.)

Ders. (Hrsg.): Prawo spółek kapitałowych. System Prawa Prywatnego. Tom 17B [Recht der Kapitalgesellschaften. System des Privatrechts. Bd. 17B], 2. Aufl., Warschau 2016 (zitiert: *Bearbeiter* in Rechtssystem/KapGes S.A.)

Ders.: Reform of Polisch Company Law, in: Großfeld, Bernhard/Sack, Rolf/Möllers, Thomas M. J. u.a. (Hrsg.), Festschrift für Wolfgang Fikentscher zum 70. Geburtstag, Tübingen 1998, S. 419-433 (zitiert: *Sołtysiński* in FS Fikentscher, 1998)

Ders.: Ład korporacyjny w świetle kryzysu [Corporate Governance in der Finanzkrise], KPP 2011 Nr. 1, 47-48

Sołtysiński, Stanisław/*Szajkowski*, Andrzej/*Szumański*, Andrzej/*Szwaja*, Janusz (Hrsg.): Kodeks spółek handlowych. Tom III. Spółka akcyjna. Komentarz do artykułów 301-490 [Handelsgesellschaftengesetzbuch. Bd. III. Aktiengesellschaft.

Kommentar zu Art. 301-490], 3. Aufl., Warschau 2013 (zitiert: *Bearbeiter* in *Sołtysiński*/HGGB-Komm)

Sołtysiński, Stanisław/*Szajkowski*, Andrzej/*Szumański*, Andrzej/*Szwaja*, Janusz (Hrsg.): Kodeks handlowy. Tom II. Komentarz [Handelsgesetzbuch. Kommentar. Bd. II.], 2. Aufl., Warschau 1998 (zitiert: *Bearbeiter* in *Sołtysiński*/ HGB-PL-Komm)

Sośniak, Mieczysław: Należyta staranność [Erforderliche Sorgfalt], Kattowitz 1980 (zitiert: *Sośniak*, Należyta staranność, 1980)

Strzępka, Janusz (Hrsg.): Kodeks spółek handlowych. Komentarz [Handelsgesellschaftengesetzbuch. Kommentar] 7. Aufl., Warschau 2015 (zitiert: *Bearbeiter* in Strzępka/HGGB-Komm)

Szczęsny, Rafał: Odpowiedzialność odszkodowawcza członków zarządu [Entschädigungshaftung der Geschäftsführer], Prawo Spółek 3/2007, 22-31

Ders.: Zarząd w spółkach kapitałowych [Vorstand in Kapitalgesellschaften], Krakau 2004 (zitiert: *Szczęsny*, Zarząd, 2004)

Szumański, Andrzej: Zagadnienia konstrukcyjne odpowiedzialności członka zarządu spółki kapitałowej względem wspólnika [Die Konstruktion der Haftung eines Geschäftsführers in einer Kapitalgesellschaft gegenüber einem Gesellschafter], in: Pyziak-Szafnicka, Małgorzata (Hrsg.), Odpowiedzialność cywilna. Księga pamiątkowa ku czci Profesora Adama Szpunara [Zivilrechtliche Haftung. Festschrift zu Ehren von Professor Adam Szpunar], Krakau 2004, S. 593-607 (zitiert: *Szumański* in FS Szpunar, 2004)

Ders.: Normy instruktażowe w kodeksie spółek handlowych (wykładnia art. 219 § 2, art. 382 § 2 i art. 336 § 3 k.s.h.), [Weisungsrechte im Handelsgesellschaftengesetzbuch (Auslegung des Art. 219 § 2, Art. 382 § 2 und Art. 336 § 3)], PPH 10/2002, 26-32

Szwaja, Janusz/*Kwaśnicki*, Radosław L.: W sprawie wykładni nowego art. 375[1], a także art. 375, art. 207 oraz art. 219 § 2 k.s.h. [Zur Auslegung des neuen Art. 375[1], sowie Art. 375, Art. 207 und Art. 219 § 2], PPH 8/2004, 32-35

Ślufińska, Paulina: Kilka uwag na temat ubezpieczenia D&O [Einige Anmerkungen zur D&O-Versicherung], Wiadomości Ubezpieczeniowe 3/2015, 109-123

Tajer, Marzena: Zakaz wydawania poleceń zarządowi spółki akcyjnej przez jej akcjonariuszy [Kein Weisungsrecht der Aktionäre an den Vorstand einer Aktiengesellschaft], Prawo Spółek 5/2012, 34-43

Tomkiewicz, Julian/*Bloch*, Józef (Hrsg.): Spółki z ograniczona odpowiedzialnością. Kodeks handlowy. Art. 158-306 i 491-497. Komentarz [Gesellschaft mit beschränkter Haftung. Handelsgesetzbuch. Art. 138-306 und 491-497. Kommentar], Warschau 1934 (zitiert: *Tomkiewicz*/*Bloch*, Komm HGB 1934)

Wajda, Dominika: Ubezpieczenia Directors & Officers (D&O) [Directors & Officers Versicherungen (D&O)], Prawo Spółek 3/2007, 47-53

Walczak, Krzysztof (Hrsg.): Kodeks pracy. Komentarz [Arbeitsgesetzbuch. Kommentar], 19. Aufl., Warschau 2016 (zitiert: *Bearbeiter* in Walczak/ArbeitsGB-Komm)

Weber, Anne-Marie/*Osajda*, Kamil: 80 lat kodyfikacji prawa handlowego w Polsce – sprawozdanie z konferencji. Tempora mutantur et codices mutantur in illis [80 Jahre Kodifizierung des Handelsrechts in Polen – ein Konferenzbericht. Tempora mutantur et codices mutantur in illis], PPH 4/2015, 29-32

Wiśniewski, Andrzej W.: Prawo spółek: czy potrzebna interwencja [Gesellschaftsrecht: Muss man intervenieren?], in: Rzeczpospolita (2012), Nr. 215, S. C6 (zitiert: *Wiśniewski*, Rzeczpospolita v. 14.9.2012)

Wratny, Jerzy (Hrsg.): Kodeks pracy. Komentarz [Arbeitsgesetzbuch, Kommentar], 6. Aufl., Warschau 2016 (zitiert: *Wratny*, AGB-Komm)

Zawłocki, Robert: Prawo karne gospodarcze [Wirtschaftsstrafrecht], Warschau 2007 (zitiert: *Zawłocki*, Prawo karne gospodarcze, 2007)

Ziółkowska, Katarzyna: Compliance in Polen – aktuelle Rechtslage und Aussichten in Praxishandbuch Compliance: Rechtsmanagement im Unternehmen, 2014, S. 6-30

Abkürzungsverzeichnis

a. A.	andere/r Ansicht
a. F.	alte Fassung
allg. M.	allgemeine Meinung
Abs.	Absatz
AktG	Aktiengesetz
AktG-E	Aktiengesetz-Entwurf
AktG-Ö	Bundesgesetz über Aktiengesellschaften (Österreich)
AG	Die Aktiengesellschaft (Zeitschrift)
AGB	Arbeitsgesetzbuch (*Kodeks pracy*)
Anm.	Anmerkung
AnwBl	Anwaltsblatt
AP	Arbeitsrechtliche Praxis
ArbRAktuell	Arbeitsrecht Aktuell
Art.	Artikel
AuR	Arbeit und Recht
BaFin	Bundesanstalt für Finanzdienstleistungsaufsicht
BAG	Bundesarbeitsgericht
BAnz AT	Bundesanzeiger Amtlicher Teil
Bd.	Band
BB	Der Betriebs-Berater
BGB	Bürgerliches Gesetzbuch
BGBl.	Bundesgesetzblatt
BGH	Bundesgerichtshof
BGHSt	Entscheidungssammlung des Bundesgerichtshofs in Strafsachen
BGHZ	Entscheidungssammlung des Bundesgerichtshofs in Zivilsachen
BerG	Berufungsgericht (*Sąd Apelacyjny*)
BJR	Business Judgment Rule
BR	Bundesrat
BOE	Amtsblatt (*Boletín Oficial del Estad*)
BT	Bundestag
CCZ	Corporate Compliance Zeitschrift
D&O	Directors & Officers
DAV	Deutscher Anwaltverein
DCGK	Deutscher Corporate Governance Kodex
DJT	Deutscher Juristentag
DB	Der Betrieb

Dies.	dieselbe; dieselben
Ders.	derselbe
Drucks.	Drucksache
DStR	Deutsches Steuerrecht
d. h.	das heißt
dt.	deutsch
E	Entwurf
Einl.	Einleitung
ecolex	ecolex: Fachzeitschrift für Wirtschaftsrecht
FAS	Frankfurter Allgemeine Sonntagszeitung
FAZ	Frankfurter Allgemeine Zeitung
Fn.	Fußnote
FS	Festschrift
GBl.	Gesetzblatt (*Dziennik Ustaw*)
gem.	gemäß
GesRZ	Der Gesellschafter (Zeitschrift)
GmbH	Gesellschaft mit beschränkter Haftung
GmbHG	Gesetz betreffend die Gesellschaften mit beschränkter Haftung
GmbHR	GmbH-Rundschau
GmbHG-Ö	Gesetz über Gesellschaften mit beschränkter Haftung (Österreich)
GU	Gazeta Ubezpieczeniowa (*Zeitschrift für Versicherungswesen*)
GWB	Gesetz gegen Wettbewerbsbeschränkungen
HandelsKorpG-CZ	Handelskorporationengesetz (Tschechien)
Hs.	Halbsatz
Hdb.	Handbuch
HandelsRegG	Gesetz über das Handelsregister (*Ustawa o Krajowym Rejestrze Sądowym*)
HGB	Handelsgesetzbuch
HGB-PL	Handelsgesetzbuch (*Kodeks handlowy*)
HGGB	Handelsgesellschaftengesetzbuch (*Kodeks spółek handlowych*)
HGGB-E	Handelsgesellschaftengesetzbuch-Entwurf
Hrsg.	Herausgeber
i. d. F.	in der Fassung
i. S. d.	im Sinne des
i. V. m.	in Verbindung mit
InsO	Insolvenzordnung
JZ	JuristenZeitung
KG	Kommanditgesellschaft

L

KGaA	Kommanditgesellschaft auf Aktien
KonkurrenzG-PL	Gesetz über die Bekämpfung des unlauteren Wettbewerbs (*Ustawa o zwalczaniu nieuczciwej konkurencji*)
KonTraG	Gesetz zur Kontrolle und Transparenz im Unternehmensbereich
KPP	Quartalschrift für Privatrecht (*Kwartalnik Prawa Prywatnego*)
LG	Landgericht
LGBl	Liechtensteinische Landesgesetzblatt
LSE	London School of Economics and Political Science
m. w. N.	mit weiteren Nachweisen
MoP	Monitor des Rechts (*Monitor Prawniczy*)
MoPod	Monitor des Steuerrechts (*Monitor Podatkowy*)
MoPr	Monitor des Arbeitsrechts (*Monitor Prawa Pracy*)
n. F.	neue Fassung
NJW	Neue Juristische Wochenschrift
Norddt.	Norddeutsch
NZG	Neue Zeitschrift für Gesellschaftsrecht
OG	Oberstes Gericht (*Sąd Najwyższy*)
o. V.	ohne Verfasser
OLG	Oberlandesgericht
OSA	Entscheidungen des Berufungsgerichts (*Orzecznic two Sądu Apelacyjnego*)
OSNAPiUS	Entscheidungen des Obersten Gerichts. Kammer für Verwaltung-, Arbeits- und Sozialversicherungssachen (*Orzecznictwo Sądu Najwyższego. Izba Administracyjna, Pracy i Ubezpieczeń Społecznych*)
OSNC	Entscheidungen des Obersten Gerichts. Zivilkammer (*Orzecznictwo Sądu Najwyższego. Izba Cywilna*)
OSNP	Entscheidungen des Obersten Gerichts. Arbeitskammer (*Orzecznictwo Sądu Najwyższego. Izba Pracy*)
OVerwG	Oberstes Verwaltungsgericht (*Naczelny Sąd Administracyjny*)
PiP	Staat und Recht (*Państwo i Prawo*)
PiZS	Arbeit und Sozialversicherung (*Praca i Zabezpieczenie Społeczne*)
PP	Arbeitsrecht (*Prawo Pracy*)
PPH	Handelsrecht Rundschau (*Przegląd Prawa Handlowego*)
RefE	Referentenentwurf
REGON	Amtliches Landesregister der Subjekte der Nationalen Wirtschaft

RGBl.	Reichsgesetzblatt
Rn.	Randnummer
Rz.	Randziffer
S.	Satz; Seite
S.A.	Aktiengesellschaft (*Spółka Akcyjna*)
S.K.A.	Kommanditgesellschaft auf Aktien (*Spółka komandytowo-akcyjna*)
SE	Societas Europaea
Sp. j.	Offene Handelsgesellschaft (*Spółka jawna*)
Sp. z o.o.	Gesellschaft mit beschränkter Haftung (*Spółka z ograniczoną odpowiedzialnością*)
StGB-Ö	Strafgesetzbuch (Österreich)
StGB-PL	Strafgesetzbuch (Polen)
SZ	Sammlung Zivilsachen (Österreich)
u. a/u. a.	und andere; unter anderem
UMAG	Gesetz zur Unternehmensintegrität und Modernisierung des Anfechtungsrechts
UmwG	Umwandlungsgesetz
v.	von; vom
Verf.	Verfasserin
VersR	Zeitschrift für Versicherungsrecht, Haftungs- und Schadensrecht
VerwG	Verwaltungsgericht (*Sąd Administracyjny*)
VO	Verordnung
Vorb.	Vorbemerkungen
VorstAG	Gesetz zur Angemessenheit der Vorstandsvergütung
VVG	Gesetz über den Versicherungsvertrag (Versicherungsvertragsgesetz)
WIG	Warschauer Börsenindex (*Warszawski Indeks Giełdowy*)
WM	Wertpapier-Mitteilungen
ZGB	Zivilgesetzbuch (*Kodeks cywilny*)
ZGR	Zeitschrift für Unternehmens- und Gesellschaftsrecht
ZHR	Zeitschrift für das gesamte Handels- und Wirtschaftsrecht
ZPO	Zivilprozessordnung (*Kodeks postępowania cywilnego*)
ZIP	Zeitschrift für Wirtschaftsrecht
ZWF	Zeitschrift für Wirtschafts- und Finanzstrafrecht

Gesetzesauszüge

Handelsgesellschaftengesetzbuch vom 15. September 2000 (GBl. 2000 Nr. 94 Pos. 1037)

Art. 2 [Verweis auf Zivilgesetzbuch] Auf in Art. 1 § 1 genannte Angelegenheiten, die in diesem Gesetz nicht geregelt sind, finden die Vorschriften des Zivilgesetzbuches Anwendung. Soweit den Eigenschaften (der Natur) des Rechtsverhältnisses der Handelsgesellschaft nach erforderlich, gelten die Vorschriften des Zivilgesetzbuches sinngemäß.

Art. 17 [Kontrolle der Rechtsgeschäfte] § 1. Schreibt das Gesetz für die Vornahme eines Rechtsgeschäfts durch die Gesellschaft einen Gesellschafterbeschluss, einen Beschluss der Hauptversammlung oder des Aufsichtsrates vor, so ist ein ohne den erforderlichen Beschluss vorgenommenes Rechtsgeschäft unwirksam.

§ 2. Die Zustimmung kann vor der Erklärungsabgabe durch die Gesellschaft oder danach, jedoch nicht später als innerhalb einer Frist von zwei Monaten nach dem Tag der Erklärungsabgabe durch die Gesellschaft, erteilt werden. Eine nach der Abgabe der Erklärung erteilte Bestätigung gilt rückwirkend vom Zeitpunkt der Vornahme des Rechtsgeschäfts an.

§ 3. Wird ein Rechtsgeschäft ohne die Zustimmung des zuständigen Gesellschaftsorgans vorgenommen und ist die Zustimmung ausschließlich aufgrund des Gesellschaftsvertrages oder der Satzung erforderlich, so ist das Rechtsgeschäft wirksam, dies schließt jedoch die Haftung der Vorstandsmitglieder gegenüber der Gesellschaft wegen der Verletzung des Gesellschaftsvertrages oder der Satzung nicht aus.

Art. 293 [Schuldhafte Handlungen der Organmitglieder] § 1. Ein Geschäftsführer, ein Mitglied des Aufsichtsrates, der Revisionskommission und ein Liquidator haftet gegenüber der Gesellschaft für einen Schaden, den er/es ihr durch eine rechtswidrige oder den Bestimmungen des Gesellschaftsvertrages entgegenstehende Handlung oder Unterlassung zufügte, es sei denn, dass ihn/es kein Verschulden trifft.

§ 2. Ein Geschäftsführer, ein Mitglied des Aufsichtsrates, der Revisionskommission und ein Liquidator hat bei der Erfüllung seiner Pflichten die Sorgfalt einzuhalten, die sich aus dem beruflichen Charakter seiner Tätigkeit ergibt.

Art. 299 [Haftung der Geschäftsführer] § 1. Erweist sich die Zwangsvollstreckung gegen die Gesellschaft als erfolglos, haften die Geschäftsführer für die Verbindlichkeiten der Gesellschaft gesamtschuldnerisch.

§ 2. Der Geschäftsführer kann sich von der in § 1 genannten Haftung befreien, wenn er nachweist, dass ein Antrag auf Bekanntmachung der Insolvenz rechtzeitig gestellt wurde oder in derselben Zeit ein Beschluss über die Eröffnung eines Restrukturierungsverfahrens oder ein Beschluss über die Bestätigung des Vergleichs im Verfahren über die Bestätigung des Vergleichs erlassen wurde, oder dass die Antragstellung auf Bekanntmachung der Insolvenz ohne seine Schuld unterlassen wurde, oder dass trotz des Unterlassens der Antragstellung auf Insolvenz oder trotz des Unterlassens des Erlassens eines Beschlusses über die Eröffnung des Restrukturierungsverfahrens oder des Unterlassens einer Bestätigung des Vergleich im Verfahren über die Bestätigung des Vergleichs dem Gläubiger kein Schaden entstanden ist.

§ 3. Die Vorschriften der §§ 1 und 2 berühren nicht die Vorschriften, die eine weitergehende Haftung der Geschäftsführer begründen.

(…)

Art. 300 [Haftung nach allgemeinen Grundsätzen] Die Vorschriften der Art. 291-299 lassen die Rechte der Gesellschafter und Dritter auf Geltendmachung des Schadensersatzes nach allgemeinen Grundsätzen unberührt.

Art. 304 [Inhalt der Satzung] § 1. Die Satzung einer Aktiengesellschaft hat Folgendes zu bestimmen:

(…)

§ 3. Soweit das Gesetz dies erlaubt, kann die Satzung abweichende Bestimmungen von den im Gesetz vorgesehenen enthalten.

§ 4. Die Satzung kann zusätzliche Bestimmungen enthalten, es sei denn, dass sich aus dem Gesetz ergibt, dass dieses eine abschließende Regelung enthält, oder dass die zusätzliche Bestimmung der Satzung der Natur einer Aktiengesellschaft oder den guten Sitten widerspricht.

Art. 368 [Zuständigkeiten und Zusammensetzung des Vorstands] § 1. Der Vorstand führt die Geschäfte der Gesellschaft und vertritt sie.

§ 2. Der Vorstand besteht aus einem oder mehreren Mitgliedern.

§ 3. In den Vorstand können Personen aus der Mitte der Aktionäre oder außerhalb dieses Kreises berufen werden.

§ 4. Die Vorstandsmitglieder werden vom Aufsichtsrat berufen und abberufen, es sei denn, dass dies durch die Satzung der Gesellschaft anderweitig geregelt ist. Ein Vorstandsmitglied kann auch durch die Hauptversammlung abberufen oder von seinem Amt suspendiert werden.

§ 5. Durch Beschluss der Hauptversammlung oder die Satzung der Gesellschaft können Voraussetzungen bestimmt werden, die Kandidaten für den Vorstandsposten erfüllen sollen.

Art. 369 [Amtszeit; Erlöschen des Mandats] § 1. Der Zeitraum, in dem ein Vorstandsmitglied sein Amt ausübt, darf nicht länger als fünf Jahre sein (Amtszeit). Erneute Berufungen derselben Person zum Vorstandsmitglied sind für Amtszeiten von jeweils nicht mehr als fünf Jahren zulässig. Die Berufung kann nicht früher als ein Jahr vor dem Ablauf der laufenden Amtszeit des Vorstandsmitglieds erfolgen.

§ 2. Die Satzung kann in den in § 1 bestimmten zeitlichen Grenzen eine teilweise Erneuerung des Vorstands in der Weise bestimmen, dass eine gewisse Anzahl der Vorstandsmitglieder der Reihe nach entweder durch Auslosung oder nach Wahlalter oder auf eine andere Art und Weise ausscheidet.

§ 3. Sieht die Satzung vor, dass die Vorstandsmitglieder für eine gemeinsame Amtszeit berufen werden, so erlischt das Mandat eines vor dem Ablauf der jeweiligen Amtszeit des Vorstands berufenen Vorstandsmitglieds gleichzeitig mit dem Erlöschen der Mandate der übrigen Vorstandsmitglieder, es sei denn, dass dies durch die Satzung der Gesellschaft anderweitig geregelt ist.

§ 4. Das Mandat eines Vorstandsmitglieds erlischt mit dem Tag der Abhaltung der Hauptversammlung, auf der der Jahresabschluss für das letzte volle Geschäftsjahr, in dem das Vorstandsmitglied seine Tätigkeit ausgeübt hat, festgestellt wird.

§ 5. Das Mandat eines Vorstandsmitglieds erlischt auch durch seinen Tod, Rücktritt oder seine Abberufung vom Vorstand.

§ 6. Auf die Erklärung des Rücktritts durch ein Vorstandsmitglied werden die Vorschriften über die Kündigung des Auftrags durch den Auftragnehmer entsprechend angewandt.

Art. 370 [Abberufung] § 1. Ein Vorstandsmitglied darf jederzeit abberufen werden. Dies lässt jedoch seine Ansprüche aus dem Arbeitsverhältnis oder aus einem anderen Rechtsverhältnis, welches die Ausübung der Funktion als Vorstandsmitglied betrifft, unberührt.

§ 2. Die Satzung der Gesellschaft kann andere Bestimmungen enthalten, insbesondere kann sie das Recht auf Abberufung eines Vorstandsmitglieds auf wichtige Gründe beschränken.

§ 3. Das abberufene Vorstandsmitglied ist berechtigt und verpflichtet, im Laufe der Vorbereitung des Lageberichts des Vorstands und des Jahresabschlusses, die den Zeitraum der Ausübung der Funktion des Vorstandsmitglieds durch ihn umfassen, Erläuterungen abzugeben sowie an der Hauptversammlung, die die in Art. 395 § 2 Ziffer 1 genannten Berichte feststellt, teilzunehmen, es sei denn, dass in der Abberufungsurkunde etwas anderes bestimmt wird.

Art. 371 [Mehrere Vorstandsmitglieder] § 1. Besteht der Vorstand aus mehreren Personen, so sind alle Vorstandsmitglieder verpflichtet und berechtigt, die Geschäfte der Gesellschaft gemeinschaftlich zu führen, es sei denn, dass dies durch die Satzung anderweitig geregelt ist.

§ 2. Die Beschlüsse des Vorstands werden mit der absoluten Stimmenmehrheit gefasst, es sei denn, dass dies durch die Satzung anderweitig geregelt ist. Die Satzung kann vorsehen, dass im Falle der Stimmengleichheit die Stimme des Vorstandsvorsitzenden entscheidet, und ihm bestimmte Befugnisse im Bereich der Leitung der Aufgaben des Vorstands zuerkennen.

§ 3. Die Beschlüsse des Vorstands können gefasst werden, wenn alle Vorstandsmitglieder über die Sitzung des Vorstands ordnungsgemäß benachrichtigt worden sind.

§ 4. Die Berufung eines Prokuristen bedarf der Zustimmung aller Vorstandsmitglieder.

§ 5. Die Prokura kann durch jedes Vorstandsmitglied widerrufen werden.

§ 6. Soweit die Satzung weder dem Aufsichtsrat noch der Hauptversammlung das Recht zuerkennt, die Geschäftsordnung des Vorstands zu beschließen oder festzustellen, kann der Vorstand seine Geschäftsordnung selbst beschließen.

Art. 372 [Umfang der Vertretung] § 1. Der Vertretungsrecht des Vorstandsmitglieds betrifft alle gerichtlichen und außergerichtlichen Geschäfte der Gesellschaft.

§ 2. Das Recht eines Vorstandsmitglieds zur Vertretung der Gesellschaft darf gegenüber Dritten rechtswirksam nicht beschränkt werden.

Art. 373 [Art der Vertretung] § 1. Setzt sich der Vorstand aus mehreren Personen zusammen, so bestimmt die Satzung der Gesellschaft die Art ihrer Vertretung. Enthält die Satzung keine diesbezüglichen Bestimmungen, so ist zur Abgabe von Erklärungen im Namen der Gesellschaft die Zusammenwirkung von zwei Vorstandsmitgliedern oder von einem Vorstandsmitglied gemeinsam mit einem Prokuristen erforderlich.

§ 2. Die gegenüber der Gesellschaft abzugebenden Erklärungen und die Zustellungen von Schriftstücken an die Gesellschaft können gegenüber einem Vorstandsmitglied oder einem Prokuristen bewirkt werden.

§ 3. Die Vorschriften der § 1 und § 2 schließen die Erteilung der Prokura nicht aus und beeinträchtigen nicht die Rechte der Prokuristen, die sich aus den Vorschriften über die Prokura ergeben.

Art. 375 [Beschränkungen im Verhältnis zur Gesellschaft] Gegenüber der Gesellschaft unterliegen die Vorstandsmitglieder den Beschränkungen, die in diesem Abschnitt, in der Satzung, in der Geschäftsordnung des Vorstands sowie in den Beschlüssen des Aufsichtsrates und der Hauptversammlung bestimmt sind.

Art. 375[1] [Beschränkungen der Geschäftsführung der Gesellschaft] Die Hauptversammlung und der Aufsichtsrat sind nicht berechtigt, dem Vorstand verbindliche Weisungen hinsichtlich der Führung der Geschäfte der Gesellschaft zu erteilen.

Art. 379 [Verträge mit Vorstandsmitgliedern] § 1. In einem Vertrag zwischen der Gesellschaft und einem Vorstandsmitglied sowie in einem Rechtsstreit mit dem Vorstandsmitglied wird die Gesellschaft durch den Aufsichtsrat oder einen Bevollmächtigten, der durch einen Beschluss der Hauptversammlung bestellt wird, vertreten.

Art. 380 [Wettbewerbsverbot] § 1. Ohne Zustimmung der Gesellschaft darf ein Vorstandsmitglied keine Konkurrenzgeschäfte betreiben und sich nicht an einer Konkurrenzgesellschaft als Gesellschafter einer Gesellschaft bürgerlichen Rechts, einer Personengesellschaft oder als Mitglied eines Organs einer Kapitalgesellschaft oder einer anderen konkurrierenden Rechtsperson beteiligen. Dieses Verbot umfasst auch die Beteiligung an einer konkurrierenden Kapitalgesellschaft, wenn das Vorstandsmitglied mindestens 10 % der Anteile oder Aktien an dieser Gesellschaft hält oder das Recht zur Berufung mindestens eines Vorstandsmitglieds besitzt.

§ 2. Soweit die Satzung nichts anderes bestimmt, wird die Zustimmung durch das zur Berufung des Vorstands berechtigte Organ erteilt.

Art. 382 [Zuständigkeit, Rechte und Pflichten des Aufsichtsrats] § 1. Der Aufsichtsrat hat die Tätigkeit der Gesellschaft in allen ihren Bereichen ständig zu beaufsichtigen.

§ 2. (aufgehoben)

§ 3. Zu besonderen Pflichten des Aufsichtsrats gehört die Prüfung der in Art. 395 § 2 Ziff. 1 genannten Berichte auf ihre Übereinstimmung mit den Büchern und Schriften wie auch mit dem Tatbestand, die Prüfung der Anträge des Vorstands bezüglich der Gewinnverteilung bzw. Verlustdeckung sowie die alljährliche Berichterstattung über die Ergebnisse der Prüfung an die Hauptversammlung.

§ 4. Zum Zwecke der Erfüllung seiner Pflichten kann der Aufsichtsrat sämtliche Unterlagen der Gesellschaft prüfen, beim Vorstand und bei den Mitarbeitern Berichte und Erklärungen anfordern sowie eine Überprüfung des Vermögensstands der Gesellschaft vornehmen.

Art. 383 [Befugnisse des Aufsichtsrats gegenüber dem Vorstand] § 1. Zu den Befugnissen des Aufsichtsrats gehört auch das Suspendieren einzelner oder sämtlicher Vorstandsmitglieder von ihrem Amt aus wichtigem Grund sowie die vorübergehende Entsendung von Aufsichtsratsmitgliedern auf nicht länger als drei Monate zur Ausübung von Tätigkeiten der abberufenen, zurückgetretenen oder aus sonstigen Gründen behinderten Vorstandsmitglieder.

§ 2. Ist ein Vorstandsmitglied an der Ausübung seiner Funktion behindert, so hat der Aufsichtsrat unverzüglich entsprechende Maßnahmen zur Änderung der Zusammensetzung des Vorstands zu ergreifen.

Art. 384 [Erweiterung der Befugnisse] § 1. Die Satzung kann die Befugnisse des Aufsichtsrates erweitern und insbesondere vorsehen, dass der Vorstand verpflichtet ist, vor der Vornahme der in der Satzung bestimmten Geschäfte die Zustimmung des Aufsichtsrates einzuholen.

§ 2. Verweigert der Aufsichtsrat seine Zustimmung zur Vornahme eines bestimmten Geschäfts, so kann sich der Vorstand an die Hauptversammlung wenden, damit diese einen Beschluss über die Zustimmung zur Vornahme dieses Geschäfts fasst.

Art. 393 [Zuständigkeitsbereich der Hauptversammlung] Neben den Angelegenheiten, die in diesem Abschnitt oder in der Satzung aufgeführt sind, bedürfen eines Beschlusses der Hauptversammlung:

(...)

2) die Entscheidung über Schadensersatzansprüche wegen Schäden, die bei der Errichtung der Gesellschaft, bei der Ausübung der Tätigkeit des Vorstands oder bei der Führung der Aufsicht zugefügt worden sind;

Art. 395 [Ordentliche Hauptversammlung] § 1. Eine ordentliche Hauptversammlung ist innerhalb von sechs Monaten nach Ablauf eines jeden Geschäftsjahres abzuhalten.

§ 2. Eine ordentliche Hauptversammlung hat zum Gegenstand:

(...)

3) die Entlastung der Mitglieder der Gesellschaftsorgane von der Erfüllung ihrer Pflichten.

Art. 422 [Anfechtungsklage] § 1. Ein Beschluss der Hauptversammlung, der der Satzung oder den guten Sitten widerspricht und die Interessen der Gesellschaft verletzt oder die Schädigung eines Aktionärs bezweckt, kann durch Erhebung einer Klage gegen die Gesellschaft auf Aufhebung des Beschlusses angefochten werden.

§ 2. Das Recht zur Erhebung der Klage auf Aufhebung eines Beschlusses der Hauptversammlung steht folgenden Personen zu:

1) dem Vorstand, dem Aufsichtsrat und den einzelnen Mitgliedern dieser Organe;
2) einem Aktionär, der gegen den Beschluss gestimmt hat und nach der Beschlussfassung die Aufnahme seines Widerspruchs ins Protokoll gefordert hat; diese Anforderung betrifft nicht einen Aktionär einer stimmrechtslosen Aktie;
3) einem Aktionär, dem die Teilnahme an der Hauptversammlung unbegründeterweise verweigert worden ist;
4) Aktionären, die auf der Hauptversammlung abwesend waren, nur im Falle einer fehlerhaften Einberufung der Hauptversammlung oder der Beschlussfassung über eine Angelegenheit, die nicht in der Tagesordnung enthalten war.

Art. 425 [Nichtigkeitsklage] § 1. Den in Art. 422 § 2 genannten Personen oder Organen der Gesellschaft steht das Recht zu, gegen die Gesellschaft eine Klage auf Nichtigkeitserklärung eines gesetzeswidrigen Beschlusses der Hauptversammlung zu erheben. Die Vorschrift des Art. 189 der Zivilprozessordnung findet keine Anwendung.

§ 2. Das Recht zur Erhebung der Klage erlischt mit dem Ablauf von sechs Monaten nach dem Tag, an dem der Berechtigte von dem Beschluss Kenntnis erlangt hat, jedoch nicht später als mit dem Ablauf von zwei Jahren nach dem Tag der Beschlussfassung.

§ 3. Die Klage auf Nichtigkeitserklärung eines Beschlusses der Hauptversammlung einer öffentlichen Gesellschaft ist innerhalb von dreißig Tagen nach dem Tag der Bekanntmachung dieses Beschlusses, jedoch nicht später als innerhalb eines Jahres nach dem Tag der Beschlussfassung zu erheben.

§ 4. Der Ablauf der in § 2 und § 3 bestimmten Fristen schließt die Möglichkeit nicht aus, den Einwand der Nichtigkeit des Beschlusses zu erheben.

§ 5. Die Vorschriften des Art. 423 § 1 und § 2 finden entsprechend Anwendung.

Art. 483 [Schuldhafte Handlungen der Organmitglieder] § 1. Ein Mitglied des Vorstands oder Aufsichtsrats und der Liquidator haftet gegenüber der

Gesellschaft für den Schaden, den es/er ihr durch ein rechtswidriges oder satzungswidriges Handeln oder Unterlassen zufügte, es sei denn, es trifft es/ihn kein Verschulden.

§ 2. Ein Mitglied des Vorstands, des Aufsichtsrates und ein Liquidator hat bei der Erfüllung seiner Pflichten die Sorgfalt einzuhalten, die sich aus dem beruflichen Charakter seiner Tätigkeit ergibt.

Art. 485 [Gesamtschuldnerische Haftung] Ist der in Art. 480-484 genannte Schaden von mehreren Personen gemeinsam verursacht worden, so haften sie für diesen Schaden gesamtschuldnerisch.

Art. 486 [Aktionärsklage] § 1. Erhebt die Gesellschaft innerhalb eines Jahres nach dem Tag des Bekanntwerdens der schädigenden Handlung keine Klage auf Ersatz des zugefügten Schadens, so kann jeder Aktionär oder jede Person, der ein anderer Titel zur Teilnahme am Gewinn oder an der Vermögensverteilung zusteht, die Klage auf Ersatz des der Gesellschaft zugefügten Schadens erheben.

§ 2. Auf Verlangen des Beklagten, das während der ersten Prozesshandlung vorgebracht wird, kann das Gericht die Hinterlegung einer Kaution für die Absicherung des dem Beklagten drohenden Schadens anordnen. Die Höhe und die Art der Kaution bestimmt das Gericht nach eigenem Ermessen. Wird die Kaution nicht innerhalb der durch das Gericht festgesetzten Frist hinterlegt, so wird die Klage abgewiesen.

§ 3. Der Beklagte hat das Vorrecht an der Kaution vor allen Gläubigern des Klägers.

§ 4. Erweist sich die Klage als unbegründet und hat der Kläger bei der Klageerhebung bösgläubig oder grob fahrlässig gehandelt, so ist er verpflichtet, den dem Beklagten zugefügten Schaden zu ersetzen.

Art. 487 [Unwirksamkeit der Berufung von der Haftung] Bei Klageerhebung aufgrund des Art. 486 § 1 sowie im Falle der Insolvenz der Gesellschaft können sich die zum Schadensersatz verpflichteten Personen weder auf einen Beschluss der Hauptversammlung, der ihnen die Entlastung erteilt, noch auf den von der Gesellschaft vorgenommenen Verzicht auf Schadensersatzansprüche berufen.

Art. 488 [Verjährung] Der Anspruch auf Ersatz eines Schadens verjährt nach Ablauf von drei Jahren seit dem Tag, an dem die Gesellschaft von dem Schaden und von der zum Schadensersatz verpflichteten Person Kenntnis erlangt hat. In jedem Fall verjährt der Anspruch jedoch mit dem Ablauf von fünf Jahren seit dem Tag, an dem das schädigende Ereignis eingetreten ist.

Art. 490 [Haftung nach allgemeinen Grundsätzen] Die Vorschriften der Art. 479-489 lassen die Rechte der Aktionäre und anderer Personen auf Geltendmachung des Schadensersatzes nach allgemeinen Grundsätzen unberührt.

Handelsgesetzbuch (*außer Kraft*) vom 27. Juni 1934 (GBl. 1934 Nr. 57 Pos. 502)

Art. 292 [Schuldhafte Handlungen der Organmitglieder] § 1. Ein Mitglied der Organe der Gesellschaft und ein Liquidator haftet gegenüber der Gesellschaft für einen Schaden, den es/er der Gesellschaft durch eine den Gesetzen oder den Bestimmungen des Gesellschaftsvertrags widersprechende Tätigkeit zufügte.

§ 2. Ein Mitglied der Organe der Gesellschaft sowie ein Liquidator hat bei der Erfüllung seiner Pflichten die Sorgfalt eines ordentlichen Kaufmanns anzuwenden und haftet der Gesellschaft für den Schaden, der infolge der Verletzung der Sorgfaltspflicht entstanden ist.

Art. 474 [Schuldhafte Handlungen der Organmitglieder] § 1. Ein Mitglied der Organe der Gesellschaft und ein Liquidator haftet gegenüber der Gesellschaft für einen Schaden, den es/er der Gesellschaft durch eine den Gesetzen oder den Bestimmungen der Satzung widersprechende Tätigkeit zufügte.

§ 2. Ein Mitglied der Organe der Gesellschaft sowie ein Liquidator hat bei der Erfüllung seiner Pflichten die Sorgfalt eines ordentlichen Kaufmanns anzuwenden und haftet der Gesellschaft für den Schaden, der infolge der Verletzung der Sorgfaltspflicht entstanden ist.

Zivilgesetzbuch vom 23. April 1964 (GBl. 1964 Nr. 16 Pos. 93)

Art. 6 [Beweislast] Die Beweislast für eine Tatsache trägt die Person, die aus dieser Tatsache für sich Rechtsfolgen herleitet.

Art. 55[1] [Begriff des Unternehmens] Das Unternehmen ist eine organisierte Gesamtheit von materiellen und immateriellen Komponenten, die zur Führung einer Wirtschaftstätigkeit bestimmt sind.

Es umfasst insbesondere:

1) eine Bezeichnung, die das Unternehmen oder seine gesonderten Teile individualisiert (Unternehmensname);
2) Eigentum an einem Grundstück oder einer beweglichen Sache, darunter an Anlagen, Materialien, Waren und Erzeugnissen sowie andere dingliche Rechte an einem Grundstück oder einer beweglichen Sache;

3) Rechte, die sich aus Miet- und Pachtverträgen über Grundstücke oder bewegliche Sachen ergeben, sowie Nutzungsrechte an Grundstücken oder beweglichen Sachen, die aus anderen Rechtsverhältnissen herrühren;
4) Forderungen, Rechte aus Wertpapieren und Geldmittel;
5) Konzessionen, Lizenzen und Genehmigungen;
6) Patente und andere gewerbliche Eigentumsrechte;
7) Urhebervermögensrechte und verwandte Vermögensschutzrechte;
8) Unternehmensgeheimnisse;
9) Bücher und Urkunden, die mit der Ausübung der Wirtschaftstätigkeit zusammenhängen.

Art. 353[1] [Vertragsfreiheit] Die Parteien, die einen Vertrag schließen, können das Rechtsverhältnis nach eigenem Ermessen bestimmen, soweit sein Inhalt oder Zweck den Eigenschaften (der Natur) des Rechtsverhältnisses, dem Gesetz und den Prinzipien des gesellschaftlichen Zusammenlebens nicht widersprechen.

Art. 354 [Treu und Glauben] § 1 Der Schuldner hat die Verpflichtung in Übereinstimmung mit ihrem Inhalt und auf eine Art und Weise zu erfüllen, die dem sozio-ökonomischen Zweck der Verpflichtung sowie den Prinzipien des gesellschaftlichen Zusammenlebens und, falls in diesem Bereich besondere anerkannte Gebräuche gelten, dann auch diesen Gebräuchen entspricht.

Art. 355 [Erforderliche Sorgfalt] § 1. Der Schuldner ist verpflichtet, die in den Verhältnissen der jeweiligen Art allgemein erforderliche Sorgfalt zu wahren (erforderliche Sorgfalt).

§ 2. Die erforderliche Sorgfalt eines Schuldners im Bereich der von ihm ausgeübten Wirtschaftstätigkeit wird unter Berücksichtigung des beruflichen Charakters dieser Tätigkeit bestimmt.

Art. 361 [Umfang des Schadensersatzes] § 1. Der zum Schadensersatz Verpflichtete haftet nur für normale Folgen einer Handlung oder Unterlassung, aus der sich der Schaden ergeben hat.

§ 2 Der Schadensersatz umfasst mangels einer abweichenden Vorschrift des Gesetzes oder Vertragsbestimmung innerhalb der vorstehend genannten Grenzen die Schäden, die der Geschädigte erlitten hat, sowie die Vorteile, die er hätte erzielen können, wenn ihm kein Schaden zugefügt worden wäre.

Art. 362 [Mitverschulden] Hat der Geschädigte zum Entstehen oder zur Vergrößerung des Schadens beigetragen, so wird die Pflicht zum Schadensersatz den Umständen nach, insbesondere dem Grad des Verschuldens beider Parteien entsprechend verringert.

Art. 363 [Schadensersatzleistung] § 1. Der Schadensersatz hat nach Wahl des Geschädigten entweder durch Wiederherstellung des vorherigen Zustands oder durch Zahlung eines angemessenen Geldbetrags zu erfolgen. Ist jedoch die Wiederherstellung des vorherigen Zustands unmöglich oder würde sie übermäßige Schwierigkeiten oder Kosten für den Verpflichteten nach sich ziehen, so beschränkt sich der Anspruch des Geschädigten auf eine Geldleistung.

§ 2. Hat der Schadensersatz in Geld zu erfolgen, so muss die Höhe der Entschädigung nach den am Tag ihrer Festlegung geltenden Preisen bestimmt werden, es sei denn, dass wegen besonderer Umstände die Annahme von zu einem anderen Zeitpunkt geltenden Preisen als Grundlage erforderlich ist.

Art. 415 [Unerlaubte Handlung] Wer aus eigenem Verschulden einem anderen einen Schaden zugefügt hat, ist zum Schadensersatz verpflichtet.

Art. 422 [Haftung des Schädigers, Anstifters, Gehilfen und Nutznießers] Für einen Schaden haftet nicht nur derjenige, der den Schaden unmittelbar verursacht hat, sondern auch derjenige, der eine andere Person zur Schädigung veranlasst oder ihr dabei geholfen hat sowie derjenige, der aus dem einem anderen zugefügten Schaden bewusst einen Vorteil gezogen hat.

Art. 441 [Gesamtschuldnerische Haftung]. § 1. Haften mehrere Personen für einen Schaden, der durch eine unerlaubte Handlung verursacht worden ist, so haften sie gesamtschuldnerisch.

Art. 443. [Nichtausschluss des Schadensersatzanspruches] Der Umstand, dass die Handlung oder Unterlassung, aus der der Schaden entstanden ist, eine Nichterfüllung oder nicht ordnungsgemäße Erfüllung einer vorher bestehenden Verpflichtung dargestellt hat, schließt den Anspruch auf Ersatz eines durch eine unerlaubte Handlung verursachten Schadens nicht aus, es sei denn, dass sich aus dem Inhalt der vorher bestehenden Verpflichtung etwas anderes ergibt.

Art. 471 [Schadensersatz bei Nichterfüllung] Der Schuldner ist verpflichtet, den aus der Nichterfüllung oder nicht ordnungsgemäßer Erfüllung eines Schuldverhältnisses entstandenen Schaden zu ersetzen, es sei denn, dass sich die Nichterfüllung oder nicht ordnungsgemäße Erfüllung aus Umständen ergibt, die der Schuldner nicht zu vertreten hat.

Art. 472 [Nichteinhaltung der erforderlichen Sorgfalt] Ergibt sich aus einer besonderen Gesetzesvorschrift oder einem Rechtsgeschäft nichts anderes, dann ist der Schuldner für die Nichteinhaltung der erforderlichen Sorgfalt verantwortlich.

Art. 473 [Haftungsübernahme durch Vertrag] § 1. Der Schuldner kann durch einen Vertrag die Haftung für die Nichterfüllung oder nicht ordnungsgemäße Erfüllung eines Schuldverhältnisses wegen bestimmter Umstände übernehmen, die er kraft Gesetzes nicht zu vertreten hat.

Art. 474 [Haftung für Erfüllungsgehilfen] Der Schuldner haftet für Handlungen und Unterlassungen von Personen, mit deren Hilfe er das Schuldverhältnis erfüllt, sowie für Handlungen und Unterlassungen von Personen, denen er die Erfüllung des Schuldverhältnisses anvertraut, wie für eigene Handlung oder Unterlassung. Die vorstehende Vorschrift findet auch dann Anwendung, wenn das Schuldverhältnis vom gesetzlichen Vertreter des Schuldners erfüllt wird.

Art. 487 [Gegenseitiger Vertrag] § 1. Die Erfüllung und die Folgen der Nichterfüllung von Schuldverhältnissen aus gegenseitigen Verträgen unterliegen den Vorschriften dieses Titels, soweit dies von den Vorschriften dieses Abschnitts nicht anderweitig geregelt ist.

§ 2. Ein Vertrag ist gegenseitig, wenn sich beide Parteien in der Weise verpflichten, dass die Leistung einer Partei eine Entsprechung der Leistung der anderen Partei sein soll.

Art. 508 [Schuldbefreiung] Die Verbindlichkeit erlischt, wenn der Gläubiger den Schuldner von seiner Schuld befreit und dieser die Befreiung annimmt.

Art. 567 [Versendungskauf] (…)

§ 2. Im Falle eines Kaufs zwischen Unternehmern, ist der Käufer berechtigt, und wenn das Interesse des Verkäufers dies erfordert, verpflichtet, die Sache bei Einhaltung erforderlicher Sorgfalt zu verkaufen, wenn die Gefahr einer Verschlechterung der Sache besteht. Von seiner Absicht, die Sache zu verkaufen, hat der Käufer den Verkäufer nach Möglichkeit zu benachrichtigen, auf jeden Fall hat er ihm jedoch eine Benachrichtigung unverzüglich nach Vornahme des Verkaufs zu senden. Der Käufer kann auch die Sache dem Verkäufer auf seine Kosten und Risiko zurücksenden.

Art. 734 [Definition] § 1. Durch den Auftragsvertrag verpflichtet sich der Beauftragte zur Vornahme eines bestimmten Geschäfts für den Auftraggeber.

Art. 750 [Dienstleistungsverträge] Auf die Dienstleistungsverträge, die nicht durch die anderen Vorschriften geregelt sind, finden die Vorschriften über den Auftrag entsprechende Anwendung.

Art. 752 [Geschäftsführung ohne Auftrag] Wer eine fremde Angelegenheit ohne Auftrag besorgt, hat im Interesse des Geschäftsherrn und nach seinem wahrscheinlichen Willen zu handeln und ist verpflichtet, bei der Besorgung der Angelegenheit die erforderliche Sorgfalt einzuhalten.

Art. 757 [Abwehr drohender Gefahr] Wer zur Abwendung einer Gefahr, die einer anderen Person droht, ihr Gut rettet, kann von ihr die Erstattung begründeter Ausgaben verlangen, auch wenn seine Handlung wirkungslos gewesen ist, und haftet nur für vorsätzliches Verschulden oder grobe Fahrlässigkeit.

Art. 805 [Versicherungsvertrag] § 1. Durch den Versicherungsvertrag verpflichtet sich der Versicherer, im Tätigkeitsumfang seines Unternehmens bei Eintritt des vertraglich vorgesehenen Versicherungsfalls eine bestimmte Leistung zu erbringen, und der Versicherungsnehmer verpflichtet sich, die Prämie zu zahlen.

Art. 809 [Versicherungsurkunde] § 1. Der Versicherer ist verpflichtet, den Vertragsschluss durch eine Versicherungsurkunde zu bestätigen.

Arbeitsgesetzbuch vom 26. Juni 1974 (GBl. 1974 Nr. 24 Pos. 141)

Art. 22 [Arbeitsverhältnis] § 1. Mit der Begründung des Arbeitsverhältnisses verpflichtet sich der Arbeitnehmer, für den Arbeitgeber und unter dessen Leitung Arbeit einer bestimmten Art zu verrichten, an einem durch den Arbeitgeber bestimmten Ort und in einer durch den Arbeitgeber bestimmten Zeit; der Arbeitgeber verpflichtet sich dagegen, den Arbeitnehmer gegen Entgelt zu beschäftigen.

Art. 45 [Wiedereinstellung] § 1. Stellt das Arbeitsgericht fest, dass die Kündigung des unbefristeten Arbeitsvertrages nicht gerechtfertigt ist oder die Vorschriften über Kündigung von Arbeitsverträgen verletzt, dann entscheidet es – gemäß dem Antrag des Arbeitnehmers – auf Unwirksamkeit der Kündigung, und falls der Vertrag inzwischen aufgelöst wurde – auf Wiedereinstellung des Arbeitnehmers zu den bisherigen Bedingungen oder auf Zahlung einer Entschädigung.

Art. 52 [Verschuldete Gründe] § 1. Der Arbeitnehmer ist berechtigt, den Arbeitsvertrag wegen Verschuldens des Arbeitnehmers in den folgenden Fällen fristlos zu kündigen:

1) falls der Arbeitnehmer gegen seine grundlegenden Pflichten verstößt;

Art. 100 [Pflichten des Arbeitnehmers] § 1. Der Arbeitnehmer ist verpflichtet, seine Arbeit gewissenhaft und sorgfältig auszuführen und die Anweisungen seiner Vorgesetzten betreffend die Arbeit zu befolgen, sofern sie nicht gegen die Rechtsvorschriften oder den Arbeitsvertrag verstoßen.

§ 2. Der Arbeitnehmer ist insbesondere verpflichtet:

(…)

4) für das Wohl des Betriebs zu sorgen, dessen Vermögen zu schützen und über Informationen Stillschweigen zu bewahren, deren Offenlegung dem Arbeitgeber Schaden zufügen könnte,

Art. 114 [Rechtswidrigkeit. Verschulden] Der Arbeitnehmer, der infolge der Nichterfüllung oder Schlechterfüllung seiner Arbeitnehmerpflichten dem Arbeitgeber Schaden zugefügt hat, haftet gemäß den in den Vorschriften des vorliegenden Unterabschnitts festgelegten Grundsätzen.

Art. 115 [Schaden; kausaler Zusammenhang] Der Arbeitnehmerhaftet für den Schaden im Rahmen des dem Arbeitgeber tatsächlich entstandenen Verlustes und lediglich für übliche Folgen der schadensbegründenden Handlung bzw. Unterlassung.

Art. 116 [Beweislast] Der Arbeitgeber ist verpflichtet, die Umstände, welche die Haftung des Arbeitnehmers begründen, sowie die Höhe des entstandenen Schadens darzulegen.

Art. 119 [Beschränkung und Aufgabe des Schadensersatzes] Die Höhe des Schadensersatzes hat dem Wert des zugefügten Schadens zu entsprechen, sie darf aber nicht höher sein, als eine dreimonatige Vergütung, die dem Arbeitnehmer am Tage der Schadenszufügung zusteht.

Art. 121 [Vergleich; gerichtliche Herabsetzung des Schadensersatzes] § 1. Wird der Schaden auf Grund eines Vergleichs zwischen dem Arbeitgeber und dem Arbeitnehmer ausgeglichen, kann die Höhe des Schadensersatzes herabgesetzt werden, und zwar unter Berücksichtigung sämtlicher Umstände, insbesondere des Grades des Verschuldens des Arbeitnehmers und seiner Einstellung zu den arbeitsrechtlichen Pflichten.

§ 2. Unter Berücksichtigung der in § 1 bezeichneten Umstände kann die Höhe des Schadensersatzes auch durch das Arbeitsgericht herabgesetzt werden; dies gilt auch für den Fall, dass der Schaden auf Grund eines Prozessvergleiches ausgeglichen wird.

A. Einführung

I. Aktualität und Bedeutung des Themas

Noch in den Achtzigerjahren schrieb *Wiedemann*, die Vorschriften §§ 93, 116 AktG[1] seien „kein ‚lebendes' Recht"[2]. Nun lebt das Recht! Über die Organhaftung wird in Deutschland nicht mehr nur diskutiert, sie wird zunehmend auch durchgesetzt. Bereits im Jahr 2013 waren ca. 6 000 Managerhaftungsverfahren anhängig.[3] Nach groben Schätzungen sollen sich hierzulande 2014 etwa 20.000 Manager Regressforderungen ausgesetzt gesehen haben.[4] Die Dunkelziffer dürfte indes noch höher sein, da die Schätzungen all jene Organhaftungsfälle nicht berücksichtigen, die nicht an die Öffentlichkeit gelangen, weil sie oft diskret, mithilfe von D&O-Versicherungen, Abfindungsvereinbarungen, Schiedsverfahren oder Verzicht auf Versorgungsansprüche *ad acta* gelegt werden.[5] Unabhängig davon, ob man die ARAG/Garmenbeck-Rechtsprechung des BGH[6] oder den Beginn der Finanzkrise 2008 (oder beides) als Wendepunkt betrachten mag, der Anstieg von Organhaftungsprozessen in Deutschland ist nicht von der Hand zu weisen. Vor diesem Hintergrund überraschen die Ergebnisse einer Ende 2016 durchgeführten Studie zur Managerhaftung nicht, wonach 25% der befragten Geschäftsführer und Vorstandsmitglieder das Haftungsrisiko für ihre Tätigkeit

---

1 Aktiengesetz v. 6.9.1965 (BGBl. I S. 1089).

2 *Wiedemann*, GesellschaftsR Bd. I, § 11 III 2, S. 624; vgl. auch *Kallmeyer*, ZGR 1993, 104, 106: Schadensersatzprozesse gegen Manager erlebe man außerordentlich selten; ähnlich *Westermann* in Karlsruher Forum 1993, S. 15, 15: Managerhaftung beschränke sich auf den Verlust der Position.

3 *Demircan*, Wenn Manager zum Risiko werden, Handelsblatt v. 29.1.2013, S. 26 unter Hinweis auf Hendricks & Co. GmbH; dazu auch *Hopt*, ZIP 2013, 1793, 1794; ausführlich zu vorhandenen Daten siehe *Hopt/Roth* in GroßkommAktG § 93 Rn. 40; *Ihlas*, D&O Liability, 2009, S. 45 f.; *Bachmann*, Gutachten E 12 ff.

4 *Papendick/Schwarzer*, Im Zweifel gegen den Angeklagten, Manager-Magazin 2/2014, S. 80, 88.

5 *Bachmann*, Gutachten E 12; *ders.*, Audit Committee Quarterly III/2014, 7 f.; vgl. auch *Ihlas*, D &O Liability, 2009, S. 121, der 2009 die Zahl der in der Öffentlichkeit bekannten Organhaftpflichtfälle auf weniger als 5 % geschätzt hat; *Kleinert* in FS Baums Bd. I, 2017, S. 669, 669.

6 BGHZ 135, 244 – ARAG/Garmenbeck.

im Vergleich zum letzten Jahr als weiterhin steigend empfunden und gut 33% der Befragten das Haftungsrisiko für ihre Tätigkeit als hoch eingestuft haben.[7]

Der Aufforderung *Lutters* zur „Aktualisierung" der Haftung des Vorstands wird nun Rechnung getragen.[8] Eine Haftung bis zur Existenzvernichtung unterstreicht das Problem der strengen Managerhaftung;[9] die Schadensersatzforderungen werden bis auf unvorstellbare Summen ausgedehnt.[10]

Insbesondere die Fälle *Breuer*[11] und *Neubürger*[12] gelten heute als Musterbeispiel der Strenge der Managerhaftung und veranschaulichen, dass die Haftung nicht nur auf dem Papier besteht, enthüllten aber, dass die Strenge der Organhaftung in Deutschland zugleich zu ihrer Schwäche geworden ist und befeuerten die Debatte weiter.

Dabei ist durch diese spektakulären Haftungsfälle das „Rad der Organhaftung" keineswegs neu erfunden worden. Vielmehr: Die Organhaftung hatte

---

7 Vgl. VOV-Studie Managerhaftung, 2017, S. 6, 34 ff. Befragt wurden im Auftrag eines Versicherungsvermittlers zweihundert Geschäftsführer aus nicht-inhabergeführten Unternehmen mit einer Bilanzsumme von mindestens 50 Mio. Euro.

8 *Lutter*, ZIP 1995, 441, 441.

9 Siehe *Dauner-Lieb*, NZG 2016, 1121, 1122; *Reuter*, ZIP 2016, 597, 597 f.; *Seibt*, NZG 2016, 361, 361 f.; *ders.*, NZG 2015, 1987, 1988; *Freund*, NZG 2015, 1419, 1422; *Habersack*, NZG 2015, 1297, 1297; *Bayer*, NJW 2014, 2546, 2546; *Bayer/Scholz*, NZG 2014, 926, 927; *Koch*, NZG 2014, 934, 935; *ders.*, AG 2012, 429, 429; *Reichert*, ZHR 177 (2013), 756, 757 f.; eingehend dazu *Scholz*, Die existenzvernichtende Haftung von Vorstandsmitgliedern, 2014; *Brommer*, Die Beschränkung der Rechtsfolgen der Vorstandsinnenhaftung, 2016.

10 Fall *Neubürger* (15 Mio. Euro), LG München I ZIP 2014, 570; Fall *Kolmsee* (Klage in Höhe von 55 Mio. Euro; die Partien haben sich zwischenzeitlich verglichen), *Kroneck*, SKW und Ex-Chefin Ines Kolmsee beenden Rechtsstreit, Börsen-Zeitung v. 23.3.2017, S. 16; Fall *GfK* (Klage in Höhe von rund 30 Mio. Euro), *Ritzer*, Affäre in Istanbul, Süddeutsche Zeitung v. 2.3.2016, S. 19; sowie Fall *Hypo-Vereinsbank* (Klage in Höhe von 180 Mio. Euro), *Iwersen/Votsmeier*, Die Abrechnung, Handelsblatt v. 14.9.2016, S. 28 f.; ausführlich mit weiteren Beispielen *Bachmann*, Gutachten E 11, Fn. 6.

11 Rolf E. Breuer, früherer Vorstandssprecher der Deutschen Bank AG, zahlte dieser für die Folgen seiner Interviewäußerungen über die Mediengruppe Kirch 3,2 Mio. Euro. Zudem soll die Bank von Breuers D&O-Versicherung 90 Mio. Euro erhalten haben, siehe *Leitel*, Breuer schließt mit der Deutschen Bank ab, Handelsblatt v. 6.4.2016, S. 29.

12 Heinz-Joachim Neubürger, früherer Siemens-Finanzvorstand, wurde zu Schadensersatz in Höhe von 123 Mio. Euro wegen Verstößen gegen Compliance-Pflichten verurteilt, siehe LG München I ZIP 2014, 570 m. Anm. *Bachmann*. Die Parteien haben sich auf eine Zahlung von 2,5 Mio. Euro geeinigt, siehe *Peitsmeier*, Siemens beendet Affäre und schließt letzten Vergleich, FAZ v. 13.12.2014, S. 28; ZIP 2015, A 10.

bereits vorher Interesse bei Juristen und Beachtung unter Managern gefunden. Durch das UMAG (2005) wurde die Business Judgment Rule (BJR) in § 93 Abs. 1 S. 1 AktG kodifiziert und die Aktionärsklage als ein prozessualer Ausgleich zur materiellen Haftungsentschärfung sowie eine Verstärkung der Rechte der Minderheitsaktionäre eingeführt.[13] Für manche haben sich diese Reformen jedoch als „enttäuschend" und „unbefriedigend" erwiesen.[14] Deshalb wurde die Fachwelt schon ein paar Jahre später aufgefordert, „die Business Judgment Rule [zu] vergessen"[15], und der Gesetzgeber zu Reformen aufgerufen.[16] Der Aufforderung zur Diskussion sind die Vertreter der Rechtslehre und Praxis nachgekommen. So hat sich der 69. Deutsche Juristentag (DJT) zur Corporate Governance 2012 in München mit der Reform der Aktionärsklage befasst und der 70. DJT 2014 in Hannover die Debatte zur Organhaftung fortgesetzt und sich vornehmlich mit ihren materiellen Aspekten beschäftigt. Heute wird ein ausgewogener Kompromiss zwischen einer effektiven, zugleich aber nicht die Existenz der Vorstandsmitglieder gefährdenden Haftung angestrebt.[17] Denn „das Eingehen von Risiken gehört zum Wesen unternehmerischer Tätigkeit"[18], eine übertriebene Risikoaversion des Vorstands könne ihrerseits risikoverstärkend wirken.[19]

Schließlich wäre eine Untersuchung zur Organhaftung des Vorstands einer AG, die keinen Bezug zum Deutschen Corporate Governance Kodex (DCGK) herstellt, unvollständig, stellt dieser doch „wesentliche gesetzliche Vorschriften zur Leitung und Überwachung deutscher börsennotierter Gesellschaften (Unternehmensführung) dar und [...] [enthält] international und national anerkannte Standards guter und verantwortungsvoller Unternehmensführung".[20]

---

13 Gesetz zur Unternehmensintegrität und Modernisierung des Anfechtungsrechts v. 22.9.2005 (BGBl. I S. 2802).

14 *Habersack*, ZHR 177 (2013), 782, 785; zuletzt kritisch *v. Falkenhausen*, NZG 2016, 601, 601.

15 *Druey* in FS Goette 2011, S. 57, 70.

16 *v. Falkenhausen*, NZG 2012, 644, 651.

17 Zum Problem der existenzvernichtenden Haftung siehe etwa *Bachmann*, Gutachten E 9; *ders.*, Es soll wehtun, aber nicht die Existenz zerstören, Börsen-Zeitung v. 13.9.2014, S. 9; *Habersack*, ZHR 177 (2013), 782, 794; *Hoffmann*, NJW 2012, 1393, 1398; *Koch*, AG 2014, 513; *ders.*, AG 2012, 429, 429 f.; *Reichert*, ZHR 177 (2013), 756, 757 f.; *Spindler*, AG 2013, 889, 889; *E. Vetter*, NZG 2014, 921, 921; über „zunehmende Verschärfung" auch *Hopt*, ZIP 2013, 1793, 1793; ähnlich schon *Ulmer* in FS Canaris Bd. II, S. 2007, 451, 451.

18 *Baums*, ZGR 2011, 218, 219.

19 *Adolff* in FS Baums Bd. I, 2017, S. 31, 42.

20 Deutscher Corporate Governance Kodex i. d. F. v. 7.2.2017, BAnz AT 24.04.2017 B2.

Das Thema der Innenhaftung der Vorstände steckt in Polen – im Vergleich zu der regen Debatte in Deutschland – noch in den Kinderschuhen. Während in Deutschland die zahlreichen Beiträge zum Reformbedarf der Organhaftung aus einem praktischen[21] sowie wissenschaftlichen[22] Blickwinkel eine lebendige Debatte schaffen, ist selbige in Polen (noch) nicht sehr ausgeprägt. Sie konzentriert sich vor allem auf die einzelnen (in Deutschland längst geklärten) Merkmale der Innenhaftung des Vorstands, insbesondere wird die Doppelfunktion des Sorgfaltsmaßstabs problematisiert. Es wird jedoch kaum darüber diskutiert, ob die zentrale Haftungsnorm (Art. 483 HGGB[23]) ihren Zweck erfüllt. Vereinzelt wird die Kodifizierung der BJR angesprochen. Die Einführung eines verpflichtenden Selbstbehalts bei der D&O-Versicherung wird lediglich am Rande erwähnt. Dabei wurden die meisten hier relevanten Beiträge von Autoren verfasst, die das deutsche Recht als Bezugspunkt nehmen.[24]

Große Organhaftungsfälle sind in Polen bisher noch ausgeblieben. Aber auch die weniger spektakulären Fälle finden eher keinen Weg ins Gericht, was eine spärliche Rechtsprechung zur Innenhaftung des Vorstands bestätigt. Ob nun die Kosten, ein zu geringer Wille oder mangelnder Druck aus der Öffentlichkeit daran schuld sind, Vorstandsmitglieder werden schlicht und einfach selten auf Schadensersatz verklagt. Häufiger werden Geschäftsleiter strafrechtlich wegen Untreue als zivilrechtlich wegen unsorgfältigen Handelns zur Verantwortung gezogen. Haben die Gerichte aber nur wenig Möglichkeiten, über Organhaftungsklagen zu entscheiden, so bleiben auch die Anreize zu einer juristischen Debatte aus. Gerade die ist aber *n*ötig. Denn die Rechtsprechung des Obersten Gerichts (OG) zur Haftung der Vorstände einer Aktiengesellschaft ruft Bedenken hervor: Um zu beweisen, dass ein Vorstandsmitglied pflichtwidrig gehandelt hat, hat die Gesellschaft stets eine Gesetzes- oder Satzungsbestimmung zu benennen, die das Vorstandsmitglied verletzt hat, ohne sich dabei lediglich auf unsorgfältiges Verhalten berufen zu können.[25] Hat ein Vorstandsmitglied *nur* unsorgfältig gehandelt und dabei weder Satzung noch Gesetz verletzt, haftet es der Gesellschaft

21 Siehe *Hopt*, ZIP 2013, 1793 ff; aus jüngerer Zeit *Reuter*, ZIP 2016, 597 ff.

22 Siehe etwa *Spindler*, AG 2013, 889 ff.

23 Handelsgesellschaftengesetzbuch v. 15.9.2000 (GBl. v. 2000 Nr. 94 Pos. 1037); dt. Übersetzung nach LEX online, zum Gesetzesauszug siehe S. XXVIII; alternativ siehe auch *de Vries* in Hdb. WiRO, 2015, Bd. 2, PL 350.

24 Vor allem *Prof. Adam Opalski* (Universität Warschau) und *Prof. Krzysztof Oplustil* (Jagiellonen-Universität in Krakau).

25 OG Urt. v. 9.2.2006, V CSK 128/05, MoP 5/2006, 226, LEX 401516.

gegenüber – mangels Haftungsgrundlage – nicht. Somit entwertet das OG die Haftungsnorm (Art. 483 HGGB) zulasten der Gesellschaft.

Die BJR wurde in Polen bis jetzt weder kodifiziert noch in der Rechtsprechung anerkannt. Während sich diese Rechtsfigur in Europa bereits einen Platz erkämpft hat (die BJR wurde in Deutschland, Griechenland, Kroatien, Lichtenstein, Österreich, Portugal, Rumänien, Spanien und Tschechien kodifiziert;[26] in den übrigen EU-Ländern erkennen sowohl Gerichte als auch die Rechtslehre ein Geschäftsleiterermessen an[27]), ist das polnische Aktienrecht erst auf dem Weg zu einer effektiven – europäischen Standards entsprechenden – Organhaftung. Die *Study on Directors' Liability* der London School of Economics (LSE) aus dem Jahr 2013 führt aus, Polen sei aufgrund unklarer Rechtsprechung „on the borderline", lande am Ende aber doch „on the other side": ein Geschäftsleiterermessen sei zwar in einigen Gerichtsentscheidungen anerkannt, die BJR gebe es jedoch nicht.[28] Letzteres wird in der Rechtslehre häufig auf eine Entscheidung des OG gestützt, wonach Vorstandsmitglieder sich nicht auf das wirtschaftliche Risiko berufen können, wenn der Gesellschaft ein Schaden infolge unsorgfältigen Handelns entstanden ist.[29] Dabei hat das OG aber lediglich entschieden, dass unsorgfältiges Handeln durch ein wirtschaftliches Risiko nicht zu rechtfertigen ist. Das OG hat die BJR weder abgelehnt noch sich zu dieser bekannt. Denn es hat nicht präzisiert, welche Voraussetzungen für die Anerkennung einer Handlung eines Vorstandsmitglieds als sorgfältig noch vorliegen müssten. Das OG räumt den Vorstandsmitgliedern zwar ein gewisses unternehmerisches Handlungsermessen ein, bis jetzt hat es aber *nicht ausdrücklich* entschieden, dass dieses Geschäftsleiterermessen gerichtlicher Kontrolle zu entziehen ist. Lediglich Gerichte unterer Instanzen weisen, wenn auch nur am Rande, darauf hin, dass

---

26 Näher dazu siehe D.III.2.b)aa).

27 Vgl. *Gerner-Beuerle/Paech/Schuster*, Study on Directors' Duties and Liability prepared for the European Commission DG Markt, London School of Economics and Political Science, 2013, S. 116 ff. Der LSE-Studie zufolge wurde die BJR in Tschechien allerdings weder kodifiziert noch in der Rechtsprechung oder Rechtslehre anerkannt, während zum Zeitpunkt der Ausgabe der LSE-Studie § 51 Abs. 1 des Handelskorporationengesetz v. 25.1.2012, Nr. 90/2012 Sb. die BJR ausdrücklich geregelt hat; siehe *Bohata*, WiRO 2012, 274. Das Handelskorporationengesetz ist am 1. Januar 2014 in Kraft getreten.

28 LSE-Studie (Fn. 27), S. 117; *Merkt*, ZGR 2017, 129, 134.

29 OG Urt. v. 9.5.2000, IV CKN 117/00, Wokanda 2000, Nr. 10 Pos. 6, LEX 42351; vgl. auch die englische Übersetzung bei *Oplustil/Radwan* in Private Law in Eastern Europe, 2010, S. 445, 483: „According to the ruling of the Polish Supreme Court, a reference to an economic risk cannot exculpate the manager, when the damage inflicted upon company was the result of careless management."

Vorstände – und nicht Gerichte – die jeweilige unternehmerische Entscheidung zu beurteilen haben.[30] Dennoch ist es zu früh, um die Business Judgment Rule aus der polnischen Rechtsprechung herleiten zu können.

Aber nicht nur die materielle Haftung des Vorstands gegenüber der Gesellschaft erfordert in Polen eine Reform. Ebenso ist die Durchsetzbarkeit der Ansprüche gegen Vorstandsmitglieder zu bemängeln. So ist eine Anspruchsdurchsetzung ohne vorherigen Beschluss der Hauptversammlung nicht möglich. Liegt er nicht vor, sind dem Aufsichtsrat die Hände gebunden. Dies erweckt den Eindruck, dass der Vorstand einer polnischen Aktiengesellschaft mindestens so mächtig ist wie in Deutschland. Den Vorstand entmachten aber die Personalbefugnisse der Hauptversammlung, denn auch wenn er ebenso wie in Deutschland grundsätzlich unabhängig von Aufsichtsrat und Hauptversammlung ist, so kann er doch jederzeit von der Hauptversammlung abberufen werden.

Bis jetzt hat sich der Gesetzgeber mit anderen, aus seiner Sicht brennenderen Problemen des Aktienrechts wie Golden Shares, Squeeze-out, Senkung bzw. Abschaffung des Grundkapitals auseinandergesetzt. Auch die 2017 in Kraft getretenen Änderungen einiger HGGB-Vorschriften haben keine Neuerungen zur Organhaftung gebracht.[31] Käme auch die Organhaftung endlich einmal auf die Tagesordnung, so wäre es nur ratsam, von vornherein aus dem Erfahrungsschatz einer reifen Rechtsordnung zu schöpfen. Die vorliegende Arbeit sucht dies zu erreichen.

II. Ziel der Arbeit

Das Ziel der Untersuchung ist eine rechtsvergleichende Betrachtung der Innenhaftung des Vorstands in einer deutschen und einer polnischen Aktiengesellschaft. Insbesondere wird auf den Reformbedarf der Innenhaftung des Vorstands im polnischen Aktienrecht sowie auf die Frage der Kodifizierung der BJR eingegangen. Es wird geprüft, ob die deutschen Konzepte zur Organhaftung auf das polnische Aktienrecht übertragen werden können, weshalb das deutsche Aktienrecht den Ausgangspunkt der rechtsvergleichenden Analyse bildet. Auf der Grundlage der hierdurch gewonnenen Erkenntnisse wird dem polnischen

30 Z. B. BerG Kattowitz Urt. v. 5.11.2004, I ACa 540/04, OSA 2004, Nr. 4 Pos. 8, Legalis 72489; BerG Breslau Urt. v. 1.12.2010, II AKa 326/10, OSA 2011, Nr. 3 Pos. 223, Legalis 357839.

31 Gesetz über die Änderung einiger Gesetze zur Verbesserung des rechtlichen Umfelds der Unternehmer und Gesetz über die Grundsätze der Verwaltung des Staatseigentums v. 16.12.2016 (GBl. v. 2016 Pos. 2255).

Gesetzgeber ein entsprechender Vorschlag unterbreitet. Dieser soll einen angemessenen Ausgleich zwischen dem Anliegen der Rechtssicherheit und dem Bedarf einer Anpassung an die Voraussetzungen heutiger Kapitalmärkte und Corporate-Governance-Regularien gewährleisten. Dem Vorhaben dient der folgende Aufbau der Arbeit: Den einleitenden Anmerkungen zu Bedeutung und Aktualität des Themas folgen Erläuterungen zum Rechtsvergleich. Danach wird die Innenhaftung des Vorstands in Deutschland (Teil B) und in Polen (Teil C) dargestellt. Angesichts der aktuellen Debatte über die Reform der Organhaftung in Deutschland wird besonderes Augenmerk auf die Reformvorschläge gelegt (B.IV). Hierdurch wird die Grundlage für den Kern der Untersuchung geschaffen: Gegenüberstellung und Vergleich (Teil D). Dazu werden folgende vier Schwerpunkte gesetzt: Stellung des Vorstands, Innenhaftung des Vorstands, Entlastung des Vorstands und Anspruchsverfolgung in der polnischen Aktiengesellschaft. Dabei wird die Schwäche der derzeitigen Rechtslage in Polen erläutert, und es werden mögliche Lösungen und Verbesserungen erwogen, um zuletzt einen wohlüberlegten Reformvorschlag anzubieten und den polnischen Gesetzgeber zu einer Reform anzuregen.

Das Thema muss dennoch eingegrenzt werden. Behandelt wird lediglich die Haftung des Vorstands gegenüber der Gesellschaft nach § 93 Abs. 2 AktG und Art. 483 Abs. 1 HGGB (Innenhaftung). Die Haftung des Vorstands gegenüber Gläubigern oder Dritten (*Außenhaftung*) wurde weitestgehend ausgelassen. Sie zu beleuchten, ginge über die in den Blick genommene Problematik hinaus und sprengte den Rahmen dieser Ausarbeitung. Selbiges gilt für die Haftung der Geschäftsführer einer deutschen *GmbH* und einer polnischen *sp. z o.o.*, wenngleich sich einzelne Bezugnahmen auf § 43 GmbHG[32] und Art. 293 Abs. 1 HGGB nicht vermeiden lassen. Dies gilt insbesondere für das polnische Recht, denn aufgrund des nahezu identischen Wortlauts beider Vorschriften sind Rechtsprechung und Schrifttum zu Art. 293 HGGB gleichermaßen für Art. 483 HGGB relevant.[33] Ausgeklammert wird die *strafrechtliche Verantwortung* der Vorstände für der Gesellschaft zugefügte Schäden. Die vorliegende Untersuchung beschränkt sich ferner auf die Innenhaftung der Vorstände in privaten Unternehmen; die Besonderheiten der Haftung in *staatlichen* Unternehmen werden beiseitegelassen.

---

32 Gesetz betreffend die Gesellschaften mit beschränkter Haftung v. 20.4.1892 (RGBl. I S. 477).

33 Ein Unterschied besteht lediglich in Bezug auf die Normadressaten, im Übrigen sind die Vorschriften identisch. Nachfolgend betreffen daher Bezüge zur Haftung der Geschäftsführer nach Art. 293 HGGB auch die Haftung der Vorstandsmitglieder nach Art. 483 HGGB.

Im Vordergrund stehen die materielle Haftung des Vorstands gegenüber der Gesellschaft, insbesondere der Maßstab der erforderlichen Sorgfalt, das Geschäftsleiterermessen, die BJR sowie die D&O-Versicherung. Die Analyse der Innenhaftung des Vorstands in Deutschland und in Polen wäre jedoch unvollständig, ohne einen Blick auf die Stellung des Vorstands in einer polnischen Aktiengesellschaft sowie dessen Rechtsverhältnisse mit Hauptversammlung und Aufsichtsrat zu werfen. Die Rechtsverfolgung von Ansprüchen gegen Vorstandsmitglieder wird aus dem Blickwinkel einer stärkeren Einbeziehung des Aufsichtsrats betrachtet. Ungeachtet der bedeutsamen Unterschiede im deutschen und polnischen Recht der *actio pro socio* wird die Aktionärsklage ebenfalls angesprochen; die Darstellung der Maßnahmen zur Effektuierung der Aktionärsklage sowie der prozessualen Aspekte der Anspruchsverfolgung muss sich jedoch in ihrer Ausführlichkeit beschränken.

III. Rechtsvergleichender Überblick

Die rechtsvergleichende Analyse der Innenhaftung der Vorstände in einer deutschen und polnischen Aktiengesellschaft steht im Fokus der Untersuchung. Die beiden Aktienrechtsmodelle weisen viele Ähnlichkeiten auf. Zum einen ergibt sich dies aus der historischen Entwicklung des Zivil- und Gesellschaftsrechts in Polen, das viel aus den deutschen Rechtskonzepten geschöpft hat.[34] Zum anderen folgen beide Modelle – im Unterschied zum Common Law – den im kontinentalen Rechtssystem verankerten Grundsätzen des Aktienrechts. Zu erwähnen sind das dualistische System mit Vorstand und Aufsichtsrat, der zwingende Charakter der Rechtsnormen (Satzungsstrenge), Kapitalaufbringungs- und -erhaltungsregeln, Instrumente zum Gläubigerschutz sowie der Ausschluss der persönlichen Haftung der Aktionäre. Beide Rechtsordnungen folgen dem Grundsatz der begrenzten Autonomie des Gesellschaftsrechts gegenüber dem Zivilrecht.[35]

Eine frühere Fassung des polnischen Handelsgesetzbuches (nachfolgend HGB-PL)[36] von 1934 stützte sich im Hinblick auf die Aktiengesellschaft größtenteils

---

34 Vgl. *Fleischer* in 50 Jahre Aktiengesetz, 2016, S. 326, 343 f.

35 Siehe zum deutschen Recht *K. Schmidt* in MünchKommHGB, Vorb. § 1 Rn. 3; zum polnischen Recht *Schubel*, Polnisches Vertragskonzernrecht, 2010, S. 14; *Sołtysiński* in Corporate Boards, 2013, S. 511, 512 f.; *Cierpial* in Vorstandshaftung in Europa, 2005, S. 659.

36 Handelsgesetzbuch v. 27.6.1934 (GBl. v. 1934 Nr. 52 Pos. 502); dt. Übersetzung nach LEX online, zum Gesetzesauszug siehe S. XXVIII; alternativ siehe Polnische Wirtschaftsgesetze: aktuelle Gesetzestexte in deutscher Übersetzung, 1998, S. 270, 313 f.,

auf das deutsche Aktienrecht. Bestand in Polens sozialistischer Wirklichkeit kein Bedarf für ein Gesellschaftsrecht,[37] so galten nichtsdestoweniger – wenn auch nur formell – die Vorschriften des HGB-PL über die *sp. j.* (OHG), die *sp. z o.o.* (GmbH) und die *S.A.* (AG) sowie ein gewisser Teil der Vorschriften über die Handelsgeschäfte fort.[38] Aus diesem Grund konnte der Gesetzgeber Anfang der Neunzigerjahre auf diese Vorschriften in leicht veränderter Fassung „zur Befriedigung der neu entstehenden Bedürfnisse“[39] zurückgreifen.[40] Was als vorübergehende Lösung geplant war, weil es den Anforderungen der angestrebten freien Marktwirtschaft keineswegs gerecht werden konnte, hatte letztlich mehr als zehn Jahre Bestand. Mit dessen Verabschiedung im Jahre 2000 hat Polen erst als letzter der ehemaligen Ostblockstaaten ein neues Handelsgesellschaftengesetzbuch erlassen.[41] Das polnische HGGB ist 2001 in Kraft getreten und hat das HGB-PL ersetzt. Vor diesem Hintergrund gilt das HGGB heute immer noch als *neu*.[42]

Zugleich knüpft das HGGB, wie zuvor auch das HGB-PL, an das deutsche Aktienrecht an. Die Regelungen der Handelsgesellschaften im HGGB entsprechen im Wesentlichen den in Deutschland bekannten Gesellschaftsformen und haben vor allem das GmbHG für die *sp. z o.o.* sowie das AktG für die *S.A.* zum Vorbild.[43] Dies erklärt, warum auch Vertreter der deutschen Rechtslehre,

---

allerdings ist die unterschiedliche Übersetzung der Art. 292 HGB (*sp. z o.o.*) und Art. 474 HGB (*S.A.*) nicht nachvollziehbar, da die polnischen Fassungen an diesen Stellen gleich lauten.

37 *Sołtysiński* in Corporate Boards, 2013, S. 511, 512; *Oplustil/Radwan* in Private Law in Eastern Europe, 2010, S. 445, 446 f.

38 Art. VI §§ 1-2 des Einführungsgesetzes zum ZGB v. 23.4.1964 (GBl. v. 1964 Nr. 16 Pos. 94).

39 *Brunner* in FS Włodyka, 1996, S. 43, 45.

40 Das HGB-PL wurde mehrmals novelliert, um den neuen wirtschaftlichen Gegebenheiten Rechnung zu tragen. In das ZGB wurden solche Rechtsinstitute wie Vertragsgestaltungsfreiheit (Art. 353^1 ZGB), Legaldefinition des Unternehmens sowie dessen Gegenstand und Veräußerung (Art. 55^1, 52^2, 75^1 ZGB) eingeführt, sodass im ZGB eine gewisse Grundlage für Handelsgeschäfte geschaffen wurde.

41 Die Kommission für die Kodifizierung des Zivilrechts hat ihre Tätigkeit Anfang 1997 aufgenommen. Noch in demselben Jahr wurde der erste Gesetzesentwurf vorgelegt sowie eine Richtlinie zum HGGB veröffentlicht, siehe KPP 2/1997, 319, 322 ff. Der zweite Entwurf des HGGB samt Begründung wurde unter dem Namen „Recht der Handelsgesellschaften“ im Juni 1998 veröffentlicht, siehe Studia Prawnicze 1-2/1998, S. 7 ff.; vgl. die letztendlich erlassene Fassung des HGGB Drucks. 1687/2000, S. 3 ff.

42 Näher zur Kodifizierung des HGGB siehe *Schubel*, Polnisches Vertragskonzernrecht, 2010, S. 12 ff.

43 Begründung HGGB Drucks. 1687/2000, S. 21 ff.

darunter *Prof. Marcus Lutter* und *Prof. Walter Bayer*, gebeten wurden, den Gesetzesentwurf zu begutachten.[44]

Das polnische und das deutsche Aktienrecht unterscheiden sich jedoch im Hinblick auf die rechtssystematische Einordnung der Vorschriften.[45] Während in Polen die Materie des Aktienrechts in einem Gesetzbuch zusammen mit Bestimmungen über Personengesellschaften, die Gesellschaft mit beschränkter Haftung sowie die Umwandlung geregelt wurde, hat das Aktienrecht in Deutschland in einem gesonderten Gesetz seinen Platz gefunden. Die klassischen Institute des Handelsrechts wie Prokura (Art. 109^{1}-109^{9} ZGB[46]), Kaufmann (Art. 43^{1} ZGB), Handelsfirma (Art. 43^{2}-43^{10} ZGB), Handelsregister (Art. 1 ff. HandelsRegG[47]), Handelsgeschäfte wie Handelskauf (Art. 55^{2}, 55^{4}, 75^{1} ZGB), Kommissions- (Art. 765-773 ZGB) oder Speditionsgeschäft (Art. 794-804 ZGB) wurden in Polen zwischen dem ZGB und besonderen Gesetzen aufgeteilt. Ein gesondertes Gesetzbuch für Kaufleute nach deutschem Vorbild wurde als veraltetes Normierungssystem abgelehnt.[48] Gestützt auf einen Rechtsvergleich wurde argumentiert, dass immer mehr Rechtsordnungen sich für eine einheitliche, in einem Gesetzestext enthaltene Regelung des kaufmännischen und privaten Wirtschaftsverkehrs entschieden haben.[49]

Bei der rechtsvergleichenden Analyse fällt auch der unterschiedliche Umfang der Gesetze sowie der einzelnen Vorschriften auf. Während die Vorschriften des AktG sehr detailliert und ausgebaut sind, sind die Vorschriften des polnischen HGGB allgemein und knapp gefasst. Beide Systeme folgen zwar dem Grundsatz der Satzungsstrenge, das deutsche AktG enthält jedoch verhältnismäßig mehr *ius cogens*-Regeln, während das polnische HGGB an den entsprechenden Stellen oft *ius dispositivum* vorsieht.[50]

Festzuhalten ist: Die meisten Rechtsinstitute des Aktienrechts sind in beiden Systemen vorhanden. Die Unterschiede stecken jedoch – wie so häufig – im Detail. Diese Unterschiede und die daraus folgenden abweichenden Rechtslösungen bieten einen fruchtbaren Nährboden für eine vielschichtige Untersuchung. Die hier

---

44 Begründung HGGB Drucks. 1687/2000, S. 4.

45 Zu Beispielen deutscher Einflüsse auf das polnische Recht der Kapitalgesellschaften siehe *Hommelhoff/Oplustil* in FS Konzen, 2006, S. 309 ff.; auch *Sołtysiński* in FS Fikentscher, 1998, S. 419, 427.

46 Zivilgesetzbuch v. 23.4.1964 (GBl v. 1964 Nr. 16 Pos. 93).

47 Gesetz über das Handelsregister v. 20.8.1997 (GBl v. 1997 Nr. 121 Pos. 769).

48 Bericht zur Kodifizierung des Zivilrechts, KPP 2/2000, 487, 488.

49 Bericht zur Kodifizierung des Zivilrechts, KPP 2/2000, 487, 488 f.

50 Ebenso *Horwath/Cierpial* in LSE-Studie (Fn. 27), A 645.

vorgelegte rechtsvergleichende Betrachtung konzentriert sich dabei vornehmlich auf die Unterschiede zwischen den beiden Organhaftungsregimen. Die Übertragbarkeit der deutschen Rechtskonzepte wird dazu einer kritischen Untersuchung unterworfen. Zwar mag sich die Schlussfolgerung aufdrängen, dass sich ausweislich der systematischen Nähe beider Rechtsordnungen die deutschen Rechtslösungen über die Innenhaftung des Vorstands auf das polnische Aktienrecht „leicht" übertragen lassen. Dennoch ist ein bloßer Automatismus zu vermeiden. Die Debatte über die Organhaftung in Deutschland darf eine entsprechende Diskussion in Polen nicht ersetzen, sondern soll vielmehr endlich auch Reformüberlegungen in Polen in Gang setzen. Das deutsche Recht kann dafür als Vorbild dienen und Anreize für die erforderlichen Gesetzesänderungen in Polen geben.

B. Innenhaftung des Vorstands im deutschen Recht

I. Die deutsche Aktiengesellschaft

1. Herkunft, Einordnung und Struktur

Die historische Entwicklung des Aktienrechts in Deutschland (Aktienrechtsnovellen 1870,[51] 1884,[52] HGB 1897,[53] AktG 1937[54]) ist durch eine zunehmende Komplexität der Normen sowie der Suche nach Kompromisslösungen für Interessenkonflikte in der Gesellschaft geprägt. Dazu gehören u. a. die Art der staatlichen Kontrolle, die Gestaltungsfreiräume der Aktionäre, die Verhältnisse zwischen den Organen sowie das Modell der Unternehmensleitung.[55] Das heute geltende Aktienrecht beruht auf dem AktG von 1965. Zwar gab es seitdem keine umfassende Novelle des Aktienrechts, jedoch trifft angesichts der Zahl der Gesetzesänderungen zum AktG[56] der von *Zöllner* geprägte Begriff der „Aktienrechtsreform in Permanenz“[57] zu.

Im Unterschied zu den Personengesellschaften ist die AG eine Körperschaft und neben der GmbH und der KGaA[58] eine Kapitalgesellschaft. Als juristische Person basiert die AG auf dem eingetragenen Verein, was insofern praktische Bedeutung hat, als auf die AG die Vorschriften des BGB[59] über eingetragene Vereine (§§ 31, 35 BGB) und nicht die des BGB-Gesellschaftsrechts ergänzend

51 Aktienrechtsnovelle v. 11.6.1870 (BGBl. des Norddt. Bundes S. 375), abgedruckt in *Schubert/Hommelhoff*, Hundert Jahre modernes Aktienrecht, 1985, S. 107 ff.

52 Aktienrechtsnovelle v. 18.7.1884 (RGBl. I S. 213), abgedruckt in *Schubert/Hommelhoff*, Hundert Jahre modernes Aktienrecht, 1985, S. 387 ff.

53 Handelsgesetzbuch v. 10.5.1897 (RGBl. S. 219).

54 Aktiengesetz v. 30.1.1937 (RGBl. I S. 107); abgedruckt in *Klausing*, Aktiengesetz, 1937 sowie in *Kropff*, Aktiengesetz, 1965, S. 581 ff.

55 *Windbichler*, GesellschaftsR § 25 Rn. 25.

56 Zur Übersicht siehe *Habersack* in MünchKommAktG, Einl. Rn. 33 ff.; *Hopt/Roth* in GroßkommAktG § 93 Rn. 8 ff.

57 *Zöllner*, AG 1994, 336, 336.

58 Anders als in Deutschland ist die Kommanditgesellschaft auf Aktien (S.K.A., *Spółka komandytowo-akcyjna*) in Polen eine Personengesellschaft.

59 Bürgerliches Gesetzbuch i. d. F. der Bekanntmachung v. 2.1.2002 (BGBl. I S. 42, 2909; 2003 I S. 738).

anwendbar sind.[60] § 1 Abs. 1 AktG bestimmt das Wesen der Aktiengesellschaft als einer Gesellschaft mit eigener Rechtspersönlichkeit, bei der für die Verbindlichkeiten der Gesellschaft gegenüber den Gläubigern nur das Gesellschaftsvermögen haftet. Unabhängig vom Unternehmensgegenstand ist die AG gem. § 3 Abs. 1 AktG stets eine Handelsgesellschaft. Das Grundkapital der Aktiengesellschaft ist in Aktien zerlegt (§ 1 Abs. 2 AktG) und beträgt mindestens EUR 50.000 (§ 7 AktG). Die Kapitalaufbringung sowie die Kapitalerhaltung gehören zu den wichtigsten Grundsätzen der AG. Dabei sind die meisten Regelungen des AktG auf Publikumsgesellschaften zugeschnitten, in denen das personalistische Element (Mitgliederbestand) in den Hintergrund tritt. Als juristische Person handelt die Aktiengesellschaft durch ihre Organe. Deutschland folgt einem dualistischen Modell, bei dem die Geschäftsführung und Vertretung der Gesellschaft dem Vorstand obliegen (§ 77 AktG), der unter eigener Verantwortung handelt (§ 76 AktG).[61] Zur Überwachung des Vorstands ist der Aufsichtsrat verpflichtet (§ 111 AktG). Die Aktionäre üben ihre Rechte primär in der Hauptversammlung aus (§ 118 AktG), indem sie über die grundlegenden Angelegenheiten des Unternehmens, Strukturänderungen sowie Satzungsänderungen entscheiden (§ 119 AktG).

2. Satzungsstrenge

Das auf die AG anwendbare Recht ist weitgehend zwingend. Das AktG sieht in § 23 Abs. 5 AktG den Grundsatz der Satzungsstrenge vor, was oft als Nachteil der AG als rechtlicher Form wirtschaftlicher Tätigkeit hervorgehoben wird.[62] Demgemäß kann die Satzung von den Gesetzesvorschriften nur abweichen, wenn dies ausdrücklich zugelassen ist. Ergänzende Bestimmungen der Satzung sind zulässig, soweit das Gesetz keine abschließende Regelung enthält. Dies hat zur Folge, dass den Aktionären – im Vergleich mit den Gesellschaftern einer GmbH und denen von Personengesellschaften – wenig Spielraum bei der Ausgestaltung der Satzung zusteht. Auch die in der Arbeit behandelte Thematik der Innenhaftung des Vorstands gegenüber der Gesellschaft stellt

---

60 *Windbichler*, GesellschaftsR § 25 Rn. 1.

61 Die Vorteile einer übersichtlichen zwingenden Teilung der Zuständigkeiten des Leitungs- und Überwachungsorgans betonend *Arnold*, Die Steuerung des Vorstandshandelns, 2007, S. 76 m. w. N.

62 Vgl. *Grunewald*, GesellschaftsR, § 10 Rn. 3 m. w. N.

nach h. L. zwingendes Recht dar.[63] *De lege lata* gibt es somit kaum Spielraum für Regelungen, die von § 93 AktG abweichen. *De lege ferenda* wird eine gewisse Satzungsautonomie erwogen.[64]

II. Regelungstatbestand (§ 93 AktG)

1. Grundlagen

a) Überblick

§ 93 AktG bildet die zentrale Vorschrift des aktienrechtlichen Verantwortlichkeitsrechts. Zum einen enthält sie eine Generalklausel, die die Verhaltenspflichten von Vorstandsmitgliedern umschreibt. Zum anderen regelt sie die organschaftliche Haftung der Vorstandsmitglieder gegenüber der Gesellschaft und bildet eine eigene Anspruchsgrundlage. Darüber hinaus umfasst sie besonders wichtige Fälle von Pflichtverletzungen sowie Regelungen zu Haftungsausschluss, Verzicht, Vergleich und Verjährung. § 93 AktG betrifft lediglich die Innenhaftung der Vorstandsmitglieder und bezieht sich nicht auf die Außenhaftung gegenüber Dritten.

Der Normzweck des § 93 AktG ist der Ausgleich eines der Gesellschaft zugefügten Schadens wegen unsorgfältigen Handelns eines Vorstandsmitglieds (Schadensausgleich). Bevor es allerdings zu einem Schaden kommt, soll die präventive Wirkung der Haftungsnorm auf die Vorstandsmitglieder eintreten (Schadensprävention).[65] Die Vorschrift dient dem Schutz des Gesellschaftsvermögens und somit unmittelbar dem Schutz der Aktionäre und mittelbar dem Schutz der Gläubiger.

Gesondert wird die Haftung des Vorstands in § 25 UmwG[66] geregelt. In § 25 Abs. 1 UmwG wird eine Schadensersatzpflicht der Mitglieder der Vertretungsorgane – bei der AG also auch der Mitglieder des Vorstands – des übertragenden Rechtsträgers gegenüber dem übertragenden Rechtsträger, seinen Anteilsinhabern und seinen Gläubigern für die Schäden, die sie aufgrund eines schuldhaften Verhaltens der genannten Organmitglieder durch die Verschmelzung erleiden, geregelt. Der Schadensersatzanspruch gemäß § 25 Abs. 1 UmwG weicht insoweit von

---

63 Siehe etwa *Fleischer* in Spindler/Stilz AktG § 93 Rn. 3; *Hopt/Roth* in GroßkommAktG § 93 Rn. 47; Hüffer/*Koch* AktG § 93 Rn. 2; *Spindler* in MünchKommAktG § 93 Rn. 11.

64 *Krieger/Sailer-Coceani* in K. Schmidt/Lutter AktG § 93 Rn. 3; *Hopt/Roth* in GroßkommAktG § 93 Rn. 46; Näher dazu siehe B.IV.6.

65 *Hopt/Roth* in GroßkommAktG § 93 Rn. 12.

66 Umwandlungsgesetz v. 28.10.1994 (BGBl. I S. 3210; 1995 I S. 428).

§ 93 AktG ab, als er eine unmittelbare Haftung des Vorstands (auch) gegenüber Anteilsinhabern und Gläubigern bereits für einfache Fahrlässigkeit begründet, während § 93 Abs. 5 S. 2 AktG grobe Fahrlässigkeit voraussetzt.

b) *Entstehungsgeschichte*

Die heutige Regelung entspricht grundsätzlich § 84 AktG 1937.[67] Schon damals lehnte der Gesetzgeber eine verschuldensunabhängige Erfolgshaftung ab, die nach der amtlichen Begründung zum AktG 1937 „nur zur Folge haben [würde], dass die Verantwortungsfreudigkeit eines Vorstandsmitglieds erheblich herabgemindert und ihm jeder Mut zur Tat genommen wird“[68]. Der Sorgfaltsmaßstab wurde konkretisiert, als der „ordentliche Geschäftsmann“ zum „ordentlichen und gewissenhaften Geschäftsleiter“ wurde.[69] Die Regelung des § 84 AktG 1937 wurde 1965 in einer ergänzten Fassung in den § 93 des heutigen AktG übernommen. Die Verschwiegenheitspflicht der Vorstandsmitglieder wurde vereinheitlicht, indem neben vertraulichen Angaben auch Geheimnisse als Gegenstand der Schweigepflicht genannt wurden und die Frist, nach der ein Vergleich über oder der Verzicht auf Ersatzansprüche möglich war, wurde von fünf auf drei Jahre verkürzt.[70] In dieser Form regelt § 93 AktG heute die Haftung des Vorstands und kraft Verweisung in § 116 AktG auch die Haftung des Aufsichtsrats gegenüber der Gesellschaft.

c) *Rechtscharakter der Haftung*

Die Haftung eines Vorstandsmitgliedes gegenüber der Gesellschaft beruht auf seiner Organstellung und nicht auf dem Anstellungsvertrag.[71] Da sie kraft Gesetzes besteht und an die Organbestellung anknüpft, greift sie auch bei einem

---

67 Vgl. dazu *Klausing*, Aktiengesetz, 1937, S. 69.

68 Begründung zu § 84 AktG 1937 abgedruckt in *Klausing*, Aktiengesetz, 1937, S. 71; vgl. Begründung RegE AktG 1965 in *Kropff*, Aktiengesetz, 1965, S. 581; dazu siehe auch *Habersack* in FS Schneider, 2011, S. 429, 430; *Goette* in FS 50 Jahre BGH, 2000, S. 123, 124; *Ihrig*, WM 2004, 2098, 2098.

69 Vgl. dazu *Bayer/Engelke* in Aktienrecht im Wandel, Bd. 1, S. 649, Rn. 70.

70 Vgl. *Spindler* in MünchKommAktG § 93 Rn. 7; *Hopt/Roth* in GroßkommAktG § 93 Rn. 3, 6.

71 H. M., siehe *Hopt/Roth* in GroßkommAktG § 93 Rn. 45 f.; *Spindler* in MünchKommAktG § 93 Rn. 11; Hüffer/*Koch* AktG § 93 Rn. 36; zum gesetzlichen Tatbestand der Organhaftung und dem Anwendungsfall der Vertragsverletzung *Mertens/Cahn* in KölnerKommAktG § 93 Rn. 4.

unwirksamen Anstellungsvertrag ein.[72] Ob darüber hinaus Ansprüche wegen Vertragsverletzung aus § 280 Abs. 1 BGB entstehen, ist zwar umstritten, im Endergebnis aber ohne praktische Bedeutung.[73] Der zwingende Charakter des § 93 AktG schließt nämlich abweichende statutarische oder vertragliche Haftungsregeln aus. Daher kann ein Anstellungsvertrag die Haftung eines Vorstandsmitglieds nicht – etwa in Richtung einer Erfolgshaftung – verschärfen und über § 93 AktG hinausgehende Haftungsansprüche regeln.[74] Ein Anstellungsvertrag kann lediglich die gesetzlichen Pflichten des Vorstandsmitglieds konkretisieren oder ihm zusätzliche Pflichten auferlegen, deren Verletzung § 93 AktG unterliegt.[75] Auch die umgekehrte Frage, ob § 93 AktG gleichsam Aspekte der Vertragshaftung regelt, bleibt ohne weitere Folgen, denn wenn § 93 Abs. 4 bis 6 AktG Haftungsmodalitäten bestimmen, gelten sie auch für vertragliche Ansprüche.[76]

2. Deutscher Corporate Governance Kodex

Die Organhaftung der §§ 93, 116 AktG ist ein Teil der Corporate Governance (Unternehmensverfassung).[77] In Deutschland wird die Ausgestaltung der Unternehmensverfassung durch den DCGK geprägt, der die gesetzlichen Anforderungen an die Organe der Aktiengesellschaften, insbesondere an Vorstände und Aufsichtsräte, zusammenfasst und – über die rechtlichen Vorgaben der Unternehmensordnung und -kontrolle hinaus – nationale und international anerkannte Standards guter und verantwortungsvoller Unternehmensführung in Form von Anregungen und Empfehlungen hervorhebt.[78] Seine gesetzliche Verankerung findet er in § 161 AktG, wonach Vorstände und Aufsichtsräte börsennotierter Aktiengesellschaften verpflichtet sind, jährlich zu erklären, ob die Gesellschaft den Empfehlungen des DCGK folgt oder nicht.[79] Die Nichtbefolgung ist zulässig, bedarf aber einer Begründung.

---

72 *Spindler* in MünchKommAktG § 93 Rn. 11; *Hopt/Roth* in GroßkommAktG § 93 Rn. 45.

73 *Hopt/Roth* in GroßkommAktG § 93 Rn. 46; Hüffer/*Koch* AktG § 93 Rn. 36; siehe auch *Wiesner* in Münch. Hdb. AG § 26, Rn. 8: § 93 Abs. 2 Satz 1 AktG sei ein gesetzlich geregelter Spezialfall der Vertragsverletzung.

74 *Spindler* in MünchKommAktG § 93 Rn. 28; ebenso Hüffer/*Koch* AktG § 93 Rn. 2; *Westermann* in FS Beusch, 1993, S. 871, 879 f.

75 *Spindler* in MünchKommAktG § 93 Rn. 36.

76 *Hopt/Roth* in GroßkommAktG § 93 Rn. 46.

77 *Hopt/Roth* in GroßkommAktG § 93 Rn. 32.

78 Vgl. *Hopt/Roth* in GroßkommAktG § 93 Rn. 32 f.

79 Zur Legitimation des DCGK eingehend *Bachmann* in DCGK Komm Rn. 82 ff.

Der Vorstand handelt pflichtwidrig und grundsätzlich schuldhaft, wenn er keine Erklärung gem. § 161 AktG abgibt oder falsche Angaben macht. Relevant ist vor allem der Fall, in dem die Kodex-Empfehlungen durch den Vorstand oder den Aufsichtsrat nicht beachtet worden sind. Die Auswirkungen des DCGK auf die organschaftliche Haftung nach § 93 Abs. 2 AktG werden in der Rechtslehre unterschiedlich beurteilt. Zum Teil wird dem DCGK aufgrund seines unverbindlichen Charakters keine haftungsbeschränkende Wirkung zugestanden.[80] Teilweise wird aber in der Nichtbeachtung von Empfehlungen ein Verstoß gegen die Sorgfaltspflichten aus § 93 Abs. 2 AktG gesehen.[81] Angesichts des Wortlauts des § 161 AktG erweckt die zweite Auffassung Bedenken.[82] Denn Vorstand und Aufsichtsrat dürfen vom DCGK abweichen; die Empfehlungen des DCGK sind keine verbindlichen Verhaltenspflichten.[83] Eine darüber hinausgehende Auslegung würde dem Willen des Gesetzgebers widersprechen, der einer Erklärungspflicht keine weitere Rechtswirkung zumessen wollte.[84] Der zum Teil gezogene Vergleich mit den DIN-Normen überzeugt nicht: Die DIN-Normen haben meist einen technischen Charakter und beziehen sich in der Regel auf konkrete Sachverhalte, die empirisch nachprüfbar sind, während Empfehlungen des DCGK einen kaum messbaren, weil in der Regel zukunftsbezogenen Effekt haben.[85] Umgekehrt kann der Einhaltung der Kodexempfehlungen auch keine Vermutung eines sorgfältigen Handelns zugeschrieben werden, die ihrerseits gegen den Wortlaut des § 93 Abs. 2 S. 2 AktG zu einer Beweislastumkehr zugunsten der Organmitglieder führen könnte.[86]

Die soeben aufgeworfene Frage stellt sich dann nicht, wenn die Normen des DCGK in die Satzung, den Anstellungsvertrag oder die Geschäftsordnung des

---

80 *Bachmann* in DCGK Komm Rn. 81; *ders.*, WM 2002, 2137, 2138, keine „Ausfüllung von Organpflichten" durch den DCGK; zustimmend Hüffer/*Koch* § 161 AktG Rn. 25 m. w. N; *Hopt/Roth* in GroßkommAktG § 93 Rn. 34: der DCGK enthalte keine Rechtsnormen und die Nichtbefolgung einer Kodexempfehlung sei danach nicht rechtswidrig und könne keine Haftung nach § 93 AktG begründen.

81 *Lutter*, ZHR 166 (2002), 523, 540 f.; *Ulmer*, ZHR 166 (2002), 150, 166 f.

82 *Bachmann*, WM 2002, 2137, 2138.

83 Vgl. *Spindler* in MünchKommAktG § 93 Rn. 32; *Fleischer* in Hdb. VorstandsR § 7 Rn. 32; *Bachmann* in DCGK Komm Rn. 8: unverbindliche Empfehlungen einer Expertengruppe, denen man folgen möge oder auch nicht.

84 *Bachmann*, WM 2002, 2137, 2138.

85 *Spindler* in MünchKommAktG § 93 Rn. 32.

86 *Hopt/Roth* in GroßkommAktG § 93 Rn. 34; *Bachmann* in DCGK Komm Rn. 81; a. A. *Seibt*, AG 2002, 249, 251, der eine Art von *Safe Haven* für sorgfaltspflichtgemäßes Organhandeln nicht ausschließt.

Vorstands oder Aufsichtsrats übernommen wurden, sodass sie zu den gesellschaftsrechtlichen Organpflichten zählen, oder wenn sie zwingende aktienrechtliche Vorschriften wiedergeben (z. B. wird § 93 Abs. 1 S. 1 und 2 AktG durch Ziff. 3.8 Abs. 1 S. 2 und 3 des DCGK wiederholt). Dann sind sie zu verbindlichem Recht geworden und als solches auch durch den Vorstand zu beachten.[87]

3. Vorstand

Der Vorstand vertritt die Gesellschaft nach außen und führt die Geschäfte im Innenverhältnis. Seine rechtliche Stellung ergibt sich aus zwingenden Vorschriften des Aktienrechts, die ihn zur Geschäftsführung (§ 77 Abs. 1 S. 1 AktG), Leitung (§ 76 Abs. 1 AktG) und Vertretung (§ 78 Abs. 1 S. 1 AktG) der Gesellschaft berechtigen und verpflichten. Die Vorstandsmitglieder haben, unter Beachtung der Gesetze, der Satzung, verbindlicher Beschlüsse des Aufsichtsrats und der Hauptversammlung sowie des Unternehmensinteresses, den Zweck der AG zu fördern. Ihre Aufgaben und Zuständigkeiten ergeben sich aus den gesetzlichen Pflichten wie z. B. der Sorgfaltspflicht nach § 93 Abs. 1 S. 1 AktG oder den Sondertatbeständen nach § 93 Abs. 3 AktG sowie aus vertraglichen Pflichten.

a) Leitung der Gesellschaft

Die Kernaufgabe des Vorstands stellt die Leitung der Gesellschaft dar (§ 76 Abs. 1 AktG). Die Norm trifft die zentrale Aussage zur „aktienrechtlichen Spitzenverfassung“[88]: Eigenverantwortlichkeit sowie unabdingbare und unveräußerliche Leitungsmacht des Vorstands.[89] Die eigenverantwortliche Leitung des Unternehmens hebt auch der DCGK (Ziff. 4.1.1; Präambel Abs. 4 S. 1) hervor.

§ 76 Abs. 1 AktG enthält außerdem eine Kompetenzzuweisung, indem der Vorstand mit der eigenverantwortlichen Leitung der Gesellschaft betraut und entsprechend die Hauptversammlung sowie der Aufsichtsrat von dieser Funktion ausgeschlossen werden.[90] Daher muss der Vorstand unter eigener Verantwortung handeln, die Leitungsaufgabe wahrnehmen und die Leitungsverantwortung tragen.[91] § 76 AktG knüpft noch an § 70 AktG 1937 an, verzichtet allerdings

---

87 *Spindler* in MünchKommAktG § 93 Rn. 32; *Bachmann* in DCGK Komm Rn. 81; *ders.*, WM 2002, 2137, 2137 und Fn. 4.

88 *Fleischer* in Spindler/Stilz AktG § 76 Rn. 1.

89 *K. Schmidt*, GesellschaftsR § 28 II 1 a).

90 Hüffer/*Koch* AktG § 76 Rn. 2; *Lutter* in FS Albach, 1991, S. 345, 348.

91 *Fleischer* in Spindler/Stilz AktG § 76 Rn. 4.

auf die ideologische Ausprägung in der Gemeinwohlklausel.[92] Durch die Übertragung der Leitung auf den Vorstand wurde die Hauptversammlung deutlich geschwächt und der Vorstand aufgewertet.[93]

Das AktG selbst definiert den Begriff der Leitung und Geschäftsführung nicht, weshalb auf die von Rechtsprechung und Literatur erarbeitete Definition zurückzugreifen ist. Danach ist Geschäftsführung jede tatsächliche oder rechtsgeschäftliche Tätigkeit des Vorstands, die er für das Unternehmen, das die Gesellschaft betreibt, vornimmt.[94] Als Geschäftsführung ist also jede Maßnahme zu qualifizieren, die der Vorstand gegenüber der Gesellschaft intern oder im Verhältnis zu einem Dritten im Rahmen der Vertretung der Gesellschaft durchführt. Ein Schwerpunkt der Geschäftsführung ist die Leitung der Gesellschaft, die von der Geschäftsführung nicht zu trennen ist und daher als ein herausgehobener Teilbereich der Geschäftsführung bezeichnet wird.[95] Im Gegensatz zu der Vertretungsbefugnis des Vorstands kann die Geschäftsführung unter Beachtung des § 82 Abs. 2 AktG beschränkt werden.

b) Weisungsfreiheit

Aufgrund von § 76 Abs. 1 AktG „genießt [der Vorstand] eine starke Machtstellung“[96], denn er ist in seiner Leitungsfunktion unabhängig. Er unterliegt keinerlei Weisungen Dritter und führt die Gesellschaft unter eigener Verantwortung.[97] Eine Ausnahme stellen Vorstände vertraglich beherrschter Unternehmen dar, da dort die eigenverantwortliche Leitung des Vorstands durch eine fremdbestimmte Leitung des herrschenden Unternehmens ersetzt wird (§ 308 Abs. 1 AktG). Gleichzeitig sind aber tatsächliche Verhältnisse in der Gesellschaft zu berücksichtigen, die das Zusammenwirken von Organen sowie die gegen-

---

92 *Fleischer* in Spindler/Stilz AktG § 76 Rn. 2.

93 Vgl. *Drinhausen* in Hölters AktG § 119 Rn. 2; *Spindler* in MünchKommAktG Vorb. § 76 Rn. 14; *Fleischer* in Spindler/Stilz AktG § 76 Rn. 2, 13; *Zöllner*, AG 1994, 336, 337; siehe auch BGHZ 159, 30, 42 f.

94 Siehe z. B. *Spindler* in MünchKommAktG § 77 Rn. 1; *Mertens/Cahn* in KölnerKomm AktG § 77 Rn. 2; Hüffer/*Koch* AktG § 77 Rn. 3.

95 So die h. M., *Fleischer* in Spindler/Stilz AktG § 76 Rn. 7, 14; Hüffer/*Koch* AktG § 76 Rn. 8 m. w. N.; *Mertens/Cahn* in KölnerKommAktG § 76 Rn. 4; *Spindler* in MünchKommAktG § 76 Rn. 18.

96 *Spindler*, AG 2013, 889, 890.

97 Im Gegensatz dazu sind die Geschäftsführer einer GmbH gem. § 37 Abs. 1 GmbHG an die Weisungen der Gesellschafter gebunden, siehe nur *Stephan/Tieves* in MünchKommGmbHG § 37 Rn. 11 m. w. N.

seitigen innergesellschaftlichen Einflüsse weitgehend prägen. Somit sieht die tatsächliche Stellung des Vorstands in einem Unternehmen mit einem Großaktionär bzw. einer Aktionärsgruppe anders als in einer Publikumsgesellschaft aus. Während in der ersten Konstellation die Großaktionäre aufgrund ihrer tatsächlichen Position in der Hauptversammlung versuchen, die Besetzung des Aufsichtsrats – und somit mittelbar die des Vorstands – zu beeinflussen, spielt diese Befugnis für Kleinaktionäre einer Publikumsgesellschaft keine große Rolle. Die Inanspruchnahme der Aktionärsrechte wird oft mangels Interesse an der Gesellschaft Stimmrechtsvertretern, Aktionärsvereinigungen oder den die Aktien verwahrenden Depotbanken überlassen, und die Letzteren neigen eher dazu, die Vorschläge des Vorstands zu unterstützen.[98]

c) Bestellung und Abberufung

Die Bestellungsbefugnis steht nach § 84 Abs. 1 S. 1 AktG dem Aufsichtsrat zu. Die Amtsperiode beträgt maximal fünf Jahre und eine wiederholte Bestellung ist jeweils auf höchstens weitere fünf Jahre zulässig. Zusätzlich wird zwischen der Gesellschaft, vertreten durch den Aufsichtsrat (§ 112 AktG), und dem Vorstandsmitglied zumeist ein schuldrechtlicher Anstellungsvertrag geschlossen, der nach h. M. kein Arbeitsvertrag, sondern ein Dienstvertrag ist.[99] Eine entsprechende Anwendung arbeitsrechtlicher Vorschriften ist aber dann zulässig, wenn die Dienstverhältnisse bestimmte Ähnlichkeiten zu Arbeitsverhältnissen aufweisen, mithin eine vergleichbare Interessenlage vorliegt.[100] Die h. M. lehnt jedoch eine arbeitsrechtliche Haftungsbeschränkung für Organmitglieder ab.[101] Dies wird zum einen damit begründet, dass § 93 AktG die Haftung der Vorstandsmitglieder abschließend regele und zum anderen damit, dass die bestehenden Unterschiede in der

98 Vgl. *Windbichler*, GesellschaftsR, § 27 Rn. 1.

99 BGHZ 10, 187, 191; BGHZ 36, 142, 143; *Mertens/Cahn* in KölnerKommAktG § 84 Rn. 34; Hüffer/*Koch* AktG § 84 Rn. 14; *Spindler* in MünchKommAktG § 84 Rn. 56.

100 *Windbichler*, GesellschaftsR § 27 Rn. 13.

101 Vgl. BGH WM 1975, 467, 469; BGHZ 148, 167, 172; OLG Düsseldorf, ZIP 1995, 1183, 1192; *Mertens/Cahn* in KölnerKommAktG § 93 Rn. 39; *Spindler* in MünchKommAktG § 84 Rn. 64: De lege ferenda sei eine allgemeine Haftungsbeschränkung erwägenswert; *Fleischer* in Spindler/Stilz AktG § 93 Rn. 206; a. A. *Haarmann/Weiß*, BB 2014, 2115, 2125; *Hoffmann*, NJW 2012, 1393, 1396 f.; gegen eine pauschale Ablehnung der Haftungsreduktion *Bachmann*, ZIP 2017, 845, 851; näher dazu siehe B.IV.4.

Stellung von Vorstandsmitgliedern und Arbeitnehmern gegen eine entsprechende Anwendung sprechen.[102]

Gemäß § 84 Abs. 3 S. 1 AktG kann der Aufsichtsrat die Bestellung zum Vorstand nur aus wichtigem Grund widerrufen. Ein solcher liegt dann vor, wenn der Gesellschaft eine Fortsetzung des Organverhältnisses mit dem Vorstandsmitglied bis zum Ende seiner Amtszeit unzumutbar ist.[103] Bei der Bestimmung des Begriffs der Unzumutbarkeit ist das Interesse der Gesellschaft an einem Widerruf mit dem Interesse des Betroffenen am Fortbestand der Bestellung abzuwägen. Entscheidend sind die konkreten Umstände des Einzelfalles.[104] Dabei enthält § 84 Abs. 3 S. 2 AktG einen Beispielskatalog wichtiger Gründe (grobe Pflichtverletzung, Unfähigkeit oder Vertrauensentzug durch die Hauptversammlung).

Das Erfordernis eines wichtigen Grundes für die Abberufung soll die Leitungsautonomie des Vorstands institutionell absichern.[105] Zugleich wird der Widerrufsmöglichkeit – als eine der Haftung vorgelagerte oder alternative Maßnahme – eine entsprechende Steuerungswirkung zugeschrieben.[106]

d) Zusammensetzung

Die Zusammensetzung des Vorstands, der aus einer oder mehreren Personen bestehen kann (§ 76 Abs. 2 S. 1 AktG), muss in der Satzung geregelt werden (§ 23 Abs. 3 Nr. 6 AktG). Eine besondere Regelung gilt für Vorstände von Aktiengesellschaften mit einem Grundkapital von mehr als 3 Mio. Euro: Bestimmt die Satzung nichts anderes, so muss der Vorstand aus mindestens zwei Personen bestehen (§ 76 Abs. 2 S. 2 AktG). Auch der DCGK empfiehlt, einen mehrköpfigen

---

102 Vgl. *Fleischer* in Spindler/Stilz AktG § 93 Rn. 206; *Spindler* in MünchKommAktG § 84 Rn. 64; anders aber *ders.*, AG 2013, 889, 894: Eine Differenzierung zwischen Organmitgliedern und leitenden Angestellten sei auf einer Ebene unterhalb des Vorstands unbegründet, denn die Verhaltenssteuerung bei einem leitenden Angestellten eine Ebene unterhalb des Vorstands sei nicht anders als bei einem Organmitglied selbst; ähnlich *Wiedemann*, GesellschaftsR Bd. I, § 10 III 2.

103 Allg. M, BGH NZG 2007, 189, 189 Rn. 2; Hüffer/*Koch* AktG § 84 Rn. 34; *Fleischer* in Spindler/Stilz AktG § 84 Rn. 100; *Dauner-Lieb* in Henssler/Strohn AktG § 84 Rn. 31.

104 *Dauner-Lieb* in Henssler/Strohn AktG § 84 Rn. 31.

105 *Fleischer* in Spindler/Stilz AktG § 84 Rn. 92; *Spindler* in MünchKommAktG § 84 Rn. 5; Hüffer/*Koch* § 84 Rn. 1.

106 Vgl. *Bachmann* in FS Beulke, 2015, S. 1259, 1268 f. sowie *ders.*, Enforcement, 2015, S. 65, 71, der Nichtverlängerung des Mandates und sofortige Abberufung auch als Teil eines abgestuften Sanktionsregimes im Aktienrecht begreift.

Vorstand zu bestellen[107] sowie einen Vorstandsvorsitzenden zu ernennen (Ziff. 4.2.1 DCGK).[108]

4. Verantwortlichkeit gegenüber der Gesellschaft

§ 93 Abs. 2 AktG stellt eine eigenständige Anspruchsgrundlage für den Schadensersatz der Gesellschaft gegenüber den Vorstandsmitgliedern dar. Daher bedarf es keines Rückgriffs auf § 823 Abs. 2 BGB.[109] Die Haftung nach § 93 AktG findet grundsätzlich auch schon in der Gründungsphase Anwendung, es sei denn, es greift die speziell für die Haftung in der Gründungsphase vorgesehene Regelung des § 48 AktG ein.[110]

a) Vorstandsmitglied

Die Haftung eines Vorstandsmitglieds beginnt mit der wirksamen Annahme der Wahl bzw. Bestellung, auch wenn das Vorstandsmitglied tatsächlich untätig bleibt.[111] Sie endet mit dem Ablauf der Amtszeit, der Amtsniederlegung durch Erklärung gegenüber dem Aufsichtsrat oder der wirksamen Abberufung durch den Aufsichtsrat, jedoch nicht vor der tatsächlichen Beendigung der Tätigkeit als Vorstandsmitglied.[112] Dabei umfasst die Haftung nicht nur die gemäß § 84 AktG bestellten Vorstandsmitglieder, sondern auch die stellvertretenden (§ 94 AktG) und gerichtlich bestellten (§ 85 AktG) Vorstandsmitglieder.

aa) Faktisches Organ

Keinen Haftungsregeln nach § 93 AktG unterliegen Mitarbeiter in höheren Führungspositionen, denn die organschaftlichen Aufgaben können auf sie nicht

---

107 Näher dazu *Bachmann* in DCGK Komm Rn. 900.

108 Zur Rechtsstellung eines Vorsitzenden siehe *Spindler* in MünchKommAktG § 84 Rn. 112 ff.; speziell zu Befugnissen und Haftung des Vorstandsvorsitzenden *Rubner/Pospiech*, NJW-Spezial, 2017, 15 f; zur Empfehlung des DCGK siehe *Bachmann* in DCGK Komm Rn. 907 ff; jüngst zur Frage der Zulässigkeit einer Doppelspitze in Vorstand und Aufsichtsrat siehe *ders.* in FS Baums Bd. I, 2017, S. 107, 107 ff.

109 Allg. M., siehe nur Hüffer/*Koch* AktG § 93 Rn. 36.

110 Vgl. *Fleischer* in Hdb. VorstandsR § 11 Rn. 13.

111 Vgl. *Spindler* in MünchKommAktG § 93 Rn. 12.

112 *Fleischer* in Spindler/Stilz AktG § 93 Rn. 179; ebenfalls haftet ein formell ausgeschiedenes Vorstandsmitglied, wenn es aus Gefälligkeit, mit Billigung des Aufsichtsrats, für die Gesellschaft gehandelt hat, BGHZ 47, 341, 343; zur Haftung als faktisches Organ siehe *Spindler* in MünchKommAktG § 93 Rn. 18.

übertragen werden.[113] Von dieser Regel wird aber abgewichen, wenn ein solcher Angestellter oder eine andere, für die Gesellschaft ähnlich einem Vorstandsmitglied tätige Person handelt und die Gesellschaft tatsächlich leitet.[114] Eine *de facto*-Tätigkeit einer solchen Person für die Gesellschaft qualifiziert sie als sog. faktisches Organ. Dies ist von der fehlerhaften Bestellung eines Vorstandsmitglieds (Mangel an einem förmlichen Bestellungsakt[115]) abzugrenzen.[116] Die betreffende Person handelt als faktisches Organ, wenn sie tatsächlich die Vorstandsaufgaben wahrnimmt, d. h. nach innen und nach außen wie ein Vorstandsmitglied auftritt und handelt.[117] Nach innen, weil der Aufsichtsrat nicht nur Kenntnis von dem Handeln wie ein Organmitglied haben, sondern dies auch billigen muss.[118] Nach außen, weil der Betroffene nach dem Gesamterscheinungsbild seines Auftretens „die Tätigkeit des rechtlichen Geschäftsführungsorgans nachhaltig prägt“[119]. Die Haftung eines faktischen Organs wie ein Vorstandsmitglied ist weitgehend anerkannt und lässt sich auf eine Sonderverbindung zu der Gesellschaft kraft tatsächlicher Leistung zurückführen.[120] Die Anwendung des § 93 Abs. 2 AktG wirkt einer Haftungslücke entgegen, denn ein fehlendes gesetzmäßiges Rechtsverhältnis eines Vorstandsmitglieds zu der Gesellschaft soll keine Haftungsbefreiung der in der Organfunktion handelnden Person begründen.[121]

Im Gegensatz zum faktischen Organ scheidet die aktienrechtliche Haftung eines Vorstandsmitglieds kraft Rechtsscheins gegenüber der *Gesellschaft* aus. Die betreffende Person erweckt zwar nach außen den irreführenden Eindruck, sie sei ein Organmitglied. Dabei wird sie weder fehlerhaft bestellt noch wirklich für die Gesellschaft tätig. Dagegen ist die Haftung eines solchen Vorstandsmitglieds kraft Rechtsscheins gegenüber gutgläubigen *Dritten* nach allgemeinen

---

113 *Spindler* in MünchKommAktG § 93 Rn. 19.

114 H. L., statt vieler siehe *Hopt/Roth* in GroßkommAktG § 93 Rn. 363 m. w. N.

115 Etwa wenn ein Beschluss nicht durch den gesamten Aufsichtsrat gefasst wird oder zwingende Ausschlussgründe vorliegen, siehe *Spindler* in MünchKommAktG § 93 Rn. 11.

116 Eingehend *Fleischer*, AG 2004, 517 ff.; *ders.* in Hdb. VorstandsR § 11 Rn. 15 ff.

117 *Fleischer* in Spindler/Stilz AktG § 93 Rn. 182 ff.; *Hölters* in Hölters AktG § 93 Rn. 229.

118 BGHSt 21, 101, 103.

119 BGH NZG 2005, 755, 755. Mit dem Urteil hat der BGH seine bisherige Linie bestätigt, wonach es für die Verantwortlichkeit einer Person als faktischer Geschäftsführer auf das Gesamterscheinungsbild seines Auftretens nach außen ankommt; siehe auch BGH NZG 2005, 816, 817.

120 *Fleischer* in Hdb. VorstandsR § 11 Rn. 22; *ders.* in MünchKommAktG § 93 Rn. 19.

121 *Hölters* in Hölters AktG § 93 Rn. 229.

Grundsätzen nicht ausgeschlossen, wenn die Person den Rechtsschein absichtlich erweckt hat.[122]

bb) Kollegialprinzip

Verletzen mehrere Vorstandsmitglieder ihre Pflichten, haften sie gem. § 93 Abs. 2 S. 1 AktG gegenüber der Gesellschaft gesamtschuldnerisch, vorausgesetzt, dass jedes einzelne Vorstandsmitglied die Haftungsvoraussetzungen erfüllt.[123] Das pflichtwidrige Verhalten eines Vorstandsmitglieds kann den übrigen Vorstandsmitgliedern nicht zugerechnet werden, wenn diese selbst sorgfältig gehandelt haben. Denn nach dem Prinzip der Einzelverantwortung ist für die Erfüllung seiner Pflichten, darunter die pflichtgemäße Leitung der Gesellschaft, jedes Mitglied des Vorstands individuell verantwortlich.[124]

Wegen der Komplexität und des Umfangs der Aufgaben werden in der Praxis die Verantwortungsbereiche meist auf einzelne Vorstandsmitglieder verteilt.[125] Demnach ist das jeweilige Vorstandsmitglied primär für sein Ressort zuständig, sodass die übrigen Vorstandsmitglieder im Vertrauen auf die Erledigung der Aufgaben handeln können.[126] Ihnen obliegt aber eine Restzuständigkeit und -verantwortung im Sinne einer Überwachungs-, Kontroll- und Informationspflicht.[127] Insoweit beschränkt eine Geschäftsverteilung nicht die Verantwortung der Vorstandsmitglieder auf den ihnen jeweils übertragenen Teilbereich der Geschäftsführung; jedes Vorstandsmitglied trägt die umfassende Verantwortung für die Geschäftsführung der Gesellschaft in ihrer Gesamtheit, denn diese obliegt dem Vorstand als Organ.[128] Alles andere wäre ein Bruch mit dem seit 1965 im AktG verankerten Kollegialprinzip.[129]

---

122 *Fleischer* in Hdb. VorstandsR § 11 Rn. 34.

123 *Dauner-Lieb* in Henssler/Strohn GesellschaftsR § 93 AktG Rn. 37; speziell zu Auswirkungen von Verzicht und Vergleich gegenüber einem Organmitglied auf die mithaftenden Organmitglieder siehe *Bayer/Scholz*, ZGR 2016, 619 ff.

124 *Spindler* in MünchKommAktG § 93 Rn. 144.

125 *Spindler* in MünchKommAktG § 77 Rn. 58; Hüffer/*Koch* AktG § 77 Rn. 10; *Fleischer* in Spindler/Stilz AktG § 77 Rn. 19.

126 Vgl. *Bachmann*, Gutachten E 42; *Fleischer*, NZG 2003, 449, 452.

127 *Mertens/Cahn* in KölnerKommAktG § 77 Rn. 25; BGH NZG 2001, 320, 322; BGH NJW 1995, 2850, 2851 (für eine GmbH).

128 OLG Hamm AG 2012, 683, 684; Hüffer/*Koch* AktG § 77 Rn. 15; *Spindler* in MünchKommAktG § 77 Rn. 56; BGHZ 133, 370, 376 (für eine GmbH).

129 *Bachmann*, Gutachten E 43.

b) *Pflichtverletzung*

Die Haftung des Vorstands setzt zunächst eine Pflichtverletzung voraus. Die objektiven Verhaltenspflichten des Vorstands lassen sich nach h. M. in Sorgfaltspflicht einerseits und Treuepflicht andererseits scheiden.[130] Die allgemeine Sorgfaltspflicht wird weiter in Legalitätspflicht,[131] Organisationspflicht und Überwachungspflicht unterteilt.[132] Weitere Pflichten können den Vorstandsmitgliedern die Satzung und der Anstellungsvertrag auferlegen, die allerdings nicht über den Rahmen des AktG hinausgehen sowie gegen dessen zwingende Grundsätze verstoßen dürfen.[133]

Da das Gesetz nur bestimmte Verhaltenspflichten des Vorstands definiert, war und ist es „der Rechtsprechung und Lehre vorbehalten, die organschaftlichen Pflichten zu präzisieren".[134]

aa) *Sorgfaltspflicht*

(1) Grundlagen

Die den Vorstandsmitgliedern auferlegte allgemeine Sorgfaltspflicht ist in § 93 Abs. 1 S. 1 AktG verankert. Danach hat ein Vorstandsmitglied bei der Geschäftsführung die Sorgfalt eines ordentlichen und gewissenhaften Geschäftsleiters anzuwenden. Hierunter ist eine Sorgfalt zu verstehen, die ein Geschäftsleiter bei der Unternehmensführung unter eigener Verantwortung und mit Berücksichtigung der Unternehmensart und -größe anzuwenden hat.[135] Dabei ist stets

---

130 Vgl. *Hopt/Roth* in GroßkommAktG § 93 Rn. 52; *Fleischer* in Spindler/Stilz AktG § 93 Rn. 200; *Habersack* in FS Schneider, 2011, S. 249, 430; neben Sorgfalts- und Treuepflichten die Unternehmensleitungspflichten unterscheidend *Wiesner* in Münch. Hdb. AG § 25 Rn. 4: es fehle in der Literatur und Rechtsprechung an einer einheitlichen Terminologie, sodass man nicht den verwendeten Begriffen, sondern nur den jeweiligen Sachaussagen vertrauen könne.

131 Vgl. *Dauner-Lieb* in Henssler/Strohn GesellschaftsR § 93 AktG Rn. 7a: Inzwischen gehöre zur allgemeinen Sorgfaltspflicht unbestritten auch die Legalitätspflicht; siehe auch *Hopt/Roth* in GroßkommAktG § 93 Rn. 58.

132 Vgl. *Fleischer* in Spindler/Stilz AktG § 93 Rn. 200; abweichend *Hopt/Roth* in GroßkommAktG § 93 Rn. 55: Die Sorgfaltspflicht bei der Unternehmensleitung und Unternehmensorganisation impliziere eine Überwachungspflicht.

133 *Wiesner* in Münch. Hdb. AG § 26 Rn. 11; *Fleischer* in Spindler/Stilz AktG § 93 Rn. 200.

134 *Habersack* in FS Schneider, 2011, S. 429, 431.

135 *Spindler* in MünchKommAktG § 93 Rn. 25.

zu beachten, dass ein Vorstandsmitglied nicht mit eigenen Mitteln wirtschaftet, sondern wie ein Treuhänder fremde Mittel verwaltet.[136]

Die an die Sorgfalt gestellten Anforderungen orientieren sich nicht an einem bestimmten festen Maßstab, sondern hängen von dem wirtschaftlichen Bereich, der Größe (Umsatz, Zahl der Beschäftigten, Standorte), der konjunkturellen Lage eines Unternehmens, den Zuständigkeiten des jeweiligen Vorstandsmitglieds sowie der Bedeutung der jeweiligen unternehmerischen Entscheidung für das Unternehmen ab.[137] Die Anforderungen an die Sorgfaltspflicht bestehen losgelöst von den individuellen Fähigkeiten des Geschäftsführers: Unkenntnis und mangelnde Erfahrung sind mithin unerheblich.[138] Die Fähigkeiten und Kenntnisse, die ein Vorstandsmitglied mitzubringen hat, sind aber von der jeweiligen Branche abhängig. Dies erlangt insbesondere dann Bedeutung, wenn ein Vorstandsmitglied gerade wegen seiner Qualifikation zum Vorstand bestellt wurde (z. B. Rechts- oder Finanzvorstand).[139] Entscheidend ist also, wie sich ein ordentlicher und gewissenhafter Unternehmensleiter eines nach Art und Größe vergleichbaren Unternehmens in der konkreten Situation verhalten würde.[140]

(2) Doppelfunktion

Die Sorgfaltspflicht in § 93 Abs. 1. S. 1 AktG erfüllt eine Doppelfunktion – sie umschreibt eine objektive Verhaltenspflicht und legt einen subjektiven Verschuldensmaßstab fest.[141] Zum einen entspricht die Sorgfaltspflicht in ihrer Funktion § 276 Abs. 2 BGB und § 347 Abs. 1 HGB, ist aber zugleich auf die Unternehmensleiter und deren spezifische Aufgaben zugeschnitten (Verschuldensmaßstab).

---

136 BGHZ 129, 30, 34; OLG Düsseldorf AG 1997, 231, 235; Hüffer/*Koch* AktG § 93 Rn. 6; *Dauner-Lieb* in Henssler/Strohn GesellschaftsR § 93 AktG Rn. 7.

137 *Fleischer* in Hdb. VorstandsR § 7 Rn. 27.

138 BGHZ 129, 30, 34.

139 *Reuter*, ZIP 2016, 597, 600.

140 *Hopt/Roth* in GroßkommAktG § 93 Rn. 59.

141 Allg. M., siehe *Spindler* in MünchKommAktG § 93 Rn. 21; *Mertens/Cahn* in Kölner-KommAktG § 93 Rn. 11; *Dauner-Lieb* in Henssler/Strohn GesellschaftsR § 93 AktG Rn. 6; *Fleischer* in Spindler/Stilz AktG § 93 Rn. 10; *Hopt/Roth* in GroßkommAktG § 93 Rn. 43; *Krieger/Sailer-Coceani* in K. Schmidt/Lutter AktG § 93 Rn. 6; Hüffer/*Koch* AktG § 93 Rn. 5 (anders noch 10. Aufl., siehe dazu Fn. 143); *Mutter*, Unternehmerische Entscheidungen, 1994, S. 200; *Thümmel*, Persönliche Haftung von Managern und Aufsichtsräten, 2016, Rn. 182; *Habersack* in FS Schneider, 2011, S. 429, 430; *Paefgen*, AG 2004, 245, 249 f.: die Doppelfunktion sei eine leicht gezwungene Interpretation des § 93 Abs. 1 S. 1 AktG; *Horn*, ZIP 1997, 1129, 1134 f.; zuvor *Westermann* in Karlsruher Forum 1993, S. 15, 19: noch „nicht ganz geklärt“.

Zum anderen gilt § 93 Abs. 1 S. 1 AktG als ein Verhaltensstandard, der in Form einer Generalklausel die Verhaltenspflicht der Vorstandsmitglieder umschreibt (Pflichtenquelle). Aus der Natur des § 93 Abs. 1 AktG als Generalklausel ergeben sich auch der Auftrag und die Befugnis der Rechtsprechung und Rechtslehre, die in der Generalklausel enthaltenen Pflichten mithilfe weiterer aktienrechtlicher Vorschriften (vor allem, aber nicht nur, § 76 Abs. 1 AktG) zu konkretisieren.[142] Dadurch ergibt sich der konkrete Pflichtenkanon unmittelbar aus der Sorgfaltspflicht eines ordentlichen und gewissen Geschäftsführers gemäß § 93 Abs. 1 S. 1 AktG.

Dennoch wurden in der Vergangenheit Zweifel an der Doppelfunktion des Sorgfaltsmaßstabs geäußert.[143] Den kritischen Stimmen zufolge sind die objektiven Pflichten des Vorstands zur sorgfältigen Unternehmensleitung in § 76 Abs. 1AktG[144] sowie in der privatautonom bestimmten Satzung und dem dort namentlich festgelegten Gesellschaftszweck, den der Vorstand zu verfolgen hat, zu sehen.[145] Letztendlich dürfte mit *Hüffer* aber davon auszugehen sein, dass die Diskussion über die Doppelfunktion der Sorgfaltspflicht folgenlos bleibt, soweit Einigkeit darüber herrscht, dass § 93 Abs. 1 S. 1 AktG an § 76 Abs. 1 AktG und weitere aktienrechtliche Normen (§§ 80, 81, 83, 88, 90, 92 AktG) zur Konkretisierung anknüpft.[146] Auch hat der Gesetzgeber mit der Einführung des § 93 Abs. 1 S. 2 AktG durch das UMAG die Doppelfunktion des Sorgfaltsmaßstabs bestätigt und damit der Diskussion ein Ende bereitet. Denn der Ausschluss einer Pflichtverletzung in § 93 Abs. 1 S. 2 AktG („Eine Pflichtverletzung liegt nicht vor“) untermauert die Annahme einer objektiven Sorgfaltspflicht.[147]

(3) Legalitätspflicht

Das Bestehen der Legalitätspflicht der Vorstandsmitglieder einer Aktiengesellschaft wird in der Rechtslehre einhellig angenommen und als Ausprägung der allgemeinen Sorgfaltspflicht begriffen. Dennoch wird der Begriff nicht ganz einheitlich gebraucht und als „diffus“ kritisiert.[148]

---

142 Siehe nur *Fleischer* in Hdb. VorstandsR § 7 Rn. 1 m. w. N.

143 Vor allem *Hüffer* AktG, 10. Aufl. 2012, § 93 Rn. 3a; *ders.* in FS Raiser, 2005, S. 163, 165 ff.; Zöllner/Noack in Baumbach/Hueck GmbHG § 43 Rn. 8.

144 *Hüffer* AktG, 10. Aufl. 2012, § 93 Rn. 3a.

145 *Grigoleit/Tomasic* in Grigoleit AktG § 93 Rn 4.

146 So im Ergebnis *Hüffer* AktG, 10. Aufl. 2012, § 93 Rn. 3a.

147 Vgl. Hüffer/*Koch* AktG § 93 Rn. 5.

148 So Hüffer/*Koch* AktG § 93 Rn. 6; *Hopt/Roth* in GroßkommAktG § 93 Rn. 54; *Holle*, AG 2016, 270, 270 f.; zur unterschiedlichen Verwendung des Begriffs Legalitätspflicht

(a) Legalitätsprinzip

Legalitätspflicht bedeutet zunächst einmal, dass der Vorstand oder seine Mitglieder diejenigen Verhaltenspflichten zu erfüllen haben, die ihm als Organ oder dem einzelnen Mitglied als Organwalter unmittelbar obliegen (Legalitätsprinzip).[149] Wenn das Vorstandsmitglied seine Kompetenzen überschreitet, die Zustimmungsbefugnisse des Aufsichtsrats missachtet (§ 111 Abs. 4 AktG), die in § 93 Abs. 3 AktG hervorgehobenen Gebote und Verbote des Aktiengesetzes verletzt oder den satzungsmäßigen Unternehmensgegenstand nicht einhält, verletzt es § 93 Abs. 1 AktG.[150] Eine so verstandene Legalitätspflicht, die *Habersack* zufolge mit der Legalitätspflicht im eigentlichen Sinne „nicht wirklich etwas zu tun [hat]“, ist unproblematisch und versteht sich „von selbst“.[151]

(b) Legalitätspflicht im eigentlichen Sinne

Für die Innenhaftung des Vorstands ist vor allem die zentrale Ausprägung der Legalitätspflicht von Interesse: Im Rahmen der allgemeinen Sorgfaltspflicht ist der Vorstand gegenüber der Gesellschaft verpflichtet, dafür zu sorgen, dass sie sich im Außenverhältnis rechtmäßig verhält und sämtliche Rechtsvorschriften einhält, die das Unternehmen als Rechtssubjekt treffen (Legalitätspflicht im eigentlichen Sinne).[152] Dazu gehören die zahlreichen Vorschriften des Zivil- und Wirtschaftsrechts, wie z. B. des Bilanz-, Kartell- und Wettbewerbsrechts, die Vorgaben des Arbeits-, Sozial- und Steuerrechts sowie die Regelungen des Verwaltungsrechts, aber auch des Straf- und Ordnungswidrigkeitsrechts.[153] Eine

---

siehe *Verse*, ZHR 175 (2011), 401, 403; *Fleischer* in Spindler/Stilz AktG § 93 Rn. 14 ff., der zwischen interner und externer Pflichtenbindung unterscheidet; kritisch dazu *Habersack* in FS Schneider, 2011, S. 429, 431: Der Begriff externer Pflichtenbindung sei etwas unglücklich, denn er könne implizieren, dass es sich um Pflichten der Vorstandsmitglieder gegenüber außenstehenden Dritten handele; für einen Überblick über die Strukturkonzepte der Legalitätspflicht in der Literatur siehe *Breitenfeld*, Die organschaftliche Binnenhaftung, 2016, S. 39 ff.

149 *Bachmann* in VGR, Bd. 13, 2008, S. 65, 73, 76 ff.

150 Vgl. *Habersack* in FS Schneider, 2011, S. 429, 432; *Spindler* in MünchKommAktG § 93 Rn. 73; *Hopt/Roth* in GroßkommAktG § 93 Rn. 78.

151 *Habersack* in FS Schneider, 2011, S. 429, 431; ebenso *Spindler* in FS Canaris Bd. II, 2007, S. 403, 412: „Binsenwahrheit“; *Bachmann*, ZHR 180 (2016), 563, 565.

152 *Habersack* in FS Schneider, 2011, S. 429, 432; siehe auch BGHZ 194, 26, 33 f. Rn. 22; BGHZ 176, 204, 220 Rn. 38; *Hopt/Roth* in GroßkommAktG § 93 Rn. 54; *Spindler* in MünchKommAktG § 93 Rn. 73; *Mertens/Cahn* in KölnerKommAktG § 93 Rn. 71; *Bicker* AG 2014, 8, 8; *Thole* ZHR 173 (2009), 504, 509 f.

153 Vgl. *Fleischer* in Spindler/Stilz AktG § 93 Rn. 23.

Differenzierung nach der Art der verletzen Rechtsnorm stößt in der Rechtslehre mit der Begründung, dass „Rechtsnormen zweiter Klasse“ nicht existieren, auf Ablehnung.[154]

Bei einer unklaren oder umstrittenen Rechtslage räumt die Rechtslehre den Vorstandsmitgliedern einen gewissen Spielraum ein, wenn sich die Rechtszweifel trotz vorheriger Einholung eines internen oder externen Rechtsrats durch den Vorstand (sog. Rechtsvergewisserungspflicht des Vorstands) nicht ausräumen lassen.[155]

Nach überwiegender Auffassung kann ein Rechtsverstoß durch seine „Nützlichkeit“ nicht gerechtfertigt werden.[156] Eine „nützliche“ Pflichtverletzung, die für die Gesellschaft zu wirtschaftlichen Vorteilen (gegenüber möglichen Sanktionen wegen des Rechtsverstoßes) führt, z. B. die Beteiligung des Unternehmens an Kartellen, die Missachtung von Umwelt- oder Arbeitsschutzvorschriften,[157] kann nicht damit gerechtfertigt werden, dass sie im Interesse der Gesellschaft liegt, denn auch im Verhältnis zur Gesellschaft selbst hat die Bindung an gesetzliche Vorschriften Vorrang.[158] Dagegen begründet eine „nützliche“ Vertragsverletzung keine Pflichtverletzung der Vorstandsmitglieder gegenüber der Gesellschaft, vorausgesetzt, dass der Vertragsbruch Vorteile für die Gesellschaft bringt – auch wenn dadurch der Gesellschaft Nachteile z. B. in Form einer Vertragsstrafe erwachsen können.[159] Insoweit steht dem Vorstand

---

154 Vgl. *Spindler* in MünchKommAktG § 93 Rn. 74; *Bachmann*, ZHR 180 (2016), 563, 568; *Bicker*, AG 2014, 8, 11; *Fleischer*, ZIP 2005, 141, 149; *Thole*, ZHR 173 (2009), 504, 520 f.

155 *Krieger/Sailer-Coceani* in K. Schmidt/Lutter AktG § 93 Rn. 7; *Fleischer* in Spindler/Stilz AktG § 93 Rn. 30; zu den Voraussetzungen der Enthaftungswirkung siehe unten B.II.5.f)bb).

156 BGHSt 55, 288, 301 Rn. 37: Es bestehe kein aktienrechtlich geschützter Handlungsspielraum für „profitable Pflichtverletzungen“; BGHSt 55, 266, 275 f. Rn. 29; *Hopt/Roth* in GroßkommAktG § 93 Rn. 99; *Mertens/Cahn* in KölnerKommAktG § 93 Rn. 71; *Krieger/Sailer-Coceani* in K. Schmidt/Lutter AktG § 93 Rn. 7; *Spindler* in MünchKommAktG § 93 Rn. 75 m. w. N.; *Fleischer* in Spindler/Stilz AktG § 93 Rn. 36; *ders.*, ZIP 2005, 141, 145; *Binder*, Grenzen der Vorstandshaftung, 2016, S. 83 f.; *Paefgen*, Unternehmerische Entscheidung, 2002, S. 25; *Bicker*, AG 2014, 8, 11; *Thole*, ZHR 173 (2009), 504, 512 ff.

157 *Wiesner* in Münch. Hdb. AG § 25 Rn. 32.

158 BGHSt 55, 288, 301 f. Rn. 37.

159 *Fleischer*, ZIP 2005, 141, 144; ausführlich zur Rechtslage bei Vertragsverletzungen siehe *Schneider* in FS Hüffer, 2010, S. 905 ff.

ein unternehmerischer Handlungsspielraum zu.[160] Der Vorstand darf jedoch über die Nichterfüllung eines Vertrags nicht frei entscheiden, sondern hat vielmehr Kosten und Nutzen eines solchen Vertragsbruchs sorgfältig abzuwägen: sind die zu erwartenden Nachteile zum Zeitpunkt der Entscheidung größer als die mit der Nichterfüllung verbundenen Vorteile, hat der Vorstand den Vertrag zu erfüllen.[161]

Nach h. M. bedeutet ein rechtswidriges Verhalten der Gesellschaft im Außenverhältnis eine Pflichtverletzung des Vorstands im Innenverhältnis, wenn der Vorstand nicht organisatorisch dafür gesorgt hat, dass die Gesellschaft die sie treffenden Rechtsnormen einhält, als auch dann, wenn der Vorstand die Organisation nicht ordnungsgemäß überwacht hat, insbesondere Hinweisen auf Rechtsverletzungen nicht nachgegangen ist.[162] Dafür wird in der Rechtslehre anschaulich der Begriff Legalitätskontrollpflicht verwendet, der eine Ausprägung der allgemeinen Sorgfaltspflicht, nämlich der Organisationspflicht, ist.[163] Denn der Vorstand ist über seine eigene Rechtstreue hinaus verpflichtet, auch auf den nachgeordneten Unternehmensebenen für regelgetreues Verhalten zu sorgen.[164]

(4) Organisations- und Überwachungspflichten

Zu den Pflichten des Vorstands gehört ferner die Unternehmensorganisationspflicht als Teil der allgemeinen Unternehmensleitungspflicht.[165] Die Anforderungen, die an eine sorgfältige Unternehmensleitung gestellt werden, ergeben sich vor allem aus dem Aktiengesetz (§§ 76 Abs. 1 und 93 Abs. 1 S. 1 AktG), der Satzung und dem Anstellungsvertrag.[166] Zur Konkretisierung der Leitungsaufgabe dienen auch branchenspezifische Richtlinien, Arbeitsgruppenempfehlungen, internationale Verhaltenskodizes, Forderungen oder Empfehlungen staatlicher

---

160 H. M., siehe z. B. *Hopt/Roth* in GroßkommAktG § 93 Rn. 148 m. w. N.

161 *Hopt/Roth* in GroßkommAktG § 93 Rn. 148.

162 Vgl. *Fleischer* in Spindler/Stilz AktG § 93 Rn. 24 m. w. N.; *Hopt/Roth* in Großkomm AktG § 93 Rn. 133; *Wiesner* in Münch. Hdb. AG § 25 Rn. 26; *Binder*, Grenzen der Vorstandshaftung, 2016, S. 74 f.

163 *Bachmann*, ZIP 2015, 579, 581; *ders.* in VGR, Bd. 13, 2008, S. 65, 73, 77 f.: Eine weit verstandene Legalitätspflicht und die Organisationsverantwortung seien miteinander verkoppelt; *Paefgen*, WM 2016, 433, 436 f.; *Seibt*, NZG 2015, 1097, 1100; auch *Hopt/Roth* in GroßkommAktG § 93 Rn. 77; *Wiesner* in Münch. Hdb. AG § 25 Rn. 23; *Verse*, ZHR 175 (2011), 401, 404.

164 *Fleischer* in Spindler/Stilz AktG § 91 Rn. 47; *ders.*, NZG 2003, 449, 452.

165 Vgl. *Wiesner* in Münch. Hdb. AktG § 25 Rn. 8.

166 Vgl. *Wiesner* in Münch. Hdb. AktG § 25 Rn. 5.

oder politischer Institutionen sowie betriebswirtschaftliche Grundsätze betreffend die ordnungsgemäße Unternehmensführung.[167] Auch der DCGK empfiehlt dem Vorstand (und Aufsichtsrat), die Grundsätze „ordnungsgemäßer Unternehmensführung“ zu beachten (Ziff. 3.8 DCGK).

Die Organisation des Unternehmens, insbesondere die Einrichtung eines Compliance-Systems und die Schaffung des durch § 91 Abs. 2 AktG vorgeschriebenen Systems zur Früherkennung von Entwicklungen, die das Fortbestehen der Gesellschaft gefährden, fallen in den Kernbereich der Leitungsaufgabe des Vorstands und sind somit beide dem Gesamtvorstand zwingend zugewiesen.[168] Der Vorstand muss alle grundlegenden Entscheidungen zur Einrichtung einer Compliance-Organisation selbst treffen und darf sie nicht an einen unter dem Vorstand stehenden „Bereichsvorstand“ delegieren.[169] Dies betrifft ebenso die grundlegenden Entscheidungen über das Risikofrüherkennungssystem.[170] Eine Delegation von einzelnen Kontrollaufgaben ist dadurch grundsätzlich nicht ausgeschlossen; der Vorstand ist aber weiter verpflichtet, seiner Pflicht zur sorgfältigen Unternehmensleitung nachzugehen, die sich sodann als Überwachungspflicht fortsetzt.[171]

(a) Früherkennungssystem

Den Vorstand trifft nach § 91 Abs. 2 AktG zum einen die Pflicht, durch geeignete Maßnahmen eine frühzeitige Erkennung bestandsgefährdender Entwicklungen für die Gesellschaft sicherzustellen, und zum anderen, ein Überwachungssystem für die Umsetzung dieser Maßnahmen einzurichten. Eine Bestandsgefährdung, die vorliegt, wenn sich nachteilige Veränderungen auf die Vermögens-, Finanz- und Ertragslage der Gesellschaft wesentlich auswirken, umfasst nicht nur risikobehaftete Geschäfte, sondern auch Unrichtigkeiten der Rechnungslegung und Verstöße gegen gesetzliche Vorschriften.[172]

Dennoch folgt nach h. M. aus § 91 Abs. 2 AktG keine Pflicht zur Einrichtung eines allumfassenden Risikomanagements, sondern lediglich die Pflicht

167 *Fleischer* in Hdb. VorstandsR § 7 Rn. 36 ff.

168 Zur Compliance siehe LG München I ZIP 2014, 570, 574; Hüffer/*Koch* AktG § 76 Rn. 12; *Fleischer* NZG 2014, 321, 323; zur Einrichtung des Risikofrüherkennungssystems siehe *Fleischer* in Spindler/Stilz AktG § 91 Rn. 37 m. w. N.

169 LG München I ZIP 2014, 570, 574; so auch *Hoffmann/Schieffer*, NZG 2017, 401, 405.

170 *Fleischer* in Spindler/Stilz AktG § 91 Rn. 37.

171 Vgl. *Krieger/Sailer-Coceani* in K. Schmidt/Lutter AktG § 93 Rn. 32.

172 Vgl. *Dauner-Lieb* in Henssler/Strohn GesellschaftsR § 91 AktG Rn. 7.

zur Einrichtung eines Früherkennungs- und Überwachungssystems.[173] Für die h. M. spricht zum einen der Wille des Reformgesetzgebers[174] und zum anderen die allgemeine Ansicht, dass das betriebswirtschaftlich erstrebenswerte Maß an Organisationssorgfalt und die insoweit bestehenden juristischen Anforderungen nur teilweise übereinstimmen.[175] Der DCGK empfiehlt zwar dem Vorstand, für ein angemessenes Risikomanagement und Risikocontrolling im Unternehmen zu sorgen (Ziff. 4.1.4 DCGK), der Kodexempfehlung kann jedoch aufgrund der „Soll"-Formulierung lediglich ein Informationscharakter zugeschrieben werden.[176]

(b) Compliance-Organisation

Es ist heute unumstritten, dass Compliance zu den Leitungsaufgaben des Vorstands gehört.[177] Der Begriff ist nicht im Aktiengesetz, wohl aber in Ziff. 4.1.3 DCGK definiert.[178] Danach hat der Vorstand für die Einhaltung der gesetzlichen Bestimmungen und der unternehmensinternen Richtlinien zu sorgen und auf deren Beachtung durch die Konzernunternehmen hinzuwirken (Compliance). Dabei geht es vor allem um eine weitergehende Anforderung an den Vorstand, Maßnahmen zu ergreifen, die rechtmäßiges Verhalten innerhalb der Aktiengesellschaft gewährleisten, und dazu beizutragen, mögliche Risiken frühzeitig zu erkennen und zu beheben (ggf. zu minimieren).[179]

Ob eine Pflicht zur Einrichtung einer umfassenden institutionalisierten Compliance-Organisation in der Gesellschaft besteht, lässt sich nicht pauschal

---

173 Hüffer/*Koch* AktG § 91 Rn. 8; *Krieger/Sailer-Coceani* in K. Schmidt/Lutter AktG § 91 Rn. 14; *Fleischer* in Spindler/Stilz AktG § 91 Rn. 34 f.; *Bachmann* in DCGK Komm Rn. 857; a. A. *Müller*, NZA-Beilage 2014, 30, 33; *Säcker*, NZG 2008, 3313, 3315.

174 Vgl. Begr. RegE KonTraG BT-Drucks.13/9712, S. 15: Die *Maßnahmen interner Überwachung* [Hervorhebung durch Verf.] sollen so eingerichtet sein, dass solche Entwicklungen frühzeitig, also zu einem Zeitpunkt erkannt werden, zu dem noch geeignete Maßnahmen zur Sicherung des Fortbestandes der Gesellschaft ergriffen werden können.

175 *Fleischer* in Spindler/Stilz AktG § 91 Rn. 34.

176 *Spindler* in MünchKommAktG § 91 Rn. 65 m. w. N.

177 Hüffer/*Koch* AktG § 76 Rn. 11; *Spindler* in MünchKommAktG § 91 Rn. 52; *Roth*, Unternehmerisches Ermessen, 2001, S. 299, 304; *Lutter* in FS Goette, 2011, S. 289, 291; *Kort* in FS Hopt, Bd. 1, 2010, S. 983, 983; *Bachmann*, ZHR 180 (2016), 563, 565; *ders.* in VGR, Bd. 13, 2008, S. 65, 73 f.; *Fleischer*, NZG 2014, 321, 322; *Verse*, ZHR 175 (2011), 401, 404.

178 Zum Begriff jüngst *Paefgen*, WM 2016, 433, 434 f.

179 Vgl. Hüffer/*Koch* AktG § 76 Rn. 11.

beantworten.[180] Außer Frage steht, dass der Vorstand verpflichtet ist, rechtswidriges Verhalten innerhalb eines Unternehmens durch entsprechende organisatorische Maßnahmen zu unterbinden. Es wird aber unterschiedlich beurteilt, ob daraus allgemeine Verhaltensanforderungen und konkrete Strukturvorgaben gefolgert werden können.[181] Nach h. M. ist der Vorstand jedenfalls bei Unternehmen ab einer gewissen Größe und einem gewissen Risikopotenzial verpflichtet, eine Compliance-Struktur anzulegen.[182] Diese Pflicht ist zwar im Gesetz nicht ausdrücklich verankert, ergibt sich aber nach ganz überwiegender Lehre aus § 93 AktG.[183] Seit 2017 empfiehlt auch der DCGK (Ziff. 4.1.3) dem Vorstand, für angemessene, an der Risikolage des Unternehmens ausgerichtete Maßnahmen (Compliance Management System) zu sorgen. Den Beschäftigten und Dritten soll ermöglicht werden, geschützt Hinweise auf Rechtsverstöße im Unternehmen zu geben.

Wie die Compliance-Organisation konkret ausgestaltet wird, entscheidet der Vorstand selbst.[184] Maßgeblich für den Umfang eines Compliance-Systems sind unterschiedliche Faktoren wie „Art, Größe und Organisation des Unternehmens, die zu beachtenden Vorschriften, die geografische Präsenz wie auch Verdachtsfälle aus der Vergangenheit“[185]. Bei der Aufklärung von Rechtsverstößen steht dem Vorstand nach h. M. ein unternehmerisches Ermessen i. S. d. der BJR nach § 93 Abs. 1 S. 2 AktG zu.[186] Der Ermessensspielraum des Vorstands stößt

---

180 Ablehnend *Hüffer*/Koch AktG § 76 Rn. 13 ff.; *Spindler* in MünchKommAktG § 91 Rn. 66; vgl. auch *Merkt*, ZIP 2014, 1705, 1708, der darauf hinweist, dass die Diskussion um die Compliance-Pflicht mit der Frage einer Compliance-Organisation „verschwimme“, obwohl beides grundsätzlich zu unterscheiden ist.

181 *Hüffer*/Koch AktG § 76 Rn. 13.

182 Vgl. *Krieger/Sailer-Coceani* in K. Schmidt/Lutter AktG § 93 Rn. 8; *Bachmann*, ZIP 2014, 579, 580; *Seibt/Cziupka*, DB 2014, 1598, 1599 f.; *Verse*, ZHR 175 (2011), 401, 407.

183 Siehe nur *Hopt/Roth* in GroßkommAktG § 93 Rn. 186 m. w. N.

184 LG München I ZIP 2014, 570, 574; *Bachmann*, ZIP 2015, 570, 580; insofern pauschal *Paefgen*, WM 2016, 433, 434: Im Ergebnis komme *Bachmann* zu der Erkenntnis, dass nach den allgemeinen gesellschaftsrechtlichen Regeln sowohl das „Ob“ als auch das „Wie“ der Einrichtung eines „Compliance“-Systems dem unternehmerischen Ermessen des Vorstands unterliegen.

185 LG München I ZIP 2014, 570, 570; Lehren aus der Siemens-Korruptionsaffäre ziehend *Hoffmann/Schieffer*, NZG 2017, 401, 403.

186 Vgl. *Spindler* in MünchKommAktG § 91 Rn. 66; Hüffer/*Koch* AktG § 76; *Kort* in FS Hopt, Bd. 1, 2010, S. 983, 991; *Bachmann*, ZIP 2014, 570, 580 f.; differenzierend *ders.*, ZHR 180 (2016), 563, 569: „Verortet man die Aufklärungspflicht in der allgemeinen

allerdings in Einzelfällen auf Einschränkungen und verengt sich, z. B. wenn sich das Unternehmen in einer wirtschaftlichen Gefahrenlage befindet oder wenn branchenspezifische Compliance-Anforderungen, etwa im Finanzdienstleistungssektor, vorliegen.[187]

(c) Vertikale Delegation: Organisation und Überwachung nachgeordneter Ebenen

Jedes Vorstandsmitglied ist für die ihm zugewiesenen Aufgaben verantwortlich und kann die Zuständigkeiten innerhalb des eigenen Ressorts verteilen (Ressortverantwortung).[188] Ohne eine solche Verteilung auf dem Vorstand hierarchisch untergeordnete Tätigkeitsebenen wären die zahlreichen Aufgaben durch den Vorstand allein nicht zu bewältigen.[189] Erst eine vertikale Geschäftsverteilung ermöglicht es dem Vorstand, seinen Pflichten zur sorgfältigen Geschäftsführung nachzugehen, denn „wer nicht delegieren kann, ist ein schlechter Geschäftsleiter“[190].

Die Vorstandsmitglieder haften gegenüber der Gesellschaft nur für eigene Pflichtverletzungen, nicht aber für solche von Mitarbeitern unterhalb der Vorstandsebene (§§ 278, 831 BGB finden hier keine Anwendung).[191] Eine eigene Haftung des delegierenden Vorstandsmitglieds kann aber unabhängig von der Zurechnungsnorm bestehen: zum einen, wenn die Delegation unzulässig ist (wenn etwa ein Vorstandsmitglied die nicht delegierbare[192] Leitungsaufgabe i. S. d. § 76 Abs. 1 AktG aus der Hand gibt), zum anderen, wenn es seinen Überwachungspflichten nicht nachkommt.[193] Ein Vorstandsmitglied ist insbesondere zur Überwachung der Einhaltung rechtlicher Normen im Unternehmen (Compliance),[194]

Schadensabwendungspflicht, ist dieser Spielraum der Business Judgment Rule zuzuordnen [...]. Aber auch sonst [- wenn man die Legalitätspflicht als eine im öffentlichen Interesse an allgemeiner Normbefolgung liegende Organpflicht zur Legalitätskontrolle versteht -] darf dem Vorstand ein Spielraum zugebilligt werden.“; *Fleischer,* NZG 2014, 321, 324; *Seibt/Cziupka*, DB 2014, 1598, 1599.

187 Vgl. *Krieger/Sailer-Coceani* in K. Schmidt/Lutter AktG § 93 Rn. 8; *Kleinert* in FS Baums Bd. I, 2017, 669, 674; *Bachmann*, ZHR 180 (2016), 563, 564; *ders.*, ZIP 2015, 570, 580; *ders.* in VGR, Bd. 13, 2008, S. 65, 80.

188 *Fleischer*, NZG 2003, 449, 452.

189 *Müller*, NZA-Beilage 2014, 30, 35.

190 *Hopt/Roth* in GroßkommAktG § 93 Rn. 160.

191 Allg. M., *Fleischer* in Spindler/Stilz AktG 93 Rn. 98; *Krieger/Sailer-Coceani* in K. Schmidt/Lutter AktG § 93 Rn. 35; *Hopt/Roth* in GroßkommAktG § 93 Rn. 160.

192 Allg. M., siehe nur *Fleischer* in Spindler/Stilz AktG § 76 Rn. 9 m. w. N.

193 *Hopt/Roth* in GroßkommAktG § 93 Rn. 160 ff.

194 Vgl. Ziff. 4.1.3 DCGK.

zur sorgfältigen Auswahl von den für die Aufgabe qualifizierten Mitarbeitern sowie für deren Anleitung verpflichtet.[195] Daher erfordert eine vertikale Delegation eine sorgfältige Auswahl von Mitarbeitern (wichtig sind fachliche Kompetenzen, Erfahrung, Zuverlässigkeit), klare Anweisungen sowie eine Aufsicht über die Durchführung von Aufgaben.[196]

Bei ordnungsgemäßer Organisation kann sich ein Vorstandsmitglied im Allgemeinen auf die Erledigung durch die dazu berufenen Personen verlassen, solange kein Anlass zu Zweifeln besteht; jedoch trifft ihn auch insoweit eine Überwachungspflicht, die ihn zum Eingreifen verpflichten kann.[197] Ergeben sich Hinweise auf Unregelmäßigkeiten, treten insbesondere Verdachtsmomente für Gesetzesverletzungen oder Verstöße gegen unternehmensinterne Compliance-Richtlinien auf, ist der Vorstand verpflichtet, einzugreifen und ggf. auch Maßnahmen vorzunehmen, um solche in der Zukunft zu vermeiden.[198] Die Dichte der Überwachungspflicht hängt vom Einzelfall ab, sie nimmt aber grundsätzlich an Intensität in Krisensituationen wie Zahlungsunfähigkeit oder Überschuldung des Unternehmens zu.[199]

(d) Horizontale Delegation: Arbeitsteilung innerhalb des Vorstands

In aller Regel werden innerhalb eines mehrköpfigen Vorstands nicht sämtliche Aufgaben von allen Vorstandsmitgliedern (gemeinsam) wahrgenommen, sondern vielmehr unter diesen durch Satzung, Gesellschafterbeschluss oder Geschäftsordnung aufgeteilt.[200] Die umfassende Ressortverantwortung des zuständigen Vorstandsmitglieds wird durch eine „abgeschwächte" Überwachungspflicht der übrigen Vorstandsmitglieder ergänzt (Restverantwortung).[201] Die Gesamtverantwortung des Vorstands nach § 77 Abs. 1 S. 2 AktG wird dadurch

---

195 Vgl. *Hopt/Roth* in GroßkommAktG § 93 Rn. 161; *Freund*, NZG 2015, 1419, 1423.

196 Vgl. *Hölters* in Hölters AktG § 93 Rn. 47 f.; *Müller*, NZA-Beilage 2014, 30, 35.

197 BGHZ 133, 370, 378 (zur GmbH).

198 *Fleischer* in Spindler/Stilz AktG § 91 Rn. 57; zur Pflicht des Vorstands zur Durchführung interner Ermittlungen sowie deren Grenzen *Bachmann*, ZHR 180 (2016), 563, 564 ff.

199 BGHZ 133, 370, 377; OLG Düsseldorf NJW-RR 1996, 289, 299.

200 Vgl. *Spindler* in MünchKommAktG § 93 Rn. 148.

201 Hüffer/*Koch* AktG § 77 Rn. 15; ebenso *Fleischer*, NZG 2003, 449, 452: die Überwachungsaufgabe der Nachbarressorts sei in ihrer Kontrolldichte auch nicht mit der strengeren Aufsichtspflicht der Vorstandsmitglieder gegenüber nachgeordneten Unternehmensangehörigen zu vergleichen.

nicht beschränkt und setzt sich in der Überwachungspflicht des Vorstandsmitglieds über Nachbarressorts fort.[202]

Die Aufgabenverteilung innerhalb des Vorstands wäre ohne gegenseitiges Vertrauen in die sorgfältige Arbeit der übrigen Vorstandsmitglieder erheblich erschwert. Insoweit sollen die Vorstandsmitglieder auf die sorgfältige Arbeit der Kollegen in den ihnen zugewiesenen Bereichen (Ressorts) vertrauen dürfen.[203] Der sog. Vertrauensgrundsatz entlastet die Vorstandsmitglieder, indem sie sich primär auf ihre Zuständigkeiten konzentrieren können und sich darauf verlassen können, dass die übrigen Vorstandsmitglieder die ihnen zugewiesenen Ressorts ordnungsgemäß führen.[204] Nichtsdestoweniger darf das Vertrauen auf rechtmäßiges und sorgfältiges Handeln der übrigen Vorstandsmitglieder nicht uneingeschränkt sein, denn eine Geschäftsverteilung bewirkt lediglich eine Beschränkung der Verantwortlichkeit der Vorstandsmitglieder insofern, als die Ressortverantwortung bei dem zuständigen Vorstandsmitglied liegt und sich für die übrigen Vorstandsmitglieder die Verantwortung auf eine Überwachungs- und Kontrollpflicht beschränkt.[205] Eine horizontale Delegation ist demgegenüber ausgeschlossen, wenn der Vorstand als Gesamtorgan handeln muss (vor allem die Leitungsaufgabe gem. § 76 Abs. 1 AktG obliegt dem gesamten Vorstand).[206]

Ein Vorstandsmitglied trifft grundsätzlich zwar keine „permanente" Überwachungspflicht, jedoch obliegt ihm eine Pflicht zur regelmäßigen gegenseitigen Aufsicht und Informationserteilung.[207] Die Einrichtung eines Informationssystems ist grundsätzlich nicht erforderlich, wenn auch in vielen Fällen, abhängig von Größe, Art oder Tätigkeit des Unternehmens, geboten.[208] Eine (zu) umfassende Nachprüfungspflicht würde zum einen das Ziel einer Aufgabendelegation (Effektuierung der Vorstandsarbeit) konterkarieren und zum anderen eine kollegiale

---

202 BGHZ 133, 370, 377; BGH NJW 2001, 969, 971 (beide Entscheidungen zur GmbH); LG München I, ZIP 2014, 570, 574; *Spindler* in MünchKommAktG § 93 Rn. 149; *Wiesner* in Münch. Hdb. AktG § 22 Rn. 24; *Bachmann*, Gutachten E 42; *Fleischer*, NZG 2003, 449, 452.

203 *Bachmann*, Gutachten E 42; *Seibt/Cziupka*, DB 2014, 1598, 1600; *Fuchs/Zimmermann*, JZ 2014, 838, 842.

204 Vgl. *Hölters* in Hölters § 77 AktG Rn. 36; näher dazu siehe B.IV.5.

205 Vgl. *Fleischer* in Spindler/Stilz AktG § 77 Rn. 77.

206 Allg. M., siehe nur *Fleischer* in Spindler/Stilz AktG § 76 Rn. 9 m. w. N.

207 Vgl. *Krieger/Sailer-Coceani* in K. Schmidt/Lutter AktG § 93 Rn. 32; *Fleischer* in Spindler/Stilz AktG § 77 Rn. 49; *Bachmann*, Gutachten E 42.

208 *Mertens/Cahn* in KölnerKommAktG § 77 Rn. 26; *Krieger/Sailer-Coceani* in K. Schmidt/Lutter AktG § 93 Rn. 32.

Zusammenarbeit innerhalb des Vorstands erschweren.[209] Ergeben sich Anhaltspunkte, dass ein Vorstandsmitglied (oder ihm nachgeordnete Mitarbeiter) das ihm intern zugewiesene Ressort nicht ordnungsgemäß führt, besteht eine Pflicht der übrigen Vorstandsmitglieder, einzugreifen.[210] Verletzt es diese Pflicht, haftet es gegebenenfalls gegenüber der Gesellschaft.[211] Solange aber die Anhaltspunkte für Pflichtverletzungen fehlen und die übrigen Vorstandsmitglieder sich über die Ressortgeschäftsführung angemessen informieren lassen, liegt keine Pflichtverletzung und damit auch keine Haftung gegenüber der Gesellschaft vor.[212]

bb) Treuepflicht

Neben der in § 93 Abs. 1 S. 1 AktG normierten Sorgfaltspflicht trifft den Vorstand eine besondere, organschaftliche Treuepflicht.[213] Sie ergibt sich aus der Stellung des Vorstands als Organ und Treuhänder fremden Vermögens, und ihre Verletzung löst die Haftung des Vorstands nach § 93 Abs. 2 AktG aus.[214] Die Vorstandsmitglieder können sich dabei nicht auf die BJR i. S. d. § 93 Abs. 1 S. 2 AktG berufen – ihre Tätigkeit muss nämlich stets auf das Wohl der Gesellschaft ausgerichtet sein.[215] Mit der Beendigung der Tätigkeit als Vorstandsmitglied endet die Treuepflicht nicht, sondern sie besteht fort und verwirklicht sich dann vor allem in der Verschwiegenheitspflicht sowie dem Verbot der Nutzung von der Gesellschaft gebührenden Geschäftschancen.[216]

---

209 *Bachmann*, Gutachten E 42; *Seibt/Cziupka*, DB 2014, 15998, 1600; so auch *Spindler* in MünchKommAktG § 93 Rn. 160: Ein umfassendes Informationssystem ermögliche jederzeit den Zugriff auf alle Informationen aus einem Vorstandsressort und würde dadurch eine kontinuierliche Überwachung mittelbar verlangen, was nicht mehr dem Vertrauens- und Arbeitsteilungsprinzip im Vorstand entspräche; für ein Management-Informationssystem *Kort* in Großkomm AktG § 91 Rn. 35.

210 BGHZ 133, 370, 377 f.; LG München ZIP 2014, 570, 574; BGH NJW 2001, 969, 971; *Hopt/Roth* in GroßkommAktG § 93 Rn. 376; *Krieger/Sailer-Coceani* in K. Schmidt/Lutter AktG § 93 Rn. 32; *Mertens/Cahn* in KölnerKommAktG § 93 Rn. 92; *Winnen*, Die Innenhaftung des Vorstandes, 2009, S. 73; *Fleischer*, NZG 2003, 449, 454.

211 *Hopt/Roth* in GroßkommAktG § 93 Rn. 376.

212 *Krieger/Sailer-Coceani* in K. Schmidt/Lutter AktG § 93 Rn. 32.

213 Als allgemeiner Grundsatz anerkannt, siehe nur *Hopt/Roth* in GroßkommAktG § 93 Rn. 224 m. w. N.

214 BGHZ 13, 188, 192; *Mertens/Cahn* in KölnerKommAktG § 93 Rn. 95; *Hölters* in Hölters AktG § 93 Rn. 114.

215 Vgl. *Hopt/Roth* in GroßkommAktG § 93 Rn. 73, 224.

216 BGH NZG 2012, 547, 548 Rn. 13: Die nachwirkende Treuepflicht gebiete es, dass ein Vorstandsmitglied auf dringend zu erledigende oder für die Gesellschaft besonders

Die Treuepflicht ist als (allgemeiner) Oberbegriff zu verstehen. In der Rechtslehre wird daher zwischen der Treuepflicht im engeren Sinne und den (gesetzlichen) Konkretisierungen der Treuepflicht in Form des Wettbewerbsverbots des § 88 AktG (namentlich auch in Ziff. 4.3.1 S. 2 Hs. 2 DCGK) und der Verschwiegenheitspflicht des § 93 Abs. 1 S. 3 AktG differenziert.[217] Zu den wichtigsten Bestandteilen der Treuepflicht im engeren Sinne gehören die Gebote zur Vermeidung von Interessenkonflikten sowie zum loyalen Verhalten gegenüber der Gesellschaft.[218] Beide hebt der DCGK hervor.

Die Vermeidung von Interessenkonflikten wird in Ziff. 4.3 DCGK mit der Überschrift „Interessenkonflikte" hervorgehoben. Insoweit ist als Grundsatz anerkannt, dass bei einer Interessenkollision die Belange der Gesellschaft Vorrang vor den Eigeninteressen der Vorstandsmitglieder haben, denn die Vorstandsmitglieder sind dem Unternehmensinteresse verpflichtet (vgl. 4.3.1 S. 1 DCGK).[219] Ziff. 4.3.1 S. 2 Hs. 1 DCGK hebt das Verbot, gerichtet an Vorstandsmitglieder, persönliche Interessen zu verfolgen, hervor.[220] Für die praktische Umsetzung des Ziels, Interessenkonflikte zu vermeiden, sorgt die Kodexempfehlung in Ziff. 4.3.3 S. 1 DCGK, wonach jedes Vorstandsmitglied Interessenkonflikte dem Aufsichtsrat gegenüber unverzüglich offenlegen und die anderen Vorstandsmitglieder hierüber informieren soll.[221]

In Ziff. 4.3.1 S. 2 Hs. 3 DCGK wird das an Vorstandsmitglieder adressierte Verbot hervorgehoben, die Geschäftschancen, die dem Unternehmen zustehen, für sich zu nutzen.[222] Daraus folgt, dass sie eigene Interessen auf Kosten der Gesellschaft nicht verfolgen dürfen sowie die Werte und Mittel der Gesellschaft (z. B. Angestellte oder Finanzressourcen) für eigene Zwecke nicht nutzen dürfen. Die Informationen, die ein Vorstandsmitglied dank seiner Funktion erlangt hat, darf es sich nicht im Privatleben zunutze machen.[223] Über Interna der Gesellschaft zu berichten sowie vertrauliche Informationen weiterzugeben, muss ein

---

wichtige Angelegenheiten ausdrücklich hinweist; allgemein zur nachwirkenden Treuepflicht siehe *Mertens/Cahn* in KölnerKommAktG § 93 Rn. 112; *Fleischer* in Spindler/Stilz AktG § 93 Rn. 158 f.; *Spindler* in MünchKommAktG § 93 Rn. 110.

217 Vgl. *Fleischer* in Spindler/Stilz AktG § 93 Rn. 113 ff.

218 Vgl. *Wiesner* in Münch. Hdb. AG § 25 Rn. 41.

219 Vgl. *Bachmann* in DCGK Komm Rn. 1047.

220 Eingehend dazu *Bachmann* in DCGK Komm Rn. 1048.

221 *Hopt/Roth* in GroßkommAktG § 93 Rn. 275; *Mertens/Cahn* in KölnerKommAktG § 93 Rn. 110; *Fleischer* in Spindler/Stilz AktG § 93 Rn. 124.

222 Ausführlich dazu *Bachmann* in DCGK Komm Rn. 1083 ff.

223 *Krieger/Sailer-Coceani* in K. Schmidt/Lutter AktG § 93 Rn. 21.

Vorstandsmitglied ebenfalls unterlassen, denn es unterliegt der Verschwiegenheitsplicht nach § 93 Abs. 1 S. 3 AktG. Vergünstigungen wie Schmiergelder, Provisionen oder andere Vorteile dürfen ebenso nicht angenommen werden.[224] Hierdurch könnte nicht nur ein Verstoß gegen die Treuepflicht, sondern auch gegen die Legalitätspflicht begründet werden.[225]

c) Verschulden

Das Vorstandsmitglied haftet nur dann, wenn ihm ein Verschulden zur Last fällt. Die Haftung nach § 93 Abs. 2 AktG setzt ein vorsätzliches oder fahrlässiges Verhalten i. S. v. § 276 BGB voraus, wobei bereits leichte Fahrlässigkeit ausreicht. Es kommt darauf an, ob das Vorstandsmitglied die Sorgfalt eines ordentlichen und gewissenhaften Geschäftsleiters missachtet hat. Aus diesem Grund spielt das Erfordernis des Verschuldens in der Praxis eine geringe Rolle. Denn es gibt kaum Situationen, in denen zwar eine objektive, aber keine subjektive Pflichtwidrigkeit vorliegt. Liegt eine subjektive Pflichtverletzung vor (unsorgfältiges Verhalten), kann in den meisten Fällen auch eine objektive Pflichtwidrigkeit festgestellt werden.[226] Dabei bleibt ein mangelndes Bewusstsein der Pflichtwidrigkeit für die Haftung des Vorstands ohne Bedeutung. Zwar kann dem Organmitglied dann im Regelfall kein vorsätzliches Handeln vorgeworfen werden, wohl aber Fahrlässigkeit, wenn es die Sorgfalt eines ordentlichen und gewissenhaften Geschäftsleiters hat vermissen lassen.

In jüngerer Zeit wird zwar versucht, die Haftungsfolgen zugunsten des Vorstands zu mildern.[227] Nach herrschender, wenngleich nicht unumstrittener Meinung ist jedoch weder eine Haftungsmilderung[228] noch eine Haftungsverschärfung *de lege lata* möglich.[229] Aufgrund des zwingenden Charakters des § 93 AktG sowie der Satzungsstrenge (§ 23 Abs. 5 AktG) kann die Haftung zugunsten oder zulasten Dritter durch die Satzung, den Anstellungsvertrag, die Geschäftsordnung oder

---

224 *Spindler* in MünchKommAktG § 93 Rn. 111; *Hüffer/Koch* AktG § 93 Rn. 41.

225 *Wiesner* Münch. Hdb. AG § 45 Rn. 22.

226 Zum Beispiel der objektiven Pflichtwidrigkeit ohne Sorgfaltsverletzung siehe *Spindler* in MünchKommAktG § 93 Rn. 176.

227 Näher dazu siehe B.IV.2.

228 Dafür *Hoffmann* NJW 2012, 1393, 1395; kritisch *Spindler* in MünchKommAktG § 93 Rn. 27.

229 Siehe *Krieger/Sailer-Coceani* in K. Schmidt/Lutter AktG § 93 Rn. 39; Hüffer/*Koch* AktG § 93 Rn. 2; *Wiesner* in Münch Hdb. AG § 26 Rn. 4; *Fleischer* in Spindler/Stilz AktG § 93 Rn. 4.

etwaige Vereinbarungen zwischen dem Vorstandsmitglied und der Gesellschaft nicht geändert werden.[230]

d) *Schaden und Kausalität*

Der Schaden ist mithilfe der Differenzhypothese nach allgemeinen Regeln gem. §§ 249 ff. BGB festzustellen.[231] Er umfasst sowohl einen positiven Schaden *(damnum emergens)* als auch entgangene Gewinne *(lucrum cessans)*.[232] Eine Beschränkung des Schadensbegriffes auf lediglich solche Vermögensbeeinträchtigungen, die dem Unternehmenszweck widersprechen, ist abzulehnen.[233]

Die Differenzhypothese kann in bestimmten Fällen problematisch sein. Insbesondere wird diskutiert, ob und inwieweit Bußgelder, etwa wegen eines Kartellverstoßes (§ 81 GWB[234]), einen ersatzfähigen Schaden i. S. d. § 93 Abs. 2 S. 1 AktG darstellen können.[235] Manche sehen Bußgelder uneingeschränkt als Vermögensschaden i. S. d. § 249 BGB, der folglich nach § 93 Abs. 2 AktG liquidationsfähig sein muss, soweit ein Vorstandsmitglied ein Verschulden im organhaftungsrechtlichen Sinne trifft.[236] Andere wiederum wollen – unter Bezugnahme auf die Treue- bzw. Fürsorgepflicht der Gesellschaft – den Regress Einschränkungen unterwerfen, denn andernfalls könne es zur wirtschaftlichen Überforderung des haftenden Vorstands kommen.[237] Nach der dritten Ansicht ist eine Haftung des Vorstandsmitglieds für Bußgelder der Gesellschaft

---

230 Hüffer/*Koch* AktG § 93 Rn. 1; *Spindler* in MünchKommAktG § 93 Rn. 27.

231 *Hopt/Roth* in GroßkommAktG § 93 Rn. 409.

232 BGH WM 2013, 456, 458; siehe nur *Spindler* in MünchKommAktG § 93 Rn. 171 m. w. N.

233 *Dauner-Lieb* in Henssler/Strohn GesellschaftsR § 93 AktG Rn. 34.

234 Gesetz gegen Wettbewerbsbeschränkungen v. 26.06.2013 (BGBl. I S. 1750, 3245).

235 Vgl. *Wiesner* in Münch Hdb. AG § 26 Rn. 19; *Krieger/Sailer-Coceani* in K. Schmidt/Lutter AktG § 93 Rn. 37; *Bachmann*, BB 2015, 771, 775: Der Rückgriff der Gesellschaft wegen gegen sie verhängter Strafen oder Geldbußen stelle ein „heikles Thema" dar; zum Meinungsstand siehe z. B. *Reuter*, BB 2016, 1283, 1287; dazu jüngst z. B. *Grunewald*, NZG 2016, 1121 ff.; *Hasselbach*, NZG 2016, 890 ff.; *Binder/Kraayvanger*, BB 2015, 1219 ff.; *Hauger/Palzer*, ZGR 2015, 33 ff.; *Thomas*, NZG 2015, 1409 ff. *Spindler* in MünchKommAktG § 93 Rn. 166.

236 *Hauger/Palzer*, ZGR 2015, 33, 54 f.; *Fleischer*, DB 2014, 345, 347 f.; *Habersack* in Karlsruher Forum 2009, S. 5, 32 f.; alle m. w. N.

237 *Koch*, AG 2012, 429, 434 ff.; *Thole*, ZHR 173 (2009), 504, 525 ff.; *Seibt*, NZG 2015, 1097, 1102 f.; *ders.*, 2016, 361, 362 f., der daher eine sog. Halbvermögensschutzklausel im Anstellungsvertrag vorschlägt; a. A. *Dauner-Lieb* NZG, 1121, 1124: Eine ausdrückliche vertragliche Vereinbarung mit diesem Inhalt sei unwirksam.

ausgeschlossen.[238] Diese Auffassung wird vor allem damit begründet, dass ein durch die Gesellschaft unrechtmäßig erzielter Gewinn, der durch eine Geldbuße entzogen oder gemindert wurde, dem Unternehmen durch einen Schadensersatz nicht wieder zurückgeführt werden solle.[239] Dem stehe der Sinn und Zweck des Bußgeldes entgegen.[240] Die Befürworter dieser Ansicht sehen hierin überdies einen Anreiz für das Unternehmen, sich für rechtlich korrekte und effiziente Kontrollsysteme zu engagieren.[241]

Zwischen dem entstandenen Schaden und der Pflichtverletzung muss Kausalität bestehen, die nach allgemeinen schadensrechtlichen Grundsätzen zu bestimmen ist. Ein Organmitglied eines mehrköpfigen Vorstands kann sich dabei nicht auf mangelnde Kausalität mit der Begründung berufen, dass die Entscheidung auch ohne seine Zustimmung mit demselben Ergebnis getroffen worden wäre.[242]

e) Darlegungs- und Beweislast

Ist streitig, ob ein Vorstandsmitglied die Sorgfalt eines ordentlichen und gewissenhaften Geschäftsleiters angewandt hat, so trifft es die Darlegungs- und Beweislast. Nach allgemeinen Regeln (§ 280 Abs. 1 BGB) träfe die Gesellschaft in einem Rechtsstreit mit einem Vorstandsmitglied die Beweislast für die Pflichtverletzung, die Entstehung eines Schadens und den kausalen Zusammenhang zwischen Pflichtverletzung und Schaden. Häufig hat die Gesellschaft Schwierigkeiten, entsprechende Beweismittel für ein pflichtwidriges Verhalten eines Vorstandsmitglieds vorzulegen, weshalb § 93 Abs. 2 S. 2 AktG die Beweislast umkehrt. Es ist mittlerweile unumstritten, dass die Beweislastumkehr sich sowohl auf die objektive Pflichtwidrigkeit des Verhaltens (Rechtswidrigkeit) als

238 LAG Düsseldorf CCZ 2015, 185, 187 f. (das BAG hob das Urteil aus prozessualen Gründen auf und verwies das Verfahren zur erneuten Verhandlung und Entscheidung an das LAG Düsseldorf zurück, vgl. BAG ArbRAktuell 2017, 374); zustimmend *Grunewald*, NZG 2016, 1121, 1122; *Bachmann*, BB 2015, 771, 775; *Thomas*, NZG 2015, 1409, 1419; kritisch *Reuter*, BB 2016, 1283, 1288; *Binder/Kraayvanger*, BB 2015, 1219, 1230; *Seibt*, NZG 2015, 1907, 1101; gegen einen Regress bereits *Dreher* in FS Konzen, 2006, S. 85, 92; *Thümmel*, Persönliche Haftung von Managern, 2016, Rn. 225a.

239 Vgl. *Hauger/Palzer*, ZGR 2015, 33, 56 f.

240 *Grunewald*, NZG 2016, 1121, 1124.

241 Vgl. *Grunewald*, NZG 2016, 1121, 1122; *Bachmann*, BB 2015, 771, 775.

242 *Spindler* in MünchKommAktG § 93 Rn. 166.

auch auf dessen Vorwerfbarkeit (Verschulden) gegenüber dem Vorstandsmitglied bezieht.[243]

Verklagt eine Gesellschaft ein Vorstandsmitglied auf Schadensersatz, „liegt der Ball zunächst auf ihrer Seite". Die Gesellschaft muss darlegen und beweisen, dass ihr ein Schaden entstanden ist. Sie hat die Höhe des Schadens zu beziffern sowie den kausalen Zusammenhang zwischen dem Schaden und dem dem Vorstandsmitglied angelasteten Verhalten zu beweisen.[244] Zwar wird das pflichtwidrige Verhalten des Vorstandsmitglieds vermutet,[245] dennoch muss die Gesellschaft Anhaltspunkte dafür darlegen, dass das Verhalten eines Vorstandsmitglieds möglicherweise pflichtwidrig gewesen ist.[246] Das Vorstandsmitglied muss hingegen darlegen und beweisen, dass das ihm vorgeworfene Verhalten entweder nicht pflichtwidrig oder nicht schuldhaft war. Ihm obliegt also der Beweis, dass es den Sorgfaltsmaßstab eines ordentlichen und gewissenhaften Geschäftsleiters angewandt hat bzw. dass der Schaden auch dann eingetreten wäre, wenn es sich sorgfältig verhalten hätte.[247] Im Rahmen der sekundären Darlegungslast muss dann die Gesellschaft Stellung zu den Tatsachen nehmen, die das Vorstandsmitglied schlüssig vorgetragen hat. Hierin ist eine tatsächliche Milderung der Beweislastumkehr zu sehen, weil es ausreicht, wenn das beklagte Vorstandsmitglied den Sachverhalt darlegt, den die Gesellschaft „in der zweiten Runde" bestreiten muss.[248]

§ 93 Abs. 2 S. 2 AktG schließt im Hinblick auf die BJR nach § 93 Abs. 1 S. 2 AktG, die sich auf materiellrechtlicher Ebene als Entlastung des Vorstandsmitglieds darstellt, ggf. den Nachweis der Einhaltung des – grundsätzlich weiten

---

243 BGHZ 152, 280, 284 f.; *Hopt/Roth* in GroßkommAktG § 93 Rn. 435; Hüffer/*Koch* AktG § 93 Rn. 53; *Krieger/Sailer-Coceani* in K. Schmidt/Lutter § 93 Rn. 41; *Mertens/Cahn* in KölnerKommAktG § 93 Rn. 140; *Spindler* in MünchKommAktG § 93 Rn. 181; *Kindler* in FS Goette, 2011, S. 230, 233; für Beweislastumkehr nur bei Verschulden noch *Fleck*, GmbHR 1997, 237, 239.

244 Vgl. *Wiedemann*, GesellschaftsR, Bd. I, § 10 III 1. S. 541: Der Nachweis des kausalen Zusammenhangs sei für den Außenstehenden nicht zu erbringen.

245 *Spindler* in MünchKommAktG § 93 Rn. 181.

246 BGHZ 152, 280, 284; *Hopt/Roth* in GroßkommAktG § 93 Rn. 427; *Krieger/Sailer-Coceani* in K. Schmidt/Lutter § 93 Rn. 41.

247 BGH ZIP 2011, 766, 767 Rn. 17; BGHZ 152, 280, 283 ff.; *Krieger/Sailer-Coceani* in K. Schmidt/Lutter § 93 Rn. 41.

248 *v. Falkenhausen*, NZG 2012, 644, 651; ebenso *Bachmann*, ZIP 2013, 1946, 1948.

– unternehmerischen Ermessensspielraums ein.[249] Somit greift entgegen dem amerikanischen Vorbild die Beweislastumkehr auch bei der BJR ein.[250]

Eine vertragliche Modifizierung der Beweisregel ist aufgrund des zwingenden Charakters des § 93 Abs. 2. S. 2 AktG sowie der gläubigerschützenden Wirkung der Haftungsnorm (§ 93 Abs. 5 AktG) ausgeschlossen.[251] Die Beweislastumkehr hat in letzter Zeit – als ein die Organhaftung verschärfendes Merkmal – Kritik erfahren. Teilweise wird für die Abschaffung der Beweislastumkehr plädiert und vorgeschlagen, die Beweislast der Gesellschaft aufzubürden.[252] Die Kritiker der Beweislastumkehr weisen insbesondere auf die Beweisschwierigkeiten hin, die auf die ausgeschiedenen Organmitglieder zukommen.[253] Da ein ausgeschiedenes Vorstandsmitglied nach seinem Ausscheiden in der Regel zum Unternehmen keinen unbeschränkten Zugang mehr hat, steht ihm ein Einsichtsrecht zu, wonach die Gesellschaft die sich in ihrem Besitz befindlichen Beweismaterialien zur Einsicht zur Verfügung stellen muss – allerdings nur insoweit, als dies zur Verteidigung des ehemaligen Organmitgliedes erforderlich ist. Zum einen wird dies auf § 810 BGB, zum anderen auf die Treupflicht der Gesellschaft gegenüber dem ausgeschiedenen Vorstandsmitglied gestützt.[254] Wenn die Gesellschaft dem Vorstandsmitglied die Einsicht in die Unterlagen verweigert, können bestimmte (sekundäre) Beweis- bzw. Darlegungslasterleichterungen zugunsten des Vorstandsmitglieds eintreten.[255] Das Vorstandsmitglied kann vor Gericht dann das vortragen, von dem es glaubt, dass es sich aus den vorenthaltenen Unterlagen ergibt.[256]

---

249 So ausdrücklich BGH NJW 2013, 1958, 1959 Rn. 14.

250 Vgl. *Krieger-Sailer-Coceani* in K. Schmidt/Lutter AktG § 93 Rn. 41; Hüffer/*Koch* AktG § 93 Rn. 54; *Wiesner* in Münch Hdb. AG § 26 Rn. 24; *v. Falkenhausen*, NZG 2012, 644, 650; a. A. *Hopt/Roth* in GroßkommAktG § 93 Rn. 439; *Paefgen*, NZG 2009, 891, 895 f.

251 *Spindler* in MünchKommAktG § 93 Rn. 189.

252 *Paefgen*, NZG 2009, 891, 893; zustimmend *v. Falkenhausen*, NZG 2012, 644, 651; auch *Kindler* in FS Goette, 2011, S. 230, 234 f.; *Roth*, Unternehmerisches Ermessen, 2001, S. 141; Beschluss des 70. DJT Nr. 6a, ZIP 2014, 1902.

253 Näher dazu siehe B.IV.10.

254 Ausführlich dazu *Krieger* in FS Schneider, 2011, S. 717, 722 ff.; *Hopt/Roth* Großkomm AktG § 93 Rn. 448; *Freund*, NZG 2015, 1419, 1421, alle m. w. N.

255 Vgl. *Spindler* in MünchKommAktG § 93 Rn. 188.

256 *Krieger* in FS Schneider, 2011, S. 717, 724.

5. Unternehmerisches Ermessen und Business Judgment Rule

Während ein Ermessensspielraum des Vorstands bei der Unternehmensleitung in der deutschen Rechtsprechung[257] und Rechtslehre[258] schon lange anerkannt ist, ist die BJR ein relativ neues Rechtsinstitut. Die zunächst durch die Rechtsprechung, vor allem in der ARAG/Garmenbeck-Entscheidung,[259] skizzierte BJR wurde letztlich auf Vorschlag der Rechtslehre[260] mit dem UMAG kodifiziert. Nach § 93 Abs. 1 S. 2 AktG haftet ein Vorstandsmitglied nicht, wenn es bei einer unternehmerischen Entscheidung vernünftigerweise annehmen durfte, auf der Grundlage angemessener Information zum Wohle der Gesellschaft zu handeln.

a) Sinn und Zweck der Business Judgment Rule

Die BJR hat ihren Ursprung im amerikanischen Recht, in dem sie überwiegend als Richterrecht verbreitet ist.[261] Eine Formulierung der BJR enthält beispielsweise § 4.01 (c) der Principles of Corporate Governance des American Law Institute:

> "A director or officer who makes a business judgment in good faith fulfills the duty under this Section [duty of care] if the director or officer: (1) is not interested (§ 1.23) in the subject of the business judgment; (2) is informed with respect to the business judgment to the extent the director or officer reasonably believes to be appropriate

---

257 BGHZ 136, 133, 139 – Siemens/Nold; BGHZ 134, 392, 398; BGH NZG 2002, 195, 196.

258 Zum unternehmerischen Ermessen siehe *Lohse*, Unternehmerisches Ermessen, 2005, S. 60 ff.; *Oltmanns*, Geschäftsleiterhaftung und unternehmerisches Ermessen, 2001, S. 204 ff.; *Paefgen*, Unternehmerische Entscheidung, 2002, S. 35 ff.; *Roth*, Unternehmerisches Ermessen, 2001, S. 74 ff.; *Winnen*, Die Innenhaftung des Vorstandes, 2009, S. 121 ff.; *Kindler*, ZHR 162 (1998) 101.

259 BGHZ 135, 244, 253 – ARAG/Garmenbeck.

260 Vgl. insbesondere *Ulmer*, ZHR 163 (1999), 290, 299.

261 Ausführlich zum US-Recht *Merkt*, US-amerikanisches Gesellschaftsrecht, 2013, Rn. 922 ff.; siehe auch *Mutter*, Unternehmerische Entscheidungen, 1994, S. 207 ff; *Paefgen*, Unternehmerische Entscheidung, 2002, S. 151 ff.; *ders.*, AG 2004, 245, 246 ff.; *Ulmer*, DB 2004, 859, 860 ff.; rechtsvergleichend *Hopt/Roth* in GroßkommAktG § 93 Rn. 21 f. eingehend zur Rechtslage in den USA auch *Fest* in Jahrbuch Junger Zivilrechtswissenschaftler, 2011, S. 119, 145 f., der betont, dass eine einheitliche Regelung in den USA nicht existiert, aber aufgrund praktischer Gegebenheiten die Regelung nach dem Recht von Delaware dominiert.

under the circumstances; and (3) rationally believes that the business judgment is in the best interests of the corporation."[262]

Die Komplexität der wirtschaftlichen Prozesse erfordert bei unternehmerischen Entscheidungen einen gewissen, wenngleich kontrollierten Spielraum für den Vorstand, um den Geschäften ihre eigene Dynamik nicht zu entziehen. Unternehmerische Entscheidungen zeichnen sich gerade dadurch aus, dass sie mit einer gewissen Unsicherheit verbunden sind, im größten Teil prognostische Maßnahmen enthalten sowie oft unter Zeitdruck „im Minutentakt" getroffen werden müssen.[263] Das Gericht darf bei der Beurteilung solcher Entscheidungen des Vorstands keine *ex post*-Kontrolle durchführen (sog. Rückschaufehler, *hindsight bias*).[264] Denn unternehmerische Entscheidungen obliegen dem Vorstand, der das Unternehmen unter eigener Verantwortung zu leiten hat. Die bloße Vornahme solcher – wenn auch risikoreicher – Geschäfte darf nicht einer Pflichtwidrigkeit oder einem Verschulden gleichgestellt werden.[265] Damit würde man sich einer Erfolgshaftung annähern, die dem deutschen Recht jedoch fremd ist.[266] Dem Vorstand könnte das falsche Signal gegeben werden, dass risikoreiche Geschäfte, bei denen die Wahrscheinlichkeit eines Misserfolgs groß ist, zu vermeiden seien. Ein passives, durch strenge Haftungsregelungen erzwungenes Verhalten könnte ein Unternehmen lahmlegen.[267] Dem soll die BJR entgegenwirken und räumt dem Vorstand deshalb einen sog. sicheren Hafen *(safe harbour)* ein.

b) Kritik an der BJR

In der Rechtslehre sind mitunter kritische Stimmen zu hören, die die Rechtfertigung eines sicheren Hafens für Vorstand und Aufsichtsrat durch die BJR bezweifeln: Warum gebe es keine ähnlich funktionierende *Medical Judgment Rule* im Arzthaftungsrecht oder eine *Design Judgment Rule* im Produkthaftungsrecht?[268]

---

262 American Law Institute, Principles of Corporate Governance: Analysis and Recommendations, Parts I.-VI., §§ 4.01-4.03; Übersetzung siehe *Merkt*, US-amerikanisches Gesellschaftsrecht, 2013, Rn. 933.

263 Vgl. RegE UMAG BT-Drucks. 15/5092, S. 11; *Spindler* in MünchKommAktG § 93 Rn. 36; *Adolff* in FS Baums Bd. I, 2017, S. 31, 32; siehe auch Interview mit Oliver Samwer, Gründer der Rocket Internet SE, *Weiguny*, Erträgt Deutschland diesen Mann?, FAS v. 28.09.2014, S. 26 f.

264 *Ulmer*, DB 2004, 859, 860.

265 Vgl. BGHZ 135, 244, 253 – ARAG/Garmenbeck.

266 *Bastuck*, Enthaftung, 1986, S. 69.

267 Vgl. *Adolff* in FS Baums Bd. 1, 2017, S. 31, 32.

268 *Jungmann* in FS K. Schmidt, 2009, S. 831, 836; *ders.*, NZI 2009, 80, 81.

Warum könne ein sicherer Hafen nicht auch anderen Entscheidungsträgern, z. B. Ärzten oder Architekten, eingeräumt werden? Schließlich weisen ein Arzt-Patient- und auch ein Architekt-Kunde-Verhältnis Ähnlichkeiten mit einem Verhältnis zwischen Agent und Prinzipal auf.[269]

Betrachtet man das Beispiel genauer, stellt man fest, dass diese Überlegung von einem falschen Ansatzpunkt ausgeht. „The analogy is weak because defining 'reasonable care' is far more difficult for directors than, say, for doctors".[270] Die Antwort auf die Frage nach weiteren *judgment rules* ist vor allem an den Entscheidungsgegenstand bzw. an das schutzbedürftige Gut zu knüpfen. Die Funktion der BJR besteht darin, eine entsprechende Risikobereitschaft des Vorstands zu gewährleisten. Es wäre jedoch nicht wünschenswert, ähnliche Anreize zur Risikobereitschaft auch Ärzten oder Architekten zu geben. Während ein Vorstand sich durch seine sorgfältige Geschäftsführung für das Unternehmen einsetzt, nimmt sich der Arzt durch seine sorgfältige Behandlung der Gesundheit der Patienten an. Ebenso ist ein Architekt für sorgfältige Produkt- oder Baupläne zuständig, um gesundheits- oder lebensgefährliche Bauunfälle auszuschließen. Zwar muss auch der Arzt zukunftsbezogene Entscheidungen treffen und nicht selten ein Risiko eingehen. Seine Entscheidungen können jedoch einer richterlichen Überprüfung nicht entzogen werden. Im Falle eines Schadensersatzverfahrens eines Patienten hat das Gericht immer zu prüfen, ob ein Arzt sorgfältig gehandelt hat. Es darf keinen „unkontrollierbaren" Raum geben, denn ärztliche Entscheidungen müssen stets anhand medizinischer Gutachten inhaltlich kontrolliert werden können,[271] handelt es sich doch um die Gesundheit bzw. das Leben eines Menschen und nicht um das Vermögen eines Aktionärs. Eine medizinische Entscheidung, auf Grundlage angemessener Informationen, zum Wohle des Patienten, ohne Interessenkonflikt und im guten Glauben kann daher auf ein sorgfältiges Handeln des behandelnden Arztes hinweisen, jedoch niemals einen Entzug gerichtlicher Kontrolle bewirken.

---

269 *Wenger/Terberger*, WiSt 17 Jg. (1988), 506, 507.

270 *Kraakman*, The Anatomy of Corporate Law, 2009, S. 79.

271 Vgl. *Westermann* in Karlsruher Forum 1993, S. 15, 17, der eine nachträgliche Kontrolle der unternehmerischen Entscheidung durch die Gerichte mit der Belehrung eines Mediziners durch den Pathologen vergleicht. Beides stelle die Problematik eines Rückschaufehlers dar. Während eine *ex post*-Kontrolle einer unternehmerischen Entscheidung durch das Gericht den Vorstand der Risikobereitschaft beraubt, bleibt eine Belehrung eines Arztes durch den Pathologen für künftige Patienten wünschenswert; siehe auch *Reuter*, ZIP 2016, 597, 598 mit Beispielen in Fn. 5.

Der Vergleich mit dem Architekten geht gleichsam fehl. Der Gedanke, dass ein Architekt risikobehaftete, mit einer gewissen Unsicherheit verbundene Entscheidungen treffen könnte, beunruhigt, wenn man sich vorstellt, einen Ermessensspielraum für Baupläne einer Brücke oder eines Hauses zuzulassen. Denn hierbei handelt es sich nicht um auf dem neuesten Stand der rechtlichen, sondern der technischen Wissenschaft beruhende Entscheidungen. Der Bezug auf die Produkthaftung bedarf wiederum einer Präzisierung, denn es ist zwischen einem Produktentwurf und der Produktvermarktung zu unterscheiden. Während ein Produktentwurf auf technischen Daten beruht, empirisch überprüfbar ist und somit wenig Raum für ein prognostizierendes Handeln zulässt, ist die Einführung eines Produktes auf dem Markt wiederum eine unternehmerische, weil in der Regel zukunftsbezogene, Entscheidung, wenngleich „rechtlich geprägt“[272].

c) *Entwicklung in der Rechtsprechung*

Schon vor der ARAG/Garmenbeck-Entscheidung[273] hat der BGH einzelne Aspekte des unternehmerischen Entscheidungsspielraums angesprochen. Im Jahre 1977 hat er entschieden, dass die Verwaltungsratsmitglieder eines im Gesellschaftsvertrag einer KG vorgesehenen Verwaltungsrats nicht gehalten seien, jedes Geschäft zu verhindern, das mit einem Risiko verbunden sei. Mit Risiken behaftete Geschäfte seien im kaufmännischen Leben nicht ungewöhnlich.[274] In einer weiteren Entscheidung aus dem Jahre 1979 hat der BGH betont, dass der Gesetzgeber sich gegen eine Erfolgshaftung ausgesprochen habe. Nach Auffassung des BGH durfte für die Feststellung eines schuldhaften Verstoßes gegen § 92 Abs. 2 AktG die Frage, ob sich die Einschätzung der wirtschaftlichen Gegebenheiten durch die Organmitglieder bei rückblickender Betrachtung in allen Punkten als objektiv richtig erweist, als unerheblich angesehen werden.[275] Nach einem Urteil des BGH aus dem Jahre 1997 (zur Zulässigkeit einer GmbH als persönlich haftende Gesellschafterin einer KGaA) kann das Risiko, persönlich zu haften, ein Organmitglied zu einem übertrieben defensiven Verhalten veranlassen, was sich wiederum negativ auf Gesellschafter und Gesellschaftsgläubiger auswirken könnte. Ein Unternehmensleiter, der keine Geschäfte vornimmt, die zwar ein gewisses Risiko in sich tragen, sich aber dennoch als vorteilhaft für

272 *Bachmann*, WM 2015, 105, 108.
273 BGHZ 135, 244 - ARAG/Garmenbeck (nachfolgend ohne Angaben nur „ARAG/Garmenbeck-Entscheidung“).
274 BGHZ 69, 207, 213.
275 BGHZ 75, 96, 113.

das Unternehmen erweisen können, trage dazu bei, dass ein Unternehmen den Anschluss an die wirtschaftliche Entwicklung verliere.[276]

Dennoch wurde die Managerhaftung noch Anfang der Neunzigerjahre nur selten in der Rechtsprechung thematisiert.[277] Die Wahrung eines Freiraums für unternehmerische Entscheidungen wurde also in der deutschen Rechtsprechung wenig behandelt und, wenn überhaupt, dann nur beiläufig.[278] Nach *Hopts* Auffassung ist dies auf die Scheu der Gerichte zurückzuführen, die sich nicht in die unternehmerischen Entscheidungen einmischen wollten.[279] Ein Jahr nach dem von *Hopt* veröffentlichten Beitrag fällte der BGH sodann – als ob er dem Vorwurf entgegenwirken wollte – die ARAG/Garmenbeck-Entscheidung. Heute gilt diese als Grundstein der BJR, obwohl der Schwerpunkt der Entscheidung nicht beim unternehmerischen Ermessen des Vorstands, sondern bei den Pflichten des Aufsichtsrats nach §§ 111, 112 AktG liegt.[280] Der BGH hatte vor allem über die Ermessensausübung des Aufsichtsrats bei der Geltendmachung von Ansprüchen gegen Vorstandsmitglieder zu entscheiden – und bei dieser Gelegenheit die BJR für die Vorstandsmitglieder gleich mitformuliert.

Der der Entscheidung zugrunde liegende Sachverhalt lässt sich kurz wie folgt zusammenfassen: Die ARAG AG und ihre hundertprozentigen Tochtergesellschaften AR Grund GmbH und ARAG Finanz B. V. (nachfolgend ARAG) hatten sich bei der Briefkastenfirma Garmenbeck Ltd. finanziell engagiert. Die Geschäftstätigkeit der Garmenbeck Ltd. beruhte auf einem „Schneeball-System". Die Gesellschaft nahm zu sehr hohen, das kapitalmarktübliche Niveau übersteigenden Zinsen Kapital auf und bot Billigkredite an, deren Verzinsung wiederum deutlich unter dem marktüblichen Zinsniveau lag. Nachdem die Garmenbeck-Gruppe Anfang 1990 zusammengebrochen war, hatte die ARAG einen Zinsausfallschaden in Höhe von ca. 421.000 DM sowie nach der Auffassung der klagenden Aufsichtsratsmitglieder weitere Schäden in Höhe von ca. 80 Mio. DM erlitten.[281] Der Aufsichtsrat der ARAG AG hatte es mehrheitlich abgelehnt, die Vorstandsmitglieder wegen Verletzung der Sorgfaltspflichten nach § 93 Abs. 2

276 BGHZ 134, 392, 398.

277 Siehe BGH NJW 1980, 1629 (Schadensersatzpflicht eines Aufsichtsratsmitglieds); *Westermann* in Karlsruher Forum 1993, S. 15.

278 *Hopt* in FS Mestmäcker, 1996, S. 909, 919; vgl. aber *Kindler*, ZHR 162 (1998), 101, 103, nach dem die unternehmerische Handlungsfreiheit in der Literatur längst anerkannt sei.

279 *Hopt* in FS Mestmäcker, 1996, S. 909, 920.

280 *Horn*, ZIP 1997, 1129, 1134.

281 *Jaeger/Trölitzsch*, WiB 1997, 684, 684.

auf Schadensersatz in Anspruch zu nehmen. Sodann erhoben die übrigen Aufsichtsratsmitglieder eine Nichtigkeitsklage gegen die Aufsichtsratsbeschlüsse, der das LG Düsseldorf zwar stattgab,[282] welche aber in nächster Instanz durch das OLG Düsseldorf abgewiesen wurde.[283] Der BGH hat das Urteil schließlich zur erneuten Prüfung und Entscheidung an die Vorinstanz zurückverwiesen.

In seiner Urteilsbegründung hielt der BGH fest, dass der Aufsichtsrat als Überwachungsorgan inhaltlich den Tatbestand des § 93 Abs. 2 AktG zu prüfen habe. Dabei müsse er berücksichtigen, dass dem Vorstand bei der Leitung der Unternehmensgeschäfte ein weiter Handlungsspielraum zuzubilligen sei, „ohne den eine unternehmerische Tätigkeit schlechterdings nicht denkbar ist“[284] Dazu gehörten auch Fehlentscheidungen und Fehleinschätzungen. Die bloß fehlende „glückliche Hand“ bei der Führung des Unternehmens mag den Aufsichtsrat zwar dazu veranlassen, das Vorstandsmitglied abzuberufen, könne aber kein Grund für die Haftung eines Vorstandsmitglieds sein.[285] Eine Schadensersatzpflicht des Vorstands könne erst dann infrage kommen, „wenn die Grenzen, in denen sich ein von Verantwortungsbewusstsein getragenes, ausschließlich am Unternehmenswohl orientiertes, auf sorgfältiger Ermittlung der Entscheidungsgrundlagen beruhendes unternehmerisches Handeln bewegen muss, deutlich überschritten sind, die Bereitschaft, unternehmerische Risiken einzugehen, in unverantwortlicher Weise überspannt worden ist oder das Verhalten des Vorstands aus anderen Gründen als pflichtwidrig gelten muss“[286]. Dadurch hat der BGH die Grundlagen der BJR festgelegt und deutlich zum Ausdruck gebracht, dass dem Vorstand ein weiter Handlungsspielraum für unternehmerische Entscheidungen eingeräumt werden muss. Ein gesetz- oder vertragswidriges Verhalten wird hiervon allerdings nicht umfasst.

d) Debatte in der Rechtslehre

Schon vor der ARAG/Garmenbeck-Entscheidung hatte es Stimmen gegeben, die die deutsche Gestalt des Geschäftsleiterermessens mit der amerikanischen BJR aufladen wollten.[287] Obgleich sympathisierend, wurde jedoch vor der

282 LG Düsseldorf ZIP 1994, 628, 629.

283 OLG Düsseldorf ZIP 1995, 1183, 1186.

284 BGHZ 135, 244, 253 - ARAG/Garmenbeck.

285 BGHZ 135, 244, 253 - ARAG/Garmenbeck.

286 BGHZ 135, 244, 253 f. - ARAG/Garmenbeck.

287 Bereits *Bastuck*, Enthaftung, 1986, S. 71 ff.; *Mutter*, Unternehmerische Entscheidungen, 1994, S. 217 ff.; *Hopt*, ZGR 1993, 534; 539 f.; *ders* in FS Mestmäcker, 1996, S. 909, 910; *Kallmeyer*, ZGR 1993, 104; 107 f.; *Trockels*, AG 1990, 139, 144; *Westermann* in

„vorschnellen Systematisierung mit den Kriterien des deutschen Rechts" gewarnt und gleichzeitig das gestiegene Verständnis (und die Vernunft) der Europäer gelobt, die nicht mehr bereit seien, die Rechtsprechung amerikanischer Gerichte „unbesehen als maßstäblich" anzusehen.[288] Die ersten Anmerkungen zu der ARAG/Garmenbeck-Entscheidung lenkten die Aufmerksamkeit auf das Ermessen des Aufsichtsrats bei der Geltendmachung von Schadensersatzansprüchen gegen Vorstandsmitglieder.[289] Zugleich entwickelte sich eine allgemeine Debatte um die aktienrechtliche Organhaftung.[290] Nun wurde die Kodifizierung der BJR mutiger erwogen,[291] allerdings nicht ohne Bedenken, insbesondere bezüglich der Beweisregel.[292]

Der erste Formulierungsvorschlag der BJR kam 1999 von *Peter Ulmer*. Danach sollte § 93 Abs. 2 AktG um einen weiteren Satz ergänzt werden: „Eine Pflichtverletzung liegt nicht vor, wenn der Schaden durch unternehmerisches Handeln im Interesse der Gesellschaft auf der Grundlage angemessener Information verursacht wurde, auch wenn dieses Handeln aufgrund späterer Entwicklungen oder Erkenntnisse sich für die Gesellschaft als nachteilig erweist."[293]

Karlsruher Forum 1993, S. 15, 18 ff.; weitere Nachweise siehe *Horn*, ZIP 1997, 1129, 1134; *Heermann*, AG 1998, 201, 204.

288 *Westermann* in Karlsruher Forum 1993, S. 15, 18; ähnlich *Mutter*, Unternehmerische Entscheidungen, 1994, S. 220.

289 Vgl. *Götz*, NJW 1997, 3275 ff.; *Jaeger/Trölitzsch*, WiB 1997, 684 ff.; *Thümmel*, DB 1997, 1117 ff.

290 *Fleischer* in FS Wiedemann, 2002, S. 827, 836 f.; *Goette* in FS 50 Jahre BGH, 2000, S. 123, 141; *Keßler* in FS Baumann, 1999, S. 153, 170 ff.; *Selmer* in FS Ulmer, 2003, S. 627, 639; *Heermann*, AG 1998, 201, 204 ff.; *Henze*, NJW 1998, 3309, 3310 f.; *ders.*, BB 2000, 209, 210 f.; *Horn*, ZIP 1997, 1129, 1134; *Kindler*, ZHR 162 (1998), 101, 104 ff.

291 *Ulmer*; ZHR 163 (1999), 290, 299 f.; *Goette* in FS 50 Jahre BGH, 2000, S. 123, 141 f., der aber die Frage nach einer Kodifizierung offenlässt; gegen Kodifizierung *Kinzl*, AG 2004, R3, R4.

292 *Heermann*, AG 1998, 201, 206, der sich gegen eine „vorbehaltlose" Übertragung positioniert; *Henze*, NJW 1998, 3309, 3010 f.: Beweislastumkehr sei nur teilweise mit § 93 Abs. 1 und 2 AktG in Einklang zu bringen; zuvor *Westermann* in Karlsruher Forum 1993, S. 15, 19: Es sei zweifelhaft, ob eine Business Judgment Rule in Deutschland überzeugen würde.

293 *Ulmer*, ZHR 166 (1999), 290, 299.

e) Kodifizierung der BJR

Die Rechtsfigur der BJR ist ein Beispiel dafür, wie der Gesetzgeber „schon immer geltendes Recht“[294] in Gesetzesform gießt. Dem erwähnten Vorschlag von *Peter Ulmer* schlossen sich sodann der 63. DJT 2000[295] sowie die Regierungskommission Corporate Governance[296] an. Dem folgte eine konkrete Handlung des Gesetzgebers: Das Bundesministerium der Justiz veröffentlichte 2004 den Referentenentwurf des UMAG.[297] Eine gesetzliche Regelung des unternehmerischen Ermessens wurde als Chance der Klarstellung[298] und einer gleichmäßigeren Rechtsanwendung[299] begrüßt und die BJR 2005 in § 93 Abs. 1 AktG eingeführt.[300]

f) Tatbestandsvoraussetzungen

Ein Vorstandsmitglied kann sich auf die BJR berufen, wenn es bei der (1) unternehmerischen Entscheidung (2) auf der Grundlage angemessener Information, (3) zum Wohle der Gesellschaft, (4) ohne Sonderinteressen und sachfremde Einflüsse und (5) in gutem Glauben gehandelt hat. In § 93 Abs. 1 S. 2 AktG werden lediglich die ersten drei Merkmale ausdrücklich erwähnt. Die beiden letzten

---

294 *Lutter* in FS Canaris Bd. II, 2007, S. 245, 245.

295 Vgl. Beschluss Nr. III 1 in Verhandlungen des 63. DJT, Bd. II/1, S. O 79.

296 *Baums*, Bericht RegK, 2001, S. 50 Rz. 70.

297 RefE UMAG v. 28.1.2004, NZG 2004, Sonderbeilage 4; dazu *Diekmann/Leuering*, NZG 2004, 249 ff.; *Fleischer*, ZIP 2004, 685 ff.; *Handelsrechtsausschuss des DAV*, NZG 2004, 555 ff.; *Ihrig*, WM 2004, 2098 ff.; *Kock/Dinkel*, NZG 2004, 441 ff.; *Paefgen*, AG 2004, 245 ff.; *Seibert/Schütz*, 2004, 252 ff.; *Thümmel*, DB 2004, 471 ff.; *Ulmer*, DB 2004, 859 ff; ausführlich zur Entstehungsgeschichte des UMAG siehe *Winnen*, Die Innenhaftung des Vorstandes, 2009, S. 33 ff.

298 *Baums*, Bericht RegK, 2001, S. 50 Rz. 70.

299 Empfehlungen des Rechts- und Wirtschaftsausschusses des Bundesrats zum UMAG v. 7.2.2005, BR-Drucks. 3/1/05, S. 1.

300 Zur analogen Anwendung in einer GmbH oder Genossenschaft BGH NZG 2008, 751, 752 Rn. 11; *Kindler* in FS Goette, 2011, S. 231, 232; *Fleischer*, ZIP 2004, 685, 692; *K. Schmidt* in FS Haarmann, 2015, S. 194, 201 f. In Österreich regelt der neue § 25 Abs. 1a GmbHG-Ö ausdrücklich die BJR für einen GmbH-Geschäftsführer, ausführlich dazu siehe D.III.2.b)aa); zur Anwendung in einer GmbH & Co. KG BGH NZG 2013, 1021, 1023 Rn. 30; dazu *Bachmann*, NZG 2013, 1121, 1126 f., der für eine Erstreckung der Aussagen des BGH auch auf die GmbH & Co. KGaA plädiert, da der Geschäftsführer der Komplementär-GmbH einer GmbH & Co. KGaA – im Unterschied zum Geschäftsführer der Komplementärin einer GmbH & Co. KG, der aus § 43 Abs. 2 GmbHG haftet – aus § 93 Abs. 2 AktG haftet.

Merkmale wurden durch Rechtsprechung und Literatur entwickelt und werden dem Merkmal „zum Wohle der Gesellschaft" entnommen.[301]

aa) Unternehmerische Entscheidung

(1) Abgrenzung zu gebundenen Entscheidungen

Eine unternehmerische Entscheidung (*business judgment*) ist als „Teil und notwendiges Gegenstück"[302] der Führungsaufgabe des Vorstands ein Kernelement der BJR. In Anlehnung an die Betriebswirtschaftslehre[303] lässt sie sich als eine bewusste Auswahl zwischen mehreren Handlungsmöglichkeiten definieren,[304] die eine bedeutende wirtschaftliche Tragweite für das Unternehmen haben und sich auf das Unternehmensvermögen oder das Geschäftsmodell auswirken.[305] Unter eine unternehmerische Entscheidung fällt aber auch die bewusste Entscheidung des Vorstands, nichts zu tun. Entscheidet der Vorstand, die Geschäftschance nicht wahrzunehmen, trifft er ebenso eine unternehmerische Entscheidung und haftet nicht gegenüber der Gesellschaft, soweit diese Entscheidung bewusst und sorgfältig getroffen wird. Bloße Untätigkeit ist allerdings aus dem Anwendungsbereich der BJR ausgeschlossen.[306]

Dennoch fällt eine positive Umschreibung des Begriffs „unternehmerische Entscheidung" schwer.[307] Aus der Gesetzesbegründung erfährt man, dass unternehmerische Entscheidungen „infolge ihrer Zukunftsbezogenheit durch Prognosen und nicht justiziable Einschätzungen geprägt sind"[308] und ihnen ein gewisser tatbestandlicher Beurteilungsspielraum eingeräumt wird.[309] Angesichts der Breite („diese Definition trifft auch auf verbotene Kartellabsprachen oder

---

301 Statt vieler siehe *Lutter* in FS Canaris Bd. II, 2007, S. 245, 246.

302 BGHZ 135, 244, 254 – ARAG/Garmenbeck.

303 Vgl. aber *Mutter*, Unternehmerische Entscheidungen, 1994, S. 206: die betriebswirtschaftliche Entscheidungslehre habe zwar Regeln entwickelt, gefordert bleibe aber die Rechtswissenschaft.

304 BGHZ 135, 244, 254 – ARAG/Garmenbeck.

305 *Spindler* in MünchKommAktG § 93 Rn. 41.

306 Vgl. *Paefgen*, AG 2004, 245, 251.

307 *Fleischer* in Spindler/Stilz AktG § 93 Rn. 68.

308 RegE UMAG BT-Drucks. 15/5092, S. 11.

309 RegE UMAG BT-Drucks. 15/5092, S. 11; kritisch *Paefgen*, AG 2004, 245, 251: Es sei kein brauchbares rechtliches Abgrenzungskriterium; jüngst und zugleich mit einem neuen Definitionsansatz *Ott*, ZGR 2017, 149, 154, 172.

Verbrechen zu“[310]) sowie der Unbestimmtheit der Beschreibung („das Kriterium der unternehmerischen Entscheidung [wäre] allein kaum aussagekräftig“[311]) gerät man hier in eine gewisse Unsicherheit. Als Weg aus dieser Sackgasse regt die Rechtslehre an, den Begriff der unternehmerischen Entscheidung aus seiner Gegensätzlichkeit zur rechtlich gebundenen Entscheidung zu definieren.[312] Für ein illegales Verhalten solle es nämlich keinen „sicheren Hafen“ im Sinne einer haftungstatbestandlichen Freistellung geben, in dem eine Rechtsverletzung gerechtfertigt werden könne.[313]

Diese Unterscheidung soll es ermöglichen, Verwaltungspflichten mit unternehmerischem Ermessen sowie rechtlich strikt definierte Pflichtbindungen voneinander abzugrenzen.[314] Auch wenn einige Beispiele zeigen, dass den Vorstandsmitgliedern auch bei gebundenen Entscheidungen mitunter Handlungsspielräume zustehen (z. B. bei der Beurteilung einer unsicheren Rechtslage und der Auslegung unbestimmter Rechtsbegriffe, bei der Fortführungsprognose im Rahmen der Insolvenzantragspflicht[315]), sodass die Abgrenzung der unternehmerischen Entscheidungen von den gebundenen Entscheidungen Schwierigkeiten bereitet, ist die Definition einer unternehmerischen Entscheidung durch die Abgrenzung zu einer gebundenen Entscheidung zu begrüßen.

(2) Beurteilungsspielräume

Die Komplexität der Thematik zeigt sich dadurch, dass nicht nur typischerweise betriebswirtschaftliche Entscheidungsgegenstände wie z. B. Investitionen in neue in- oder ausländische Märkte oder Technologien, Marketing- oder

---

310 *Paefgen,* AG 2004, 245, 251; in dem Sinne *Thümmel,* DB 2004, 471, 472, der den Bedarf nach der Abgrenzung von gebundenen Entscheidungen betont.

311 *Spindler* in MünchKommAktG § 93 Rn. 42.

312 *Bachmann,* ZHR 177 (213), 1, 8; *Paefgen,* AG 2004, 245, 251; *Spindler* in MünchKomm AktG § 93 Rn. 42; kritisch *v. Falkenhausen;* NZG 2012, 644, 646 f.: „scheint sehr fraglich“. Die Empfehlung des Rechts- und Wirtschaftsausschusses des Bundesrats zum UMAG v. 7.2.2005, BR-Drucks. 3/1/05, S. 1 sah ausdrücklich vor: „Eine Pflichtverletzung liegt nicht vor, wenn das Vorstandsmitglied bei einer unternehmerischen Entscheidung *Recht und Gesetz, die Bestimmungen der Satzung und rechtswirksame Beschlüsse von Gesellschaftsorganen* [Hervorhebung durch Verf.] beachtet sowie auf der Grundlage angemessener Information zum Wohle der Gesellschaft gehandelt hat.“

313 RegE UMAG BT-Drucks. 15/5092, S. 11.

314 Vgl. RegE UMAG BT-Drucks. 15/5092 S. 11; *Paefgen,* AG 2004, 245, 251.

315 Zu den Beispielen *Fleischer* in Spindler/Stilz AktG § 93 Rn. 69a; *Ihrig,* WM 2004, 2098, 2103 f.

Umstrukturierungsstrategien,[316] sondern auch eine unklare Rechtslage, widersprüchliches Recht, fehlende Rechtsprechung oder Unklarheiten bei der Auslegung der Satzung oder Geschäftsordnung, ja sogar gesetzliche Pflichtaufgaben (z. B. Compliance-Pflichten) Unsicherheit schaffen und dem Vorstand eine ähnliche Entscheidung wie eine unternehmerischen Entscheidung abverlangen können.[317]

Es gibt viele Entscheidungen, zu denen es gesetzliche Maßgaben gibt, die dem Vorstand letztendlich doch einen gewissen Spielraum einräumen und ein zukunftsbezogenes Vorgehen voraussetzen.[318] Ein Beispiel dafür stellt § 15a InsO dar. Danach ist der Vorstand verpflichtet, einen Insolvenzantrag zu stellen, wenn die Gesellschaft überschuldet ist. Die Entscheidung, ob eine Überschuldung vorliegt, ist jedoch in vielen Fällen nicht eindeutig und hängt von Prognosen und zu erwartenden Marktentwicklungen (die letztendlich auch auf Gutachten oder Vermutungen beruhen) ab.[319] Trotz des in der Praxis sehr häufigen Konflikts zwischen den gesetzlichen Maßgaben zum Insolvenzantrag nach § 15a InsO und dem prognostischen Charakter der Entscheidung ist nicht klar, ob dies eine unternehmerische Entscheidung begründet.[320]

(3) Anwendung des § 93 Abs. 1 S. 2 AktG

In der Rechtslehre ist umstritten, ob § 93 Abs. 1 S. 2 AktG auf gebundene Entscheidungen mit Beurteilungs- oder Ermessensspielraum unmittelbare Anwendung findet. Nach h. M. sind solche Fälle einer eigenständigen Kategorie zuzuweisen und nicht mittels einer Analogie zur BJR zu lösen.[321] Die Norm liefert jedoch gewisse Anhaltspunkte und stellt einen wichtigen Verhaltensmaßstab

---

316 BGHZ 175, 365, 369 Rn. 13 ff.; *Kindler* in FS Goette, 2011, S. 231, 232.

317 *Bachmann*, Gutachten E 44 f.

318 Vgl. *Goette* in FS 50 Jahre BGH, 2000, S. 123, 133 ff; siehe auch *Bachmann*, WM 2015, 105, 108, der darauf hinweist, dass es wirtschaftliche Entscheidungen gebe, die der Vorstand ohne Bezug auf die jeweiligen Rechtsvorschriften nicht treffen dürfe, die trotzdem weiterhin als unternehmerische – und nicht gebundene – Entscheidungen gälten.

319 *Mertens/Cahn* in KölnerKommAktG § 93 Rn. 17; zum Beurteilungsspielraum bei der Feststellung des Insolvenzauslösezeitpunkts BGHZ 75, 96, 110; BGHZ 126, 181, 199.

320 Vgl. *Breitenfeld*, Die organschaftliche Binnenhaftung, 2016, S. 116 f.

321 So *Fleischer* in Spindler/Stilz AktG § 93 Rn. 69a; Hüffer/*Koch* § 93 Rn. 10; *Paefgen*, AG 2014, 554, 560; *Bachmann*, ZHR 177 (2013), 1, 8; *Kremer* in VGR Bd. 18, 2013, S. 171, 174 f.; *Buck-Heeb*, BB 2013, 2247, 2251; a. A. *Hasselbach/Ebbinghaus*, AG 2014, 873, 874.

dar, insbesondere wenn der Vorstand auf erhebliche Rechtsunsicherheiten stößt, sich mit unbestimmten Rechtsbegriffen auseinandersetzt oder eine Änderung der bisherigen Rechtsprechung erwarten kann.[322] Nach anderer Ansicht können gebundene Entscheidungen insoweit unternehmerische Entscheidungen darstellen, als ein Gesetz dem Organ „unternehmerische Aufgaben überträgt"[323] und der Vorstand über die Art und Weise der Ausführung gesetzlicher Vorschriften zu entscheiden hat, das Gesetz hierzu jedoch keine Vorgaben macht.[324]

Festzuhalten ist, dass die BJR auf die Legalitätspflicht einschließlich Treue- und Informationspflichten sowie auf sonstige allgemeine Gesetzes- und Satzungsverstöße keine Anwendung findet.[325] Obwohl es bei den Prüfkriterien für unternehmerische Entscheidungen und für rechtlich gebundene Entscheidungen mit Beurteilungs- oder Ermessensspielraum Überlappungen gibt (beide Male ist eine sorgfältige und sachgerechte Entscheidungsvorbereitung geboten),[326] gehen die letztgenannten Entscheidungen über den Rahmen unternehmerischer Entscheidungen i. S. d. § 93 Abs. 1 S. 2 AktG hinaus.[327] Die Spielräume bei den gebunden Entscheidungen sind anders als die bei den unternehmerischen Entscheidungen zu beurteilen.[328] Auch wenn das Gesetz dem Vorstand einen Handlungsspielraum einräume, bleibe er dennoch den gesetzlichen Zielvorgaben verhaftet. Maßstab seines Handelns sei in diesen Fällen nicht allein

322 *Spindler* in MünchKommAktG § 93 Rn. 76; *Dreher* in FS Konzen, 2006, S. 85, 92; *Fleischer*, ZIP 2005, 141, 149; vgl. auch *Hopt/Roth* in GroßkommAktG § 93 Rn. 75: angesichts der zunehmenden Verrechtlichung unternehmerischer Entscheidungen würde § 93 Abs. 1 S. 2 AktG sonst immer seltener Anwendung finden.

323 BGHZ 135, 244, 254 – ARAG/Garmenbeck.

324 Vgl. *v. Falkenhausen*, NZG 2012, 644, 647.

325 RegE UMAG BT-Drucks. 15/5092, S. 11: „Die Regelung geht von der Differenzierung zwischen fehlgeschlagenen unternehmerischen Entscheidungen einerseits und der Verletzung sonstiger Pflichten andererseits (Treuepflichten; Informationspflichten; sonstige allgemeine Gesetzes- und Satzungsverstöße) aus. *Ein Verstoß gegen diese letztere Pflichtengruppe ist von der Bestimmung nicht erfasst* [Hervorhebung durch Verf.].

326 Vgl. *Fleischer* in Spindler/Stilz AktG § 93 Rn. 69a.

327 Vgl. *Hopt/Roth* in GroßkommAktG § 93 Rn. 76; *Hopt*, ZIP 2013, 1793, 1803; vgl. auch *Verse*, ZGR 2017, 174, 193, 195, der in Fällen der Entscheidung unter rechtlicher Unsicherheit den Entscheidungsprozess in zwei Teile zerlegt: Die BJR sei nicht auf die Rechtsermittlung und -einschätzung, sondern nur auf die nachfolgende Auswahlentscheidung anwendbar.

328 Hüffer/*Koch* § 93 Rn. 11 m. w. N.

das Gesellschaftswohl.[329] Daher wird in der Rechtslehre eine solche Erweiterung des § 93 Abs. 1 S. 2 AktG auf alle Entscheidungen des Vorstands und damit insbesondere auf solche unter rechtlicher Unsicherheit („Legal Judgment Rule") zurecht abgelehnt.[330] Vielmehr ist in solchen Fällen eine klare Abgrenzung zur BJR erforderlich, sodass eine unmittelbare Anwendung des § 93 Abs. 1 S. 2 AktG auf die Auslegung gesetzlicher Pflichten ausscheidet.[331] Dogmatisch solle man solche Fälle einer eigenständigen Kategorie zuweisen und sie nicht mittels einer Analogie zur „Business Judgment Rule" lösen.[332]

bb) Auf der Grundlage angemessener Information

Eine sorgfältig getroffene Entscheidung soll auf einer soliden Tatsachengrundlage beruhen. Im Laufe eines Entscheidungsprozesses hat sich ein Vorstandsmitglied daher einer angemessenen Tatsachengrundlage zu vergewissern. Die „Angemessenheit" der Informationsgrundlage, die der Tragweite der Entscheidung entspricht, bereitet in der Praxis Schwierigkeiten. Angesichts der Unbestimmtheit des Begriffs besteht das Risiko, dass damit eine volle „richterliche Kontrolle" der unternehmerischen Entscheidung „durch die Hintertür" stattfindet.[333] Dabei sind Anknüpfungspunkte wie Umfang, Qualität, Auswahl und Gewichtung der Informationen von Bedeutung.

---

329 *Holle*, AG 2011, 778, 784.

330 Vgl. *Fleischer* in Spindler/Stilz AktG § 93 Rn. 69a; *Bachmann*, Gutachten E, S. 45; *Binder*, Grenzen der Vorstandshaftung, 2016, S. 170 f. m. w. N.; *Buck-Heeb*, BB 2013, 2247, 2257; abgelehnt auch durch den 70. DJT 2014, vgl. Beschlüsse der Abteilung Wirtschaftsrecht des 70. DJT, ZIP 2014, 1902 = AG Report 2014, 300, I. 4; a. A. *Nietsch*, ZGR 2015, 631, 655; *Paefgen*, AG 2014, 554, 560; für klare Abgrenzung der Legal Judgment Rule von der BJR mit einem Formulierungsvorschlag siehe *Berger*, Vorstandshaftung und Beratung, 2015, S. 342 ff. und S. 360: „Im Falle einer aus tatsächlichen oder rechtlichen Gründen unklaren Pflichtenlage liegt eine Pflichtverletzung des Vorstandsmitgliedes nicht vor, wenn es bei Vorliegen einer gebundenen Entscheidung auf bestmöglicher Informationsgrundlage im Sinne der Ision-Kriterien sowie sorgfaltsgemäßer Gewichtung von Rechtsprechung und Literatur vertretbar im Interesse des Unternehmens entscheidet (Legal Judgment Rule)."

331 Vgl. *Spindler* in MünchKommAktG § 93 Rn. 75; *ders.* in FS Canaris Bd. II, 2007, S. 403, 420 f.; *Winnen*, Die Innenhaftung des Vorstandes, 2009, S. 157 ff.; *Habersack* in FS Schneider, 2011, S. 429, 437; *Bicker*, AG 2014, 8, 10; jüngst ausführlich *Verse*, ZGR 2017, 174 ff.

332 *Fleischer* in Spindler/Stilz AktG § 93 Rn. 69a.

333 *Spindler*, AG 2013, 889, 892; so auch *Hopt*, ZIP 2013, 1793, 1801.

Zunächst sollen diejenigen Informationen ermittelt werden, die für die Entscheidung erforderlich sind. Das Gesetz fordert bei der Entscheidungsfindung keine bestmögliche oder erschöpfende, sondern lediglich eine angemessene Information.[334] Zu Recht wurde daher eine BGH-Entscheidung in der Rechtslehre kritisiert, wonach ein GmbH-Geschäftsführer verpflichtet sei, in einer konkreten Entscheidungssituation *alle* verfügbaren Informationen tatsächlicher und rechtlicher Art auszuschöpfen und auf dieser Grundlage die Vor- und Nachteile der bestehenden Handlungsoptionen sorgfältig abzuschätzen.[335] Die Angemessenheit der Information ist vor allem situationsabhängig, denn strategische Entscheidungen oder Entscheidungen des Gesamtvorstands bedürfen in aller Regel eines größeren Informationsaufwands als Maßnahmen der alltäglichen Geschäftsführung.[336] Die Informationsgrundlage, die z. B. für Eil- oder Routineentscheidungen ausreichend wäre, könnte sich bei strategischen oder den Kern des Unternehmens betreffenden Entscheidungen als unangemessen herausstellen.[337] Auch an Entscheidungen, die ein „Existenzgefährdungs-Potential" mit sich bringen, sind gesteigerte Anforderungen zu stellen: je höher das einzugehende Risiko ist, desto strenger müssen auch die Anforderungen sein.[338]

Der Umfang der Information tritt grundsätzlich hinter der Qualität zurück, zumal der Vorstand bei der Informationsbeschaffung den finanziellen und zeitlichen Aufwand berücksichtigen muss.[339] Ein routinemäßiges und „präventives" Einholen von Informationen ist weder erforderlich noch ausreichend.[340] Gehört es zwar zur unternehmerischen Wirklichkeit (und zur sorgfältigen Geschäftsführung), dass der Vorstand externen Rat einholt, wenn es ihm selbst an Fachwissen fehlt, so ist dennoch der *Auswahl* relevanter Informationen durch den Vorstand wesentlich mehr Bedeutung beizumessen. Die Beschaffung *aller* Informationen ist nicht erforderlich.[341] Bei der Auswahl von Informationen steht dem

334 *Mertens/Cahn* KölnerKommAktG § 93 Rn. 33.

335 BGH ZIP 2008, 1675, 1676, kritisch *Bachmann*, ZHR 177 (2013), 1, 3; *ders.*, WM 2015, 105, 110; *ders.*, NZG 2013, 1121, 1124; *Hopt*, ZIP 2013, 1793, 1801; *Kindler* in FS Goette, 2011, S. 231, 232, keine Pflicht zur Beschaffung „aller nur denkbaren Informationen".

336 RegE UMAG BT-Drucks. 15/5092 S. 12.

337 Vgl. *Mertens/Cahn* in KölnerKommAktG § 93 Rn. 33 m. w. N.

338 *Adolff* in FS Baums Bd. I, 2017, S. 31, 39.

339 *Schug*, Risikoeinschränkung, 2010, S. 66.

340 *Mertens/Cahn* in KölnerKommAktG § 93 Rn. 34.

341 Vgl. *Fleischer* in FS Wiedemann, 2002, S. 827, 841; *Bachmann*, ZHR 177 (2013), 1, 3 f.; ausdrücklich auch RegE UMAG, BT-Drucks. 15/5092, S. 12: „Information kann nicht allumfassend sein".

Vorstand ein Beurteilungsspielraum zu, allerdings muss diese Auswahl aus der Sicht eines ordentlichen und gewissenhaften Geschäftsführers zum Zeitpunkt der Entscheidungsfindung vertretbar sein.[342] Der Vorstand muss die beschafften Informationen anhand seiner (von ihm erwarteten) Erfahrung und seines Wissens gewichten sowie Für und Wider abwägen und mögliche Auswirkungen verschiedener Handlungsalternativen berücksichtigen.[343] Auch bei der Auswertung und Gewichtung der Informationen steht dem Vorstand ein erheblicher Beurteilungsspielraum zu.[344]

Grundsätzlich kann sich der Vorstand auf Expertenrat verlassen, wenn er den Beratern die notwendigen Informationen zur Verfügung stellt, sodass sie objektiv und fachkundig entscheiden können, denn auch insoweit gilt der Vertrauensgrundsatz.[345] Die Anforderungen an Vorstandsmitglieder sind allerdings höher, wenn es sich um Rechtsrat handelt. Nach der Ision-Entscheidung[346] darf sich ein Vorstandsmitglied auf den Rechtsrat nur dann verlassen, wenn es „sich unter umfassender Darstellung der Verhältnisse der Gesellschaft und Offenlegung der erforderlichen Unterlagen von einem unabhängigen, für die zu klärende Frage fachlich qualifizierten Berufsträger beraten lässt und den erteilten Rechtsrat einer sorgfältigen Plausibilitätskontrolle unterzieht".[347] Die Rechtslehre hat die Entscheidung für die zu hohen, jedenfalls missverständlichen Anforderungen, die sie an den Rechtsrat gestellt habe, kritisiert.[348]

Mittlerweile hat der BGH präzisiert, worauf der Vorstand oder der Aufsichtsrat achten müssen, wenn sie Expertenrat einholen.[349] Zum Ersten hat der BGH das Kriterium der Unabhängigkeit des Sachverständigen konkretisiert. Danach sei nicht die persönliche Unabhängigkeit maßgeblich, sondern dass der Berater seine Rechtsauskunft sachlich unabhängig, d. h. unbeeinflusst von unmittelbaren oder mittelbaren Vorgaben hinsichtlich des Ergebnisses, erteilt habe.[350]

---

342 Vgl. *Mertens/Cahn* in KölnerKommAktG § 93 Rn. 34; *Freund*, NZG 2015, 1419, 1422.

343 *Kremer* in VGR, Bd. 18, 2013, S. 171, 183.

344 Vgl. *Mertens/Cahn* in KölnerKommAktG § 93 Rn. 35.

345 *Hopt/Roth* in GroßkommAktG § 93 Rn. 109.

346 BGH ZIP 2011, 2097 – Ision.

347 BGH ZIP 2011, 2097, 2099 Rn. 18 – Ision; dazu eingehend *Berger*, Vorstandshaftung und Beratung, 2015, S. 57 ff.; *Kremer* in VGR Bd. 18, 2013, S. 171, 176 ff.; zu den Kriterien einer ordnungsgemäßen Plausibilitätsprüfung siehe *Buck-Heeb*, BB 2016, 1347 ff.

348 Siehe nur *Hopt/Roth* in GroßkommAktG § 93 Rn. 139 m. w. N.

349 BGH ZIP 2015, 1220, 1221 Rn. 13 ff.

350 BGH ZIP 2015, 1220, 1223 Rn. 36.

Auch die interne Rechtsabteilung des Unternehmens kann beauftragt werden, wenn sie für die zu beantwortende Frage ausreichend qualifiziert ist und keinen Einfluss auf das Beratungsergebnis ausgeübt wird.[351] Zum Zweiten hat der BGH entschieden, dass die Plausibilitätsprüfung keine rechtliche Überprüfung der erhaltenen Rechtsauskunft sei.[352] Der Vorstand müsse nur überprüfen, ob dem Berater alle erforderlichen Informationen zur Verfügung gestanden haben, der Berater die Informationen verarbeitet und alle sich in der Sache für einen nicht Rechtskundigen aufdrängenden Fragen widerspruchsfrei beantwortet habe oder ob sich auf Grund der Auskunft weitere Fragen aufgedrängt haben.[353] Zum Dritten müsse der Prüfauftrag nicht ausdrücklich für eine bestimmte Rechtsfrage erteilt werden. Es reiche aus, dass die Prüfung aus Sicht des nicht fachkundigen Organs die zweifelhafte Frage umfasse.[354]

cc) Zum Wohle der Gesellschaft

Das durch das UMAG verankerte Tatbestandsmerkmal entspricht dem bereits vorher in der Rechtsprechung und in der Literatur erarbeiteten Begriff des Unternehmensinteresses.[355] Dabei handelt es sich vor allem um eine langfristige Stärkung der Ertrags- und Wettbewerbsfähigkeit des Unternehmens und seiner Produkte oder Dienstleistungen. Erfasst sind auch das Wohl der Tochtergesellschaften und des Gesamtkonzerns.[356] Wenn der Vorstand Risiken eingeht, die die Existenz der Gesellschaft gefährden, darf er nicht annehmen, zum Wohle der Gesellschaft zu handeln.[357] Dabei geht es auch hier nicht um eine nachträgliche Beurteilung des Wohls der Gesellschaft. Maßgeblich ist allein, ob das Handeln des Geschäftsführers zum entsprechenden Zeitpunkt zum Wohle der Gesellschaft erfolgte.[358]

---

351 Vgl. BGH ZIP 2015, 1220, 1223 Rn. 36.

352 BGH ZIP 2015, 1220, 1223 Rn 33.

353 BGH ZIP 2015, 1220, 1223 Rn 33.

354 BGH ZIP 2015, 1220, 1222 f. Rn. 30.

355 Vgl. *Mertens/Cahn* in KölnerKommAktG § 93 Rn. 24 m. w. N.

356 RegE UMAG, BT-Drucks. 15/5092, S. 11.

357 Vgl. *Mertens/Cahn* in KölnerKommAktG § 93 Rn. 24; *Lutter* in FS Canaris Bd. II, 2007, S. 245, 246; *Paefgen* AG 2004, 245, 255; *Roth*, Unternehmerisches Ermessen, 2001, S. 97 ff.; differenzierend *Krieger/Sailer-Coceani* in K. Schmidt/Lutter AktG § 93 Rn. 18: es sei vom Einzelfall abhängig; z. B. bei Banken und Versicherungen gehöre das Eingehen von Risiken zum Unternehmensgegenstand, der dann aber aus Sorge vor Risiken nicht verwirklicht werden könne.

358 *Fleischer* in Spindler/Stilz AktG § 93 Rn. 71; *Goette* in FS 50 Jahre BGH, 2000, S. 123, 138.

dd) *Ohne Sonderinteressen und sachfremde Einflüsse*

Das Handeln frei von Fremdeinflüssen und Interessenkonflikten, was schon zuvor im Rahmen der Treuepflichten galt, lässt sich mit dem Loyalitätsprinzip des US-amerikanischen Gesellschaftsrechts vergleichen. Danach muss ein Geschäftsleiter bei seiner Entscheidung unbefangen sein *(disinterested)* sowie unabhängig von Fremdeinflüssen *(independent)* vorgehen.[359] Ein Interessenkonflikt, der keinen Einfluss auf die getroffene Entscheidung ausübt, ist also unerheblich *(materiality)*.[360] Ein Handeln zum Wohle der Gesellschaft setzt voraus, dass ein Vorstandsmitglied sich nicht durch eigene oder sachfremde Interessen beeinflussen lässt. Daher kann nur das „ausschließlich am Unternehmenswohl orientierte"[361] Vorstandsmitglied die BJR in Anspruch nehmen, da bei Vorliegen eines Interessenkonfliktes die Haftungsprivilegierung gem. § 93 Abs. 1 S. 2 AktG entfällt. Dies gilt nach allgemeiner Ansicht auch dann, wenn sich das Interesse des Vorstands mit dem Interesse der Gesellschaft deckt und der Vorstand nur mittelbar eigennützig handelt,[362] was z. B. bei der Gewährung von Gewinntantiemen der Fall sein soll.[363] Liegt ein Interessenkonflikt vor, so hat das betroffene Vorstandsmitglied dies den anderen Vorstandsmitgliedern mitzuteilen und ihnen die Entscheidung zu überlassen.[364]

Betrifft der Interessenkonflikt den gesamten Vorstand, so hat er ihn dem Aufsichtsrat offenzulegen. Mangels entsprechender Kompetenzen kann der Aufsichtsrat dem Vorstand die Entscheidung in der Sache nicht abnehmen (*argumentum ex* § 111 Abs. 4 S. 1 AktG), ihn trifft aber eine verstärkte Überwachungspflicht.[365] Ob der Vorstand bei einer Offenlegung des Interessenkonflikts gegenüber dem Aufsichtsrat weiterhin in den Genuss der BJR gelangen kann, bleibt in der Rechtslehre umstritten.[366]

---

359 Vgl. *Spindler* in MünchKommAktG § 93 Rn. 60; *Merkt*, US-amerikanisches Gesellschaftsrecht, 2013, Rn. 898.

360 *Paefgen*, AG 2004, 245, 252.

361 BGHZ 135, 244, 253 – ARAG/Garmenbeck.

362 Siehe *Dauner-Lieb* in Henssler/Strohn GesellschaftsR § 93 Rn. 24.

363 So *Winnen*, Die Innenhaftung des Vorstandes, 2009, S. 255.

364 Zu Interessenkonflikt und BJR siehe *Lutter* in FS Canaris Bd. II, 2007, S. 245 ff.

365 Vgl. *Spindler* in MünchKommAktG § 93 Rn. 65.

366 Dagegen *Spindler* in MünchKommAktG § 93 Rn. 65; *Mertens/Cahn* in KölnerKomm AktG § 93 Rn. 29; *Semler* in FS Ulmer, 2003, S. 627, 638; dafür unter Einbezug des Aufsichtsrats Hüffer/*Koch* AktG § 93 Rn. 26; *Schäfer*, ZIP 2005, 1253, 1257.

ee) In gutem Glauben

Dem „Handeln im guten Glauben“ ist keine eigenständige Funktion zuzuschreiben, denn es kommt bereits in dem Merkmal „vernünftigerweise annehmen durfte“ zum Ausdruck.[367] Gutgläubigkeit setzt voraus, dass Motive wie Neid, absichtliche Nachlässigkeit oder persönliche Belange, die den Entscheidungsprozess beeinflussen können, vermieden werden.[368] Ausweislich der Gesetzesbegründung ist dieses Merkmal ein Bestandteil des „Annehmen-Dürfens“ und richtet sich am Wohle der Gesellschaft aus,[369] weswegen ein Vorstandsmitglied, das nicht gutgläubig ist, nicht „vernünftigerweise annehmen durfte“, zum Wohle der Gesellschaft gehandelt zu haben, denn dies schließt sich gegenseitig aus. Aufgrund der vom Gesetzgeber gewählten Rechtskonstruktion (Gutgläubigkeit als Bestandteil des Merkmals „Annehmen-Dürfen“) besteht für ein zusätzliches Gutgläubigkeitserfordernis kein Bedarf.[370]

g) Kritik an der gesetzlichen Lösung

Kurz nach dem Inkrafttreten des UMAG wurde die Gesetz gewordene BJR intensiv diskutiert.[371] Letztendlich wollte man aber abwarten, wie § 93 Abs. 1 S. 2 AktG durch die Gerichte angewendet würde, was indes nur die Ruhe vor dem Sturm bedeutete. Die ersten Aufforderungen zu Reformen kamen ein paar Jahre später und lösten eine Debatte über den Reformbedarf der Organhaftung aus.[372]

aa) Tatbestandsausschlussgrund oder Konkretisierung

Die Rechtsnatur der BJR ist umstritten. Die BJR wird entweder als Konkretisierung der Sorgfaltspflichten oder als Tatbestandsausschlussgrund angesehen. Teilweise wird auch eine unwiderlegbare Rechtsvermutung pflichtkonformen Verhaltens angenommen.[373] Die h. M. schließt sich Ersterem an und qualifiziert die BJR als eine materielle Bestimmung, die die objektive Sorgfaltspflicht

---

367 *Bachmann* in FS Stilz, 2014, S. 25, 27; für ausdrückliche Erwähnung im Gesetz *Weiss/Buchner*, WM 2005, 162, 165.

368 *Mertens/Cahn* in KölnerKommAktG § 93 Rn. 31.

369 RegE UMAG, BT-Drucks. 15/5092, S. 11.

370 So auch *Spindler* in MünchKommAktG § 93 Rn. 6.

371 Siehe z. B. *Brömmelmeyer*, WM 2005, 2063 ff.; *Weiss/Buchner*, WM 2005, 162 ff.; *Schäfer*, ZIP 2005, 1253 ff.; *Fleischer*, WM 2005, 909 ff.

372 Kritisch *v. Falkenhausen*, NZG 2012, 644, 651; *Druey* in FS Goette, 2011, S. 57, 70 ff.; näher dazu B.IV.

373 Hüffer/*Koch* AktG § 93 Rn. 14; *Jungmann* in FS K. Schmidt, 2009, S. 831, 833; *Lutter* in FS Canaris Bd. II, 2007, S. 245, 249; *Schneider* in FS Hüffer, 2010, S. 905, 908.

konkretisiert. Das mag zwar dem Wortlaut der Vorschrift entsprechen, unterstreicht jedoch nicht – entgegen dem Gesetzeswillen – den Zweck der BJR, nämlich eine Haftungsprivilegierung.

Die Befürworter der ersten Ansicht argumentieren, dass mit der Einführung der BJR in § 93 Abs. 1 S. 2 AktG die dem Vorstand obliegenden objektiven Pflichten lediglich konkretisiert worden seien.[374] Daher ist die Konkretisierung als eine *Ab*grenzung (und nicht als *Aus*grenzung wie beim Tatbestandsausschlussgrund) der Verletzung allgemeiner Sorgfaltspflichten zu bloßen Fehlentscheidungen zu verstehen.[375] § 93 Abs. 1 S. 2 AktG stelle nämlich keinen getrennten Anwendungsbereich dar. Vielmehr sei die Norm lediglich ein Teil der allgemeinen Geschäftsleiterpflichten.[376] Schon der erste Vorschlag zur Kodifizierung der BJR sah in der BJR eine Fortentwicklung des Sorgfaltsmaßstabs, „die den Besonderheiten unternehmerischen Handelns angemessene Rechnung trägt".[377] Darüber hinaus wird argumentiert, dass ein Kontrollverzicht durch die Gerichte der Idee des sicheren Hafens zwar entspreche, solch ein Kontrollverzicht allerdings mit der Treuhandfunktion des Vorstands in einer AG nicht zu vereinbaren sei, denn niemand wolle „einen (rechtlichen) Freibrief für unverantwortliche Investitionen ausstellen"[378]. Daher setze die Verwaltung anvertrauten fremden Kapitals eine richterliche inhaltliche Kontrolle voraus.[379] Dieses Argument weist jedoch Schwächen auf, denn es geht in diesem Fall nicht darum, ob ein erhöhter (Vorstand als Treuhänder) oder ein normaler Sorgfaltsmaßstab anzuwenden ist. Ein erhöhter Maßstab ändert nämlich nichts an der Vorgehensweise des Gerichts: Das Gericht wendet stets einen entsprechenden, unter Umständen einen erhöhten Sorgfaltsmaßstab an. Besteht der Vorstand diese erschwerte Prüfung, greift die BJR ein. Die BJR verschiebt den Schwerpunkt der Prüfung des sorgfältigen Handelns eines Vorstandsmitglieds vom Inhalt der Fehlentscheidung auf das Entscheidungsverfahren. Dem steht eine treuhänderische Position des Vorstands nicht entgegen. Darüber hinaus erstreckt sich der „Freibrief" nicht auf

---

374 Dafür *Hopt/Roth* in GroßkommAktG § 93 Rn. 67; *Spindler* in MünchKommAktG § 93 Rn. 40; *Paefgen*, AG 2014, 554, 564: eine organhaftungsrechtliche lex specialis; *Bayer*, NJW 2014, 2546, 2547; so schon *Heermann*, AG 1998, 201, 204; *Brömmelmeyer*, WM 2005, 2065, 2068; *Weiss/Buchner*, WM 2005, 162, 163, 165; *Zumbansen/Lachner*, BB 2006, 613, 614; *Hoffmann-Becking*, NZG 2006, 127, 128.

375 Vgl. *Zumbansen/Lachner*, BB 2006, 613, 614.

376 *Paefgen*, AG 2014, 554, 564.

377 *Ulmer*, ZHR 163 (1999), 290, 299.

378 *Brömmelmeyer*, WM 2005, 2065, 2069.

379 *Brömmelmeyer*, WM 2005, 2065, 2069.

unverantwortliche Investitionen, denn wenn das Gericht feststellen würde, dass der Vorstand nicht vernünftigerweise annehmen durfte, ausreichend informiert zu sein und zum Wohle der Gesellschaft zu handeln, würde er nicht in den Genuss der BJR kommen.

Daher ist es überzeugender, die BJR als einen Tatbestandsausschlussgrund zu begreifen.[380] Auch der Gesetzesbegründung zufolge ist die BJR nach § 93 Abs. 1. S. 2 AktG eine Tatbestandseinschränkung.[381] Sie soll den Bereich des unternehmerischen Handlungsspielraums aus dem Tatbestand der Sorgfaltspflichtverletzung heraushalten, indem bestimmte Entscheidungen der gerichtlichen Kontrolle vorenthalten werden (sicherer Hafen).[382] Die Zurückhaltung der Gerichte hinsichtlich der Prüfung der unternehmerischen Entscheidungen ist auf ihren wirtschaftsbezogenen, prognostizierenden und zukunftsbezogenen Charakter zurückzuführen.[383] Ein Tatbestandsausschlussgrund setzt eine zweistufige Kontrolle voraus. Im ersten Schritt bleibt die Sorgfaltspflicht nach § 93 Abs. 1 S. 1 AktG noch unberührt. Liegen die Voraussetzungen des § 93 Abs. 1 S. 2 AktG vor (Entscheidungs*verfahren*), wird das unternehmerische Handeln inhaltlich nicht geprüft (Entscheidungs*inhalt*) und der Vorstand von der Haftung freigestellt.[384] Ist das der Fall, kann daraus keine Schadensersatzpflicht des Vorstands hergeleitet werden, weil das Vorstandsmitglied dann der Haftung nach § 93 Abs. 2 AktG nicht unterliegt.[385] Dies bedeutet aber nicht automatisch, dass der Vorstand nicht haftet, wenn die Voraussetzungen der BJR erfüllt sind.[386] Die BJR stellt nämlich keine widerlegbare Vermutung, sondern einen „sicheren Hafen" dar. Sind die Voraussetzungen der BJR erfüllt, bedeutet das nur, dass an dieser Stelle die Prüfung aufhört, wohingegen bei Nichtvorliegen der Voraussetzungen der BJR nach § 93 Abs. 1 S. 1 AktG geprüft werden muss, ob der Vorstand die Sorgfalt eines ordentlichen und gewissenhaften Geschäftsleiters angewandt hat. Denn es liegt nicht automatisch eine Pflichtverletzung vor, wenn der Schutz durch die

---

380 So auch *Dauner-Lieb* in Henssler/Strohn GesellschaftsR § 93 AktG Rn. 19; *Fleischer* in Hdb. VorstandsR § 7 Rn. 50; *Winnen*, Die Innenhaftung des Vorstandes, 2009, S. 102 ff.; *Horn*, ZIP 1997, 1129, 1134.

381 RegE UMAG BT-Drucks. 15/5092, S. 11.

382 *Mertens/Cahn* in KölnerKommAktG § 93 Rn. 15; rechtsvergleichend *Merkt*, ZGR 2017, 129, 137 f.

383 Bereits *Westermann* in Karlsruher Forum 1993, S. 15, 17.

384 Vgl. *Westermann* in Karlsruher Forum 1993, S. 15, 17.

385 Vgl. BGHZ 135, 244, 255 - ARAG/Garmenbeck.

386 Statt vieler *Fleischer* in Hdb. VorstandsR § 7 Rn. 51.

BJR nicht greift.[387] Diese muss nach wie vor durch das Gericht gem. § 93 Abs. 1 S. 1 AktG festgestellt werden.

bb) § 93 Abs. 1 S. 2 AktG statt § 93 Abs. 2 AktG

Mutter bezeichnete 1994 die dem US-amerikanischen Rechtskreis entstammende BJR als „ein eigenartiges Konglomerat aus Beweislastverteilung, Rechtsvermutung und materiellem Sorgfaltsmaßstab“[388]. Gewiss hat auch diese dogmatische Komplexität ihren Anteil an dem mannigfaltigen Meinungsbild hinsichtlich der systematischen Einordnung der BJR in § 93 AktG. Der BGH hat das unternehmerische Ermessen dem Merkmal der Pflichtwidrigkeit zugeordnet.[389] Die BJR hat im Gesetzestext letztendlich in § 93 Abs. 1 S. 2 AktG Eingang gefunden. Angesichts dessen, dass die Haftungsgrundlage in § 93 Abs. 2 S. 1 AktG geregelt ist, war auch die Verortung der BJR selbst in § 93 Abs. 2 AktG denkbar.[390] Dafür sprachen auch gute Gründe. Wird – wie nach hier vertretener Ansicht – davon ausgegangen, dass die BJR einen Tatbestandsausschlussgrund darstellt, wäre eine Einordnung in § 93 Abs. 2 AktG nur folgerichtig. Die BJR ist in ihrem US-amerikanischen Ursprung eine „schlichte Beweisregel“[391]: Sind die Voraussetzungen der BJR erfüllt, ist von einer sorgfältigen und pflichtgemäßen unternehmerischen Entscheidung auszugehen und die Entscheidung des Vorstands durch das Gericht nicht mehr inhaltlich zu überprüfen.[392]

Zuzugeben ist, dass die deutsche BJR den Schwerpunkt auf die materielle Sorgfalt legt und keine Beweisregel ist. Sie nenne die Sorgfaltsanforderungen

---

387 Siehe z. B. Hüffer/*Koch* AktG § 93 Rn. 12; differenzierend *Bachmann* in FS Stilz, 2014, S. 25, 27 f.; *ders.*, WM 2015, 105, 110 f.: Dies betreffe nur die Tatbestandsmerkmale „unternehmerische Entscheidung“ und „frei von Interessenkonflikten“ und nicht „angemessene Information“ und „Wohl der Gesellschaft“; denn ein Vorstandsmitglied, das nicht vernünftigerweise annehmen durfte, diesen beiden Merkmalen Rechnung zu tragen, habe unsorgfältig gehandelt; zustimmend *Krieger/Sailer-Coceani* in K. Schmidt/Lutter AktG § 93 Rn. 14.

388 *Mutter*, Unternehmerische Entscheidungen, 1994, S. 215.

389 BGHZ 135, 244, 253 f. – ARAG/Garmenbeck; begrüßend *Kindler*, ZHR 162 (1998), 101, 104; unklar *Ihrig*, WM 2004, 2098, 2107, der ebenso an einen objektiven Pflichtenmaßstab anknüpft, der Verortung der BJR in § 93 Abs. 1 AktG zugleich aber zustimmt.

390 Ebenso *Winnen*, Die Innenhaftung des Vorstandes, 2009, S. 106 f.; so auch der erste Vorschlag zur Kodifizierung der BJR, vgl. *Ulmer*, ZHR 166 (1999), 290, 299.

391 *Mutter*, Unternehmerische Entscheidungen, 1994, S. 215.

392 *Meckbach*, NZG 2015, 580, 581.

eines sicheren Hafens und gehöre daher zu § 93 Abs. 1 AktG.[393] Dem ist allerdings nur dann beizupflichten, wenn man in der BJR eine Konkretisierung des Sorgfaltsmaßstabs sieht.

Da die BJR nun einmal in § 93 Abs. 1 S. 2 AktG verankert wurde, verliert die Diskussion in Deutschland an praktischer Bedeutung, kann aber - wie noch zu zeigen sein wird - für die Debatte in Polen wieder aufgegriffen und fruchtbar gemacht werden.[394]

cc) „Vernünftigerweise" statt „ohne grobe Fahrlässigkeit"

Die Einführung der BJR ins Gesetz war von viel Aufmerksamkeit in der Rechtslehre begleitet. So schnell man sich über die Kodifizierung einig war, so endlos diskutierte man über die endgültige Formulierung.[395] Ursprünglich sah § 93 Abs. 1 S. 2 AktG-E vor, dass eine Pflichtverletzung nicht vorliegt, wenn ein Vorstandsmitglied bei einer unternehmerischen Entscheidung *ohne grobe Fahrlässigkeit* annehmen durfte, auf der Grundlage angemessener Information zum Wohle der Gesellschaft zu handeln.[396] Der Verschuldensmaßstab wurde gelockert, um dem Vorstand mehr Handlungsspielraum zu gewähren.[397] Dem Gesetzesentwurf wurde aber zum einen vorgeworfen, dass die Beschränkung der Haftung auf grobe Fahrlässigkeit diese zu sehr mildere. Zum anderen handele es sich um ein Verschuldenselement, dessen Verankerung in der Definition der Pflichtverletzung rechtsdogmatisch inkohärent sei.[398] Nach der in der Rechtslehre geübten Kritik wurde auf das Merkmal der groben Fahrlässigkeit verzichtet.[399]

---

393 *Seibert/Schütz*, ZIP 2004, 252, 254.

394 Dazu siehe D.III.2.b).

395 *Seibert/Schütz*, ZIP 2004, 252, 254.

396 RefE UMAG v. 28.1.2004, NZG 2004, Sonderbeilage 4.

397 Vgl. *Seibert/Schütz*, ZIP 2004, 252, 254.

398 *Fleischer*, ZIP 2004, 685, 689. vgl. aber *ders.* in FS Wiedemann, 2002, S. 827, 830: „die Führung einer Aktiengesellschaft [erträgt] *keinen sehr strengen* [Hervorhebung durch Verf.] Sorgfaltsmaßstab".

399 Siehe *Fleischer*, ZIP 2004, 685, 689; *Ulmer*, DB 2004, 859, 859 f., 863; zustimmend *Ihrig*, WM 2004, 2098, 2106; zur alternativen Formulierung *Thümmel*, DB 2004, 471, 472, der das Merkmal „ohne grobe Fahrlässigkeit" bzw. „vernünftigerweise" weglässt und sich stattdessen auf einen ausdrücklichen Ausschluss von Gesetzes- und Satzungsverletzungen aus der BJR konzentriert; vgl. auch *Paefgen*, AG 2004, 245, 245 f., 261, der in seinem Formulierungsvorschlag das Merkmal „ohne grobe Fahrlässigkeit" übernimmt und eine ausdrückliche Abgrenzung zur gebundenen Entscheidung sowie eine Regelung der Kollektiventscheidungen anregt; ebenso kritisch die Stellungnahme der Schutzgemeinschaft der Kleinaktionäre e.V. (SdK)

Stattdessen hat sich der Gesetzgeber dem Vorschlag *Fleischers*[400] angeschlossen und das Merkmal „ohne grobe Fahrlässigkeit“ durch „vernünftigerweise“ ersetzt.[401]

Diese während des Gesetzgebungsverfahrens geäußerten Bedenken wurden jedoch mittlerweile von *Bachmann* widerlegt. „Vernünftigerweise“ bedeute mit anderen Worten den Maßstab der groben Fahrlässigkeit, nach dem ein Vorstandsmitglied nur für grobe Nachlässigkeiten einzustehen habe.[402] Da die grammatikalische Auslegung keine zufriedenstellenden Ergebnisse liefern könne, sei bei der Auslegung vor allem an die Rechtssystematik und Entstehungsgeschichte anzuknüpfen.[403] Das Merkmal „vernünftigerweise annehmen durfte“ stelle einen kombinierten objektiv/subjektiven Maßstab dar. Subjektiv sei die „Annahme“, die erst durch das Merkmal „annehmen dürfen“ verobjektiviert werde. Von der Systematik her sei „vernünftigerweise“ dadurch kein überflüssiger Zusatz zu „annehmen durfte“. Vielmehr verwirkliche das Merkmal „vernünftigerweise“ den Sinn der BJR als ein Haftungsprivileg, indem es den Sorgfaltsmaßstab entschärft.[404] Rechtssystematisch untermauert *Bachmann* seine These mit zwei anderen Normen des AktG, nämlich § 131 Abs. 3 S. 1 AktG (Auskunftsverweigerung des Vorstands gegenüber den Aktionären) sowie § 254 Abs. 1 AktG

zum Referentenentwurf UMAG v. 30.3.2004, S. 3: Der Haftungsmaßstab verschiebe sich ganz entscheidend, siehe unter http://www.gesmat.bundesgerichtshof.de/gesetzesmaterialien/15_wp/umag/umag-index.htm (abgerufen am 22.9.2017).

400 *Fleischer*, ZIP 2004, 685, 689.

401 Vgl. *Bachmann* in FS Stilz, 2014, S. 25, 32 f.; ebenso *Winnen*, Die Innenhaftung des Vorstandes, 2009, S. 41 ff.; *Seibert* in FS Wiedemann, 2002, S. 123, 124: das Gesetzgebungsverfahren enthalte viele Interventionsmöglichkeiten.

402 *Bachmann* in FS Stilz, 2014, S. 25 ff.; *ders.* ZIP 2014, 570, 580; so auch *K. Schmidt* in FS Haarmann, 2015, S. 194, 198; *Binder*, Grenzen der Vorstandshaftung, 2016, S. 147 f.; *Spindler*, AG 2013, 889, 895; *Weitzmann* in HambKommInsO § 60 Rn. 29; vor dem UMAG für grobe Fahrlässigkeit *Westermann* in Karlsruher Forum 1993, S. 15, 19; *Horn*, ZIP 1997, 1129, 1134 f.: führe zu akzeptablen Ergebnissen, im Ergebnis aber ablehnend; a. A. *Krieger/Sailer-Coceani* in K. Schmidt/Lutter AktG § 93 Rn. 39; *Winnen*, Die Innenhaftung des Vorstandes, 2009, S. 216 f.; *Scholz*, AG 2015, 222, 230; *Haarmann/Weiß*, BB 2014, 2115, 2121; *Paefgen*, AG 2014, 554, 562; *ders.*, AG 2004, 245, 261, der aber das ursprüngliche Merkmal „ohne grobe Fahrlässigkeit“ aus dem UMAG-E in den eigenen Gesetzesvorschlag von 2004 übernommen hat.

403 *Bachmann* in FS Stilz, 2014, S. 25, 31.

404 *Bachmann* in FS Stilz, 2014, S. 25, 31; auch in der Rechtslehre wird „vernünftigerweise“ als der ausschlaggebende Maßstab gesehen, vgl. Hüffer/*Koch* AktG § 93 Rn. 21; *Dauner-Lieb* in Henssler/Strohn, GesellschaftsR § 93 Rn. 22 f.; *Hölters* in Hölters AktG § 93 Rn. 35.

(Anfechtung des Beschlusses der Hauptversammlung über die Verwendung des Bilanzgewinns).[405] Beide Normen heben auf das Merkmal „vernünftige kaufmännische Beurteilung", welche für den Vorstand bzw. die Hauptversammlung bei der Entscheidung maßgeblich ist, ab. Die kaufmännische Beurteilung suggeriere in dem Falle bereits Sorgfalt, deshalb sei der „Vernünftigkeit" eine zusätzliche Bedeutung zuzuschreiben.[406] Dies ist auch der Begründung zu § 131 Abs. 3 S. 1 AktG zu entnehmen. Auch für den Gesetzgeber verbirgt sich hinter „kaufmännischer Beurteilung" bereits ein sorgfältiger Kaufmann: „Maßgebend dafür, ob die Auskunftserteilung nachteilig sein kann, ist nicht die subjektive Ansicht des Vorstandes. Vielmehr hat der Vorstand [...] einen objektiven Maßstab zugrunde zu legen und die Eignung der Auskunft zur Nachteilszufügung vom Standpunkt eines *ordentlichen* und *gewissenhaften* [Hervorhebung durch Verf.] Kaufmanns aus zu beurteilen."[407]

Bereits vor der ARAG/Garmenbeck-Entscheidung hat man sich mit Blick auf die amerikanische BJR für eine Haftung für grobe Fahrlässigkeit ausgesprochen.[408] Ebenso hat der BGH den Verschuldensmaßstab mit zusätzlichen Charakteristika verstärkt: Die Grenzen unternehmerischer Handlungen sollen „deutlich" überschritten, und die Bereitschaft, unternehmerische Risiken einzugehen, soll in „unverantwortlicher Weise" überspannt worden sein.[409] Auch in der Rechtslehre wurde darauf hingewiesen, dass aus der ARAG/Garmenbeck-Entscheidung hervorgehe, dass erst, wenn die Entscheidung eines Vorstandsmitglieds unter keinem möglichen Gesichtspunkt nachvollziehbar sei oder eine ordnungsgemäße Unternehmensführung in *grob fahrlässiger* Weise verletzt werde, seine Haftung infrage kommen könne.[410] Somit hat sich der BGH von der verbreiteten Annahme, dass ein leicht fahrlässiges Verhalten bei

---

405 *Bachmann* in FS Stilz, 2014, S. 25, 31 f.: auch im HGB sind Normen zu finden, die an eine „vernünftige kaufmännische Beurteilung" anknüpfen, u.a. § 253 Abs. 1; § 286 Abs. 2 und 3; § 313 Abs. 2; § 340f Abs. 1; § 340g Abs. 1; § 341e Abs. 1 HGB.

406 *Bachmann* in FS Stilz, 2014, S. 25, 32.

407 Begründung RegE AktG 1965 in *Kropff*, Aktiengesetz, 1965, S. 186.

408 *Westermann* in Karlsruher Forum 1993, S. 15, 18 f., der sich auf *„gross negligence"* bezieht und eine Differenzierung zwischen Haftungsmaßstäben zulässt, indem für den Entscheidungsinhalt „mildere Haftungsmaßstabe der Verantwortlichkeit [...] etwa nur grobe Fehlbeurteilungen" als für das Entscheidungsverfahren selbst angewendet werden sollen; *Hopt* in FS Mestmäcker, 1996, S. 909, 920, „Haftungsfreiraum bis in den Bereich der groben Fahrlässigkeit hinein"; *Mutter*, Unternehmerische Entscheidungen, 1994, S. 212.

409 BGHZ 135, 244, 253 f. – ARAG/Garmenbeck.

410 *Keßler* in FS Baumann, 1999, S. 153, 176, 177.

der unternehmerischen Entscheidung eines Organmitglieds für die Haftung ausreiche, verabschiedet.[411]

Am Rande ist anzumerken, dass der BGH bereits in der Holzmüller-Entscheidung[412] festgehalten hat, dass der Vorstand die Hauptversammlung bei Strukturmaßnahmen anzurufen hat, wenn er *„vernünftigerweise nicht annehmen kann* [Hervorhebung durch Verf.], er dürfe sie in ausschließlich eigener Verantwortung treffen, ohne die Hauptversammlung zu beteiligen“[413]. Der BGH hat zwar ausdrücklich nicht entschieden, ob der Vorstand dabei fahrlässig oder grob fahrlässig gehandelt hat. Man findet allerdings den Hinweis, dass mit einer solch grundlegenden Entscheidung der Vorstand „über den gewöhnlichen Rahmen von Handlungen der Geschäftsführung [...] *weit hinaus* [Hervorhebung durch Verf.]“[414] gegangen ist.

Den Vorschlägen zur Kodifizierung der BJR vor der ARAG/Garmenbeck-Entscheidung sowie der Entscheidung selbst hat anscheinend (noch) nicht die Befürchtung innegewohnt, dass hiervon ein schlechtes Signal an die Öffentlichkeit ausgehen könnte.[415] Erst später wurde im Regierungsentwurf das Kriterium der „groben Fahrlässigkeit“ durch das Merkmal „vernünftigerweise“ ersetzt.[416] Dabei bezieht sich die Gesetzesbegründung auf die ARAG/Garmenbeck-Entscheidung, obwohl die Entscheidung selbst auf den Maßstab der groben Fahrlässigkeit hinweist.[417] Hat es etwa dem Gesetzgeber an der gebotenen „Gründlichkeit und Tiefenschärfe“[418] gefehlt?

Ebenso spricht der Zweck der BJR für eine „vernünftige“ ausgewogene Auslegung, bei der ein Vorstandsmitglied, trotz leichter Fahrlässigkeit, die BJR in

---

411 *Heermann*, AG 1998, 201, 205; *Keßler* in FS Baumann, 1999, S. 153, 177: andernfalls „wäre am Ende nichts gewonnen“; *Bachmann* in FS Stilz, 2014, S. 25 f. In diese Richtung deutet auch eine jüngere Entscheidung des BGH, wenngleich in einem strafrechtlichen Kontext, wonach eine Verletzung der Sorgfaltspflichten aus § 93 Abs. 1 S. 1 AktG immer nur dann zu bejahen sei, wenn sich der Leitungsfehler auch einem Außenstehenden „förmlich aufdrängen“ müsse, BGH ZIP 2016, 2467, 2470 Rn. 31.

412 BGHZ 83, 122 - Holzmüller.

413 BGHZ 83, 122, 131 - Holzmüller.

414 BGHZ 83, 122, 132 - Holzmüller.

415 Vgl. *Baums*, Bericht RegK, 2001, S. 51 Rz. 71.

416 Vgl. RefE UMAG v. 28.1.2004, NZG 2004, Sonderbeilage 4 mit RegE UMAG BT-Drucks. 15/5092, S. 11.

417 Zutreffend *Roth*, Unternehmerisches Ermessen, 2001. 99 f.: Unverantwortlichkeit sei ein Verschuldensmaßstab oberhalb grober Fahrlässigkeit.

418 *Seibert* in FS Wiedemann, 2002, S. 123, 127.

Anspruch nehmen kann. Andernfalls wäre immer – und zwar unabhängig davon, ob ein Vorstandsmitglied sich im sicheren Hafen der BJR oder außerhalb befindet – der gleiche Prüfungsmaßstab anzuwenden.[419] Das würde die BJR jedoch des ihr zugrunde liegenden Gedankens berauben. Denn die vom Gesetz durch das Merkmal „vernünftigerweise" intendierte Privilegierung soll gerade bewirken, dass nicht „jede noch so leichte Fehleinschätzung der Informationsgrundlage oder irgendeine leichte Fehlgewichtung des Gesellschaftswohls zur Haftung führt, sondern nur die ‚unverantwortliche'"[420], kommt doch eine Haftungsprivilegierung ohnehin nur dann in Frage, wenn alle Voraussetzungen des § 93 Abs. 1 S. 2 AktG erfüllt sind.[421]

Auf das Kriterium „grobe Fahrlässigkeit" wurde nicht verzichtet, weil man eine zu weitgehende Haftungsmilderung befürchtete, sondern weil es eine „Vermengung von Pflichten- und Sorgfaltsmaßstab" zu vermeiden galt.[422] Diese – zunächst aufgrund einer misslungenen Änderung des Wortlauts des § 93 Abs. 1 S. 2 AktG verloren gegangene – Erkenntnis kann aber mithilfe systematischer und teleologischer Auslegung heute gleichermaßen erreicht werden.[423]

6. Enthaftung

Die Problematik der Organhaftung wäre nicht so fesselnd, wenn nicht zugleich die Frage der Enthaftung im Raum stände. Das Schrifttum bringt das unterschiedlich zum Ausdruck: Die Haftung sei zu begrenzen, zu mildern, zu entschärfen oder abzuschwächen, [424] wofür im Endergebnis ein (im neueren Schrifttum) vornehmlich durch *Bachmann* geprägter Sammelbegriff der *Enthaftung* steht.[425]

---

419 So *Druey* in FS Goette, 2011, S. 57, 60 f.; *v. Falkenhausen*, NZG 2012, 644, 649.

420 *Bachmann*, ZHR 177 (2013), 1, 9.

421 Vgl. *Bachmann* in FS Stilz, 2014, S. 25, 36; ähnlich bereits *Hopt* in FS Mestmäcker, 1996, S. 909, 920: Treffe eine der Voraussetzungen der Business Judgement Rule nicht zu, verbleibe es bei dem allgemeinen strengeren Standard.

422 RegE UMAG BT-Drucks. 15/5092, S. 11; dazu auch *Bachmann* in FS Stilz, 2013, S. 25, 33.

423 Vgl. *Bachmann*, ZHR 177 (2013), 1, 11 f.

424 Siehe z. B. *Krieger/Sailer-Coceani* in K. Schmidt/Lutter AktG § 93 Rn. 39.

425 Siehe nur die Überschriften bei *Bachmann*, Gutachten E 41: „Enthaftung"; *ders.*, NJW-Beil. 2014, 43, 44: „Überprüfung und Ergänzung der Enthaftungsinstrumente"; *ders.*, WM 2015, 105, 105: „Prolog: Haftung und Enthaftung im Aktienrecht"; zuvor *Bastuck*, Enthaftung, 1986: Enthaftung des Managements; im strafrechtlichen Zusammenhang *Werner*, Die Enthaftung des Vorstands: Die strafrechtliche Dimension, CCZ 2011, 201 ff; in Bezug auf Beweisregeln „Enthaftungsbeweis" siehe Begründung zu § 84 AktG 1937, abgedruckt in *Klausing*, Aktiengesetz, 1937, S. 71.

Darunter sind Rechtsinstrumente zu verstehen, die zwar keinen einheitlichen Rechtscharakter haben und dogmatisch von unterschiedlicher Natur sind, allerdings ein gemeinsames Ziel anstreben: Alle suchen eine gewisse Modifizierung der Haftung der Vorstandsmitglieder gegenüber der Gesellschaft zu erreichen. Es müssen „bestimmte Ausnahmesituationen gegeben sein"[426], damit die, die nach allgemeinen Grundsätzen eigentlich haften müssten, der Haftung im Ganzen oder in Teilen entzogen sind. Die Enthaftungsinstrumente lassen sich nicht einheitlich einordnen. Sie sind teilweise im AktG geregelt (BJR, Verzicht und Vergleich, Verjährungsfrist, Selbstbehalt in der D&O-Versicherung), wurden durch Rechtsprechung und Rechtslehre erarbeitet (Delegation, Vertrauensgrundsatz) oder sind gerade – als Reformvorschläge – Gegenstand einer intensiven Debatte (etwa dispositiver Verschuldensmaßstab, Deckelung der Haftung).

Da die Reformvorschläge zur Organhaftung zum größten Teil die Enthaftungsinstrumente thematisieren, werden diese im Teil zu den Reformüberlegungen ausführlich besprochen.[427]

III. Rechtsverfolgung

1. Grundlagen

Für die Geltendmachung der gemäß § 93 Abs. 2 S. 1 AktG der Gesellschaft zustehenden Ersatzansprüche gegen Vorstandsmitglieder ist der Aufsichtsrat zuständig (§ 112 AktG). Da der Aufsichtsrat möglicherweise aber nicht tätig wird, müssen die Ersatzansprüche gegen die Mitglieder des Vorstands insbesondere auch dann geltend gemacht werden, wenn die Hauptversammlung dies beschließt (§ 147 Abs. 1 S. 1 AktG). Die Hauptversammlung oder eine Aktionärsminderheit können einen besonderen Vertreter bestellen, um die Ersatzansprüche geltend zu machen (§ 147 Abs. 2 AktG). Diese Möglichkeit soll zu einer verstärkten Durchsetzung von Ersatzansprüchen beitragen.[428] § 147 AktG soll grundsätzlich dem Phänomen entgegenwirken, dass die zuständigen Organe die Ansprüche nicht verfolgen, weil die Gefahr besteht, später selbst betroffen zu sein, oder weil sie sich gegen Ersatzpflichtige richten, denen gegenüber sie sich zu loyalem Verhalten verpflichtet fühlen.[429]

426 *Bastuck*, Enthaftung, 1986, S. 77.

427 Siehe B.IV.

428 Hüffer/*Koch* AktG § 147 Rn. 1.

429 Siehe nur *Schröer* in MünchKommAktG § 147 Rn. 15.

Unabhängig davon, ob ein Hauptversammlungsbeschluss gefasst wurde,[430] ist der Aufsichtsrat verpflichtet, Ersatzansprüche gegen die Vorstandsmitglieder zugunsten der Gesellschaft zu verfolgen. Dennoch steht dem Aufsichtsrat dabei ein gewisser Beurteilungsspielraum zu.[431] Kommt der Aufsichtsrat seiner Pflicht zur Geltendmachung der Ersatzansprüche nicht nach, können die Minderheitsaktionäre, die das Klagezulassungsverfahren positiv durchlaufen haben (§ 148 AktG), klagen.

Gläubiger der Gesellschaft können wiederum die Ersatzansprüche der Gesellschaft gegen Vorstandsmitglieder dann geltend machen, wenn sie von dieser keine Befriedigung erlangen können (§ 93 Abs. 5 AktG). Auf diesem Wege können die Gläubiger die Zahlung an sich und nicht an die Gesellschaft erzwingen. Da es sich hierbei nach h. M. um einen eigenen Anspruch des Gläubigers und nicht um einen im Wege der Prozessstandschaft verfolgten Anspruch der Gesellschaft handelt,[432] fällt dies unter die Außenhaftung der Vorstandsmitglieder und wird aus diesem Grund nicht näher behandelt.

2. Anspruchsverfolgung durch den Aufsichtsrat

Die strukturelle Ausgestaltung der Geltendmachung von Ersatzansprüchen erweist sich als Achillesferse der aktienrechtlichen Haftung. Die dem Aufsichtsrat anvertraute Pflicht zur Geltendmachung von Ansprüchen gegen den Vorstand und der aktienrechtliche Grundsatz des Zusammenwirkens von Vorstand und Aufsichtsrat bringen eine gewisse Widersprüchlichkeit mit sich: Es sei ein „Konstruktionsfehler",[433] eine „unlösbare Aufgabe",[434] weil eine „Beißhemmung"[435] zwischen Vorstand und Aufsichtsrat die Geltendmachung von Ansprüchen beeinträchtige. Dass ein dafür zuständiges Organ überfordert sei, sei zwar ein strukturelles Problem, lasse sich letztendlich aber nicht vermeiden.[436] Denn weder der Aufsichtsrat noch der Vorstand „denken üblicherweise in den Kategorien des Schadensersatzrechts".[437] Tatsächlich hat der Aufsichtsrat

---

430 Ähnlich bei Klagezulassungsverfahren; siehe *Mock* in Spindler/Stilz AktG § 147 Rn. 12.

431 BGHZ 135, 244, 252 ff. – ARAG/Garmenbeck; *Mock* in Spindler/Stilz AktG § 147 Rn. 16; *Schröer* in MünchKommAktG § 147 Rn. 32; näher dazu B.III.2.

432 Statt vieler *Krieger/Sailer-Coceani* in K. Schmidt/Lutter AktG § 93 Rn. 68 ff.

433 *Habersack*, ZHR 177 (2013), 782, 785.

434 *Bachmann*, Gutachten E 78.

435 *Ulmer* in FS Canaris Bd. II, 2007, S. 451, 451.

436 *Habersack*, ZHR 177 (2013), 782, 785; vgl. auch *Merkt*, ZGR 2017, 129, 131 f.

437 *Semler*, AG 2005, 321, 321.

einige Gründe, die ihn abschrecken können, Ersatzansprüche gegen den Vorstand geltend zu machen. Erstens könnte damit gleichzeitig eine fehlende bzw. unsorgfältige Überwachung und Kontrolle seitens des Aufsichtsrats naheliegen. Von der Geltendmachung wird also mitunter abgesehen, um die Aufdeckung eigener Unterlassungen zu verhindern. Zweitens könnten die Verhältnisse zwischen Vorstand und Aufsichtsrat negativ beeinflusst werden. Daher wird die Anspruchsverfolgung aus Solidaritätsgründen und um das kollegiale Verhältnis nicht zu beeinträchtigen, unterlassen.[438] Selbst der Gesetzgeber weist auf die Spezifik solcher Konstellationen innerhalb der AG hin: Typischerweise könne nicht erwartet werden, dass derjenige Ansprüche verfolge, der dem Ersatzpflichtigen kollegial oder geschäftlich verbunden sei oder Gefahr laufe, dass im Verfahren seine eigenen Versäumnisse aufgedeckt würden.[439]

Dem hat der BGH in der ARAG/Garmenbeck-Entscheidung Rechnung getragen: Der Aufsichtsrat habe im Rahmen seiner Tätigkeit als das den Vorstand kontrollierende Organ die ihm zugewiesenen Aufgaben wahrzunehmen und das Bestehen von Schadensersatzansprüchen gegen ein Vorstandsmitglied zu prüfen und – soweit die Voraussetzungen dafür vorliegen – sie auch zu verfolgen.[440] Dies ergebe sich aus der Überwachungspflicht des Aufsichtsrats gemäß § 111 Abs. 1 AktG und aus der Pflicht zur gerichtlichen und außergerichtlichen Vertretung der Gesellschaft gegenüber Vorstandsmitgliedern nach § 112 AktG. Die Entscheidung über die Geltendmachung von Schadensersatzansprüchen erfolgt in zwei Schritten (Zweistufenkontrolle). Zuerst hat der Aufsichtsrat den Tatbestand, der einem Schadensersatzanspruch zugrunde liegt, in tatsächlicher sowie rechtlicher Hinsicht festzustellen. Danach hat der Aufsichtsrat das Prozessrisiko und die Beitreibbarkeit der Forderung zu analysieren.[441] Allerdings kann von dieser Reihenfolge abgewichen werden.[442] Kommt der Aufsichtsrat zu dem Ergebnis, dass der Gesellschaft Schadensersatzansprüche gegen Vorstandsmitglieder zustehen, dann stellt sich die Frage, ob die Ansprüche stets und ausnahmslos durchgesetzt werden müssen. Dem BGH zufolge besteht dazu in aller Regel eine Pflicht des Aufsichtsrats, weil ihm hier kein autonomer Ermessensspielraum

---

438 Vgl. *Habersack*, ZHR 177 (2013), 782, 786; *Bachmann*, Enforcement, 2015, S. 65, 76.

439 RegE UMAG BT-Drucks. 15/5092, S. 20; *Spindler* in K. Schmidt/Lutter AktG § 147 Rn. 1.

440 BGHZ 135, 244, 249 – ARAG/Garmenbeck; bestätigt in den späteren Entscheidungen des BGH, vgl. nur BGHZ 202, 26, 32 Rn. 19; BGHZ 180, 9, 21 Rn. 23; BGH, NZG 2009, 550, 552 Rn. 30.

441 BGHZ 135, 244, 253 – ARAG/Garmenbeck.

442 *Bachmann*, ZHR 180 (2016), 563, 573 f. m. w. N.

zustehe.[443] Diese Pflicht leitet der BGH aus der Überwachungspflicht ab, die zu den Hauptaufgaben des Aufsichtsrats gehört. Das überwachende Organ hat den Vorstand zu kontrollieren und dadurch Schäden von der Gesellschaft abzuwenden. Unternehmerische Entscheidungen des Aufsichtsrats sind nur in den gesetzlich zugelassenen Fällen möglich, etwa bei der Bestellung oder Abberufung von Vorstandsmitgliedern oder bei der Ausübung von Zustimmungsbefugnissen nach § 112 Abs. 4 S. 2 AktG. Der Aufsichtsrat soll sich bei seiner Entscheidung über die Geltendmachung von Ersatzansprüchen am Unternehmenswohl orientieren.[444] Insbesondere das Unternehmenswohl berechtigt den Aufsichtsrat, von der Rechtsverfolgung ausnahmsweise abzusehen, „wenn gewichtige Interessen und Belange der Gesellschaft dafür sprechen, den ihr entstandenen Schaden ersatzlos hinzunehmen".[445]

Die Gründe, die den Verzicht auf die Rechtsverfolgung und die ersatzlose Hinnahme des Schadens der Gesellschaft rechtfertigen, müssen das Gesellschaftsinteresse an der Anspruchsverfolgung überwiegen oder ihm zumindest praktisch gleichwertig sein.[446] Um diese Regel-Ausnahme zu veranschaulichen, behilft sich der BGH mit Gründen, die an das Unternehmenswohl anknüpfen, etwa Auswirkungen auf die Geschäftstätigkeit, Ansehen der Gesellschaft in der Öffentlichkeit, Beeinträchtigungen des Arbeitsklimas sowie Behinderungen der Vorstandstätigkeit.[447] Alle anderen Gründe, insbesondere persönliche Interessen des Betroffenen wie z. B. Schonung eines verdienten Vorstandsmitglieds oder Umfang und Gewicht der sozialen Konsequenzen für das Vorstandsmitglied sowie seine Familie, dürfen nur ausnahmsweise als rechtfertigend berücksichtigt werden.[448] Dies bringt der BGH zum Ausdruck, indem er mehrere Faktoren nennt, die gleichzeitig erfüllt werden müssen, um den Verzicht auf Geltendmachung von Schadensersatzansprüchen zu ermöglichen: Das pflichtwidrige Verhalten darf nicht allzu

---

443 BGHZ 135, 244, 254 – ARAG/Garmenbeck; dazu *Krieger/Sailer-Coceani* in K. Schmidt/Lutter AktG § 93 Rn. 46; *Reichert*, ZHR 177 (2013), 756, 759 f.; *Jaeger/Trölitzsch*, WiB 1997, 684, 686, die diese Unterscheidung als inkonsequent, im Ergebnis aber überzeugend ansehen.

444 BGHZ 135, 244, 253 – ARAG/Garmenbeck.

445 BGHZ 135, 244, 255 – ARAG/Garmenbeck.

446 Vgl. BGHZ 135, 244, 255 – ARAG/Garmenbeck.

447 BGHZ 135, 244, 255 f. – ARAG/Garmenbeck; zuvor OLG Düsseldorf ZIP 1995, 1183, 1192 – ARAG/Garmenbeck.

448 Anders OLG Düsseldorf ZIP 1995, 1183, 1192 – ARAG/Garmenbeck, die sozialen Konsequenzen für das betroffene Vorstandsmitglied wurden anderen unternehmensbezogenen Faktoren gleichgestellt, vgl. auch *Reichert*, ZHR 177 (2013), 756, 765.

schwerwiegend sein, *und* der der Gesellschaft zugefügte Schaden muss verhältnismäßig gering sein, *zugleich* müssen die dem Vorstandsmitglied drohenden Folgen einschneidend sein.[449]

Die ARAG/Garmenbeck-Rechtsprechung hat sich bemerkbar gemacht: Ein passives Verhalten des Aufsichtsrats hinsichtlich der Geltendmachung von Ansprüchen war bis vor Kurzem die größte Schwäche der Organhaftung. Inzwischen kommen die Aufsichtsräte der Aufforderung der ARAG/Garmenbeck-Entscheidung zur Durchsetzung von Ansprüchen der Gesellschaft gewissenhafter - wenn nicht sogar eifrig - nach.[450]

3. Anspruchsverfolgung durch die Aktionäre

Zur Effektivierung der Anspruchsverfolgung sollte auch die Reform des § 147 AktG a. F. beitragen, die der Gesetzgeber – aufgefordert durch den 63. DJT 2000 – eingeleitet hat.[451] Dem sollte das UMAG mit seinem Grundgedanken der Erleichterung der Durchsetzung von Ersatzansprüchen Rechnung tragen, was vor allem durch eine Vereinfachung des Klagezulassungsverfahrens zugunsten der Aktionäre (vgl. § 147 Abs. 1 S. 1 Fall 2 AktG a. F.) sowie eine wesentlich vereinfachte Bestellung eines besonderen Vertreters (vgl. § 147 Abs. 3 AktG a. F.) erreicht werden sollte.

a) Hauptversammlung

Beschließt die Hauptversammlung nach § 147 Abs. 1 AktG die Geltendmachung der Ersatzansprüche gegen Vorstandsmitglieder (es genügt eine einfache Mehrheit nach § 133 Abs. 1 AktG), darf der Aufsichtsrat von dieser nicht absehen, sogar wenn gewichtige Interessen und Belange der Gesellschaft dagegensprechen,

---

449 BGHZ 135, 244, 256 – ARAG/Garmenbeck; vgl. dazu *Seibt*, NZG 2016, 361, 362 f.; *ders.*, NZG 2015, 1097, 1102 f., der in Fällen „grober Disproportionalität" zwischen Regresshöhe und Verschuldensgrad des haftenden Vorstandsmitglieds eine „Vorverlagerung" der ARAG/Garmenbeck-Abwägungsentscheidung vorschlägt: Die Entscheidung werde nicht im Zuge der Anspruchsverfolgung getroffen, sondern bereits antizipiert und im Anstellungsvertrag festgeschrieben; kritisch *Habersack*, NZG 2015, 1297, 1299 f.

450 *Peltzer* in FS Hoffmann-Becking, 2013, S. 861, 867; *Bachmann*, Enforcement, 2015, S. 65, 80.

451 Die durch das KonTraG eingeführten Änderungen stellten sich als nicht ausreichend heraus; zur Reform siehe *Baums*, Bericht RegK, 2001 S. 51 Rn 72 f., der überwiegend Vorschlägen des 63. DJT 2000 zustimmt; *Schröer*, MünchKommAktG § 147 Rn. 7 ff.

denn ihm steht insoweit kein Beurteilungsspielraum mehr zu.[452] Dies ergibt sich daraus, dass die Entscheidung über die Geltendmachung von Ersatzansprüchen zu den Befugnissen der Hauptversammlung gehört und durch den Aufsichtsrat nicht autonom geändert werden kann. Der Aufsichtsrat muss also, unabhängig von der Beurteilung der Prozesschancen und -risiken, die Ersatzansprüche der Gesellschaft geltend machen.[453] Dies setzt allerdings voraus, dass der verpflichtende Beschluss der Hauptversammlung hinreichend bestimmt ist und dem Aufsichtsrat genaue Vorgaben hinsichtlich des weiteren Vorgehens macht (insbesondere zum verfahrensrechtlichen Vorgehen – gerichtlich oder außergerichtlich, Feststellungsklage, Teilklage – sowie zur Anspruchshöhe).[454] Wenn dies nicht der Fall ist, verbleibt dem Aufsichtsrat ein gewisses Ermessen, was die Anwendung der BJR miteinschließt.[455] Demgemäß verankert § 147 Abs. 1 AktG eine Pflicht, „ob" und nicht „wie" die Ansprüche geltend gemacht werden müssen.[456] Denn ein einschränkender Beschluss der Hauptversammlung, der gleichzeitig den Aufsichtsrat binden würde, käme einem Verzicht nahe und wäre daher unter Umständen als Verstoß gegen § 93 Abs. 4 S. 3 AktG, der den Verzicht von besonderen Voraussetzungen abhängig macht, anzusehen.[457] Die Ersatzansprüche müssen innerhalb von sechs Monaten seit der Hauptversammlung geltend gemacht werden, allerdings ergeben sich Konsequenzen eines Verstoßes gegen die Frist lediglich im Innenverhältnis.[458] Eine gerichtliche Geltendmachung genügt dem Aktionärsverlangen, ergebnislose außergerichtliche Maßnahmen wiederum nicht.[459]

Die Hauptversammlung kann einen besonderen Vertreter (oder auch mehrere) zur Geltendmachung von Ansprüchen bestellen und somit den Aufsichtsrat in diesem konkreten Fall aus seiner Pflicht zur Geltendmachung entlassen. Das betrifft insbesondere diejenigen Fälle, wo Zweifel an der Neutralität des Vorstands bzw. Aufsichtsrats aufkommen, gegen beide Organe Ersatzansprüche der Gesellschaft bestehen oder wo aus anderen Gründen das zuständige Verwaltungsorgan nicht handlungsfähig ist. Die Bestellung des besonderen Vertreters kann nicht

---

452 Vgl. nur *Mock* in Spindler/Stilz AktG § 147 Rn. 29.

453 *Schröer* in MünchKommAktG § 147 Rn. 32; *Spindler* in K. Schmidt/Lutter AktG § 147 Rn. 1.

454 *Herrler* in Grigoleit AktG § 147 Rn. 7.

455 *Mock* in Spindler/Stilz AktG § 147 Rn. 36.

456 *Herrler* in Grigoleit AktG § 147 Rn. 7.

457 *Spindler* in K. Schmidt/Lutter AktG § 147 Rn. 12.

458 Hüffer/*Koch* AktG § 147 Rn. 5.

459 *Liebscher* in Henssler/Strohn, GesellschaftsR § 147 Rn. 7.

nur aufgrund eines Beschlusses der Hauptversammlung, sondern auch aufgrund einer gerichtlichen Entscheidung auf Antrag von Minderheitsaktionären erfolgen (§ 147 Abs. 2 S. 2 AktG). Das Gericht bestellt einen besonderen Vertreter, wenn ihm dies „zweckmäßig erscheint". Dabei sind die Erfolgsaussichten der Klage nicht relevant.[460] Den Posten des besonderen Vertreters kann jede natürliche, unbeschränkt geschäftsfähige Person übernehmen, die allerdings über entsprechende fachliche Kenntnisse und Kompetenzen verfügen sollte.[461] Es spricht nichts dagegen, dass die Funktion einem Aktionär übertragen wird, jedoch ist dies nicht zwingend. Da der besondere Vertreter Aufsichtsrat bzw. Vorstand in deren Befugnis (Pflicht), Ansprüche zugunsten der Gesellschaft zu verfolgen, verdrängt, wird ihm die Stellung eines Gesellschaftsorgans eingeräumt.[462]

b) Actio pro socio

Zur Verstärkung der prozessualen Möglichkeiten der Aktionäre dient eine Form der Aktionärsklage, die durch das UMAG in § 148 AktG eingeführt wurde. Sie stellt keine *actio pro socio* im engeren Sinne dar, denn sie knüpft an eine Mindestbeteiligung bzw. den Wert der Anteile an, die Aktionäre an der Gesellschaft halten, und steht somit nicht automatisch jedem Aktionär zu. Die in § 148 Abs. 1 AktG genannten Aktionäre können beantragen, Ersatzansprüche der Gesellschaft i. S. d. § 147 Abs. 1 S. 1 AktG im eigenen Namen geltend machen zu dürfen. Dadurch soll Minderheitsaktionären ein effektives Rechtsinstrument gewährt werden, das die Hindernisse bisheriger Regelungen beseitigen soll.[463] Wenngleich eine so gestaltete Aktionärsklage die Aktionäre zur Geltendmachung von Ansprüchen vor Gericht ansporen will, soll andererseits durch bestimmte Mindestwerte im Rahmen der Klagezulassung eine Klageflut verhindert werden (§ 148 Abs. 1 S. 2 AktG). Die Aktionärsminderheit muss sich ferner – und anders als die Hauptversammlungsmehrheit im Sinne des § 147 AktG – dem Gesellschaftsinteresse an der Nichtverfolgung von Ansprüchen unterordnen.[464] Um an die für eine etwaige Klage gemäß § 148 AktG notwendigen Informationen zu

---

460 *Spindler* in K. Schmidt/Lutter AktG § 147 Rn. 18.

461 *Spindler* in K. Schmidt/Lutter AktG § 147 Rn. 22.

462 BGH AG 2013, 634, 634 Rn. 3; BGH AG 2011, 875, 876; *Mock* in Spindler/Stilz AktG § 147 Rn. 91; *Spindler* in K. Schmidt/Lutter AktG § 147 Rn. 23; *Schröer* in MünchKommAktG § 147 Rn. 47; a. A. OLG München ZIP 2008, 73, 76 f.; dazu *Wirth/Pospiech*, DB 2008, 2471, 2474.

463 RegE UMAG BT-Drucks. 15/5092, S. 20.

464 Vgl. *Habersack*, ZHR 177 (2013), 782, 790; *Spindler* in K. Schmidt/Lutter AktG § 147 Rn. 29.

kommen, können die betroffenen Aktionäre zusätzlich zu den Auskunftsrechten nach §§ 131 ff. AktG eine Sonderprüfung gemäß § 142 Abs. 1 AktG initiieren, um so ein Verhalten von Vorstand oder Aufsichtsrat überprüfen zu lassen und ggf. die Pflichtwidrigkeit des Verhaltens zu enthüllen.[465]

Nichtsdestoweniger wird in der Rechtslehre betont, dass die Aktionärsklage nach wie vor an den vielen Hürden des Verfahrens scheitere.[466] Allein schon das Quorum (im Zeitpunkt der Antragstellung müssen die Anteile zusammen den einhundertsten Teil des Grundkapitals oder einen anteiligen Betrag von 100.000 Euro erreichen), die Beweislast (Tatsachen, die den Verdacht rechtfertigen, dass der Gesellschaft durch Unredlichkeit oder grobe Verletzung des Gesetzes oder der Satzung ein Schaden entstanden ist) und das Gesellschaftswohl (gegen die Geltendmachung des Ersatzanspruchs dürfen keine überwiegenden Gründe des Gesellschaftswohls sprechen) stellen einige – nicht zu unterschätzende – Hindernisse dar. Dazu kommen weitere Faktoren, die die Aktionäre von der Inanspruchnahme der Aktionärsklage abhalten können. Hierzu zählt eine Prozessregel, die der Gesellschaft ermöglicht, ein bereits eingeleitetes Verfahren zu übernehmen. Das von den Aktionären betriebene Klage(zulassungs)verfahren tritt mit der Erhebung einer Klage durch die Gesellschaft in den Hintergrund und wird unzulässig (§ 148 Abs. 3 S. 1 Hs. 2 AktG). Darüber hinaus besteht für die Aktionäre ein Kostenrisiko, weil sie verpflichtet sind, die Kosten zu tragen, soweit der Antrag auf Klagezulassung abgewiesen wird (§ 148 Abs. 6 S. 1 AktG). Vor allem aber haben die Aktionäre keine (finanziellen) Anreize, weil sie nur mittelbar am Erfolg beteiligt sind und von der Verbesserung der Lage der Gesellschaft durch einen Schadensersatz ebenfalls nur mittelbar profitieren können.[467]

IV. Reformüberlegungen

1. 70. Deutscher Juristentag (2014)

Bereits 2005 strebte der Gesetzgeber mit dem UMAG eine Belebung der Haftung von Vorstandsmitgliedern für Schäden der Gesellschaft an, was zum einen durch die gesetzliche Anerkennung des unternehmerischen Spielraums als BJR in § 93 Abs. 1 S. 2 AktG und zum anderen durch die verstärkte Möglichkeit zur Anspruchsverfolgung nach den neuen §§ 147, 148 AktG erreicht werden

465 Siehe z. B. *Spindler* in K. Schmidt/Lutter AktG § 142 Rn. 2.

466 Vgl. *Habersack*, ZHR 177 (2013), 782, 790; zu geringerer Bedeutung in der Praxis *Peltzer* in FS Schneider, 2011, S. 953, 954 f.

467 Vgl. *Tröger*, ZHR 179 (2015), 453, 462.

sollte. Dieser Wunsch sollte sich jedoch erst einige Jahre später erfüllen. Der 69. DJT beschloss 2012, dass die Reform der Durchsetzung von Schadensersatzansprüchen im Zusammenhang mit der Überprüfung der materiellen Haftung des Vorstands erfolgen solle, und setzte die Thematik auf die Agenda des 70. DJT 2014.[468] Der Empfehlung des Gutachters zufolge ist eine Änderung der materiellen Haftungsregeln nach § 93 Abs. 1-3 AktG zwar nicht geboten. Auch die BJR könne in ihrer derzeitigen Form Bestand haben. Allerdings wurde der Gesetzgeber aufgefordert, die Anwendung der Regelungen durch die Gerichte zu beobachten und ggf. dann „nachzusteuern".[469] Die Empfehlungen des Gutachters veranschaulichen die Tendenz zur Haftungsreduzierung sowie Effektuierung der Durchsetzung der Haftung.[470] Der 70. DJT 2014 hat sich für eine Entschärfung der Haftung ausgesprochen und mit klarer Mehrheit zum Ausdruck gebracht, die Organhaftung gehe zu weit und sei reformbedürftig.[471]

Ob der Gesetzgeber dem nachkommen wird, bleibt abzuwarten.[472] Die in der Literatur erarbeiteten Reformüberlegungen sowie die Empfehlungen des 70. DJT 2014 können hier aus Platzgründen nur angedeutet werden.[473] Im Vordergrund stehen u. a. die statutarische Haftungsbeschränkung auf grobe Fahrlässigkeit oder Vorsatz, eine betragsdefinierte Haftungsbegrenzung, die Kodifizierung des Vertrauensgrundsatzes, die Verkürzung der Verjährungsfrist, eine Entschärfung der Beweislastverteilung sowie die Verbesserung der Durchsetzung der Haftung.

---

468 Vgl. Beschluss Nr. 23 in Verhandlungen des 69. DJT, Bd. II/2, N 91.

469 *Bachmann,* Gutachten E 122.

470 So auch rechtsvergleichend LSE-Studie (Fn. 27), S. XIII; dazu *Bachmann*, ZIP 2013, 1946, 1950 f.

471 Siehe die Beschlüsse der Abteilung Wirtschaftsrecht des 70. DJT, ZIP 2014, 1902 f.; dazu ausführlich *Hopt* in FS Roth, 2015, S. 225 ff.

472 In der Podiumsdiskussion machte Prof. Dr. Heribert Hirte, Juraprofessor und CDU-Abgeordneter, klar, dass es kaum zu erwarten sei, dass die Beschlüsse des 70. DJT vom Gesetzgeber in der gegenwärtigen Legislaturperiode aufgegriffen würden: Die Reform der Organhaftung stehe nicht im Koalitionsvertrag; vgl. *Hirte* in Verhandlungen des 70. DJT, Bd. II/2, N. 154.

473 Zu den Empfehlungen des 70. DJT siehe etwa *Hopt/Roth* in GroßkommAktG § 93 Rn. 26 f.; *Krieger/Sailer-Coceani* in K. Schmidt/Lutter AktG § 93 Rn. 5 Fn. 12; *K. Schmidt* in FS Haarmann, 2015, S. 194 ff.; *Bachmann*, ecolex 2015, 37 ff.; *Bayer*, NJW 2014, 2546 ff.; *Bayer/Scholz*, NZG 2014, 926 ff.; *Fleischer*, DB 2014, 1971 ff.; *Paefgen*, AG 2014, 554 ff.; *E. Vetter*, NZG 2014, 921 ff.; *ders.*, AnwBl 2014, 582 ff.; zusammenfassend *Hopt* in FS Roth, 2015, S. 225 ff. sowie *Fuchs/Zimmermann*, JZ 2014, 838 ff.; *Jahn*, AG 2014, R 300; nur zum Gutachten *Haarmann/Weiß*, BB 2014, 2115 ff.

2. Gesetzliche Haftungsreduktion

Angesichts der strengen Haftung der Organmitglieder wird in der Rechtslehre teilweise für eine gesetzliche Haftungsreduktion auf grob fahrlässige oder vorsätzliche Sorgfaltspflichtverletzungen plädiert.[474] Denn Nachlässigkeiten von Organmitgliedern lassen sich aufgrund der komplexen und vielfältigen Leitungsaufgabe des Vorstands nicht verhindern: „Wer ihn [den Pflichtverstoß] nicht findet, hat dann meist nicht gründlich gesucht."[475] Fernerhin wurde eine durch die Gerichte vorzunehmende Reduktion der Organhaftung aus Billigkeitsgesichtspunkten erwogen, wofür es jedoch einer gesetzlichen Ermächtigung zur Herabsetzung der Haftung bedürfte.[476] Weiter wurde vorgeschlagen, eine allgemeine schadensrechtliche Billigkeitsklausel in einem neu zu fassenden § 254a BGB zu verankern, die allerdings *nur* im Extremfall als Notventil zur Anwendung käme.[477]

Trotzdem spricht sich die h. M. gegen eine gesetzliche Haftungsbeschränkung aus[478]; auch der 70. DJT 2014 hat sie mit deutlicher Mehrheit abgelehnt.[479] Eine

---

474 Vgl. *Semler* in FS Goette, 2011, S. 499, 510; *Peltzer* in FS Hoffmann-Becking, 2013, S. 861, 865; *Hoffmann*, NJW 2012, 1393, 1398; *Koch*, AG 2012, 429, 436. Zur Einführung einer Haftungshöchstgrenze für leicht und einfach fahrlässig handelnde Vorstands- und Aufsichtsratsmitglieder siehe Gemeinsame Stellungnahme des Bundesverbands der Deutschen Industrie u. a. zum RefE UMAG v. 2.4.2004, S. 4; ähnlich die Stellungnahme der Schutzgemeinschaft der Kleinaktionäre e.V. (SdK) zum RefE UMAG v. 30.3.2004: Begrenzung z. B. auf Jahresgehalt des jeweiligen Organs; beide Stellungnahmen siehe unter http://www.gesmat.bundesgerichtshof.de/gesetzesmaterialien/15_wp/umag/umag-index.htm (abgerufen am 22.9.2017).

475 Zutreffend *Bachmann*, Gutachten E 28.

476 *Paefgen*, AG 2014, 554 f.; ebenso Antrag *Schall* (70. DJT) für Einführung des § 93 Abs. 7 AktG-E: „Das Gericht kann die Haftung nach billigem Ermessen herabsetzen, soweit dies nach den Umständen des Falles, insbesondere dem Grade des Verschuldens, der Höhe des Schadens und den Vermögensverhältnissen der Beteiligten geboten erscheint."; ZIP 2014, 1902, 1902.

477 *Bachmann*, Gutachten E 32, 58; abgelehnt durch 70. DJT, Beschluss Nr. 1 c), ZIP 2014, 1902, 1902; kritisch auch *Hopt* in FS Roth, 2015, S. 225, 229. Dazu hat der Gutachter während der Diskussion nochmals Stellung genommen und betont, § 254a BGB sei als Notanker zu sehen und *nur* in Ausnahmefällen anzuwenden, siehe *Bachmann* in Verhandlungen des 70. DJT, Bd. II/2, N. 138.

478 Siehe etwa *Hopt* in FS Roth, 2015, S. 225, 228; *Bachmann*, Gutachten E, 29, 30; *ders.* NJW-Beil. 2014, 43; *ders.*, GesRZ, 2014, 149, 153; *Bayer*, NJW 2014, 2546, 2547; *Faßbender*, NZG 2015, 501, 506; *Paefgen*, AG 2014, 554, 562; *E. Vetter*, NZG 2014, 921, 922; *Habersack*, ZHR 177 (2013), 782, 803; zuvor *Fleischer*, WM 2005, 909, 914; *ders.* in Spindler/Stilz AktG § 93 Rn. 9b.

479 Beschluss des 70. DJT Nr. 1 a), ZIP 2014, 1902, 1902.

gesetzliche Haftungsreduktion in § 93 Abs. 1 AktG würde die Differenzierung zur Organhaftung im Vereinsrecht nach § 31a BGB ihres Zweckes berauben.[480] Auch rechtspolitisch bestehe kein Anlass zur Gesetzesänderung.[481] Die Befürchtung, dass hierdurch ein falsches Signal (weitere Privilegierung von Vorständen) an die Öffentlichkeit gesandt werden könnte, bleibt aktuell.[482]

3. Treue- und Fürsorgepflicht

In der Rechtslehre wird dafür plädiert, die Haftung aufgrund der Treue- und Fürsorgeverantwortung der Gesellschaft gegenüber den Organmitgliedern abzumildern, indem sie bei leichter Fahrlässigkeit ausgeschlossen oder gedeckelt wäre.[483] Insbesondere im Bereich des Bußgeldregresses stößt die Zulässigkeit einer derartigen Haftungsreduktion immer mehr auf Zustimmung.[484]

Die Fürsorgeverantwortung der Gesellschaft gegenüber den Organmitgliedern liegt auch dem Vorschlag von *Seibt* zugrunde, vor dem Hintergrund existenzbedrohender Bußgeldrückgriffe und einer regelmäßigen Verfolgungspflicht des Aufsichtsrats in den Anstellungsvertrag zwischen dem Vorstandsmitglied und der Gesellschaft eine Risikoabsicherung zugunsten des Vorstandsmitglieds aufzunehmen (Halbvermögensschonungsklausel).[485] Danach soll der Aufsichtsrat in Fällen einer „groben Disproportionalität zwischen Haftungsumfang und Schwere des Pflichtverstoßes [...] die Anspruchsverfolgung dergestalt höhenmäßig begrenzen“, dass dem Vorstandsmitglied nach erfolgter Inanspruchnahme die Hälfte des Wertes der in einer entsprechend § 802c II ZPO zu erstellenden Vermögensauflistung enthaltenen Vermögensgegenstände verbleibt.[486]

---

480 *Bachmann*, Gutachten E 30.

481 Vgl. *Bachmann*, Gutachten E 29; *Habersack*, ZHR 177 (2013), 782, 803; *E. Vetter*, NZG 2014, 921, 926.

482 *Baums*, Bericht RegK, 2001, S. 51 Rz. 71.

483 Vgl. Hüffer/*Koch* AktG § 84 Rn. 10, § 93 Rn. 51 m. w. N.; *ders.* in Liber amicorum Winter, 2011, S. 327, 338 ff.; *ders.*, AG 2014, 513, 524; *ders.*, AG 2012, 429, 436; *Brommer*, Die Beschränkung der Rechtsfolgen der Vorstandsinnenhaftung, 2016, S. 222; *Hopt* in FS Roth, 2015, S, 225, 227; *ders.*, ZIP 2013, 1793, 1804; *Reichert*, ZHR 177 (2013), 756, 772 ff.; *Casper*, ZHR 176 (2012), 617, 636 f.; *Thole*, ZHR 173 (2009), 504, 533 f.; *Seibt*, NZG 2016, 361, 362.

484 Vgl. nur Hüffer/*Koch* AktG § 93 Rn. 51 m. w. N; mehr dazu unter B.II.4.d)

485 *Seibt*, NZG 2015, 1097, 1102; *ders.*, Persönliches Risikomanagement für Vorstände, Börsen-Zeitung v. 25.7.2015, S. 9; *Seibt*, NZG 2016, 361, 362 f.

486 *Seibt*, NZG 2015, 1097, 1102 f.

Der Vorschlag ist in der Rechtslehre auf Kritik gestoßen. Es sei fraglich, ob sich ein treupflichtbasierter Anspruch auf Halbvermögensschonung aus dem Aktienrecht herleiten lasse.[487] In der Rechtsprechung seien überdies keine Anhaltspunkte dafür ersichtlich, dass der Aufsichtsrat verpflichtet sei, das pflichtvergessene Vorstandsmitglied zu schonen.[488] Darüber hinaus könne sich der Anstellungsvertrag nicht über zwingendes Aktienrecht und damit den Grundsatz der unbeschränkten Haftung und der Verfolgungspflicht des Aufsichtsrats hinwegsetzen. Die Halbvermögensschonungsklausel stehe einem Verzicht i. S. d § 93 Abs. 4 S. 3 AktG gleich und könne ohne Billigung der Hauptversammlung nicht erfolgen.[489]

4. Innerbetrieblicher Schadensausgleich

Zunehmend wird in der Rechtslehre erwogen, die Haftung von Vorstandsmitgliedern nach arbeitsrechtlichem Vorbild zu beschränken und die in der Rechtsprechung entwickelten Grundsätze der arbeitsrechtlichen Haftungsprivilegierung von Arbeitnehmern (innerbetrieblicher Schadensausgleich) auf Organmitglieder zu übertragen.[490]

---

487 *Habersack*, NZG 2015, 1297, 1298; zustimmend *Schockenhoff*, ZHR 180 (2016), 197, 221 f.; vgl. auch *Dauner-Lieb*, NZG 2016, 1121, 1122 f.: Eine Bestimmung im Anstellungsvertrag zwischen Organ und Gesellschaft, wonach das Organ alle Bußgelder zu tragen habe, die infolge einer entsprechenden Handlung dieser Person beim Unternehmen anfallen, wäre nichtig; zur Problematik des Rückgriffs der Gesellschaft wegen gegen sie verhängter Strafen oder Geldbußen siehe oben B.II.4.d).

488 *Habersack*, NZG 2015, 1297, 1298 f.; a. A. *Seibt*, NZG 2016, 361, 366: „Verschonbarkeit" des Vorstands sei aus organschaftlichen Treue- oder Fürsorgegesichtspunkten möglich.

489 *Habersack*, NZG 2015, 1297, 1299; a. A. *Seibt*, NZG 2016, 361, 363 f.: Eine Halbvermögensschutzklausel führe nicht zur Umgehung des § 93 Abs. 4 AktG. Sie sei einem faktischen Abstandnehmen von einer Anspruchsverfolgung durch den Aufsichtsrat gleichzustellen und somit nicht mit einem Anspruchsverzicht vergleichbar.

490 *Hoffmann*, NJW 2012, 1393, 1398 ff.; *Bachmann*, Gutachten E 57; zuletzt *ders*, ZIP 2017, 841, 841: Ein innerbetrieblicher Schadensausgleich solle auch für Organmitglieder möglich sein; *Wilhelmi*, NZG 2017, 681, 690; *Fritz* NZA 2017, 673, 679: Das Arbeitnehmerhaftungsprivileg und die Haftungshöchstgrenze seien auf Führungskräfte in Organfunktionen übertragbar, wenn sie bei der schädigenden Pflichtverletzung einer Abhängigkeit unterworfen waren, die der eines weisungsgebundenen Arbeitnehmers entspricht; a. A. *Krieger/Sailer-Coceani* in K. Schmidt/Lutter AktG § 93 Rn 39: *de lege lata* „schwer begründbar"; *Hopt* in FS Roth, 2015, S. 225, 228; *Fehrenbach*, AG 2015, 761, 769 f.; *Haarmann/Weiß*, BB 2014, 2115, 2125: angesichts

Nach der Rechtsprechung des BAG scheidet eine Haftung des Arbeitnehmers bei einfacher Fahrlässigkeit aus oder wird im Falle mittlerer Fahrlässigkeit reduziert. In der Regel führt wiederum grobe Fahrlässigkeit zur unbeschränkten Haftung des Arbeitsnehmers.[491] *Bachmann* zufolge kann eine an den innerbetrieblichen Schadensausgleich orientierte Haftungsreduktion von Organmitgliedern nicht pauschal abgelehnt werden. Vielmehr gebe es Raum für eine abwägende Lösung im Einzelfall, anstatt den Organmitgliedern stets das volle Haftungsrisiko aufzubürden.[492] *Paefgen* zufolge darf eine Übertragung der arbeitsrechtlichen Haftungsbeschränkung auf Organmitglieder wiederum nur mit einer grundsätzlich zwingenden Anspruchsverfolgung durch den Aufsichtsrat einhergehen. Einer Flexibilisierung der Anspruchsverfolgung müsse nämlich ein in der Höhe unbegrenzter Schadensersatz gegenüberstehen.[493]

5. Vertrauensgrundsatz

Auch wenn der Vertrauensgrundsatz als solcher keine Haftungsreduktion begründet und seine Erwähnung an dieser Stelle vordergründig nicht richtig erscheinen mag, ist er hier erneut in gebotener Kürze zu thematisieren, trägt er doch zu einer gewissen Haftungsklarstellung bei. Denn der Vertrauensgrundsatz erleichtert den Vorstandsmitgliedern die Unternehmensführung, indem er sie – in einem gewissen Umfang – von einer ständigen Überwachung der übrigen Ressorts entlastet. Da aber eine Haftung hier nur bei der Verletzung dieser Überwachungspflicht infrage kommt und der Vertrauensgrundsatz bei der täglichen Unternehmensführung unentbehrlich ist, wäre ein größeres Bewusstsein der Vorstände hinsichtlich der Rolle des Vertrauensgrundsatzes durchaus wünschenswert. Eine Kodifizierung des Vertrauensgrundsatzes könnte diesem zu größerer Prominenz verhelfen.

---

der Leitungsfunktion des Vorstands sei eine Übertragung der arbeitsrechtlichen Grundsätze über betrieblich veranlasste Tätigkeit auf die Haftung des Vorstandsmitglieds nicht sachgerecht; *Habersack*, ZHR 177 (2013), 782, 801 f.; *Paefgen*, AG 2014, 554, 568; zuvor bereits *Bastuck*, Enthaftung, 1986, S. 83; *Oltmanns*, Geschäftsleiterhaftung und unternehmerisches Ermessen, 2001, S. 348 f.

491 Ausnahmsweise kann die Haftung auch in Fällen grober Fahrlässigkeit beschränkt werden, insbesondere, wenn sie die Existenzgrundlage des Arbeitnehmers zerstören kann, vgl. *Henssler* in MünchKommBGB § 619a Rn. 36.

492 *Bachmann*, ZIP 2017, 841, 851; ebenso *Wilhelmi*, NZG 2017, 681, 684.

493 *Paefgen*, AG 2014, 554, 568.

6. Satzungsautonomie

Ausweislich der in § 23 Abs. 5 AktG niedergelegten Satzungsstrenge besteht im Recht der AG, anders als im GmbH-Recht, [494] keine Gestaltungsfreiheit. Diese ist ohne Gesetzesänderung ausgeschlossen.[495] Schon bei der Einführung der Aktienrechtsnovelle 1884 wurde über die Satzungsfreiheit sowie über das Spannungsverhältnis zwischen Freiheit und gesetzlicher Bindung der Aktiengesellschaft diskutiert. Die Analyse der damaligen Diskussion führt zu der Erkenntnis, dass der Grundsatz der Vertragsfreiheit nie positiv, sondern eher negativ in den Materialien verwendet wird. Es wurde vor allem hervorgehoben, dass die Gewährung der Vertragsfreiheit (Satzungsfreiheit) zu Missbräuchen führe.[496] Heutzutage begrüßt die Rechtslehre *de lege ferenda* eine gewisse Satzungsautonomie.[497] Ebenso hat sich der 70. DJT 2014 hinsichtlich der Haftungsmodalitäten für eine Satzungsautonomie – mit unterschiedlichen Akzenten[498] – ausgesprochen. Unter Hinweis auf das Gesellschaftsrecht des Staates Delaware (§ 107 (b) (7) Del. Gen. Corp. Law) wird der Vorschlag auch durch ein rechtsvergleichendes Argument untermauert.[499]

Eine dispositive Regelung trifft zu Recht auf breite Zustimmung in der Rechtslehre. Der Hauptversammlung sollte die Befugnis zugesprochen werden, die Grenzen der Haftung summenmäßig zu definieren.[500] Eine derartige Satzungsautonomie sollte jedoch ihren Ausgleich in wirksamen Schutzmechanismen

---

494 Statt aller *Liebscher* in MünchKommGmbH § 45, Rn. 50.

495 Statt vieler *E Vetter*, NZG 2014, 921, 923 Fn. 19 m. w. N.

496 Vgl. *Hofer* in Aktienrecht im Wandel, Bd. 1, S. 397 Rn. 13; siehe auch *Kraakman*, The Anatomy of Corporate Law, 2009, S. 22: Zwingendes Recht verringere das Risiko eines Vertragsfehlers *(contracting failure)*, indem schwächere Vertragsparteien geschützt werden.

497 *Bachmann*, Gutachten E 58 f.; *ders.* Beilage zu NJW 24/2014, 43; *ders.* GesR, 2014, 1, 5; *Kremer* in Verhandlungen des 70. DJT, Bd. II/1, N. 43 (These 4); *Sailer-Coceani* in Verhandlungen des 70. DJT, Bd. II/1, N. 25, (These 4); *Habersack*, ZHR 177 (2013), 782, 803; *Hopt*, ZIP 2013, 1793, 1803; *Koch*, AG 2014, 513, 524; *Paefgen*, AG 2014, 554, 570; *Spindler*, AG 2013, 889, 896; *E. Vetter*, NZG 2014, 921, 922; a. A. *Bayer*, NJW 2014, 2546, 2547: jedenfalls nicht für börsennotierte Gesellschaften; ebenso ablehnend *Faßbender*, NZG 2015, 501, 506.

498 Vgl. Beschlüsse des 70. DJT Nr. 2, 3 a)-e), ZIP 2014, 1902, 1902.

499 *Bachmann*, Gutachten E 59; *Paefgen*, AG 2014, 554, 570.

500 Beschluss des 70. DJT Nr. 3. a), ZIP 2014, 1902, 1902; vgl. *Bachmann*, Gutachten E 62 ff., Fn. 228 m. w. N.

zugunsten der Aktionäre finden.[501] Darunter wurden vor allem weitreichende Informationsrechte der Aktionäre, die Pflicht des Vorstands zur Berichterstattung gegenüber der Hauptversammlung, Informationsmaßnahmen gegenüber der Öffentlichkeit (Prospekte, Geschäftsbriefe),[502] ein Minderheitsveto nach dem Vorbild des § 93 Abs. 4 S. 3 AktG,[503] die Beschränkung satzungsautonomer Regelungen auf eine bestimmte Zeit sowie eine gesonderte zwingende Hauptversammlung[504] genannt.[505] Vor dem Hintergrund, dass Vorstände staatlicher Unternehmen kaum haften, da die Aufsichtsräte oft politisch dominiert seien, sollte der Gesetzgeber öffentlichen Unternehmen diese Freiheit vorenthalten bzw. die Haftungsmilderungen hier von strengeren gesetzlichen Voraussetzungen abhängig machen.[506] Selbiges gilt für den Verzicht auf Regressforderungen nach einem grob fahrlässigen oder vorsätzlichen Versagen.[507]

Andererseits wurden auch Bedenken geäußert. Vor allem könnte ein satzungsändernder Beschluss über die Reduzierung der Haftung von Organmitgliedern durch einen Mehrheitsaktionär erheblich beeinflusst werden. Auch in der Praxis könnte dies bei Transaktionen wie Unternehmenskäufen insofern eine Rolle spielen, als ein potenzieller Käufer aufgrund einer weiten Satzungsautonomie abgeschreckt werden könnte.[508] Ferner wird zutreffend darauf hingewiesen, dass die Satzungsautonomie die Passivität der Aktionäre verringern und dadurch zu einem effektiven Corporate-Governance-Instrument werden könnte. Satzungen könnten – weil sie offenzulegen sind – Anleger auf den konservativen (keine Haftungsreduktion) oder eher innovativen Charakter (zulässige Satzungsmodalitäten) des Unternehmens hinweisen.[509]

---

501 *Bachmann*, Gutachten E 61 ff.; zustimmend *Hopt* in FS Roth, 2015, S. 225, 229; dazu ausführlich *E. Vetter*, NZG 2014, 921, 924 ff.

502 *Bachmann*, Gutachten E 61.

503 *Bachmann*, Gutachten E 61.

504 Dafür *Fuchs/Zimmermann*, JZ 2014, 838, 844 f.

505 Vgl. *E. Vetter*, NZG 2014, 921, 925; Beschluss des 70. DJT Nr. 3 e), ZIP 2014, 1902, 1902.

506 *Schneider* in Verhandlungen des 70. DJT, Bd. II/1, N. 56 f.

507 Beschluss des 70. DJT Nr. 21 a), ZIP 2014, 1902, 1903.

508 Siehe dazu aber *Habersack*, ZHR 177 (2013), 782, 804: Die Haftung für grobe Fahrlässigkeit und Vorsatz solle unabdingbar bleiben. „Im Übrigen mag man den Aktionären eine gewisse Disposition hinsichtlich des Verschuldensmaßstabs zutrauen, zumal davon ausgegangen werden kann, dass eine allzu weitgehende Inanspruchnahme dieser Freiheit vom Kapitalmarkt wie auch von potentiellen Geschäftspartnern und Investoren missbilligt würde."

509 *E. Vetter*, NZG 2014, 921, 924.

7. Verzicht und Vergleich

Soll ein Verzicht oder Vergleich nach § 93 Abs. 4 S. 3 AktG vereinbart werden, haben die Gesellschaft und das Organmitglied drei Voraussetzungen zu beachten: die dreijährige Sperrfrist, die Zustimmung der Hauptversammlung und das Minderheitsveto. Diese Hürden sollen verhindern, dass der Aufsichtsrat aus Solidaritätsgründen oder Furcht, ebenso wegen einer Verletzung der Sorgfaltspflicht in Anspruch genommen zu werden, auf die Rechtsverfolgung verzichtet *(mutual backscratching)* und sich auf diesem Wege eine „falsch verstandene Kollegialität“[510] realisiert.[511] Darüber hinaus schützt die dreijährige Sperrfrist die Gesellschaft, indem ein Vergleich oder Verzicht erst dann vereinbart werden kann, wenn der Schadensumfang aufgeklärt ist.[512]

Infolge einer Schadensersatzforderung entsteht eine unsichere Situation für die Gesellschaft und das Vorstandsmitglied. Die Parteien stehen vor einem langwierigen Gerichtsprozess, und die Schadensersatzansprüche belaufen sich oft auf hohe Summen. Angesichts dessen wird in der Rechtslehre für mehr Flexibilität bei Vergleichen und - in Einzelfällen auch - Verzichten plädiert.[513] Weil die Gesellschaft - ohne sich dem Vorwurf der Umgehung ausgesetzt zu sehen - ihre Klageforderung auch vor Fristablauf an Dritte veräußern kann,[514] wird in der Rechtslehre von einigen Autoren für eine Abschaffung der Sperrfrist in § 93 Abs. 4 S. 3 AktG plädiert.[515] Dies hat auch der 70. DJT 2014 befürwortet, allerdings sollen die Möglichkeit eines Minderheitsvetos sowie das Erfordernis eines Hauptversammlungsbeschlusses fortbestehen.[516] Teilweise wird die Abschaffung der Sperrfrist zusammen mit der Kodifizierung zusätzlicher Schutzinstrumente gefordert, z. B. einer Berichtspflicht des Vorstands gegenüber der Hauptversammlung oder einer fortbestehenden (allerdings zeitlich begrenzten) Befugnis der Minderheitsaktionäre zur Erhebung einer Aktionärsklage (§ 148 AktG) oder Einleitung einer Sonderprüfung (§ 142

---

510 *Kahnert*, AG 2013, 663, 663.

511 Vgl. *Hopt*, ZIP 2013, 1793, 1802; *Bachmann*, Gutachten E 48.

512 *Krieger/Sailer-Coceani* in K. Schmidt/Lutter AktG § 93 Rn. 65.

513 Vgl. z. B. *Hopt*, ZIP 2013, 1793, 1803.

514 *Hopt*, ZIP 2013, 1793, 1803.

515 Vgl. Hüffer/*Koch*, AktG § 93 Rn. 77; *Mertens/Cahn* in KölnerKommAktG § 93 Rn. 164; *Bachmann*, Gutachten E 51 f.; *Habersack*, ZHR 177 (2013), 782, 783; *ders.* in FS Baums Bd. I, 2017, S. 531, 544 f.; *Hopt*, ZIP 2013, 1793, 1803 f.; a. A. *Bayer*, NJW 2014, 2546, 2548: Die Befugnis des Aufsichtsrats, einen auflösend bedingten Vergleich vor Fristablauf abzuschließen, sei ausreichend.

516 Beschluss des 70. DJT Nr. 7, ZIP 2014, 1902, 1902.

Abs. 2 AktG). Diese Maßnahmen würden jedoch einen Vergleich hinauszögern, bis ein Klagezulassungsantrag erledigt oder die Sonderprüfung abgeschlossen wäre. Dann aber steht zu befürchten, dass ein Vergleich auch nicht schneller als heute erreicht werden könnte. Daher sollten die Aktionäre in der Satzung bestimmen können, welchem Vergleichsverfahren sie folgen.[517]

8. Verjährung

Die Einführung der zehnjährigen Verjährungsfrist gemäß § 93 Abs. 6 AktG für börsennotierte Gesellschaften durch das Restrukturierungsgesetz[518] wird in der Rechtslehre stark kritisiert.[519] Zum einen sei die Differenzierung zwischen börsennotierten und nicht börsennotierten Aktiengesellschaften nicht nachvollziehbar. Zum anderen können Hemmungstatbestände der Verjährung der Ansprüche wirksam vorbeugen. Insbesondere im Konzern bereitet die neue Regelung Schwierigkeiten, weil die entsprechenden Normen des Konzernrechts nicht an § 93 Abs. 6 AktG angeglichen wurden (z. B. § 309 Abs. 5 AktG, § 310 Abs. 4 AktG).[520] Daher wird angeregt, die Frist in § 93 Abs. 6 AktG abzuschaffen und stattdessen auch hier die Verjährung den allgemeinen Regeln nach §§ 195, 199 BGB zu unterwerfen.[521] Für den Beginn der dreijährigen Verjährungsfrist soll der Zeitpunkt des Ausscheidens des Organmitglieds maßgeblich sein und nicht der Zeitpunkt, in dem der Aufsichtsrat von der Pflichtverletzung Kenntnis erlangt hat bzw. ohne grobe Fahrlässigkeit erlangen musste. Das Ausscheiden eines Organmitglieds würde eine eindeutige Zeitgrenze konstituieren und somit keinen Raum für Unsicherheiten lassen. Denn anderenfalls könnte insbesondere die Frage, wann der Aufsichtsrat ohne grobe Fahrlässigkeit Kenntnis von pflichtwidrigen Handlungen eines Vorstandsmitglieds habe erlangen müssen, Probleme aufwerfen.[522]

---

517 *Bachmann*, Gutachten E 51 f.

518 Gesetz zur Restrukturierung und geordneten Abwicklung von Kreditinstituten, zur Errichtung eines Restrukturierungsfonds für Kreditinstitute und zur Verlängerung der Verjährungsfrist der aktienrechtlichen Organhaftung v. 9.12.2010 (BGBl. I S. 1900).

519 Kritisch etwa Hüffer/*Koch* Akt § 93 Rn. 85; *Bachmann*, Gutachten E 54; *Hopt*, ZIP 2013, 1793, 1801.

520 *Krieger/Sailer-Coceani* in K. Schmidt/Lutter AktG § 93 Rn. 75.

521 *Bachmann*, Gutachten E 54 ff.; zustimmend der 70. DJT 2014, Beschluss des 70. DJT Nr. 8 b), ZIP 2014, 1902, 1902; ebenso *Hopt*, ZIP 2013, 1793, 1801; *ders.*, in FS Roth, 2015, S. 225, 235, ggf. Rückkehr zu alter fünfjähriger Frist.

522 Vgl. *Bachmann*, Gutachten E 55.

9. D&O-Versicherung

Es besteht keine gesetzliche Pflicht zum Abschluss einer D&O-Versicherung, und dennoch ist sie heutzutage in der unternehmerischen Praxis eher der Regelfall als die Ausnahme.[523] Anfangs wirkte eine gesellschaftsfinanzierte Haftpflichtversicherung nach deutschem Aktienrecht noch befremdlich.[524] Jeglichen Zweifeln an ihrer Zulässigkeit wurde jedoch mit der Einführung eines verpflichtenden Selbstbehalts in § 93 Abs. 2 S. 3 AktG durch das VorstAG der Boden entzogen.[525] Die D&O-Versicherung hat sich mithin ihren Platz in der unternehmerischen Praxis erkämpft. So wenig Bedenken hinsichtlich der Vorteile einer D&O-Versicherung für die Gesellschaft und die Organmitglieder bestehen,[526] so sehr wird die haftungssteuernde Wirkung des *gesetzlichen* Selbstbehalts kontinuierlich infrage gestellt.[527] Ob der Selbstbehalt etwas an dem Grad der angewandten Sorgfalt eines Vorstandsmitglieds ändere, sei fraglich.[528] Positive Wirkungen des verpflichtenden Selbstbehalts wurden sich (zumindest) aus der Steigerung des Bewusstseins der Vorstandsmitglieder hinsichtlich des Umfangs des Versicherungsschutzes (Deckungssumme, Versicherungsausschlüsse) erhofft.[529] Gewiss haben das Inkrafttreten des VorstAG und die damit einhergehende Diskussion die Öffentlichkeit sensibilisiert und gezeigt, dass die Vorstandshaftung nicht nur in der Theorie existiert.[530] Allein die Erkenntnis, dass die Haftung nicht nur auf

---

523 Vgl. *Bachmann*, GesR 2014, 149, 151; *Dauner-Lieb* in Henssler/Strohn, GesellschaftsR § 93 Rn. 55 m. w. N.; *Hopt*, ZIP 2013, 1793, 1800; eingehend *Hemeling* in FS Hoffmann-Becking, 2013, S. 491 ff.

524 *Hölters* in Hölters AktG § 93 Rn. 398.

525 Gesetz zur Angemessenheit der Vorstandsvergütung v. 31.7.2009 (BGBl. I S. 2509); zur Rechtslage davor siehe nur *Ulmer* in FS Canaris Bd. II, 2007, S. 451, 452 ff.

526 Vgl. Beschlussempfehlung des Rechtsausschusses BT-Drucks. 16/13433, S. 11; *Dauner/Lieb* in Henssler/Strohn, GesellschaftsR § 93 AktG Rn. 55; *Fleischer* in Spindler/Stilz AktG § 93 Rn. 229.

527 Vgl. *Hölters* in Hölters AktG § 93 Rn. 406; *Spindler* in Steuerungsfunktion des Haftungsrechts, S. 216, 221; *Goette*, Stellungnahme zum Entwurf des VorstAG, S. 7: „wenn die Haftungsandrohung überhaupt eine verhaltenssteuernde Wirkung haben soll"; *Peltzer* in FS Hoffmann-Becking, 2013, S. 861, 867; a. A. *Thüsing*, AG 2009, 517, 526; *ders.*, Stellungnahme zum VorstAG, S. 11.

528 *Hölters* in Hölters AktG § 93 Rn. 406 m. w. N.

529 *Albers*, CCZ 2009, 220, 226.

530 Vgl. *Bachmann*, Gutachten E 47.

dem Papier existiert, spricht gegen die Abschaffung eines Selbstbehalts oder seiner Verlagerung in den DCGK.[531]

Während der Diskussionen zum VorstAG wurde ferner ein gesetzliches Verbot der Eigenversicherung des Selbstbehalts durch ein Vorstandsmitglied gefordert, um einer Umgehung des § 93 Abs. 2 S. 3 AktG vorzubeugen.[532] Der Gesetzgeber hat hier allerdings keine Gefahr gesehen und den Vorschlag nicht aufgenommen. Deshalb bestehen heute Bedenken hinsichtlich des Umgangs mit dem Selbstbehalt in der unternehmerischen Praxis: Es ist gängige Praxis, dass die Prämienzahlungen für die Eigenversicherung *de facto* durch die Gesellschaft gedeckt werden, indem sie in die Vorstandsvergütung eingepreist werden, was wiederum zu einer erschwerten Nachprüfbarkeit führt.[533] Dass dies den verhaltenssteuernden Zweck des gesetzlichen Selbstbehalts wohl eher konterkariert, ist schwerlich zu verneinen.[534]

Vereinzelt wird eine Pflichtversicherung für börsennotierte Aktiengesellschaften erwogen.[535] In einer gesetzlichen Pflicht zum Abschluss einer D&O-Versicherung wird eine Stabilisierung des Marktes gesehen, indem die Zahl der Versicherungsnehmer erhöht wird, was zur Folge hätte, dass die großen Einzelrisiken, die für D&O-Versicherungen kennzeichnend sind, weniger gewichtig wären.[536] Andere verlangen dagegen, die Entscheidung über den Abschluss einer D&O-Versicherung sei der Gesellschaft selbst zu überlassen. Gegebenenfalls müsse sich ein Vorstandsmitglied selbst um den Versicherungsschutz

531 Vgl. *Bachmann*, Gutachten E 47; *Dauner/Lieb* in Henssler/Strohn, GesellschaftsR, AktG § 93 Rn. 55; *Fleischer* in Spindler/Stilz AktG § 93 Rn. 239, in ca. 50 % der börsennotierten Gesellschaften wurde der Selbstbehalt durch das Vorstandsmitglied getragen; a. A. *Peltzer* in FS Hoffmann-Becking, 2013, S. 861, 867, der für die Verlagerung des Selbstbehalts in den DCGK ist. Dabei sei anzumerken, dass die Empfehlung des DCGK zum Abschluss des Selbstbehalts (vgl. Ziff. 3.8 DCGK) vor dem VorstAG nur begrenzt Resonanz fand.

532 *Thüsing*, Stellungnahme zum VorstAG, S. 14.

533 *Goette*, Stellungnahme zum VorstAG, S. 7; *Hemeling* in FS Hoffmann-Becking, 2013, S. 491, 492.

534 *Hopt*, ZIP 2013, 1793, 1801.

535 Dafür *Schnyder* in FS Rey, 2003, S. 319, 328; ablehnend *Bachmann*, Gutachten E 47; *Fleischer* in Spindler/Stilz AktG § 93 Rn. 238; *ders.*, WM 2005, 909, 920, der allerdings eine Kodex-Empfehlung erwägt; *Baums*, Bericht RegK, 2001 S. 54 Rn. 76; zustimmend *Schug*, Risikoeinschränkung, 2010, S. 173 f.

536 Vgl. *Schug*, Risikoeinschränkung, 2010, S. 173.

kümmern.[537] Seitens der Rechtslehre wurde bemerkt, dass die D&O-Versicherung – die sich gerade durch Variabilität auszeichnet – durch eine Einführung ins Gesetz zu einem Einheitsmodell erstarrt sei, weswegen Unternehmen nur noch einen standarisierten Versicherungsschutz einkaufen könnten, was bei einigen zur Vereinbarung allzu hoher Deckungssummen führen würde.[538]

Die Inanspruchnahme der D&O-Versicherung trifft in der Praxis auf viele Hürden,[539] weswegen ihre die Vorstandsmitglieder vor Haftung schützende Wirkung in der Öffentlichkeit weitaus wirksamer wahrgenommen wird, als sie in Wirklichkeit ist. Insbesondere die sog. *Claims-made*-Regel begünstigt die Versicherungsunternehmen. Danach ist maßgeblicher Zeitpunkt für die Leistungspflicht der D&O-Versicherung die Geltendmachung von Ansprüchen und nicht die Schadensverursachung. Geltendmachung und Anzeige gegenüber dem Versicherer müssen noch während der Dauer des Versicherungsvertrages erfolgen.[540] Hier wirken sich auch die sogenannten Nachmeldefristen aus. Sie stellen sich oft (z. B. beim Unternehmenskauf) als zu kurz heraus, was wiederum dazu führen kann, dass die Versicherung diejenigen Vorstandsmitglieder nicht mehr umfasst, die bei der übernommenen Gesellschaft tätig waren. Schwierigkeiten entstehen auch dann, wenn das zuerst in Anspruch genommene Vorstandsmitglied die volle Deckungssumme in Anspruch nimmt und somit andere Vorstandsmitglieder, die schließlich gesamtschuldnerisch haften, mit leeren Händen dastehen lässt.[541] Oft sind den Vorstandsmitgliedern die Einzelheiten der D&O-Versicherung nicht bewusst.[542] Daher ist die Einschätzung eines von der Strenge der Organhaftung betroffenen ehemaligen Vorstandsmitglieds mehr als nachvollziehbar: Die D&O-Versicherung „ist nicht da, wenn man sie braucht".[543] Eine

537 *Baums*, Bericht RegK, 2001, S. 54 Rn. 76; kritisch *Schug*, Risikoeinschränkung, 2010, S. 173 Fn. 975: Aufgrund der gesamtschuldnerischen Haftung sei es für einzelne Organmitglieder schwierig, einen adäquaten Versicherungsschutz zu erlangen.

538 *Schug*, Risikoeinschränkung, 2010, S. 174; wobei der Autor nicht erwägt, die (kombinierten) variablen Werte wie z. B. die prozentuale Quote vom Schaden oder den vergütungsbezogenen Fixbetrag beim Selbstbehalt oder den Unternehmensumsatz bei der Deckungssumme anzuwenden.

539 *Peltzer* in FS Hoffmann-Becking, 2013, S. 861, 863, die Durchsetzung des Anspruchs werde erheblich erschwert oder gar unmöglich gemacht.

540 *Schnyder* in FS Rey, 2003, S. 319, 324.

541 *Hopt*, ZIP 2014, 1793, 1800 f., 1804.

542 Für eine Pflicht im DCGK, Vorstandsmitglieder über wesentliche Elemente der D&O-Versicherung zu informieren, *Hemeling* in FS Hoffmann-Becking, 2013, S. 861, 866 f.

543 *Neubürger* in Verhandlungen des 70. DJT, Bd. II/2, N. 141.

Änderung des VVG[544] wird jedoch nicht als geboten erachtet, vielmehr ließen sich diese Schwierigkeiten durch aufmerksame Vertragsgestaltung beheben.[545]

10. Beweislast

Die Strenge der Haftung verwirklicht sich auch durch die Beweisregelung des § 93 Abs. 2 S. 2 AktG.[546] Anders als im US-Recht bürdet das deutsche AktG die Beweislast dem Vorstand auf, der darlegen und beweisen muss, dass er seine Pflichten nicht verletzt oder jedenfalls schuldlos gehandelt hat oder dass der Schaden auch bei einem rechtmäßigen Alternativverhalten eingetreten wäre.[547] Diese Beweislastumkehr wird zunehmend kritisiert.[548] Die Strenge der derzeitigen Beweisregelung macht sich im Falle ausgeschiedener Organmitglieder besonders bemerkbar. Selbst eine vorher ausgehandelte Klausel im Anstellungsvertrag, die dem ausgeschiedenen Vorstandsmitglied den Zugang zu den entsprechenden Dokumenten gewährt, könne hier kaum Abhilfe schaffen.[549] Die Durchsetzung eines solchen Einsichtsrechts in einem Schieds- oder Gerichtsverfahren gestaltet sich schwierig, denn das Gericht kann einem ausgeschiedenen Vorstandsmitglied das Einsichtsrecht nicht zu allen, sondern nur zu bestimmten, durch das Vorstandsmitglied konkret benannten Unterlagen des Unternehmens gewähren. Die Relevanz bestimmter Dokumente variiert und wird aus Sicht der Gesellschaft und des betroffenen Organs anders – wenn nicht sogar gegensätzlich – eingeschätzt. Schon die Benennung oder Identifizierung konkreter Dokumente (E-Mail-Korrespondenz, Notizen, Telefonate, Vermerke über stattgefundene Treffen etc.) könnte dem ausgeschiedenen Organmitglied erhebliche Schwierigkeiten bereiten, insbesondere wenn das Einsichtsrecht nicht unmittelbar nach seinem Ausscheiden beansprucht wird oder die Schadensersatzklage

---

544 Gesetz über den Versicherungsvertrag v. 23.11.2007 (BGBl. I S. 2631).

545 *Bachmann*, Gutachten E 47; so auch *Hemeling* in FS Hoffmann-Becking, 2013, S. 491, 509.

546 Ebenso *Bachmann*, Gutachten E 33.

547 Siehe nur BGH NJW 2013, 1958, 1959 Rn. 14.

548 Siehe etwa *Hopt*, ZIP 2013, 1793, 1803. Dies bestätigt eine von *Bachmann* durchgeführte Untersuchung unter Organmitgliedern börsennotierter Unternehmen: 73 % der Befragten sprachen sich für die Änderung der Beweislastregel aus, *Bachmann*, Gutachten E 18.

549 *Neubürger*, Organmitglieder benötigen persönliches Risikomanagement, Börsen-Zeitung v. 7.9.2012, S. 8; siehe auch *Jahn*, Ex-Manager geraten künftig häufiger in die Haftungsfalle, FAZ v. 26.10.2011, S. 23.

eine unternehmerische Entscheidung betrifft, die schon länger zurückliegt.[550] Im Endergebnis wird die schwierige Entscheidung dem Gericht überlassen, die relevanten Dokumente herauszufiltern und das Einsichtsrecht in entsprechendem Umfang einzuräumen, wenn das Vorstandsmitglied die konkreten Dokumente nicht nennen kann.[551] Daher wird in der Rechtslehre die Abschaffung der Beweislastumkehr in § 93 Abs. 2 S. 2 AktG ganz[552] oder zumindest für ausgeschiedene Organmitglieder[553] befürwortet. Angesichts der Tatsache, dass die meisten Organhaftungsprozesse gegen bereits ausgeschiedene Organmitglieder geführt werden, würde die Erleichterung der Beweisregel die meisten Fälle erfassen.[554] Alternativ wird eine Ergänzung des § 93 Abs. 2 S. 2 AktG um das Recht der ausgeschiedenen Organmitglieder auf Unternehmensinformationen vorgeschlagen.[555] Ungeachtet künftiger Gesetzesänderungen sollten die Gerichte schon jetzt den Auskunftsrechten der Vorstandsmitglieder gegenüber der Gesellschaft zur Wirkung verhelfen.[556]

11. Durchsetzung der Organhaftung

Im AktG ist bereits ein solider Rahmen für die Durchsetzung von Schadensersatzansprüchen der Gesellschaft gegenüber Vorstandsmitgliedern vorhanden. Dennoch nimmt in der Rechtslehre die Diskussion bezüglich eines Ermessens des Aufsichtsrats bei der Rechtsverfolgung von Ansprüchen der Gesellschaft auch nach der ARAG/Garmenbeck-Entscheidung kein Ende.[557] Dabei könnte der Eindruck entstehen, dass man bei der Frage, ob der Aufsichtsrat klagen muss, von einem Extrem ins andere fällt. Seit der ARAG/Garmenbeck-Entscheidung macht

550 Ausführlich dazu siehe auch *Reuter*, ZIP 2016, 597, 598 f.

551 Vgl. *Hopt*, ZIP 2013, 1793, 1803.

552 So *Paefgen*, AG 2014, 554, 565 f.; *v. Falkenhausen*, NZG 2012, 644, 651.

553 Dafür 70. DJT 2014, vgl. Beschluss Nr. 6. b), ZIP 2014, 1902, 1902; *Habersack*, ZHR 177 (2013), 782, 805; sympathisierend, aber letztendlich ablehnend *Bachmann*, Gutachten E 33; kritisch *Paefgen*, AG 2014, 554, 566; *Haarmann/Weiß*, BB 2014, 2115, 2120, die das Risiko sehen, dass, wenn die Beweislastumkehr nur für ausgeschiedene Vorstandsmitglieder aufgehoben würde, Vorstände nicht ausscheiden dürfen, um die Beweislastumkehr zu erhalten; ebenso kritisch *Faßbender*, NZG 2015, 501, 506.

554 *Hopt* in FS Roth, 2015, S. 225, 233 mit Verweis auf *Kremer* in Verhandlungen des 70. DJT, Bd. II/1, N. 43 (These 3); zuvor bereits *Bachmann*, Gutachten E 36.

555 *Bachmann*, Gutachten E 37; zustimmend 70. DJT, vgl. Beschluss Nr. 6 c) ZIP 2014, 1902, 1902.

556 *Hopt*, ZIP 2013, 1793, 1803.

557 Zuletzt *Habersack*, NZG 2016, 321 ff.; *Reichert*, ZIP 2016, 1189 ff.; *Tröger*, ZHR 179 (2015), 453 ff.; *Koch*, AG 2014, 513 ff.

sich in der Praxis eine Tendenz bemerkbar, die Ansprüche ungeachtet ihrer Begründetheit und Chance auf Realisierung geltend zu machen.[558] Bereits jetzt sehen viele Vertreter der Rechtslehre einen kleinen, aber beachtlichen Beurteilungsspielraum des Aufsichtsrats, wenn er zum Wohle der Gesellschaft davon absehen will, Schadensersatzansprüche gegen den Vorstand geltend zu machen.[559] Auch dem BGH zufolge ist die Aufgabe des Aufsichtsrats bei der Prüfung des Bestehens und der Durchsetzbarkeit eines Schadensersatzanspruchs nichts anderes als eine Entscheidung desjenigen, der in eigener oder fremder Sache zu *beurteilen* hat, ob der Anspruch besteht, und wenn ja, welche Aussichten er bei der gerichtlichen Geltendmachung hätte.[560] Dennoch ist umstritten, ob die Entscheidung des Aufsichtsrats über die Verfolgung von Schadensersatzansprüchen eine unternehmerische Entscheidung ist.[561] Eine weitere Lockerung der in der ARAG/Garmenbeck-Entscheidung ausgesprochenen Grundsätze könnte zurück zum *status quo ante* führen, bei dem eine falsch verstandene Kollegialität zwischen den Organen der Geltendmachung von Schadensersatzklagen im Wege stand.[562]

Ein weiteres Problem ist die geringe praktische Relevanz des § 148 AktG. Entgegen den Erwartungen des Gesetzgebers spielt die Aktionärsklage bis heute fast keine Rolle, was anhand der geringen Zahl an entsprechenden Gerichtsentscheidungen deutlich wird.[563] Aus der Rechtslehre wurde daher wieder Handlungsbedarf signalisiert.[564] Dabei wird betont, dass die bloße Senkung der Minderheitshürde nicht genüge. Vielmehr bedürfe es positiver Anreize für das Tätigwerden der Aktionäre und einer Absenkung der Voraussetzungen der

558 Vgl. *Hopt*, ZIP 2013, 1793, 1803.

559 *Bachmann*, Gutachten E 81, *ders.* ZHR 180 (2016), 563, 574; *ders.*, ZIP 2014, 570, 581; *Habersack*, NZG 2016, 321, 323, 327.

560 Vgl. BGHZ 135, 244, 254 – ARAG/Garmenbeck.

561 So *Paefgen*, AG 2014, 554, 554, der an die Gerichte appelliert, dies in der Rechtsprechung anzuerkennen; auch *Mertens* in FS K. Schmidt, 2009, S. 1183; a. A. *Bachmann*, Gutachten, E 81: Ob es sich um ein business judgment handele, sei eine akademische Frage; *Koch*, AG 2009, 93, 94; *ders.*, AG 2014, 513, 521; *Habersack*, NZG 2016, 321, 327: Dem Aufsichtsrat sei zwar nicht das Privileg der Business Judgment Rule, wohl aber ein Beurteilungsspielraum zuzubilligen.

562 Vgl. *Hopt*, ZIP 2013, 1793, 1803; so auch *Horn*, ZIP 1997, 1129, 1130.

563 Vgl. *Habersack*, ZHR 177 (2013), 782, 790; zuvor *Peltzer* in FS Schneider, 2011, S. 953, 954 ff.: „§ 148 AktG läuft leer“; *Bachmann*, Enforcement, 2015, S. 65, 69: § 148 AktG friste ein Dasein auf dem Papier.

564 Zu Verbesserungsvorschlägen siehe *Peltzer* in FS Schneider, 2011, S. 953, 964; *ders.* in FS Hoffmann-Becking, 2013, S. 861, 868 ff.

Klagezulassung.[565] Als Effektuierungsinstrumente der Aktionärsklage werden der Verzicht auf das Quorum[566] sowie auf das Klagezulassungsverfahren,[567] eine Verringerung des Kostenrisikos zulasten der Gesellschaft, eine bessere Transparenz und Berechenbarkeit der am Ende entstehenden Kosten[568] sowie finanzielle Anreize, insbesondere eine Fangprämie[569] vorgeschlagen.[570] Trotz allem lässt sich feststellen, dass die zuvor in der Rechtslehre überwiegende Skepsis gegenüber der Entschärfung der materiellen Voraussetzungen des Klagezulassungsverfahrens nach § 148 Abs. 1 S. 2 Nr. 3 AktG beständig nachlässt.[571] Umgekehrt wird auch die Einführung neuer Anreizinstrumente nicht mehr gefordert. Vielmehr: Während der 69. DJT 2012 die Einführung einer Fangprämie noch mit knapper Mehrheit ablehnte, hat sich der 70. DJT 2014 deutlich dagegen entschieden.[572]

Zugleich wird in der Rechtslehre bemerkt, dass die Aktionärsklage kein „Allheilmittel" und die Verbesserung der Durchsetzung von Schadensersatzansprüchen nicht in der Reform der Aktionärsklage zu suchen sei.[573] *Tröger* zufolge liegt die Schwäche der bisherigen Reformvorschläge darin begründet, dass sie, anstatt das Aktionärskollektiv zu stärken, sich auf die individuellen

565 *Schmolke*, ZGR 2011, 398, 434 ff.; kritisch *J. Vetter* in FS Hoffmann-Becking, 2013, S. 1315, 1337.

566 Dafür *Habersack*, ZHR 177 (2013), 782, 800; *ders.* Gutachten zum 69. DJT, E 91; kritisch *J. Vetter* in FS Hoffmann-Becking, 2013, S. 1315, 1330 f.; *Bachmann*, Gutachten E 102, 123: Es könne über eine weitere Senkung des Quorums nachgedacht werden; *Tröger*, ZHR 179 (2015), 453, 466.

567 Dafür *Habersack*, ZHR 177 (2013), 782, 791 u. Fn. 49 m. w. N. *ders.*, Gutachten zum 69. DJT, E. 91 ff. (der Vorschlag wurde abgelehnt); a. A. *Bachmann*, Gutachten E 105, der im Klagezulassungsverfahren eine Filterfunktion sieht.

568 Vgl. *Peltzer* in FS Schneider, 2011, S. 953, 956 f.

569 Dafür *Schmolke*, ZGR 2011, 398, 434 ff.; *Wagner*, ZHR 178 (2014), 227, 270.

570 Überblick der Stellungnahmen in der Literatur siehe *Peltzer* in FS Hoffmann-Becking, 2013, S. 861, 868 ff.

571 Etwa *Peltzer* in FS Hoffmann-Becking, 2013, S. 861, 869, der den Bedarf eines Minderheitenschutzverfahrens infrage stellt.

572 Beschluss des 70. DJT Nr. 12 h) wurde mit 0:71:6 Stimmen abgelehnt, vgl. ZIP 2014, 1902, 1903, während der 69. DJT 2012 den Vorschlag mit 28:34:16 Stimmen abgelehnt hat, vgl. Verhandlungen des 69. DJT, Bd. II/2, N 85; sympathisierend, letztendlich aber ablehnend *Schmolke*, ZGR 2011, 398, 399; gegen die Einführung einer Fangprämie auch *Peltzer* in FS Hoffmann-Becking, 2013, S. 861, 869; ebenso kritisch und mit weiteren Vorschlägen wie einer pauschalierten Aufwandsentschädigung *Bachmann*, Gutachten E 101.

573 *Tröger*, ZHR 179 (2015), 453, 462 f.

Anteilseigner konzentriert haben. Stattdessen sei die Aktivierung der Aktionärsgesamtheit im Rahmen der Hauptversammlung anzustreben. Der Aufsichtsrat solle zwar seine zentrale Rolle in der Durchsetzung als Überwachungsorgan behalten, aber die Zuständigkeit der Hauptversammlung bei der Nichtverfolgung von Ansprüchen gleichsam mittels extensiver Auslegung des § 93 Abs. 4 S. 3 AktG gestärkt werden. Zwischen Verzicht und Vergleich und einer Nichtverfolgung der Schadensersatzansprüche beständen „keine relevanten Unterschiede", zumal der Gesetzgeber den Aktionären schon in § 93 Abs. 4 S. 3 AktG eine entsprechende Beurteilung und Sachkompetenz zugetraut habe.[574]

Als Ausgangspunkt seiner Analyse nimmt *Tröger* das Urteil des BGH[575], wonach die Hauptversammlung – in entsprechender Anwendung des § 93 Abs. 4 S. 3 AktG – der Übernahme einer Geldstrafe, -buße oder -auflage durch die Gesellschaft zustimmen muss, wenn das Vorstandsmitglied einer Aktiengesellschaft durch eine Handlung, die Gegenstand eines Ermittlungs- oder Strafverfahrens ist, gleichzeitig seine Pflichten gegenüber der Gesellschaft verletzt hat. Bislang war umstritten, ob es dem Aufsichtsrat erlaubt ist, ohne Zustimmung der Hauptversammlung entsprechende Verträge mit Vorstandsmitgliedern zu schließen. Teilweise wurde dies für zulässig gehalten, wenn der Aufsichtsrat einen großen Imageschaden der Gesellschaft abwenden wollte.[576] Mit dem Urteil des BGH ist der Ermessensspielraum des Aufsichtsrats geschrumpft: Die Gesellschaft kann die Bezahlung einer Geldstrafe, -buße oder -auflage, die gegen ein Vorstandsmitglied verhängt wurde, nicht in jedem Fall allein aufgrund eines Beschlusses des Aufsichtsrats übernehmen.[577]

Auch hinsichtlich eines besonderen Vertreters der Minderheitsaktionäre hat ein Umdenken eingesetzt. Er soll als optionales Instrument der klagewilligen Aktionärsminderheit wieder eingeführt werden.[578] Umstritten bleibt weiterhin der Vorschlag, staatliche oder halbstaatliche Stellen in die Durchsetzung der Schadensersatzansprüche der Gesellschaft miteinzubeziehen. Der Bundesanstalt für Finanzdienstleistungsaufsicht (nachfolgend BaFin) könnte die Kompetenz eingeräumt werden, die Gesellschaftsorgane börsennotierter Gesellschaften und

---

574 *Tröger*, ZHR 179 (2015), 453, 462 f.

575 BGHZ 202, 26.

576 BGHZ 135, 244, 255 – ARAG/Garmenbeck.

577 *Tröger*; 179 (2015), 453, 457.

578 Vgl. Beschluss Nr. 13 des 70. DJT 2014 (angenommen mit 44:8:30 Stimmen), ZIP 2014, 1902, 1903 und Beschluss Nr. 12 b) des 69. DJT 2012 (abgelehnt mit 36:39:8 Stimmen) in Verhandlungen des 69. DJT, Bd. II/2, N 85; dafür *Bachmann*, Gutachten E 105, 123; zuvor *Habersack*, Gutachten zum 69. DJT E 94 f.

ggf. nicht börsennotierter Finanzinstitute aufzufordern, die Ansprüche der Gesellschaft zu überprüfen und bei Unterlassen der zuständigen Organe sie selbst geltend zu machen.[579]

V. Zusammenfassung

Die Diskussion über die Organhaftung in Deutschland hat nach der Änderung des § 93 Abs. 1 S. 2 AktG und der Einführung der BJR einen gewissen Dominoeffekt ausgelöst. Die Zahl der Organhaftungsfälle, die vor Gerichten (oder Schiedsstellen) landeten, nahm zu. Parallel dazu wuchs auch die Zahl der Reformvorschläge, die Vorstandshaftung – sei es *de lege ferenda*, sei es *de lega lata* – zu beschränken. Dabei erreichte die Diskussion eine Intensität, wie sie in der Vergangenheit im Nachgang der Holzmüller-[580] oder ARAG/Garmenbeck-Entscheidung[581] zu finden war. In der Literatur wurde aber auch geäußert, dass die Enthaftung nicht unbedingt die Einführung neuer Rechtslösungen erfordere. Vielmehr seien die bereits vorhandenen Rechtsinstitute zu berücksichtigen.[582] Bereits die Grundsätze der ARAG/Garmenbeck-Entscheidung bieten eine Enthaftungsmöglichkeit für das betroffene Vorstandsmitglied an, wonach die Organhaftungsfälle flexibel und sachgerecht gelöst werden können. Anstatt die Haftung summenmäßig zu begrenzen oder durch Reduktion des Haftungsmaßstabs zu mildern, sei das Konzept der Einzelfallbeurteilung durch den Aufsichtsrat beizubehalten.[583]

Nun stellt sich die Frage, ob *die* Vorstandshaftung tatsächlich zu streng ist. Die Strenge der Organhaftung wird an den der Öffentlichkeit bekannten Fällen, wofür die Fälle *Neubürger* und *Breuer* exemplarisch stehen, gemessen. Allerdings ist in keinem der bekannten Fälle ein Vorstandsmitglied in eine finanzielle Not

579 Antrag *Lutter* (70. DJT), ZIP 2014, 1902, 1903; *ders.* in FS Schneider, 2011, S. 763, 769: Alternativ könne die Deutsche Prüfstelle für Rechnungslegung in Berlin (DPR) oder ein Ombudsmann infrage kommen; ähnlich *Peltzer* in FS Hoffmann-Becking, 2013, S. 867, 869 f.; *ders.* in FS Schneider, 2011, S. 953, 966 f.; kritisch z. B. *Casper* in Verhandlungen des 70. DJT, Bd. II/2, N. 192: „Dies wäre eine klare Kapitulationserklärung nach dem Motto, wir haben Jahrzehnte über Corporate Governance diskutiert, aber wir haben versagt". Vgl. *Habersack*, ZHR 177 (2013), 782, 793: „Ultima Ratio"; *Kahnert*, AG 2013, 663, 672.

580 BGHZ 83, 122 – Holzmüller.

581 BGHZ 135, 244 – ARAG/Garmenbeck.

582 Vgl. *Bachmann*, Gutachten E 122; ähnlich *Fuchs/Zimmermann*, JZ 2014, 838, 844.

583 *Fuchs/Zimmermann*, JZ 2014, 838, 846.

(i. S. einer Privatinsolvenz) getrieben worden.[584] Daher wird in der Rechtslehre zunehmend betont: Um über *die* Vorstandshaftung zu diskutieren, müsse man vielmehr die „Normalfälle“ der Organhaftung unter die Lupe nehmen, um das Risiko einer „wirtschaftlichen Existenzvernichtung“ eines Vorstandsmitglieds tatsächlich feststellen zu können.[585]

584 Vgl. *Binder*, Grenzen der Vorstandshaftung, 2016, S. 37.

585 Vgl. *Bachmann*, Gutachten E 12: Der „Normallfall“ – Ein Dunkelfeld; ähnlich *Hauger/Palzer*, ZGR 2015, 33, 35: Die existenzvernichtende Haftung entpuppte sich als vergleichsweise harmlos; *Binder*, Grenzen der Vorstandshaftung, 2016, S. 37 f.

C. Innenhaftung des Vorstands im polnischen Recht

I. Die polnische *Spółka akcyjna*

1. Herkunft, Einordnung und Struktur

Der wachsende Kapitalmarkt in Polen trägt dazu bei, dass die *Spółka akcyjna* (nachfolgend *S.A.*) neben der meistverbreiteten *Spółka z ograniczoną odpowiedzialnością* (nachfolgend *sp. z o.o.*) als Form wirtschaftlicher Tätigkeit zunehmend an Bedeutung gewinnt.[586] Die polnische *S.A.* weist viele Ähnlichkeiten zur deutschen Aktiengesellschaft auf. Denn der polnische Gesetzgeber hat sich bereits im Rahmen des Entstehungsprozesses der aktienrechtlichen Normen vom deutschen AktG inspirieren lassen.[587]

Anders als nach deutschem Recht finden sich die Regelungen zur *S. A.* nicht in einem gesonderten Aktiengesetz, sondern in einem Gesetzbuch über die Handelsgesellschaften. Die Aktiengesellschaft wurde bereits im HGB-PL 1934 geregelt. Zurzeit ist die *S.A.* in Titel III, Teil II des HGGB (Art. 301 bis 490 HGGB) festgelegt. Des Weiteren sind auf die *S.A.* die allgemeinen Vorschriften über die Kapitalgesellschaften (Titel I), die Vorschriften über Verschmelzung, Spaltung und Umwandlung von Gesellschaften (Titel IV) sowie die Strafvorschriften (Teil V) anzuwenden. Im Unterschied zum deutschen AktG findet sich im HGGB keine Legaldefinition der Aktiengesellschaft.[588] Sie ist eine Kapitalgesellschaft (Art. 4 § 1 Nr. 2 HGGB), die von einer oder mehreren Personen zu jedem rechtlich zulässigen Zweck errichtet werden kann (Art. 301 § 1 HGGB). Das Grundkapital setzt sich aus einer bestimmten Anzahl von Aktien mit dem gleichen Nominalwert zusammen; die Einlagen sind durch die Aktionäre zu erbringen.[589] Eine Ein-Personen-GmbH ist als alleinige Gründerin einer *S.A.* ausgeschlossen. Das Mindestgrundkapital beträgt PLN 50.000 (entspricht ca. EUR 11.950), und der Nominalwert einer Aktie muss mindestens einen *grosz* (entspricht ca. EUR 0,0024) betragen.

---

586 Nach dem Bericht des Hauptamtes für Statistik in Polen v. 22.2.2017 wurden 2016 501.056 Handelsgesellschaften, darunter 11.769 *S.A.* und 420.789 *sp. z o.o.*, registriert.

587 Näher dazu siehe A.III.

588 Zur *S.A* im Allgemeinen *Schnell/Brockhuis*, WiRO 2002, 15 ff.

589 *Sołtysiński* in Rechtssystem/KapGes S.A. § 1 Rn. 4.

Der polnische Gesetzgeber ist dem dualistischen Modell mit Vorstand *(zarząd)* und Aufsichtsrat *(rada nadzorcza)* gefolgt. Die Eigentümer der Gesellschaft sind die Aktionäre, die kollegial als Hauptversammlung *(walne zgromadzenie)* ihre Befugnisse ausüben können. Eine persönliche Haftung der Vorstandsmitglieder gegenüber der Gesellschaft für Pflichtverletzungen sowie die beschränkte Haftung der Aktionäre, die in Form einer Hauptversammlung mitwirken, vervollständigen das Gesamtbild der *S.A.*

2. Satzungsstrenge

Ähnlich dem deutschen AktG haben die meisten Regelungen zur *S.A.* zwingenden Charakter. Art. 304 § 3 und 4 HGGB, der die Satzungsstrenge festlegt,[590] entspricht fast wortwörtlich § 23 Abs. 5 AktG. Dementsprechend kann die Satzung einer *S.A.* (wie die einer deutschen AG) vom Gesetz abweichende Bestimmungen nur dann enthalten, wenn das Gesetz es zulässt (Art. 304 § 3 HGGB entspricht § 23 Abs. 5 S. 1 AktG). Ergänzende Bestimmungen in der Satzung sind zulässig, es sei denn, das Gesetz enthält eine abschließende Regelung (Art. 304 § 4 Hs. 1 HGGB entspricht § 23 Abs. 5 S. 2 AktG), oder die ergänzende Bestimmung der Satzung widerspricht der Natur der Aktiengesellschaft oder den guten Sitten (Art. 304 § 4 Hs. 2 HGGB). Die letztgenannte Beschränkung kommt im deutschen AktG nicht ausdrücklich vor, wird jedoch aus dem Wesen der Aktiengesellschaft gem. § 1 AktG abgeleitet.[591] Ein Vergleich der einschlägigen Vorschriften im HGGB und im AktG führt zu der Schlussfolgerung, dass das deutsche Recht den Aktionären weniger Satzungsautonomie überlässt.

II. Regelungstatbestand (Art. 483 HGGB)

1. Grundlagen

a) Überblick

Die zentrale Norm zur Haftung von Vorstandsmitgliedern gegenüber der Gesellschaft stellt Art. 483 HGGB dar:

> „§ 1 Ein Mitglied des Vorstands oder Aufsichtsrats und der Liquidator haftet gegenüber der Gesellschaft für den Schaden, den es/er ihr durch ein rechtswidriges oder

590 Siehe *Sołtysiński* in Rechtssystem/KapGes S.A. § 4 Rn. 33; trotz eines offensichtlichen Redaktionsversehens: „Der Grundsatz der Satzungsstrenge betrifft nicht (sic!) die Aktiengesellschaft".

591 *Heider* in MünchKommAktG § 1 Rn. 4 ff.

satzungswidriges Handeln oder Unterlassen zufügte, es sei denn, es trifft es/ihn kein Verschulden.

§ 2 Ein Mitglied des Vorstands, des Aufsichtsrates und ein Liquidator hat bei der Erfüllung seiner Pflichten die Sorgfalt einzuhalten, die sich aus dem beruflichen Charakter seiner Tätigkeit ergibt".[592]

Diese Norm regelt die Haftung wegen unsorgfältiger bzw. missbräuchlicher Ausübung des Mandats durch ein Vorstandsmitglied gegenüber der Gesellschaft. Sie schützt nicht nur die Gesellschaft und die Aktionäre, sondern auch die Gläubiger sowie die Arbeitnehmer der Gesellschaft.[593] Art. 483 HGGB hat eine präventive Funktion, weil sie die Vorstandsmitglieder zu sorgfältigem Handeln motivieren soll, sowie eine kompensatorische Funktion, weil sie für den Schadensausgleich der Gesellschaft sorgt.[594] Sie beruht auf dem Verschuldensprinzip und erlegt den Vorstandsmitgliedern einen erhöhten objektivierten Sorgfaltsmaßstab auf, der sich aus dem beruflichen Charakter ihrer Tätigkeit ergibt. [595] Art. 483 HGGB stellt *ius cogens* dar, weshalb eine Haftungsmilderung oder -verschärfung in der Satzung, einem Beschluss der Hauptversammlung oder in einem Vertrag zwischen Vorstandsmitglied und Gesellschaft unwirksam wäre.[596]

Die in der Rechtslehre überwiegend als streng bezeichneten Haftungsregeln des Art. 483 HGGB sollen den weiten Geschäftsführungskompetenzen des Vorstands gerecht werden.[597] Die Befugnis des Vorstands zur Unternehmensleitung wird durch eine sog. Kompetenzvermutung zu seinen Gunsten verstärkt. Danach darf der Vorstand handeln, wenn das Gesetz im konkreten Fall zur Frage der Organzuständigkeit schweigt. Die umfassende Befugnis des Vorstands zur Unternehmensleitung wird nicht dadurch beeinträchtigt, dass eine

592 Vgl. zur Übersetzung siehe S. XXVIII. Die grammatische Form von Verben wurde übernommen. Die Haftung der Abwickler gegenüber der Gesellschaft wird nicht weiter behandelt. Auf die Verantwortlichkeit der Aufsichtsratsmitglieder wird beschränkt Bezug genommen. Angesichts des Wortlauts des Art. 483 § 1 HGGB ist ein Verweis i. S. d. §§ 93, 116 AktG nicht nötig.

593 *Opalski* in Opalski/HGGB-Komm Art. 483 Rn. 1.

594 *Opalski* in Opalski/HGGB-Komm Art. 483 Rn. 1.

595 *Oplustil*, Instrumenty, 2010, S. 757.

596 Vgl. *Opalski* in Opalski/HGGB-Komm Art. 483 Rn. 2.

597 *Siemiątkowski* in Rechtssystem/KapGes sp. z o.o. § 41 Rn. 1; *ders*, Odpowiedzialność cywilnoprawna w spółkach kapitałowych, 2007, S. 114; *M. Bieniak* in Bieniak/HGGB-Komm Art. 483 Rn. 3; *Sołtysiński* in Corporate Boards, 2013, S. 511, 540; ebenso *Opalski* in Opalski/HGGB-Komm Art. 483 Rn. 1, der die strenge Haftung des Vorstands als „Korrelat" seiner breiten Organbefugnisse sieht.

Geschäftsführungsmaßnahme der Zustimmung des Aufsichtsrats oder der Hauptversammlung bedarf. Der Vorstand ist weiter für die Durchführung der Maßnahme zuständig und entscheidet selbstständig über die diversen Aspekte ihrer Ausführung.[598] Somit wurden die Vorstandsmitglieder einerseits mit umfangreichen Kompetenzen und großem Vertrauen ausgestattet und andererseits einer strengen Haftung ausgesetzt.

Rechtssystematisch ist die Vorschrift über die Haftung der Vorstandsmitglieder im HGGB anders eingegliedert als im AktG. Im Gegensatz zur Stellung des § 93 AktG befindet sich die haftungsrechtliche Norm nicht in dem den Vorstand betreffenden Abschnitt, sondern zusammen mit anderen allgemeinen Haftungsregeln für Organmitglieder im Teil „zivilrechtliche Haftung" (Art. 481-490 HGGB). Im Vergleich zu dem umfassenden § 93 AktG ist die Vorschrift sehr knapp formuliert. Tatsächlich deckt sich die polnische Haftungsnorm mit § 93 Abs. 1 S. 1 und Abs. 2. AktG Die Normierung der Verschwiegenheitspflicht sowie die Aufzählung der Tatbestände wie in § 93 Abs. 3 AktG fehlen hingegen und müssen teilweise anderen Vorschriften des HGGB entnommen werden.

Die Haftung der Vorstandsmitglieder im Zusammenhang mit Umwandlungsvorgängen in der Gesellschaft wurde wiederum getrennt geregelt, obwohl die Vorschriften sich vom Wortlaut her grundsätzlich mit Art. 483 AktG decken.[599] Die Vorstandsmitglieder haften nach den Vorschriften über die Verschmelzung der Gesellschaften (Art. 512 HGGB), Aufspaltung (Art. 548 HGGB) sowie Umwandlung (Art. 568 § 1 und § 2 HGGB) gegenüber den *Gesellschaftern* dieser Gesellschaften (bei einer Umwandlung auch gegenüber der Gesellschaft, Art. 568 § 1 und § 3 HGGB), wenn sie die erforderliche Sorgfalt nicht angewendet haben.[600] Aufgrund des ähnlichen Wortlauts mit Art. 483 § 1 HGGB enthalten die Vorschriften meistens einen Verweis auf die entsprechende Anwendung des Sorgfaltsmaßstabs gem. Art. 483 § 2 HGGB. Allerdings bleibt für diese Vorschriften kennzeichnend, dass sie die Haftung gegenüber den Gesellschaftern

598 Vgl. *Siemiątkowski*, Odpowiedzialność, 2007, S. 113.

599 Zur Haftung von Vorstandsmitgliedern bei Umwandlungsprozessen *Błaszczyk*, Odpowiedzialność, 2011, S. 197 ff.; dazu auch *Siemiątkowski*, Odpowiedzialność, 2007, S. 122.

600 Die Haftung umfasst auch Geschäftsführer einer GmbH, Aufsichtsratsmitglieder, Mitglieder einer Revisionskommission sowie Liquidatoren der verschmelzenden Gesellschaften.

(Aktionären) oder sogar sowohl gegenüber den Gesellschaftern (Aktionären) als auch gegenüber der Gesellschaft (Art. 568 § 1 HGGB) vorsehen.[601]

b) Entstehungsgeschichte

Die Analyse der verschiedenen zum Ende der Neunzigerjahre erschienenen Entwurfsvarianten des HGGB, der Gesetzesbegründung[602] sowie der in der Folge veröffentlichten Literatur[603] führt zu der Schlussfolgerung, dass die Organhaftung seinerzeit bei der Rechtslehre kein großes Interesse erweckt hat. Das lässt sich vor allem auf zwei Tatsachen zurückführen. Zum einen war zu diesem Zeitpunkt ein neues, umfassendes Gesetzbuch dringend erforderlich, um den Gegebenheiten des freien Marktes gerecht zu werden. Daher hat sich der Gesetzgeber auf die wichtigsten Änderungen konzentriert und sich vornehmlich mit der Einführung neuer bzw. der Präzisierung alter Regelungen des HGB-PL befasst. Von Interesse waren u. a. der Zweck der GmbH (jeder rechtlich zulässige Zweck und nicht lediglich Wirtschaftszweck), die Erhöhung des Grund- bzw. Stammkapitals, die Niederlassung ausländischer Gesellschaften, Mandat und Amtsperiode der Organmitglieder, die Zulässigkeit einer Ein-Personen-Gesellschaft, die Nichtigkeitsklage der Aktionäre unter Ausschluss der Feststellungsklage nach allgemeinen Zivilregeln (Art. 189 ZPO[604]), die Erhöhung des Kapitals aus Mitteln der Gesellschaft sowie die bedingte Kapitalerhöhung. Zudem war der Gesetzgeber der Meinung, das HGB-PL sei ein juristisches Meisterwerk gewesen, aus dem viele Regelungen unverändert übernommen werden könnten. Es sollte noch weiter aus dem Erfahrungsschatz der aufgrund des HGB-PL entstandenen Rechtslehre und Rechtsprechung geschöpft werden können.[605]

aa) Unterschiede zwischen Art. 474 HGB-PL und Art. 483 HGGB

Entgegen der in der Rechtslehre wiederholten Auffassung, dass die derzeitige Vorschrift über die Haftung von Vorstandsmitgliedern gegenüber der Gesellschaft (Art. 483 HGGB) grundsätzlich der alten Fassung (Art. 474 HGB-PL) entspricht,

---

601 Vgl. *Siemiątkowski*, Odpowiedzialność, 2007, S. 175: Sie spielen eine ergänzende Rolle gegenüber Art. 483 HGGB; *ders.* in Rechtssystem/KapGes sp. z o.o. § 41 Rn. 7.

602 Begründung HGGB, Studia Prawnicze 1-2/1998, S. 7 ff.; Begründung HGGB Drucks. 1687/2000, S. 21 ff.

603 Siehe z. B. *Pabis*, Prawo Spółek 2/2003, 2; *ders.*, Prawo Spółek 4/2003, 40; *ders.*, Prawo Spółek 5/2003, 21.

604 Zivilprozessordnung v. 17.11.1964 (GBl. 1964 Nr. 43 Pos. 296).

605 Vgl. Richtlinien zum HGGB-E, KPP 2/1997, S. 319, 320 Pkt. b).

bestehen zwischen beiden Normen wesentliche Unterschiede, die sich auf die Betrachtung heutiger Haftungsfälle in der Praxis auswirken.[606] Art. 474 HGB-PL regelte die Haftung von Vorstandsmitgliedern gegenüber der Gesellschaft folgendermaßen:

> „§ 1. Ein *Mitglied der Organe der Gesellschaft* und ein Liquidator haften gegenüber der Gesellschaft für einen Schaden, den es/er der Gesellschaft durch eine den Gesetzen oder den Bestimmungen der Satzung widersprechende *Tätigkeit* zufügte.
>
> § 2. Ein Mitglied der Organe der Gesellschaft sowie ein Liquidator hat bei der Erfüllung seiner Pflichten *die Sorgfalt eines ordentlichen Kaufmanns* anzuwenden und haftet der Gesellschaft für den Schaden, der *infolge der Verletzung der Sorgfaltspflicht* entstanden ist."

Die vier kursiv markierten Unterschiede zwischen Art. 483 HGGB und Art. 474 HGB-PL stellen die Schwerpunkte der nachfolgenden Analyse heraus. Gemäß Art. 474 HGB-PL hafteten *Mitglieder der Organe der Gesellschaft* sowie Liquidatoren für den Schaden, den sie der Gesellschaft durch eine dem Recht oder den Bestimmungen der Satzung widersprechende *Tätigkeit* zufügten (Art. 474 § 1 HGB-PL). Mitglieder der Organe der Gesellschaft sowie Liquidatoren waren verpflichtet, bei der Erfüllung ihrer Pflichten *die Sorgfalt eines ordentlichen Kaufmanns* anzuwenden, und hafteten der Gesellschaft für den Schaden, der *infolge der Verletzung der Sorgfaltspflicht* entstand (Art. 474 § 2 HGB-PL).[607]

Erstens definiert Art. 483 HGGB präziser als Art. 474 HGB-PL den Kreis der Personen, die der Haftung unterliegen. Das Gesetz spricht nicht mehr von den Mitgliedern der Organe, sondern von den Mitgliedern des Vorstands und des Aufsichtsrats sowie von Liquidatoren. Der abgeschlossene Adressatenkreis schließt eine erweiternde Auslegung aus.[608] Daher wird in der Rechtslehre zutreffend angenommen, dass die Haftung nach Art. 483 § 1 HGGB weder Anwendung auf einen speziellen Bevollmächtigten, den die Hauptversammlung für Rechtsgeschäfte mit Vorstandsmitgliedern ernennen kann (Art. 379 § 1 HGGB), noch auf einen Kurator der Gesellschaft, den das Gericht bestellen kann

606 Vgl. *Czerniawski*, HGGB-Komm, S. 328.

607 Vgl. Polnische Wirtschaftsgesetze: aktuelle Gesetzestexte in deutscher Übersetzung, 1998, S. 270, 313–314. Der Unterschied zwischen der deutschen Übersetzung des Art. 292 HGB-PL (*sp. z o.o.*) und des Art. 474 HGB-PL (*S.A.*) ist unbegründet, denn der polnische Wortlaut ist bei beiden Vorschriften an diesen Stellen gleich. Aus diesem Grund werden weiter die Formulierungen verwendet, die nach Ansicht der Verfasserin den Sinn der Vorschrift zutreffend wiedergeben.

608 Vgl. *Strzelczyk* in Siemiątkowski/HGGB-Komm Art. 483 Rn. 13 m. w. N.

(Art. 426 § 2 HGGB), findet. Ebenso sei die Haftung eines faktischen Organs nach Art. 483 § 1 HGGB ausgeschlossen.[609]

Zweitens regelt Art. 483 § 1 HGGB ausdrücklich, dass es sich um ein schuldhaftes Verhalten eines Vorstandsmitglieds handeln muss. Da die alte Haftungsnorm nicht ausdrücklich bestimmte, dass es sich um eine schuldhafte Handlung handeln musste, wurden Bedenken geäußert, ob die Haftung eines Vorstandsmitglieds überhaupt Verschulden voraussetzte.[610] Insofern hat die Änderung einen klarstellenden Charakter.

Drittens sorgte der Gesetzgeber für eine zeitgemäße sowie Art. 355 § 2 ZGB (allgemeiner Sorgfaltsmaßstab) entsprechende Anpassung des Sorgfaltsmaßstabs, indem die Sorgfalt „eines ordentlichen Kaufmanns" durch die Sorgfalt, „die sich aus dem beruflichen Charakter ihrer [der Vorstandsmitglieder] Tätigkeit ergibt", ersetzt wurde.

Die *vierte und letzte* Änderung bereitet heute die meisten Probleme. Art. 474 § 2 HGB-PL regelte ausdrücklich, dass das Vorstandsmitglied für die Verletzung der ihm obliegenden Sorgfaltspflicht eines ordentlichen Kaufmanns haftet. Dadurch erfüllte der Sorgfaltsmaßstab eine Doppelfunktion: Verschuldensmaßstab und Pflichtwidrigkeit. Dem neuen Art. 483 HGGB ist das nicht mehr so deutlich zu entnehmen: Ein Mitglied des Vorstands hat bei der Erfüllung seiner Pflichten „die Sorgfalt einzuhalten, die sich aus dem beruflichen Charakter [seiner] Tätigkeit ergibt". Daher mehren sich die Stimmen in der Rechtslehre, die meinen, dass die Verletzung der erforderlichen Sorgfalt lediglich ein Verschulden und keine Pflichtwidrigkeit darstelle.[611]

Aufgrund des Wortlauts des Art. 474 § 1 HGB-PL, wonach das pflichtwidrige Handeln des Vorstands „den Gesetzen" widersprechen musste, wurde vereinzelt vertreten, dass ein Handeln oder Unterlassen eines Vorstandsmitglieds nur dann pflichtwidrig – und somit tatbestandsmäßig – sei, wenn es gegen die Vorschriften *des HGB* verstoßen habe.[612] Da es sich jedoch nach weit überwiegender Meinung bei der Pflichtverletzung durch ein Vorstandsmitglied um einen Verstoß gegen das Recht *im Allgemeinen* handelte, hatte die Gesetzesänderung vor allem klarstellenden Charakter. Heute bestehen keine Zweifel mehr, dass Art. 483 § 1 HGGB einen Rechtsverstoß im allgemeinen

---

609 Vgl. *Frąckowiak* in Popiołek/HGGB-Komm Art. 483 Rn. 1; *Kupryjańczyk* in Jara/HGGB-Komm Art. 483 Rn. 2; näher dazu siehe C.II.4.a)aa).

610 Siehe OG Urt. v. 24.9.2008, II CSK 118/08, OSNC 2009, Nr. 9 Pos. 131, LEX 469112; dazu siehe auch *Płonka*, KPP 2/1994, S. 207, 209 und die dort zitierte Literatur.

611 Näher dazu mit Nachweisen siehe C.II.4.b)aa)(2).

612 *Giezek/Wnuk*, Odpowiedzialność, 1994, S. 22.

Sinne meint.[613] Maßgeblich sind dabei alle gemäß Art. 87 der polnischen Verfassung[614] anerkannten Rechtsquellen.[615]

bb) Gesetzesvorschläge zu Art. 483 HGGB

Abweichungen bestehen keineswegs nur zwischen Art. 483 HGGB und Art. 474 HGB-PL. Auch die einzelnen Fassungen des Art. 483 HGGB haben im Laufe des Gesetzgebungsverfahrens variiert. Die erste Fassung des Art. 483 HGGB-E lautete folgendermaßen:

> „§ 1. Ein Mitglied des Vorstands oder Aufsichtsrats und der Liquidator haftet gegenüber der Gesellschaft für den Schaden, den es/er ihr durch ein *schuldhaftes* rechtswidriges oder satzungswidriges Handeln oder Unterlassen zufügte.
>
> § 2. Ein *Mitglied der Organe* der Gesellschaft sowie ein Liquidator hat bei der Erfüllung seiner Pflichten die Sorgfalt eines ordentlichen Kaufmanns anzuwenden und *haftet der Gesellschaft für den Schaden, der infolge der Verletzung der Sorgfaltspflicht entstanden ist.*“[616]

Die Unterschiede zwischen dem heutigen Art. 483 HGGB und der ursprünglichen Fassung der Vorschrift waren aber nicht etwa einer vertieften Analyse durch die Kommentatoren oder einer spannenden Diskussion über die Organhaftung in der Rechtslehre (denn diese fand schlichtweg *nicht* statt) zu verdanken, sondern vielmehr einer gewissen Unaufmerksamkeit bei der Überarbeitung des Gesetzesentwurfs. Obwohl Art. 483 § 1 HGGB-E den Katalog der Betroffenen präzisierte, blieb es in Art. 483 § 2 HGGB-E beim alten Wortlaut aus Art. 474 § 2 HGB-PL, wonach der Katalog der betroffenen Personen wieder sehr allgemein ausfiel („Mitglieder der Organe“). Diese Fehler wurden rechtzeitig behoben.[617]

---

613 Allg. M., statt vieler siehe *Frąckowiak* in Popiołek/HGGB-Komm Art. 483 Rn. 3.

614 Verfassung der Republik Polen v. 2.4.1997 (GBl. 1997 Nr. 78 Pos. 483); vgl. Art. 87: „(1) Die Verfassung, Gesetze, ratifizierte völkerrechtliche Verträge und Rechtsverordnungen sind Quellen des allgemein geltenden Rechtes der Republik Polen; (2) Akte des lokalen Rechtes sind die Quellen des allgemein geltenden Rechtes der Republik Polen auf dem Tätigkeitsgebiet der Organe, die sie beschlossen haben.“ Zur Übersetzung siehe http://www.sejm.gov.pl/prawo/konst/niemiecki/kon1.htm (abgerufen am 22.9.2017).

615 *Bieniak* in Bieniak/HGGB-Komm Art. 483 Rn. 6.

616 HGGB-E, Studia Prawnicze 1-2/1998, S. 7, 60, 111.

617 Zudem fällt auch die falsche Kommastellung in Art. 285 HGGB-E (heute Art. 293 HGGB, der die Innenhaftung der Geschäftsführer der *sp. z o.o.* regelt) ins Auge, die den Sinn des Satzes unverständlich machte, vgl. HGGB-E, Studia Prawnicze 1-2/1998, S. 7, 60. Der Fehler wurde ebenso behoben.

Interessanterweise sah aber Art. 483 HGGB-E noch drei weitere Unterschiede im Vergleich zur heutigen Fassung vor.[618]

Erstens hatte das Vorstandsmitglied ursprünglich nach Art. 483 HGGB-E gegenüber der Gesellschaft für das „schuldhafte Handeln oder Unterlassen"[619] einzustehen. Im Laufe des Gesetzgebungsverfahrens erfolgten Änderungen, wonach das Vorstandsmitglied nunmehr für das „Handeln oder Unterlassen" zu haften hatte, „es sei denn, [es] trifft kein Verschulden". Im Gegensatz zu der heute geltenden Beweislastumkehr hätte die Gesellschaft außer dem Schaden und dem kausalen Zusammenhang auch noch das schuldhafte Verhalten des Vorstandsmitglieds beweisen müssen.[620]

Zweitens wurde die grammatische Form des Verbs in dem Ausdruck „Sorgfalt aufbringen" geändert (*„dokładać"* [a. F.] und *„dołożyć"* [n. F.]), was sich auf die Auslegung der Vorschrift auswirkt.[621]

Drittens folgte Art. 483 § 2 HGGB-E dem Art. 474 § 2 HGB-PL und bestimmte, dass die Verletzung des Sorgfaltsmaßstabs sowohl Verschulden als auch Pflichtwidrigkeit begründe. Demnach hatten die Vorstandsmitglieder für den Schaden, der infolge der Verletzung der Sorgfaltspflicht entstand, zu haften. Warum die ausdrückliche Doppelfunktion der Sorgfalt in der endgültigen Gesetzesfassung gestrichen wurde, ist der Gesetzesbegründung nicht zu entnehmen. Eines ist jedoch sicher: Gerade diese Änderung sorgt heute für die meisten Probleme bei der Normanwendung.

c) Rechtscharakter der Haftung

Nach fast allg. M. hat die Organhaftung einen vertragsähnlichen Charakter.[622] Darauf deuten viele Ähnlichkeiten mit der vertraglichen Haftung gem.

618 Verglichen wurden Art. 483 HGGB-E Studia Prawnicze 1-2/1998, S. 7, 111 und Art. 483 HGGB-E Drucks. 1687/2000, S. 86.

619 HGGB-E, Studia Prawnicze 1-2/1998, S. 7, 60.

620 Unklar aufgrund des heutigen Art. 293 HGGB *Pabis*, Komm sp. z o.o., Art. 293 Rn. 5: die Beweislast obliege der Gesellschaft.

621 Der Unterschied ist der deutschen Übersetzung nicht zu entnehmen. Näher dazu siehe D.III.1.a).

622 Vgl. OG Urt. v. 24.9.2008, II CSK 118/08, OSNC 2009, Nr. 9 Pos. 131, LEX 469112; *Bilewska*, Dochodzenie roszczeń (actio pro socio), 2008, S. 142 ff.; *dies.*; MoP 19/2009, 1070 ff.; *Błaszczyk*, Odpowiedzialność, 2011, S. 197 f., der darauf hinweist, dass die Organhaftung sich der Vertragshaftung annähert, zugleich aber Ähnlichkeiten zur deliktischen Haftung hat; *ders.*, Prawo Spółek 6/2009, 2, 4; *A. Koch* in FS Szpunar, 2004, S. 537, 539 ff.; *Oplustil*, Instrumenty, 2010, S. 757; *Płonka*, KPP 2/1994,

Art. 471 ZGB hin, wonach der Schuldner verpflichtet ist, den aus der Nichterfüllung oder Schlechterfüllung eines Schuldverhältnisses entstandenen Schaden zu ersetzen, es sei denn, der Schuldner hat die Pflichtverletzung nicht zu vertreten. Wie in Deutschland ist zwischen organschaftlicher und vertraglicher Ebene des Verhältnisses zwischen dem Vorstandsmitglied und der Gesellschaft zu unterscheiden. Das Organverhältnis zwischen Vorstandsmitglied und Gesellschaft begründet die Haftung nach Art. 483 HGGB. Diese ist von der vertraglichen Haftung, die sich aus dem sekundären vertraglichen Verhältnis, z. B. aus einem Arbeitsvertrag, ergibt, zu unterscheiden. Das Organverhältnis entsteht mit der Bestellung zum Vorstand und der Annahme des Postens durch das Vorstandsmitglied.[623] Daraus ergibt sich die Pflicht, die Aufgaben zu erfüllen, die dem geschäftsführenden Organ obliegen. Die Quellen der Pflichten, die das Rechtsverhältnis zwischen Gesellschaft und Vorstandsmitglied ausfüllen, sind gesetzliche Vorschriften und die Satzung. Demgemäß ist ein Vorstandsmitglied verpflichtet, den sich aus der Funktion des Organmitglieds ergebenden Pflichten nachzukommen. Das Vorstandsmitglied haftet also nach Art. 483 § 1 HGGB, wenn sein Verhalten das organschaftliche Verhältnis zwischen ihm und der Gesellschaft beeinträchtigt.

Nach h. M. hat die gesellschaftsrechtliche Haftung nach Art. 483 HGGB einen selbstständigen Charakter und schließt die Möglichkeit aus, Ansprüche gegen ein pflichtvergessenes Vorstandsmitglied nach allgemeinen Zivilregeln (Art. 471 ff. ZGB) geltend zu machen.[624] Missverständlich ist in diesem Zusammenhang die Aussage *Opalskis*, wonach Art. 483 HGGB *„keine selbständige Grundlage*

207, 210; *Popiołek* in Pyzioł/HGGB-Komm Art. 293 Rn. 2; unklar *Siemiątkowski*, Odpowiedzialność, 2007, S. 82, 90 ff., der die Haftung aus Art. 483 HGGB als eine „treuhänderische" Haftung zwischen Haftung *ex contractu* und *ex delicto* qualifiziert; a. A. für deliktische Haftung *Szczęsny*, Zarząd, 2004, S. 412; noch aufgrund des HGB-PL BerG Kattowitz Urt. v. 5.11.1998, I ACa 322/98, OSA 2000, Nr. 2 Pos. 8, LEX 39398: Haftung nach Art. 474 HGB-PL habe einen deliktischen Charakter.

623 Vgl. *Płonka*, KPP 2/1997, 207, 210.

624 Vgl. BerG Stettin Urt. v. 30.03.2015, I ACa 825/14, Legalis 1327299; BerG Danzig Urt. v. 23.1.2013, V ACa1016/12, OSA 2013, Nr. 2 Pos. 3, Legalis 680249; *Szajkowski/Tarska* in Sołtysiński/HGGB Art. 293 Rn. 12; *Oplustil*, Instrumenty, 2010, S. 758, der die Anwendung anderer vertraglicher Vorschriften z. B. Art. 474 ZGB (Haftung des Schuldners für die Handlung eines Auftragsnehmers, der im Namen des Schuldners handelt) nicht ausschließt; *Popiołek* in Pyzioł/HGGB-Komm Art. 293 Rn. 2, der die Anwendung des Art. 471 ZGB auch auf nicht im HGGB geregelte Haftungsfragen für zulässig hält: Dies sei aufgrund subsidiärer Anwendung des ZGB gem. Art. 2 § 1 HGGB möglich.

[Hervorhebung durch Verf.] für die Haftung der Vorstandsmitglieder darstellt, sondern die in Art. 471 ff. ZGB geregelte vertragliche Haftung ergänzt“[625]. Das könnte implizieren, der Autor meine, dass Art. 471 ff. ZGB – und nicht Art. 483 HGGB – die Haftungsgrundlage darstelle und somit die Geltendmachung der Ansprüche aus dem Anstellungsvertrag zulässig sei. Letztlich positioniert sich aber auch *Opalski* und stellt klar: „Für die Haftung der Vorstandsmitglieder sind die Vorschriften des ZGB anzuwenden, wenn sich nichts anderes aus Art. 483 HGGB (...) ergibt.“[626]

Da Art. 483 HGGB eine zwingende Norm ist, darf der Anstellungsvertrag die Haftung der Vorstandsmitglieder weder mildern noch verschärfen. Eine von Art. 483 HGGB abweichende Bestimmung wäre gesetzeswidrig und somit unwirksam. Art. 483 HGGB wird daher für Pflichtverletzungen aus dem Organverhältnis vorrangig angewandt, wodurch jedoch nicht ausgeschlossen ist, darüberhinausgehende Ansprüche geltend zu machen, sofern sie sich aus dem Vertrags- und nicht aus dem Organverhältnis ergeben.[627] Das hat zuletzt das BerG Stettin bestätigt.[628] In dem Fall[629] erteilte der Geschäftsführer einer *sp. z o.o.* – zu ihren Lasten – mehrere fiktive Arbeitsverträge mit seinem Sohn. Weil der Sohn des Geschäftsführers aber tatsächlich nie für die Gesellschaft tätig gewesen war, nahm die Gesellschaft den Geschäftsführer wegen des ihr entstandenen Schadens in Anspruch. Das Gericht stützte seine Entscheidung auf Art. 293 HGGB und gab der Klage statt. Dem Gericht zufolge stellt Art. 293 HGGB eine autonome Anspruchsgrundlage für die Haftung eines Geschäftsführers gegenüber der Gesellschaft dar. Unsorgfältiges Handeln eines Geschäftsführers, infolgedessen der Gesellschaft ein Schaden entstand, ist als Verletzung des Organ- und nicht des Vertragsverhältnisses zu sehen. Als er die Verträge abschloss, handelte der Geschäftsführer als Organ der Gesellschaft, die er vertritt. Die Haftung aus dem Anstellungsvertrag wird von der Organhaftung verdrängt.[630]

Der Anwendungsbereich der Organhaftung nach HGGB wird durch das besondere Rechtsverhältnis zwischen der Gesellschaft und dem Organmitglied eröffnet. Wenn sein Verhalten sich allerdings *nicht* aus dem organisationsrechtlichen Verhältnis mit der Gesellschaft ergibt, der Gesellschaft aber trotzdem ein

625 *Opalski* in Opalski/HGGB-Komm Art. 483 Rn. 3.

626 *Opalski* in Opalski/HGGB-Komm Art. 483 Rn. 3.

627 Vgl. BerG Danzig Urt. v. 23.1.2013, V ACa 1016/12, OSA 2013, Nr. 2 Pos. 3, Legalis 680249.

628 BerG Stettin Urt. v. 30.3.2015, I ACa 825/14, Legalis 1327299.

629 Die Entscheidung betraf eine *sp. z o.o.*, ist aber auch für eine *S.A.* anwendbar.

630 Vgl. BerG Stettin Urt. v. 30.3.2015, I ACa 825/14, Legalis 1327299.

Schaden entsteht, kann das Vorstandsmitglied vertraglich nach Art. 471 ZGB (z. B. bei einer versäumten Rückzahlung eines von der Gesellschaft gegebenen Darlehens für Privatzwecke) oder deliktisch nach Art. 415 ZGB (z. B. bei Zerstörung der Büromöbel durch das Vorstandsmitglied) haften.[631] Die Haftung ist in diesen Fällen nicht mit der Organfunktion des Vorstandsmitglieds verbunden, sodass hier eine Haftung nach Art. 483 HGGB ausscheidet. Festzuhalten ist daher: Art. 483 § 1 HGGB ist Grundlage für Schadensersatzansprüche der Gesellschaft, wenn der Schaden infolge eines unsorgfältigen Verhaltens des Vorstandsmitglieds in seiner Funktion als Organmitglied entsteht, und zwar auch dann, wenn das unsorgfältige Verhalten zugleich eine unerlaubte Handlung darstellt. In den übrigen Fällen (Schaden ist unabhängig vom organschaftlichen Rechtsverhältnis entstanden) kann die Gesellschaft das Vorstandsmitglied lediglich auf der Grundlage des Art. 415 ZGB und Art. 471 ZGB in Anspruch nehmen.[632]

Einer – allerdings noch auf der Grundlage des Art. 474 HGB-PL ergangenen – Entscheidung des OG zufolge ist die deliktische Haftung nach Art. 415 ZGB für eine Verletzung der Pflichten aus dem Organverhältnis nicht durch Art. 474 HGB-PL ausgeschlossen, wenn die Handlung eines Vorstandsmitglieds gleichzeitig eine unerlaubte Handlung darstellt.[633] Das OG hat seine Begründung an Art. 443 ZGB angelehnt, wonach die Anspruchskonkurrenz aus vertraglicher und deliktischer Haftung zulässig ist und die Wahl der Anspruchsgrundlage dem Anspruchsbegünstigten überlassen wird. Die Wahl der Anspruchsgrundlage fällt dabei zumeist auf die vertragliche Haftung, weil sie eine für die Gesellschaft vorteilhafte Verschuldensvermutung zulasten des Schuldners (Vorstandsmitglied) mit sich bringt. Die Entscheidung des OG wird in der Rechtslehre unter Hinweis auf Art. 490 HHGB kritisiert. Zwar berühren die Haftungsvorschriften des HGGB (Art. 479-489 HGGB) gem. Art. 490 HGGB nicht die Geltendmachung des Schadensersatzes nach allgemeinen Regeln. Es wurde aber angemerkt, dass Art. 490 HGGB es lediglich den Aktionären und Dritten ermögliche, die Ansprüche nach allgemeinen Grundsätzen geltend zu machen.[634] Die Gesellschaft, die ihre Ansprüche nach Art. 483 § 1 HGGB gegen ein Vorstandsmitglied geltend machen kann, wird davon ausgeklammert. Daher dürfe die Organhaftung nicht

---

631 *Bilewska*, Dochodzenie roszczeń (actio pro socio), 2008, S. 145.

632 *Bilewska*, Dochodzenie roszczeń (actio pro socio), 2008, S. 145.

633 OG Urteil v. 15.6.2005, IV CK 731/04, OSP 2007, Nr. 9 Pos. 103, LEX 177217; zustimmend *Bilewska*, Dochodzenie roszczeń (actio pro socio), 2008, S. 145.

634 Vgl. *Bilewska*, Dochodzenie roszczeń (actio pro socio), 2008, S. 144; *dies.*, Anmerkung zu OG Urt. v. 15.6.2005, IV CK 731/04, OSP 2007 Nr. 9 Pos. 103, LEX 177217.

durch eine deliktische Haftung ersetzt werden.[635] Dennoch sind einzelne Vorschriften der deliktischen Haftung anwendbar. Hierzu zählen z. B. Art. 422 ZGB (Veranlassung zur Schädigung oder Beihilfe) sowie Art. 441 § 1 ZGB (gesamtschuldnerische Haftung bei unerlaubter Handlung),[636] wobei kritisch hinterfragt werden könnte, inwieweit letztere Vorschrift angesichts einer entsprechenden Regelung in Art. 485 HGGB anzuwenden ist.

2. Code of Best Practice

Dem internationalen Trend folgend, gewinnt das Thema Corporate Governance,[637] darunter Compliance, auch in Polen zunehmend an Bedeutung. Unter Corporate Governance wird das Zusammenwirken der Gesellschaftsorgane verstanden, das eine effektive Geschäftsführung und zugleich die Überwachung der Geschäftsführung ermöglicht. Corporate-Governance-Regeln sollen dazu beitragen, den unvermeidbaren Konflikt, der sich aus dem Principal-Agent-Verhältnis ergibt, beizulegen.

Die bereits (insbesondere im Bankensektor[638]) bestehenden, eher dürftigen Compliance-Regelungen werden internationalen Standards nicht gerecht. Dem HGGB fehlt eine § 91 Abs. 2 AktG ähnelnde Regelung, die es erfordern würde, ein Überwachungssystem in einer Aktiengesellschaft einzurichten, um Risiken und Fehlentwicklungen in der Gesellschaft früh(er) erkennen zu können.[639] Trotz fehlender gesetzlicher Vorschriften nehmen die Geschäftsleiter die Rechts- und Geschäftsrisiken, die mit der Unternehmensführung zusammenhängen, zunehmend wahr. Für die Einrichtung der Compliance-Strukturen im Unternehmen können die Regeln des polnischen Code of Best Practice zurate gezogen werden, den die Warschauer Börse seit 2002 nach internationalem Vorbild erlässt.[640] Der

---

635 BerG Danzig Urt. v. 23.1.2013, V ACa 1016/2012, OSA 2013, Nr. 2 Pos. 3, Legalis 680249.

636 *Oplustil*, Instrumenty, 2010, S. 758; *Siemiątkowski*, Odpowiedzialność, 2007, S. 181.

637 Der Begriff *Corporate Governance* wird in Polen anders als in Deutschland („gute Unternehmensführung“, vgl. *v. Werder* in Komm DCGK Rn. 1) als „Grundsätze der Unternehmensaufsicht“ übersetzt.

638 Dazu *Ziółkowska* in Hdb. Compliance, S. 1, 2.

639 *Oplustil*, Instrumenty, 2010, S. 274.

640 Die bisherigen Verfassungen des Code of Best Practice (vom 2005 bis 2016) siehe unter https://www.gpw.pl/regulations-good-practices-of-companies (abgerufen am 22.9.2017). Die zurzeit geltende Fassung des Code of Best Practice (2016) trat am 1.1.2016 in Kraft, siehe unter https://www.gpw.pl/pub/GPW/o-nas/DPSN2016_EN.pdf (abgerufen am 22.9.2017).

Code of Best Practice adressiert seine Empfehlungen an börsennotierte Aktiengesellschaften im Allgemeinen, aber auch an Mitglieder der Vorstände und Aufsichtsräte sowie an Aktionäre. Er hat zum Ziel, die Rechte der Aktionäre zu stärken und die Kommunikation zwischen den Gesellschaften und Investoren zu verbessern.[641]

Ähnlich dem DCGK ist auch der Code of Best Practice unverbindlich. Die Entscheidung über die Anwendung der Empfehlungen bleibt im Ermessen der Gesellschaft. Der Code of Best Practice folgt zwar dem Grundsatz *Comply or Explain*, die Vorstände bzw. Aufsichtsräte der börsennotierten Aktiengesellschaften sind allerdings nicht gesetzlich verpflichtet zu erklären, welche Vorschriften sie einhalten und welche nicht (und warum). Ein Grund dafür ist, dass das HGGB keine § 161 AktG ähnliche Regelung kennt, da in Polen die Richtlinie 2006/46/EC[642] dergestalt umgesetzt wurde, dass die Pflicht, die Empfehlungen des Code of Best Practice anzuwenden, nur für diejenigen Unternehmen gilt, die der Börsenordnung der Warschauer Börse[643] unterfallen.[644] Nach § 29 Abs. 3 der Börsenordnung der Warschauer Börse sind die börsennotierten Aktiengesellschaften lediglich verpflichtet, der Warschauer Börse einen Bericht über die Einhaltung der Empfehlungen vorzulegen:

> „Should a specific detailed corporate governance rule not be applied on a permanent basis or be breached incidentally, the issuer shall publish a report containing information about which rule is not applied at all or has not been applied on an occasion, under what circumstances and for what reasons and how the issuer intends to remove effects, if any, of not having applied a given rule on an occasion or what steps it intends to take to mitigate the risk of the rule not being applied in the future. The report should be published at the issuer's official website and in the way analogous to that applied to submission of current reports. The obligation to publish the report should be performed as soon as the issuer becomes reasonably convinced that a given rule will not be applied at all or

641 Vgl. *Sołtysiński* in Corporate Boards, 2013, S. 511, 515.

642 Richtlinie 2006/46/EG des Europäischen Parlaments und des Rates v. 14.7.2006 zur Änderung der Richtlinien des Rates 78/660/EWG über den Jahresabschluss von Gesellschaften bestimmter Rechtsformen, 83/349/EWG über den konsolidierten Abschluss, 86/635/EWG über den Jahresabschluss und den konsolidierten Abschluss von Banken und anderen Finanzinstituten und 91/674/EWG über den Jahresabschluss und den konsolidierten Abschluss von Versicherungsunternehmen (ABl. v. 16.8.2008, L 224/1).

643 The Warsaw Stock Exchange Rules v. 1.9.2016; siehe unter https://www.gpw.pl/regulations (abgerufen am 22.9.2017).

644 Zur Implementierung der Richtlinie 2006/46/EC in Europa siehe *Caprasse*, Study on comply-or-explain, 2009, S. 28 ff.

on an occasion, in any case promptly after an event representing a breach of a detailed corporate governance rule occurs."

Das Fehlen einer gesetzlichen Regelung im HGGB lässt sich auf die Stellung beider Kodizes im jeweiligen Rechtssystem zurückführen.[645] Während in Polen der Code of Best Practice immer noch eine Regelung der Warschauer Börse ist, ist für den DCGK als „halbstaatliches Recht"[646] der börsennotierten Aktiengesellschaften die Regierungskommission Deutscher Corporate Governance Kodex zuständig, und der DCGK selbst wird im Bundesanzeiger veröffentlicht. Bis jetzt fehlt es in Polen an einer Initiative, die dem Code of Best Praxis einen vergleichbaren Status wie dem DCGK in Deutschland einräumen würde. Zwar ist dem Code of Best Practice eine gewisse positive Reputationswirkung beizumessen,[647] eine Öffentlichkeitswirkung[648] wie der DCGK entfaltet er aber eher nicht.

3. Vorstand

Neben dem Aufsichtsrat und der Hauptversammlung ist der Vorstand *(zarząd)*[649] ein weiteres zwingend erforderliches Organ einer *S.A.*, die als juristische Person gem. Art. 38 ZGB durch ihre Organe handelt.[650] Der Vorstand ist vor allem nach Art. 368 § 1 HGGB für die Geschäftsführung zuständig. Wie in Deutschland wird auch in der polnischen Rechtslehre einhellig angenommen, dass Art. 368 § 1 HGGB eine Kompetenzvermutung zugunsten des Vorstands enthält, sodass in der Zuständigkeit des Vorstands als geschäftsführendem Organ alle Aufgaben liegen, die die Rechts- oder Satzungsvorschriften nicht ausdrücklich anderen Organen überlassen.[651] Auch praktische Gründe sprechen dafür, die Kompetenzvermutung dem Vorstand zu gewähren. Diesem permanent tätigen Organ, das

---

645 Vgl. *Caprasse*, Study on comply-or-explain, 2009, S. 28 f.

646 *Herrmann* in FS Horn, 2006, S. 1091, 1097.

647 *Sołtysiński* in Corporate Boards, 2013, S. 511, 515: „reputational effects".

648 *Herrmann* in FS Horn, 2006, S. 1091, 1097 f.

649 Nach allg. M. ist diese Bezeichnung zwingend erforderlich *Popiołek* in Strzępka/HGGB-Komm Art. 368 Rn. 1; *Szajkowski/Tarska/Szumański* in Sołtysiński/HGGB-Komm Art. 368 Rn. 4; a. A. *Bieniak* in Bieniak/HGGB-Komm Art. 369 Rn. 1, der nach anglo-amerikanischem Maßstab eine weitere Bezeichnung von *Board of Directors* in der Satzung zulässt.

650 Statt vieler siehe *Popiołek* in Strzępka/HGGB-Komm Art. 368 Rn. 1.

651 Vgl. *Popiołek* in Strzępka/HGGB-Komm Art. 368 Rn. 6; *Szajkowski/Tarska/Szumański* in Sołtysiński/HGGB-Komm Art. 368 Rn. 22; *Sołtysiński* in Rechtssystem/KapGes S.A. § 23 Rn. 23; *Rodzynkiewicz*, HGGB-Komm Art. 201 Rn. 1; *Szczurowski* in Jara/HGGB-Komm Art. 368 Rn. 2; *Szczęsny*, Zarząd, 2004, S. 83.

über ausreichend technische Mittel sowie Personal verfügt, kann es hier am besten gelingen, das Unternehmen zu steuern.[652]

Außer der Geschäftsführung obliegen den Vorstandsmitgliedern weitere Pflichten: Sie vertreten die Gesellschaft (Art. 372 § 2 HGGB); sie haben stets sorgfältig zu handeln (Art. 483 § 2 HGGB),[653] die Verschwiegenheitspflicht zu beachten (Art. 11 KonkurrenzG[654]), Interessenkonflikte offenzulegen und zu vermeiden (Art. 377 HGGB) sowie sich an das Wettbewerbsverbot zu halten (Art. 380 HGGB).

a) Leitung der Gesellschaft

Das HGGB hebt die Leitung des Unternehmens durch den Vorstand in eigener Verantwortung nicht so prägnant hervor wie § 76 Abs. 1 AktG.[655] Auch das HGB-PL vom 1934 kannte im Unterschied zum AktG 1937 keine Leitungsaufgabe des Vorstands und hat sogar die Geschäftsführungskompetenz des Vorstands unerwähnt gelassen. Erst heute regelt Art. 368 § 1 HGGB diese ausdrücklich. Allerdings unterscheidet die Norm – im Gegensatz zum AktG – nicht zwischen Unternehmensleitung und Geschäftsführung, sondern bestimmt lediglich, dass der Vorstand die Geschäfte der Gesellschaft führt.[656]

Wie in Deutschland auch lässt sich der Begriff der Geschäftsführung in Polen kaum abschließend definieren. Diese umfasst sowohl die Einzelmaßnahmen der täglichen Geschäftsführung im engeren Sinne als auch eine umfassende Gesamtleitung der Gesellschaft. Primär ergeben sich die Geschäftsführungsmaßnahmen aus dem HGGB. Sie werden durch konkretisierungsbedürftige und wechselnde Aufgaben der Corporate Governance ergänzt. Die Kompetenz zur Geschäftsführung einer *S.A.* ist eine ausschließliche Kompetenz des Vorstands, wobei das HGGB Einschränkungen zulässt, die den Vorstand unter Umständen erst einmal vom Handeln abhalten sollen.[657] Die Geschäftsführungsbefugnis des Vorstands wird zugunsten der Hauptversammlung oder des Aufsichtsrats beschränkt, indem

652 Vgl. *Sołtysiński* in Rechtssystem/KapGes S.A. § 23 Rn. 23.

653 Dies ist insofern umstritten, als in der Rechtslehre teilweise die Sorgfaltspflicht lediglich als Verschuldensmaßstab – und somit nicht als Pflicht – verstanden wird; näher dazu siehe C.II.4.b)aa)(2).

654 Gesetz über die Bekämpfung des unlauteren Wettbewerbs v. 16.4.1993 (GBl. 1993 Nr. 47 Pos. 211).

655 Ähnlich Art. 39 Abs. 1 Verordnung (EG) Nr. 2157/2001 des Rates v. 8.10.2001 über das Statut der Europäischen Gesellschaft (SE) (ABl. v. 10.11.2001, L 294/12).

656 Vgl. *Opalski/Wiśniewski*, PPH 1/2005, 52, 54.

657 Vgl. OG v. 15.4.2010, II CSK 526/09, Legalis 387302.

für bestimmte Geschäftsführungsmaßnahmen die vorherige Zustimmung des Aufsichtsrates (vgl. Art. 384 HGGB) oder der Hauptversammlung (vgl. Art. 15 HGGB, Art. 393-394 HGGB, Art. 396 § 5 HGGB) erforderlich ist. Der Vorstand bleibt jedoch insofern daran beteiligt, als er die Entscheidungen (Beschlüsse) des Aufsichtsrats oder der Hauptversammlung tatsächlich ausführt.[658] Zwar wird die Geschäftsführungsaufgabe des Vorstands in einer *S.A.* nicht durch den ausdrücklichen Ausschluss des Aufsichtsrats und der Hauptversammlung von der Geschäftsführung (vgl. §§ 111 Abs. 4 S. 2; 119 Abs. 2 AktG) hervorgehoben. Die zwingende Teilung von Zuständigkeiten in der Gesellschaft, wonach die Geschäftsführung und Vertretung dem Vorstand, die Aufsicht und Überwachung dem Aufsichtsrat und die Beschlussfassung über unternehmensbezogene Vorgänge der Hauptversammlung zustehen, bleibt jedoch unberührt.[659]

b) *Weisungsfreiheit*

So wie die Vorstandsmitglieder einer AG nach § 82 Abs. 2 AktG unterliegen auch die Vorstandsmitglieder einer S.A. nach Art. 375 HGGB den Beschränkungen gegenüber der Gesellschaft, die im HGGB, in der Satzung, in der Geschäftsordnung des Vorstands sowie in den Beschlüssen des Aufsichtsrates und der Hauptversammlung bestimmt sind. Die Abgrenzung der Managerfunktionen von den Eigentumsbefugnissen der Aktionäre kommt in Art. 375^1 HGGB deutlich zum Ausdruck.[660] Danach sind die Hauptversammlung und der Aufsichtsrat nicht berechtigt, dem Vorstand verbindliche Weisungen hinsichtlich der Geschäftsführung zu erteilen. Wie in Deutschland auch unterscheidet sich dadurch die Stellung des Vorstands einer *S.A.* von den Geschäftsführern einer *sp. z o.o.*[661]

---

658 *Szajkowski/Tarska/Szumański* in Sołtysiński/HGGB-Komm Art. 368 Rn. 22; weiter noch *Siemiątkowski*, Odpowiedzialność, 2007, S. 113 Fn. 3: Auch Entscheidungen in zustimmungsbedürftigen Angelegenheiten stehen in erster Linie dem Vorstand zu, der dann zusätzlich noch die Zustimmung des Aufsichtsrats oder der Hauptversammlung einholen müsse.

659 *Szczurowski* in Jara/HGGB-Komm Art. 368 Rn. 4 f.; *Krysik* in Jara/HGGB-Komm Art. 382 Rn. 2 f.; *Popiołek* in Strzępka/HGGB-Komm Art. 382 Rn. 1; *Opalski/Oplustil*, MoP 7/2014, 4, 4 f.; unklar *Malinowski*, Prawo Spółek 4/2003, 22 f.: Geschäftsführung sei „zwischen allen Organen der Gesellschaft verteilt".

660 Vgl. *Sołtysiński* in Rechtssystem/KapGes S.A. § 1 Rn. 31; *Szwaja/Kwaśnicki*, PPH 8/2004, 32, 33; *Kidyba*, PPH 3/2004, 13, 18.

661 Eine analoge Regelung war ursprünglich auch hinsichtlich der *sp. z o.o.* vorgesehen worden (Art. 207 § 2 HGGB-E). Zur Kritik der Weisungsfreiheit lediglich für den Vorstand einer *S.A.* siehe *Szwaja/Kwaśnicki*, PPH 8/2004, 31, 34 ff.; *Kidyba*, PPH

Art. 375^1 HGGB wurde nachträglich aufgrund der umfangreichen Novelle von 2004 in das HGGB eingeführt.[662] Vorher hatte sich lediglich der Aufsichtsrat zurückhalten müssen, dem Vorstand Weisungen zu erteilen.

Der Gesetzesbegründung zufolge war die bisherige Regelung unbefriedigend. Das Fehlen eines an die Hauptversammlung adressierten Weisungsverbotes habe gegen die Rechtssystematik sowie gegen die Gesamtverfassung der Aktiengesellschaft, der eine Dreiteilung der organschaftlichen Kompetenzen zugrunde liege, verstoßen.[663] Mangels einer entsprechenden Regelung kam es nämlich häufig dazu, dass der Vorstand über Geschäftsführungsmaßnahmen nicht autonom entscheiden konnte, weil er Weisungen der Hauptversammlung beachten musste.[664] Die Gesetzesänderung ist auch insoweit folgerichtig, als die Aktionäre keine Haftung gegenüber der Gesellschaft für ihre Weisungen trifft, denn eine existenzvernichtende Haftung eines Aktionärs (Gesellschafters) ist in Polen nicht anerkannt.[665] Eine eventuelle Geltendmachung von Haftungsansprüchen gegen die Aktionäre käme nur aufgrund allgemeiner Zivilhaftungsregeln infrage, die angesichts erheblicher Beweishürden in der Praxis nur schwierig durchzusetzen wäre.[666]

Ob die Kodifizierung des Weisungsverbotes in Art. 375^1 HGGB eine gesetzliche Wiederholung darstellt, ist umstritten. Vor der Kodifizierung, so wurde angemerkt, sei auch nicht bezweifelt worden, dass die Übertragung der Geschäftsführungskompetenz auf die Hauptversammlung zur Entstellung der Natur der Aktiengesellschaft führen würde.[667] Das überzeugt nicht, denn das Weisungsverbot hat nur einzelne Geschäftsführungsmaßnahmen und nicht die Delegation von Aufgaben zwischen den Organen im Blick. Wollte man von einem ungeschriebenen Grundsatz sprechen, so hätten zudem klare Maßgaben zur Weisungsfreiheit durch die Rechtsprechung sowie Rechtslehre erarbeitet worden sein müssen. Dies war aber nicht der Fall, denn das alte HGB-PL regelte

---

3/2004, 13, 17 ff.; nach h. M. kann Art. 375^1 HGGB aufgrund des personalistischen Charakters der Gesellschaft nicht analog auf die *sp. z o.o.* angewendet werden; vgl. *Sołtysiński* in Rechtssystem/KapGes S.A. § 1 Rn. 31.

662 Gesetz über die Änderung des HGGB sowie anderer Gesetze v. 12.12.2003 (GBl. v. 2003 Nr. 229 Pos. 2276); die nach der Verabschiedung des HGGB eingeführten Vorschriften sind durch die Indexzahlen gekennzeichnet.

663 Begründung zum HGGB-E, Drucks. Nr. 1666 v. 5.6.2003, S. 40 f.

664 Vgl. *Kidyba*, PPH 3/2004, 13, 18; zustimmend *Szwaja/Kwaśnicki*, PPH 8/2004, 32 f.

665 Siehe OG Urt. v. 6.3.2009, II KK 283/08, LexisNexis 2104786.

666 Vgl. *Szwaja/Kwaśnicki*, PPH 8/2004, 32, 32 f.

667 Vgl. *Szwaja/Kwaśnicki*, PPH 8/2004, 32, 33.

die Weisungsfreiheit nicht. In der Rechtslehre war zwar bereits vor der Einführung des Art. 375^1 HGGB anerkannt gewesen, dass die Kompetenzen der Hauptversammlung von den Zuständigkeiten des Vorstands streng zu trennen sind.[668] Trotzdem ist die Gesetzesänderung, auch wenn nur mit einer klarstellenden Wirkung, positiv zu sehen. Seitdem gibt es nämlich eine klare Regel, dazu, wie die Zuständigkeiten der Organe abzugrenzen sind. Darüber hinaus fügt sich die gesetzliche Weisungsfreiheit des Vorstands in die Bestrebungen des Gesetzgebers ein, ein wirksames Corporate-Governance-System im polnischen Aktienrecht zu schaffen.[669]

Dennoch ist die Weisungsfreiheit allein kein Garant für eine Unabhängigkeit des Vorstands. Diese kann insbesondere dann beeinträchtigt werden, wenn die tatsächlichen Verhältnisse in der Gesellschaft dazu führen, dass ein Mehrheitsaktionär mittelbar einen starken Einfluss auf den Vorstand ausübt oder diesen Einfluss missbraucht. Zwar legt die zwingende Kompetenzverteilung die Verhältnisse zwischen den Organen fest. Dennoch entscheiden über die Stellung des Vorstands die tatsächlichen Verhältnisse in der Gesellschaft genauso wie Rechtsnormen.[670] In der deutschen Rechtslehre wird zutreffend bemerkt, dass sich die Situation des Vorstands in einer Publikumsgesellschaft anders gestaltet als in einem Unternehmen mit einem Großaktionär. Ein Mehrheitsaktionär strebe durch die Bestellung der Aufsichtsratsmitglieder danach, den Vorstand mit den Personen seines Vertrauens zu besetzen.[671] In Polen sind solche Umwege noch nicht einmal nötig, denn diese Befugnis kann der Hauptversammlung in der Satzung überlassen werden und wird zusätzlich durch die zwingende Befugnis der Hauptversammlung, ein Vorstandsmitglied jederzeit abzuberufen, verstärkt.[672]

c) Bestellung und Abberufung

Zum Vorstand kann nur eine natürliche, voll geschäftsfähige Person bestellt werden. Vorausgesetzt wird ferner, dass diese Person nicht rechtskräftig wegen Straftaten gem. Art. 18 § 2 HGGB verurteilt wurde (vgl. § 76 Abs. 3 AktG).

---

668 Vgl. *Szajkowski* in Sołtysiński/HGB-PL-Komm Art. 474 Rn. 11.

669 Vgl. Einführung des Code of Best Practice (2016) (Fn. 640), S. 1 f.

670 Vgl. *Kraakman*, The Anatomy of Corporate Law, 2009, S. 82: the law-on-the books only imperfectly reflects distinctive balance of power among shareholders, managers, labor, and the state.

671 Vgl. *Windbichler*, GesellschaftsR § 27 Rn. 1.

672 Näher dazu siehe C.II.3.c)cc).

Unabhängig davon kann die Satzung weitere Kriterien bestimmen.[673] Vorstandsmitglieder dürfen gleichzeitig Aktionäre sein (Art. 368 § 3 HGGB), allerdings ist ihnen auch in Polen die gleichzeitige Ausübung eines Aufsichtsratsmandats verboten (Art. 387 § 3 HGGB). Dem stehen unter anderem die Kompetenzen des Aufsichtsrats gegenüber dem Vorstand entgegen.

Unabhängig von der Bestellung wird zwischen dem Vorstandsmitglied und der Gesellschaft, vertreten durch den Aufsichtsrat (Art. 378 § 1 und 2 HGGB und Art. 379 § 1 HGGB), entweder ein Arbeits- oder ein Managervertrag geschlossen. Der Arbeitsvertrag ist in Polen in eigener Kodifikation, dem Arbeitsgesetzbuch (*Kodeks pracy*)[674], geregelt. Nach § 22 AGB wird der Arbeitnehmer verpflichtet, Arbeit für den Arbeitgeber und unter dessen Leitung, an einem durch den Arbeitgeber bestimmten Ort und in einer durch den Arbeitgeber bestimmten Zeit zu erfüllen. Im Gegenzug ist der Arbeitgeber verpflichtet, den Arbeitnehmer zu entlohnen. Das Tatbestandsmerkmal „Leitung" ist wichtig, um den Arbeitsvertrag von anderen zivilrechtlichen Verträgen, wie z. B. dem Managervertrag zu unterscheiden. Das Gesetz lässt in Art. 370 § 1 HGGB Arbeitsverträge auch für Vorstandsmitglieder ausdrücklich zu.

Das ZGB kennt keinen Dienstvertrag im deutschen Sinne (§ 611 BGB).[675] Am nächsten kommt diesem ein Auftragsvertrag (Art. 734 ZGB), der anders als im deutschen Recht nicht auf unentgeltliche Geschäftsbesorgungen beschränkt ist (§ 662 BGB).[676] Dem entspricht von seinem Schwerpunkt her auch der Managervertrag, der im ZGB nicht ausdrücklich geregelt und somit der Vertragsfreiheit unterliegt.[677] Er kann sowohl für das Zivil- als auch Arbeitsrecht typische Elemente enthalten (typengemischter Vertrag).[678] Die Qualifizierung eines Managervertrags als Arbeits- oder Zivilvertrag hängt jeweils von den konkreten Umständen des Einzelfalles ab, denn über den Vertragstyp entscheidet nicht nur die Bezeichnung des Vertrags, sondern vielmehr das mit ihm verfolgte Ziel sowie die übereinstimmende, autonome Absicht der Parteien.[679] Das Wesen des

673 Früher war sogar der Ausschluss bestimmter Personengruppen, z. B. Frauen (sic!), zulässig, vgl. *Tomkiewicz/Bloch*, Komm HGB 1934, S. 79.

674 Arbeitsgesetzbuch v. 26.4.1974 (GBl. v. 1974 Nr. 24 Pos. 141).

675 *Raff* in Vertragstypen in Europa, 2011, S. 233, 239.

676 Vgl. *Raff* in Vertragstypen in Europa, 2011, S. 233, 239.

677 BerG Bialystok Urt. v. 10.08.2000, I ACa 482/00, Legalis 48853; *Kizner*, MoP 9/2017, 500, 501.

678 OG Urt. v. 27.5.2014, II PK 10/14, Legalis 1385199.

679 OG Urt. v. 27.5.2014, II PK 10/14, Legalis 1385199.

Managervertrags liegt in der Führung eines Unternehmens ohne Unterordnung und Weisungsgebundenheit.[680]

Die Vorstandsmitglieder werden durch den Aufsichtsrat bzw. die Hauptversammlung (Art. 368 § 4 HGGB) oder einen Aktionär (ggf. Dritten[681]), sofern ein entsprechendes Recht nach Art. 354 § 1 HGGB besteht, bestellt und abberufen. Wie in Deutschland beendet die Abberufung das vertragliche Verhältnis zwischen dem Vorstandsmitglied und der Gesellschaft - sei es Arbeits- oder Managervertrag - grundsätzlich nicht, es sei denn, der Vertrag sieht eine mit der Abberufung einhergehende Kündigungsmöglichkeit vor.[682]

aa) *Dispositive Regelung*

Nach Art. 368 § 4 S. 1 HGGB werden die Vorstandsmitglieder vom Aufsichtsrat berufen und abberufen, *es sei denn*, dass dies durch die Satzung der Gesellschaft anderweitig geregelt ist. Das HGGB hat im Vergleich zum HGB-PL die Personalbefugnisse zur Bestellung des Vorstands der Hauptversammlung zugunsten des Aufsichtsrats entzogen, denn nach Art. 366 § 3 HGB-PL wurde der Vorstand durch die Hauptversammlung bestellt. Die Satzung konnte jedoch davon abweichen und den Aufsichtsrat mit entsprechenden Befugnissen ausstatten. Das HGGB hat diese Regel verkehrt und die Bestellung des Vorstands an erster Stelle dem Aufsichtsrat zugesprochen.

Die polnische Rechtslösung ist im europäischen Raum eine Besonderheit:[683] Aufgrund des dispositiven Charakters der Norm ist eine abweichende Regelung möglich, indem die Befugnis, den Vorstand zu bestellen und ihn abzuberufen, statt dem Aufsichtsrat der Hauptversammlung, einem einzelnen Aktionär i. S. d. Art. 354 § 1 HGGB oder sogar einem Dritten in der Satzung eingeräumt wird.

---

680 Vgl. VerwG Gleiwitz v. 14.3.2011, I SA/Gl 503/10, Legalis 352027; OG Urt. v. 4.4.2002, I PKN 776/00, OSNAPiUS 2004 Nr. 6 Pos. 94, MoP 11/2004, 518, Legalis 61651; *Raff* in Vertragstypen in Europa, 2011, S. 233, 240.

681 Unter einem Dritten ist ein Staats- oder Kommunalorgan zu verstehen, vgl. *Szajkowski/Tarska/Szumański* in Sołtysiński/HGGB-Komm Art. 368 Rn. 50: Ein Dritter könne z. B. der Stadtpräsident oder der Vorsitzende einer Handelskammer sein. In der Praxis hat eine solche Befugnis Dritter eine geringe Bedeutung und wird daher nachfolgend nicht weiter beachtet.

682 Die Zulässigkeit einer solchen Kündigungsmöglichkeit im Rahmen von Arbeitsverträgen ist umstritten. Auch wenn das OG eine solche vertragliche Bestimmung für zulässig erachtet hat, OG Urt. v. 12.8.2009, II PZP 8/09, OSNP 2011, Nr. 3–4 Pos. 37, Legalis 165802, lehnt die h. M. dies nach wie vor ab, siehe *Opalski* in Opalski/HGGB-Komm Art. 370 Rn. 15 m. w. N.

683 Vgl. *Davies/Hopt/Nowak/van Solinge* in Corporate Boards, 2013, S. 3, 43.

Schweigt die Satzung über die Abberufung der Vorstandsmitglieder, wird angenommen, dass die Kompetenz dem zur Berufung befugten Organ zusteht *(actus contrarius)*.[684]

Der Widerruf der Bestellung ist als Kontrollinstrument des Aufsichtsrats gegenüber Vorstandsmitgliedern nicht zu unterschätzen. Dem Aufsichtsrat steht damit ein effektives Steuerungsinstrument zur Verfügung, das eine Alternative zur Haftung darstellt.[685] Denn von den sonstigen zivilrechtlichen Instrumenten wird der Abberufung von Vorstandsmitgliedern die größte praktische Bedeutung beigemessen, zeichnet sie sich doch dadurch aus, dass der Gesellschaft kein Vermögensnachteil zugefügt wird und die Gesellschaft auch keinen Schaden nachweisen muss.[686]

Allerdings kann die Stellung des Aufsichtsrats im HGGB durch eine geteilte Herrschaft geschwächt werden, denn die Befugnis zur Bestellung und Abberufung muss gem. Art. 368 § 4 S. 1 HGGB nicht einheitlich gewährt werden.[687] Der dispositive Charakter der Norm schließt die Zweiteilung der Personalkompetenzen nicht aus, indem zu Berufung und Abberufung unterschiedliche Organe berechtigt werden können. Eine solche Zersplitterung der Personalbefugnisse sollte nicht ohne Not gewählt werden. Denn es sollte vermieden werden, dass dem zur Bestellung des Vorstands befugten Organ seine kontrollierende Kompetenz zur Abberufung entzogen und seine Stellung gegenüber dem Vorstand entkräftet wird.[688]

---

684 *Opalski* in Opalski/HGGB-Komm Art. 368 Rn. 13; *Sołtysiński* in Rechtssystem/KapGes S.A. § 23 Rn. 57; *Popiołek* in Strzępka/HGGB-Komm Art. 368 Rn. 19; *Szczurowski* in Jara/HGGB-Komm Art. 368 Rn. 17. Ähnlich aufgrund HGB-PL *Tomkiewicz/Bloch*, Komm HGB 1934, S. 85: Art. 197 HGB-PL (für *sp. z o.o.*) nannte kein zum Widerruf befugtes Organ. Bestimmten dann Gesellschaftsvertrag oder Satzung nichts, wurde zur Abberufung i. d. R dasjenige Organ berechtigt, das auch zur Bestellung befugt war. Dies umfasste jedoch nicht den Fall, in dem zur Bestellung von Geschäftsführern ein außenstehender Dritter berechtigt war.

685 Zu den Stärken und Schwächen der Abberufung als Sanktion für ein unsorgfältiges Vorstandsmitglied in der deutschen Literatur *Horn*, ZIP 1997, 1129, 1130. Dazu auch *Bachmann*, Gutachten E 27 f.; *ders.* in FS Beulke, 2015, S. 1259, 1268 f.; *Goette* in FS 50 Jahre BGH, 2000, S. 123, 124; *Westermann* in Karlsruher Forum 1993, S. 15; so auch im österreichischem Recht *Kalss*, GesRZ 2014, 159, 159 f.; in der polnischen Literatur siehe *Opalski* in Opalski/HGGB-Komm Art. 368 Rn. 10 ff.

686 So *Kalss*, GesRZ 2014, 159, 160.

687 Vgl. *Opalski*, Rada nadzorcza, 2006, S. 393; ebenso *Kidyba*, HGGB-Komm Art. 368 Rn. 6, 7; a. A. *Bieniak* in Bieniak/HGGB-Komm Art. 368 Rn. 12.

688 Vgl. *Opalski* in Opalski/HGGB-Komm Art. 368 Rn. 13; dazu auch *Davies/Hopt/Nowak/van Solinge* in Corporate Boards, 2013, S. 3, 43.

Unzulässig wäre aber die ausschließliche, von der Größe seiner Beteiligung an der Gesellschaft unabhängige Kompetenz eines Aktionärs oder eines Dritten zur Bestellung des Vorstands (oder der Mehrheit der Vorstandsmitglieder), denn eine solche Satzungsbestimmung würde gegen die Natur der Aktiengesellschaft verstoßen.[689] Dies wäre auch aus praktischen Gründen und vor dem Hintergrund einer guten Unternehmensführung äußerst fragwürdig, wenn die Kontrolle über das geschäftsführende Organ aus der Gesellschaft ausgelagert werden könnte und das Bestellungsrecht exklusiv einem Dritten gewährt würde. Insofern bleibt festzuhalten: Weicht die Satzung nicht von den gesetzlichen Vorschriften ab, nähert sich die Befugnis des Aufsichtsrats einer *S.A.* derjenigen des § 84 Abs. 1 AktG an.

bb) Besondere Befugnisse der Hauptversammlung

Nach Art. 368 § 4 S. 2 HGGB kann ein Vorstandsmitglied *auch* durch die Hauptversammlung abberufen oder von seinem Amt suspendiert werden. Diese Befugnis der Hauptversammlung, die Bestellung zu widerrufen sowie die Vorstandsmitglieder zu suspendieren, ist zwingend. Auch diese Regelung ist eine Besonderheit in Europa, denn die Kompetenz der Hauptversammlung besteht *unabhängig* davon, wie das Recht zur Bestellung des Vorstandes ausgestaltet wurde.[690] Die Kompetenz der Hauptversammlung ist somit eine „Oberkompetenz“ und kann auch gegen den Willen des Aufsichtsrats, eines Aktionärs oder eines Dritten realisiert werden. Um den entsprechenden Beschluss wirksam zu fassen, genügt die absolute Mehrheit. Da die Norm zwingenden Charakter hat, kann die Satzung diese Befugnis der Hauptversammlung nicht ausschließen oder modifizieren.[691]

Die Abberufung ist ein Steuerungsinstrument, das die Hauptversammlung ergreifen kann, um ihre Unzufriedenheit mit den Vorständen zu äußern – sei es wegen mangelnder Anstrengungen, fehlender Eignung zur Unternehmensführung oder aufgrund rechtswidrigen Verhaltens. Schon die potenzielle Möglichkeit, ein Vorstandsmitglied an den Pranger zu stellen, wirkt disziplinierend. Es birgt aber auch die Gefahr, dass der Vorstand verstärkt im Interesse der Aktionäre (oft eines Mehrheitsaktionärs) anstatt im Interesse der Gesellschaft handeln

---

689 *Bieniak* in Bieniak/HGGB-Komm Art. 368 Rn. 12.

690 Vgl. *Davies/Hopt/Nowak/van Solinge* in Corporate Boards, 2013, S. 3, 43; ähnlich in Großbritannien, dazu kritisch *Davies* in Corporate Boards, 2013, S. 713, 744 ff.

691 *Bieniak* in Bieniak/HGGB-Komm Art. 368 Rn. 11; *Popiołek* in Strzępka/HGGB-Komm Art. 368 Rn. 17.

wird. Gleichzeitig besteht hier ein „wesensgleiches Minus" zur Schadensersatzhaftung, wenn die Tätigkeit der Führungskraft die Gesellschaft zwar nicht vorangebracht, ihr gleichzeitig aber auch keinen Schaden zugefügt hat, sodass eine Innenhaftung unbegründet wäre.

cc) Wichtiger Grund

Die Vorstandsmitglieder können nach Art. 370 § 1 HGGB zu jeder Zeit abberufen werden.[692] Eine Abberufung nach Art. 370 § 1 HGGB setzt keinen wichtigen Grund voraus und enthält dementsprechend keinen Beispielskatalog wichtiger Gründe. Zuständig für die Abberufung nach Art. 370 § 1 HGGB ist der Aufsichtsrat, es sei denn, die Satzung bestimmt etwas anderes. Somit kann diese Kompetenz auf die Hauptversammlung übertragen werden. Dabei ist die Befugnis der Hauptversammlung nach Art. 368 § 4 S. 2 HGGB zur Abberufung oder Suspendierung der Vorstandsmitglieder eine *lex specialis* zu Art. 370 § 1 HGGB. Sie wird von den Befugnissen des Aufsichtsrats oder anderer Personen nicht beeinträchtigt.[693]

(1) Satzungsbestimmung

Nach Art. 370 § 2 HGGB kann die Satzung für die Abberufung der Vorstandsmitglieder einen wichtigen Grund erfordern.[694] Als wichtiger Grund wird in der Rechtslehre eine unsorgfältige Geschäftsführung, insbesondere die Verletzung der Sorgfaltspflicht oder der Loyalitätspflicht infolge eines Wettbewerbsverstoßes oder einer rechts- oder vertragswidrigen Offenlegung von Gesellschaftsinterna, genannt. Da ein wichtiger Grund unabhängig von dem Verschulden eines Vorstandsmitglieds ist, stellen sowohl ein Konflikt zwischen Vorstandsmitgliedern, der sich nur durch Widerruf der Bestellung eines oder mehrerer Vorstandsmitglieder lösen lässt, als auch Meinungsunterschiede zwischen Vorstand und Aufsichtsrat über die strategische Entwicklung der Gesellschaft sowie eine

---

692 Polen bildet hier keine Ausnahme – ebenso verhält es sich in England, Frankreich, Italien und Japan, vgl. *Kraakman*, The Anatomy of Corporate Law, 2009, S. 61.

693 OG Urt. v. 26.2.2003, I PK 159/02, OSNP 2004, Nr. 14 Pos. 242, LEX 109903; BerG Kattowitz Urt. v. 16.12.2005, I ACa 1190/05, LEX 196064; OG Urt. v. 15.11.2006, V CSK 241/06, OSNC 2007, Nr. 9 Pos. 140, LEX 224599; *Popiołek* in Strzępka/HGGB-Komm Art. 370 Rn. 7; *Szajkowski/Tarska/Szumański* in Sołtysiński/HGGB-Komm Art. 370 Rn. 3.

694 Eine Konkretisierung wichtiger Gründe in der Satzung ist nicht erforderlich, wird jedoch empfohlen, vgl. *Szajkowski/Tarska/Szumański* in Sołtysiński/HGGB-Komm Art. 370 Rn. 6.

Umstrukturierung des Unternehmens, infolge derer weniger Vorstandsposten zu besetzen sind, weitere wichtige Gründe dar. Auch ein dauerhafter Mangel an Erfolgen in der Unternehmensführung – sogar, wenn unverschuldet – begründet die Abberufung eines Vorstandsmitglieds.[695] Ein weiterer Ansatzpunkt könnte die polnische Rechtsprechung und Rechtslehre zur außerordentlichen Kündigung eines Arbeitsverhältnisses sein.[696] Darüber hinaus könnte auf die zu Art. 383 § 1 HGGB vorhandenen Erkenntnisse zurückgegriffen werden, wonach der Aufsichtsrat ein Vorstandsmitglied aus wichtigem Grund suspendieren kann.[697]

Die Satzung kann auch bestimmen, wann der Widerruf der Bestellung ausgeschlossen ist, wobei eine Satzungsbestimmung, die den Widerruf *gänzlich* ausschließen würde, unzulässig wäre.[698] Insoweit stellt Art. 370 § 2 eine Schranke der Satzungsautonomie dar.

Enthält die Satzung eine Bestimmung über die Abberufung des Vorstands nur aus wichtigem Grund, bedarf in dem Fall auch ein Beschluss der Hauptversammlung nach Art. 368 § 4 S. 2 HGGB einer Begründung. Dadurch wird diese – sonst bedingungslose – Kompetenz der Hauptversammlung zur Abberufung der Vorstandsmitglieder beschränkt.[699] Die Beschränkung der Kompetenz der Hauptversammlung wird dadurch begründet, dass die Satzung die Aktionäre wie andere Organe bindet.[700]

(2) Zuständiges Organ

Der Wortlaut des Art. 370 § 2 HGGB, der eine statutarische Beschränkung der Abberufung auf einen wichtigen Grund zulässt, unterscheidet nicht zwischen den zur Abberufung des Vorstands befugten Organen.[701] Dennoch wird in der polnischen Rechtslehre teilweise danach differenziert, ob der Widerruf der Vorstandsmitglieder durch den Aufsichtsrat oder die Hauptversammlung erfolgt.[702] Der Aufsichtsrat könne von seiner Befugnis nur dann Gebrauch machen, wenn

695 Zum Ganzen *Opalski* in Opalski/HGGB-Komm Art. 370 Rn. 10.

696 Dazu siehe *Wąż* in Walczak/ArbeitsGB-Komm Art. 52 Rn. 24 ff.

697 Dazu siehe *Opalski* in Opalski/HGGB-Komm Art. 386 Rn. 2 ff.

698 Vgl. *Bieniak* in Bieniak/HGGB-Komm Art. 370 Rn. 2; *Szczurowski* in Jara/HGGB-Komm Art. 370 Rn. 5; *Szajkowski/Tarska/Szumański* in Sołtysiński/HGGB-Komm Art. 370 Rn. 7.

699 Vgl. *Szajkowski/Tarska/Szumański* in Sołtysiński/HGGB-Komm Art. 370 Rn. 2.

700 Vgl. *Szajkowski/Tarska/Szumański* in Sołtysiński/HGGB-Komm Art. 370 Rn. 2.

701 *Oplustil*, Instrumenty, 2010, S. 544.

702 *Opalski*, Rada nadzorcza, 2006, S. 406 ff.

eine begründete Notwendigkeit entstehe. Ein Eingriff in die Zusammensetzung des Vorstands, der voreilig sei oder ohne Vorliegen eines wichtigen Grundes erfolge, würde gegen den allgemeinen Grundsatz verstoßen, wonach die Aufsichtsratsmitglieder im Interesse der Gesellschaft sowie mit der erforderlichen Sorgfalt zu handeln haben. Zuerst solle der Aufsichtsrat andere Maßnahmen wie Empfehlungen, Mahnungen oder die Aufforderung, eine Entscheidung noch einmal zu überdenken, in Anspruch nehmen. Insbesondere dann, wenn die Satzung abweichend von der gesetzlichen Regelung den Widerruf auf einen wichtigen Grund beschränke, habe der Aufsichtsrat zwischen unterschiedlichen Belangen abzuwägen. Während die auf einen wichtigen Grund beschränkte Abberufung des Vorstands im Interesse der Gesellschaft liegen möge, müsse sie nicht zwangsläufig mit dem Aktionärsinteresse[703] übereinstimmen. Die Beschränkung des Widerrufsrechts erschwere den Abschied von einem unsorgfältigen Vorstand.[704] Anders sei es, wenn der Widerruf durch die Hauptversammlung erfolgt. Die den Aktionären zustehenden Rechte haben einen anderen Charakter: Die Aktionäre als tatsächliche Eigentümer der Aktiengesellschaft können frei entscheiden, ob und wie sie ihre Befugnisse realisieren.[705] Im Unterschied zu den Aufsichtsratsmitgliedern haben sie grundsätzlich keine Loyalitätspflichten gegenüber der Gesellschaft. Eine Loyalitätspflicht obliege im Grundsatz lediglich einem strategischen Aktionär, der Maßnahmen zum Schaden der Gesellschaft zu unterlassen habe.[706] Die Abberufungs- bzw. Suspendierungszuständigkeit stelle ein Kernrecht der Aktionäre dar und benötige keine Begründung, es sei denn, die Satzung schreibe eine Beschränkung auf wichtige Gründe fest.[707]

(3) Abwehrmaßnahmen eines Vorstandsmitglieds

Maßnahmen, die ein Vorstandsmitglied gegen seine Abberufung ergreifen kann, sind eher rar gesät. Nach einer umstrittenen Entscheidung des OG ist die Erhebung einer Anfechtungsklage nach Art. 422 § 1 und § 2 Nr. 1 HGGB wegen Verstoßes gegen Satzungsbestimmungen ausgeschlossen. Das Vorstandsmitglied ist zu diesem Zeitpunkt kein Organmitglied mehr und daher nicht aktivlegitimiert,

---

703 Meistens handelt es sich um das Interesse eines Aktionärs, der über die Bestellungsbefugnis verfügt und dessen Recht durch beschränkte Abberufungsmöglichkeiten zusätzlich verstärkt wird. Möglich ist auch, dass es sich um das Interesse eines Dritten handelt, der über analoge Befugnisse verfügt.

704 *Opalski*, Rada nadzorcza, 2006, S. 406.

705 *Opalski*, Rada nadzorcza, 2006, S. 407.

706 *Opalski*, Rada nadzorcza, 2006, S. 407.

707 *Szajkowski/Tarska/Szumański* in Sołtysiński/HGGB Art. 370 Rn. 2.

es sei denn, es ist zugleich Aktionär. Wenn Zweifel an der Richtigkeit der Abberufung bestehen, kämen lediglich eine Feststellungs- und eine Schadensersatzklage infrage.[708]

Das Recht der Hauptversammlung, die Vorstandsmitglieder nach Art. 370 § 1 S. 1 HGGB zu jeder Zeit abberufen zu können, wirft eine weitere Frage auf: Ist es zulässig, ein Vorstandsmitglied abzuberufen, ohne einen entsprechenden Beschluss auf der Agenda der Hauptversammlung vorzusehen? Nach Art. 404 § 1 HGGB können in Angelegenheiten, die nicht in der Tagesordnung enthalten sind, keine Beschlüsse gefasst werden, es sei denn, das gesamte Grundkapital ist auf der Hauptversammlung vertreten, und keiner der Anwesenden hat der Beschlussfassung widersprochen.

In der Rechtslehre wird die Ansicht vertreten, dass Art. 370 § 1 HGGB eine *lex specialis* zu Art. 404 § 1 HGGB darstelle und diesen insoweit sperre.[709] Dem ist jedoch nicht zuzustimmen. Denn das in Art. 370 § 1 HGGB vorgesehene Tatbestandsmerkmal „zu jeder Zeit" bedeutet lediglich, dass ein Widerruf vor dem Mandatsablauf möglich ist. Die Personalbefugnis der Hauptversammlung gegenüber Vorstandsmitgliedern darf nicht zu einer Verletzung prozeduraler Abläufe der Hauptversammlung führen. Eine Ausnahme von Art. 404 § 1 HGGB würde nämlich einer gesonderten Gesetzesgrundlage bedürfen (vgl. z. B. Art. 404 § 2 HGGB, wonach über die Anträge zur Tagesordnung beschlossen werden darf, wenn sie nicht in der Tagesordnung enthalten waren). Eine solche fehlt aber im HGGB. Enthält die Tagesordnung also keinen Beschlussvorschlag über die Abberufung des Vorstandsmitglieds, kann die Bestellung widerrufen werden, sofern auf der Hauptversammlung das gesamte Grundkapital vertreten ist und kein Aktionär widersprochen hat.[710]

d) Zusammensetzung

Vorstandsmitglieder können auch in Polen für höchstens fünf Jahre bestellt werden. Eine wiederholte Bestellung – auch für höchstens fünf Jahre – ist zulässig und soll frühestens ein Jahr vor Ablauf der bisherigen Amtszeit erfolgen

---

708 Vgl. OG Urt. v. 1.3.2007, III CZP 94/06, OSNC 2007, Nr. 7-8 Pos. 95, LEX 231007; ähnlich für eine *sp. z o.o.* OG Urt. v. 11.1.2002, IV CKN 1503/00, OSNC 2002, Nr. 11 Pos. 136, LEX 53719; *Szczurowski* in Jara/HGGB-Komm Art. 370 Rn. 5.

709 Vgl. *Rodzynkiewicz*, HGGB-Komm Art. 203 Rn. 1; kritisch *Sołtysiński* in Rechtssystem/KapGes sp. z o.o., S. 488; *Szczurowski* in Jara/HGGB-Komm Art. 370 Rn. 1; so auch BerG Warschau Urt. v. 17.12.1997, I ACa 869/97, OSA 1998, Nr. 2 Pos. 20, Legalis 41800.

710 Vgl. *Szajkowski/Tarska/Szumański* in Sołtysiński/HGGB Art. 370 Rn. 3.

(Art. 369 § 1 HGGB). Die Satzung kann innerhalb des in Art. 369 § 1 HGGB bestimmten Zeitrahmens eine teilweise Erneuerung des Vorstands festlegen, sodass eine gewisse Anzahl von Vorstandsmitgliedern nacheinander, entweder im Wege einer Auslosung oder gem. der Reihenfolge ihrer Wahl oder auf andere satzungsbestimmte Weise, ausscheidet.[711] Wenn die Satzung vorsieht, dass die Vorstandsmitglieder nur gemeinsam für eine Amtszeit berufen werden sollen, dann erlischt das Mandat des einzelnen Vorstandsmitglieds gleichzeitig mit dem Erlöschen der Mandate der übrigen Vorstandsmitglieder, es sei denn, dass die Satzung dies anderweitig regelt.[712] Das Mandat eines Vorstandsmitglieds erlischt spätestens mit dem Ablauf des Tages der Hauptversammlung, die den Jahresabschluss für das letzte volle Geschäftsjahr seiner Funktion als Vorstandsmitglied feststellt, sowie infolge Todes, Rücktritts oder Abberufung.[713]

4. Verantwortlichkeit gegenüber der Gesellschaft

Ob die Vorstandsmitglieder gegenüber der Gesellschaft haften, ist in einer mehrstufigen Prüfung festzustellen. Hat ein Vorstandsmitglied rechts- oder satzungswidrig und zugleich schuldhaft gehandelt und dadurch der Gesellschaft einen kausalen Schaden zugefügt, sind die Haftungstatbestandsmerkmale nach Art. 483 § 1 HGGB erfüllt. Die Haftung eines Vorstandsmitglieds kann nur durch konkrete Handlungen ausgelöst werden. Ein Verhalten des Vorstandsmitglieds, das nicht entsprechend konkretisiert werden kann und dessen haftungsbegründende Folgen sich erst in Zukunft herauskristallisieren werden, erfüllt nicht den Tatbestand des Art. 483 § 1 HGGB.[714]

a) Vorstandsmitglied

Art. 483 § 1 HGGB enthält einen geschlossenen Katalog der Personen, die der Gesellschaft für den Schaden wegen unsorgfältigen Handelns haften. Deswegen nimmt die h. M. an, dass die Haftung nach Art. 483 § 1 HGGB nicht sonstige Personen umfasst, die für die Gesellschaft handeln, z. B. den durch die Hauptversammlung ernannten Bevollmächtigten, der die Gesellschaft bei einem Rechtsgeschäft mit dem Vorstandsmitglied vertreten soll (Art. 379 § 1 HGGB) oder den

---

711 *Bieniak* in Bieniak/HGGB-Komm Art. 369 Rn. 11.

712 *Popiołek* in Strzępka/HGGB-Komm Art. 369 Rn. 4.

713 *Popiołek* in Strzępka/HGGB-Komm Art. 369 Rn. 7 ff.

714 BerG Kattowitz Urt. v. 5.11.2004, I ACa 540/04, OSA 2004 Nr. 4 Pos. 8, Legalis 72489.

durch das Gericht ernannten Kurator der Gesellschaft (Art. 426 § 2 HGGB).[715] In der Rechtslehre ist nicht abschließend geklärt, ob ein Vorstandsmitglied, das die Gesellschaft in der Rolle eines Bevollmächtigten oder eines Prokuristen vertritt, für die dann vorgenommenen Handlungen ebenfalls nach Art. 483 § 1 HGGB haftet. Die Gegner der analogen Anwendung dieser Norm verweisen auf den geschlossenen Katalog der Normadressaten in Art. 483 § 1 HGGB, während die Befürworter betonen, dass zwischen dem Sorgfaltsmaßstab, den ein Vorstandsmitglied als Organ oder als Bevollmächtigter anzuwenden hat, nicht differenziert werden dürfe.[716] Ob als Organ oder als Bevollmächtigter der Gesellschaft: Ein Vorstandsmitglied hat sorgfältig zu handeln und haftet in beiden Fällen nach Art. 483 § 1 HGGB.[717]

aa) Faktisches Organ

So wie in Deutschland wird auch in Polen zwischen einer *de facto*-Tätigkeit für die Gesellschaft und der fehlerhaften Bestellung eines Vorstandsmitglieds unterschieden. Im Gegensatz zu Deutschland, wo die Haftung eines faktischen Organs nach § 93 Abs. 2 AktG einhellig anerkannt wird, lehnt die Rechtslehre in Polen diese ab. Die Personen, die tatsächlich die Leitung der Gesellschaft übernehmen, können nach Art. 483 § 1 HGGB nicht in Anspruch genommen werden. Ihre Haftung ist allerdings nach allgemeinen Vertragshaftungsregeln (Art. 471 ff. ZGB) möglich.[718] Daneben besteht weiterhin eine Haftung wegen unerlaubter Handlung *ex delicto* nach Art. 415 ZGB. Die Gesellschaft muss dann außer Schaden und kausalem Zusammenhang auch das Verschulden des faktischen Geschäftsleiters beweisen.[719]

Die h. M. lässt eine analoge Anwendung des Art. 483 § 1 HGGB auf die nicht wirksam zum Organ bestellte Personen (unwirksamer oder fehlender Bestellungsbeschluss) zu.[720] Für die analoge Anwendung spricht vor allem das

715 Siehe nur *Opalski* in Opalski/HGGB-Komm Art. 483 Rn. 7; a. A. *Kidyba*, HGGB-Komm Art. 483 Rn. 1, der die Haftung nach Art. 483 § 1 HGGB auch für den Kurator der Gesellschaft gem. Art. 42 ZGB und Art. 36 HandelsRegG zulässt.

716 Vgl. *Opalski* in Opalski/HGGB-Komm Art. 483 Rn. 6.

717 Vgl. *Opalski* in Opalski/HGGB-Komm Art. 483 Rn. 7; a. A. *Bilewska*, Dochodzenie roszczeń (actio pro socio), 2008, S. 151 ff.

718 Vgl. *Opalski* in Opalski/HGGB-Komm Art. 483 Rn. 7.

719 Vgl. *Cierpial* in Vorstandshaftung in Europa, 2005, S. 661, Fn. 11.

720 *Opalski* in Opalski/HGGB-Komm Art. 483 Rn. 6; *Kwaśnicki*, Prawo Spółek 11/2002, S. 20, der letztendlich eine deliktische Haftung vorschlägt; zur Haftung der

Bedürfnis, das Gesellschaftsinteresse zu schützen.[721] Die Gegner der analogen Anwendung des Art. 483 § 1 HGGB auf fehlerhaft bestellte Organmitglieder verweisen auf die eindeutige Formulierung der Vorschrift: Der Katalog der haftenden Organmitglieder sei abgeschlossen und eine weite Auslegung des Art. 483 § 1 HGGB daher ausgeschlossen.[722]

bb) Kollegialprinzip

Das polnische Aktienrecht kennt den Grundsatz der gemeinsamen Verantwortung der Vorstandsmitglieder, allerdings schreibt das HGGB ihn nicht in einer mit § 76 Abs. 1 AktG (Gesamtleitung) vergleichbaren Form fest.[723] Ähnlich § 77 Abs. 1 S. 2 AktG sind alle Mitglieder gem. Art. 371 § 1 HGGB verpflichtet und berechtigt, die Geschäfte der Gesellschaft gemeinschaftlich zu führen. Die Regelung hat einen dispositiven Charakter. Im Unterschied zu der deutschen Regelung kann nur die Satzung (und nicht die Geschäftsordnung[724]) eine abweichende Geschäftsführungsregel bestimmen. Das HGGB beschränkt die Satzungsautonomie nicht in einer mit § 77 Abs. 1 AktG vergleichbaren Art und Weise, wonach es unzulässig wäre, in der Satzung zu bestimmen, dass ein oder mehrere Vorstandsmitglieder Meinungsverschiedenheiten im Vorstand gegen die Mehrheit seiner Mitglieder entscheiden können.

b) Pflichtverletzung

Die objektiven Verhaltenspflichten des Vorstands lassen sich auch in Polen in Sorgfaltspflicht einerseits und Treuepflicht andererseits unterscheiden. Anders als in Deutschland werden in Polen im Rahmen der Sorgfaltspflicht des Vorstands die Legalitäts-, Unternehmens- und Überwachungspflichten nicht klar abgegrenzt und hervorgehoben. Weitere Pflichten können den Vorstandsmitgliedern durch Satzung und Anstellungsvertrag auferlegt werden, die aber nicht gegen zwingendes Recht verstoßen dürfen.

---

herrschenden Gesellschaft als ein faktischer Geschäftsführer nach Art. 293 HGGB und 483 HGGB analog *Schubel*, Polnisches Vertragskonzernrecht, 2010, S. 287 ff.

721 *Opalski* in Opalski/HGGB-Komm Art. 483 Rn. 6.

722 *Strzelczyk* in Siemiątkowski/HGGB-Komm Art. 483 Rn. 14; *Bieniak* in Bieniak/HGGB-Komm Art. 483 Rn. 2.

723 *Fleischer* in Spindler/Stilz AktG § 76 Rn. 8.

724 Dafür *de lege ferenda Rzeszyk*, PPH 1/2014, 19; *Oplustil*, Instrumenty, 2010, S. 897 f.; a. A. *Szajkowski/Tarska/Szumański* in Sołtysiński/HGGB-Komm Art. 368 Rn. 29.

aa) Sorgfaltspflicht

(1) Grundlagen

Ein Vorstandsmitglied hat gem. Art. 483 § 2 HGGB bei der Erfüllung seiner Pflichten diejenige Sorgfalt einzuhalten, die sich aus dem beruflichen Charakter seiner Tätigkeit ergibt. Dies entspricht im Grundsatz dem allgemeinen Sorgfaltsmaßstab nach Art. 355 § 2 ZGB, wobei die Voraussetzung der Berücksichtigung des beruflichen Charakters der Tätigkeit des Vorstandsmitglieds einen erhöhten Sorgfaltsmaßstab konstituiert.[725] Je größer der Ermessensspielraum ist, den ein Vorstandsmitglied bei einer Entscheidung genießt, desto höher sind auch die Erwartungen an Redlichkeit, Gewissenhaftigkeit sowie Fürsorge für die Gesellschaft.[726] Zugleich begründet der berufliche Charakter der Tätigkeit des Vorstandsmitglieds höhere Erwartungen an seine Fähigkeiten und Kenntnisse, darunter die Fähigkeit, mögliche Entscheidungsrisiken vorauszusehen und einzuschätzen.[727] Dabei beschränkt sich die Sorgfalt nicht nur auf die Kenntnisse der organisatorischen Abläufe sowie finanziellen Bedingungen im Unternehmen. Sie umfasst auch die Fähigkeiten zum Personalmanagement sowie rechts- und betriebswirtschaftliche Kenntnisse in der für das Unternehmen relevanten Branche.[728] Darüber hinaus setzt die Sorgfalt eines ordentlichen und gewissenhaften Vorstandsmitglieds voraus, dass es die Konsequenzen der vorgenommenen Handlungen berücksichtigt, die tatsächlichen sowie rechtlichen Maßnahmen ergreift, um seinen Pflichten nachzukommen bzw. Verbindlichkeiten der Gesellschaft zu erfüllen sowie „Umsichtigkeit, Gewissenhaftigkeit, Vorsicht und Fürsorge aufweist, um ein mit dem Interesse der Gesellschaft übereinstimmendes Ziel zu erreichen“.[729]

Wenn die Tragweite der Angelegenheit oder der Mangel an speziellen Kenntnissen eines Vorstandsmitglieds es verlangt, kann es erforderlich sein, dass

---

725 Statt vieler siehe *Strzelczyk* in Siemiątkowski/HGGB-Komm Art. 483 Rn. 5; a. A. *Rodzynkiewicz*, HGGB-Komm Art. 293 Rn. 3: Die Sorgfalt müsse immer angemessen (gehörig) sein. Anders sei lediglich der Bezugspunkt (Laie vs. Professioneller).

726 OG Urt. v. 28.1.2000, I PKN 482/99, OSNAPiUS 2001, Nr. 11 Pos. 378, LEX 41191; *Okolski/Modrzejewski/Gasiński* in FS Sołtysiński, 2005, S. 495, 499.

727 BerG Posen Urt. v. 8.3.2006, I ACa 1018/05, LEX 186161.

728 OG Urt. v. 17.8.1993, III CRN 77/93, OSN 1994, Nr. 3 Pos. 69, LEX 3682; OG Urt. v. 18.12.1990, III CZP 77/90, OSN 1991, Nr. 5-6 Pos. 65, LEX 3628; BerG Kattowitz Urt. v. 30.4.1993, I ACr 115/93, OSA 1994, Nr. 1 Pos. 7, LEX 5605; BerG Danzig Urt. v. 29.7.2014, V ACa 781/13, LEX 1526966; BerG Danzig Urt. v. 23.1.2013, V ACa 1016/12, OSA 2013, Nr. 2 Pos. 3, Legalis 680249; *Czerniawski*, Zarząd, 2008 S. 203.

729 BerG Kattowitz Urt. v. 5.11.1998, I ACa 322/98, OSA 2000, Nr. 2 Pos. 8, LEX 39398.

Vorstandsmitglieder sich von qualifizierten Mitarbeitern oder externen Gutachtern beraten lassen.[730] Die bloße Beauftragung eines Experten mit der Erstattung eines Gutachtens ist jedoch nicht automatisch der Einhaltung der erforderlichen Sorgfalt gleichzustellen, denn das Vorstandsmitglied ist für die Geschäftsführung zuständig und kann die von ihm zu treffenden Entscheidungen nicht einem Dritten überlassen.[731] Denn die erforderliche Sorgfalt setzt voraus, dass ein Vorstandsmitglied über Kenntnisse des geltenden Rechts verfügt, auch wenn seine Entscheidung durchaus *auch* auf der Analyse eines untergeordneten Mitarbeiters oder beauftragten Dritten, der über angemessene Qualifikationen und Kenntnisse verfügt, beruhen kann.[732] Daher wird mitunter bereits die Annahme der Organbestellung durch ein Vorstandsmitglied, das nicht über entsprechende Sachkenntnisse und eine entsprechende Ausbildung verfügt, als Verletzung der Sorgfaltspflicht gem. Art. 483 § 2 eingestuft.[733]

(2) Doppelfunktion

(a) Rechtslehre

In der Rechtslehre ist umstritten, wie die Merkmale *Pflichtwidrigkeit des Verhaltens des Organmitglieds* und *Sorgfalt bei der Mandatsausübung* zu qualifizieren sind. Der Streit ist aber keineswegs rein gesellschaftsrechtlicher Natur, sondern reicht weiter zurück. Die Meinungsverschiedenheiten sind auf die in der Rechtslehre umstrittene Frage zurückzuführen, welche Rolle der Sorgfaltsmaßstab tatsächlich in der Konstruktion der zivilrechtlichen Entschädigungshaftung nach Art. 471 ff. ZGB spiele.[734] Während manche den Sorgfaltsmaßstab zu den Elementen eines Rechtsverhältnisses zählen und dessen Verletzung als ein pflichtwidriges Verhalten des Schuldners einstufen, sehen andere hier bloß einen subjektiven Verschuldensmaßstab.[735]

---

730 Vgl. Pflicht der Aufsichtsratsmitglieder zur Beauftragung von Rechtsanwälten BerG Lodz Urt. v. 19.12.2012, I ACa 946/12, LexisNexis 5047844.

731 BerG Posen Urt. v. 11.10.2012, I ACa 336/12, LEX 1292726; so auch BerG Danzig Urt. v. 29.7.2014, V ACa 781/13, LEX 1526966.

732 In diese Richtung BerG Posen Urt. v. 11.10.2012, I ACa 336/12, LEX 1292726.

733 Vgl. BerG Lodz Urt. v. 16.4.2014, I ACa 1157/13, Legalis 1067291; *Bieniak*, HGGB-Komm, Art. 483 Rn. 7; *Cierpial* in Vorstandshaftung in Europa, 2005, S. 663; *Kidyba*, HGGB-Komm Art. 483 Rn. 6; *Szajkowski/Tarska* in Sołtysiński/HGGB-Komm Art. 483 Rn. 7.

734 Vgl. *Opalski/Oplustil*, PPH 3/2013, 11, 14.

735 Dafür aufgrund des ZGB *Jastrzębski*, KPP 3/2007, 801, 805 ff.; a. A. *Banaszczyk/Granecki*, Palestra 7-8/2002, 12, 17; *Krajewski*, PiP 10/1997, 32, 40.

Der Streit wird auf die Verantwortlichkeit der Organmitglieder übertragen. Demzufolge stellt für die noch h. M. eine Verletzung des Sorgfaltsmaßstabs in Art. 483 § 2 HGGB lediglich Verschulden dar.[736] Andere sehen in der Verletzung der erforderlichen Sorgfalt sowohl ein Verschulden als auch eine Pflichtwidrigkeit.[737] Die Befürworter der erstgenannten Auffassung betonen, dass Art. 483 § 2 HGGB lediglich eine ergänzende, komplementäre Rolle zu Art. 483 § 1 HGGB spiele.[738] Andernfalls käme es zu einem Haftungsautomatismus, indem die Nichteinhaltung des Sorgfaltsmaßstabs gleichzeitig zwei Haftungstatbestandsmerkmale erfüllen würde: Pflichtwidrigkeit und Verschulden.[739] Die Sorgfalt *an sich* existiere nicht,[740] weil es trotz unsorgfältiger Handlungen eines Organmitglieds „glücklicherweise" zur Erfüllung der jeweiligen Gesellschaftsverpflichtung kommen könne.[741] Rechtssystematisch spricht gegen die Annahme einer Doppelfunktion des Art. 483 § 2 HGGB auch die Einordnung in den

736 *Bilewska*, Dochodzenie roszczeń (actio pro socio), 2008, S. 161 ff.; *dies.*, Palestra 3-4/2007, 275, 278 f.; *dies.*, Rzeczpospolita v. 4.7.2012, S. C7; *Błaszczyk*, MoP 1/2012, 47; *ders.*, Prawo Spółek 6/2009, 2, 8; *ders.*, PPH 11/2009, 37, 40; *ders.*, Rzeczpospolita v. 31.7.2012, S. C7; *Guzewicz/Jagodziński*, PPH 11/2013, 47, 48; *Jastrzębski*, PPH 7/2013, 15 f.; *Kidyba*, HGGB-Komm Art. 483 Rn. 4; *Rodzynkiewicz*, HGGB-Komm Art. 293 Rn. 3; *Siemiątkowski*, Odpowiedzialność, 2007, S. 177; *Szajkowski/Tarska* in Sołtysiński/HGGB-Kommentar Art. 293 Rn. 4.

737 Dafür *Marszałkowska-Krześ* in Okolski/HGGB-Komm, S. 362 ff.; *Okolski/Modrzejewski/Gasiński* in FS Sołtysiński, 2005, S. 495, 496 ff.; *Opalski* in Opalski/HGGB-Komm Art. 483 Rn. 17 ff.; *Opalski/Oplustil* PPH 3/2013, 11, 13; *dies.*, PPH 12/2013, 26 ff.; *dies.*, Rzeczpospolita v. 26.6.2012, S. C8; *dies.* Rzeczpospolita v. 19.12.2012, S. C7; zustimmend *Buszmak*, PPH 5/2016, 51, 54; *ders.*, PPH 2/2017, 40, 42; *Opalski* in FS Zehn Jahre HGGB, 2013, S. 20, 34 f.; *Oplustil*, Instrumenty, 2010, S. 763 ff.; *Oplustil/Włudyka* in FS Zoll, 2012, S. 829, 832 f.; *Popiołek* in Strzępka/HGGB-Komm Art. 483 Rn. 4; *Radwan*, Rzeczpospolita v. 29.8.2012, S. C7; *Romanowski*, Rzeczpospolita v. 7.9.2012, S. C6; *ders.* Rzeczpospolita v. 23.10.2012, S. C8; *Sabat*, WiRO 2014, 225, 226 f.; *Szczęsny*, Prawo Spółek 3/2007, 22, 27; *Szczurowski* in Jara/HGGB-Komm Art. 368 Rn. 27; *Wiśniewski*, Rzeczpospolita v. 14.9.2012, S. C6; auf der Grundlage HGB-PL *Płonka*, KPP 2/1994, 207, 216 f.

738 Vgl. *Kidyba*, HGGB-Komm Art. 483 Rn. 4.

739 *Błaszczyk*, MoP 1/2012, 47, 49 f.; *ders.* PiP 3/2012, 75, 84; kritisch *Opalski/Oplustil*, PPH 3/2012, 11, 12.

740 *Pajor*, Odpowiedzialność, 1982, S. 84.

741 *Błaszczyk*, PiP 3/2012, 75, 83; kritisch *Opalski/Oplustil*, PPH 3/2012, 11, 12 Fn. 12: Wenn die Gesellschaft ihren Pflichten nachkomme, dann entstehe kein Schaden, und die Haftung der Organmitglieder scheide aus.

Vorschriften über die Zivilhaftung und nicht bei den Pflichten der Vorstandsmitglieder.[742]

(b) Rechtsprechung

Der in der Rechtslehre herrschenden Auffassung, wonach die Verletzung der Sorgfaltspflicht in Art. 483 § 2 HGGB keine Pflichtverletzung darstellt, folgt auch die höchstrichterliche Rechtsprechung.

i. Entscheidung des Obersten Gerichts vom 9. Februar 2006

Die Entscheidung des OG hat die Auslegung der Sorgfaltspflicht der Organmitglieder gegenüber der Gesellschaft nach Art. 293 § 2 HGGB (entspricht Art. 483 § 2 HGGB für die *S.A*) geprägt.[743] In dem Fall verklagte die Kupieckie Domy Maklerskie sp. z o.o. in Liquidation (Klägerin) ihren Geschäftsführer (Beklagter), der zugleich Geschäftsführer der mittlerweile insolventen Proexport sp. z o.o (Proexport) war, auf Zahlung von fast 630.100 PLN. Die Klägerin nahm den Beklagten zunächst nach Art. 299 § 1 HGGB in Anspruch.[744] Danach haften die Geschäftsführer (hier der Proexport) gesamtschuldnerisch subsidiär für Verbindlichkeiten der Gesellschaft, wenn eine Zwangsvollstreckung gegen die Gesellschaft erfolglos geblieben ist und der Geschäftsführer nicht nachweisen kann, dass er fristgerecht einen Antrag auf Eröffnung des Insolvenzverfahrens gestellt hat.

Ein Anspruch aus Art. 299 § 1 HGGB wurde abgelehnt, da die Klägerin bereits über keinen Vollstreckungstitel gegen die Proexport verfügt hatte. Die Klägerin konnte ihren Geschäftsführer nach Ansicht des OG auch nicht im Wege einer Innenhaftung wegen einer unsorgfältigen Handlung nach Art. 293 § 1 HGGB in Anspruch nehmen, da die Klägerin insoweit die Tatbestandsvoraussetzungen der Schadensersatzhaftung des Geschäftsführers gegenüber der Gesellschaft nicht bewiesen hatte. Ein bloß unsorgfältiges Handeln oder Unterlassen eines Geschäftsführers reiche für eine Haftung wegen einer Pflichtverletzung nicht

---

742 *Błaszczyk*, PiP 3/2012, 75, 83, der jedoch nicht berücksichtigt, dass die derzeitige Normeinordnung vom HGB-PL übernommen wurde, in dem Art. 474 § 2 HGB-PL sowohl einen Verschuldensmaßstab als auch eine Pflichtwidrigkeit begründete.

743 OG Urt. v. 9.2.2006, V CSK 128/05, MoP 5/2006, 226, LEX 401516 (für eine *sp. z o.o.*; die Entscheidung gilt aufgrund desselben Wortlauts der Normen auch für eine *S.A.*). Zuvor OG Urt. v. 10.11.2004, II CK 186/04, MoP 10/2004, 554, Legalis 82825; dazu siehe *Sołtysiński* in Corporate Boards, 2013, S. 511, 540.

744 Eine entsprechende Norm enthält das HGGB bezüglich der *S.A.* nicht, vgl. *Gutowski*, PPH 11/2008, 24.

aus. Vielmehr sei erforderlich, dass er gegen eine bestimmte Rechtsvorschrift oder eine Gesellschaftsvertragsbestimmung verstoße. Art. 293 § 2 HGGB erfülle diese Voraussetzung nicht, denn die Norm sei lediglich ein Verschuldensmaßstab und subjektiver Teil des zivilistischen Verschuldens und befreie die Gesellschaft nicht von der Pflicht, die Rechts- oder Vertragswidrigkeit eines Handelns des Geschäftsführers zu beweisen.[745]

ii. Entscheidung des Obersten Gerichts vom 24. September 2008

Mit dem Urteil vom 24. September 2008 hat das OG seine Entscheidungslinie bekräftigt.[746] Die Klägerin – wieder eine *sp. z o.o.* – hatte 1996 ihren Geschäftsführer auf Schadensersatz wegen unsorgfältigen Handelns nach Art. 292 § 1 HGB-PL in Anspruch genommen. Der Grund dafür war, dass der Geschäftsführer einen für die Gesellschaft ungünstigen Kaufvertrag abgeschlossen hatte. Infolgedessen wurde ein Sattelzug, der ursprünglich als Sacheinlage in die Gesellschaft eingebracht worden war, deutlich unter dem tatsächlichen Marktwert veräußert. Das BerG hat 2005 den Geschäftsführer zu Schadensersatz in Höhe von 65.000 PLN zuzüglich Zinsen nach Art. 292 § 1 HGB verurteilt. Dem Gericht zufolge hatte der Geschäftsführer unsorgfältig gehandelt, weil der tatsächliche Wert des Sattelzugs viel höher als der Kaufpreis war, sodass der Gesellschaft ein Schaden entstanden ist.

Das OG hat es – anders als das BerG – für erforderlich gehalten, dass sich eine pflichtwidrige Handlung stets durch eine Verletzung einer Rechtsvorschrift oder Satzungsnorm ausdrücken muss, um dem Organmitglied den Verstoß gegen die Sorgfaltspflicht gegenüber der Gesellschaft vorwerfen zu können.[747]

---

745 OG Urt. v. 9.2.2006, V CSK 128/05, MoP 5/2006, 226, LEX 401516.

746 OG Urt. v. 24.9.2008, II CSK 118/08, OSNC 2009, Nr. 9 Pos. 131, LEX 469112; OG Urt. v. 21.12.2010, III CSK 81/10, LexisNexis 3 969562; zuletzt OG Urt. v. 24.7.2014, II CSK 627/13, LEX 1545031.

747 OG Urt. v. 24.9.2008, II CSK 118/08, OSNC 2009, Nr. 9 Pos. 131, LEX 469112; vgl. auch aufgrund des HGB-PL OG Urt. v. 10.11.2004, II CK 186/04, MoP 10/2004, 554, Legalis 82825, wonach die Besonderheit der Bestimmungen des Art. 474 § 2 HGB-PL (entspricht Art. 483 § 2 HGGB) darin besteht, dass die Verantwortung der Vorstandsmitglieder sich nur auf diejenigen Fälle beschränkt, in denen der Schaden durch eine rechts- oder satzungswidrige Handlung verursacht wurde. Eine bloße Verletzung der Sorgfaltspflicht reicht nicht aus.

iii. Entscheidung des Obersten Gerichts vom 17. April 2009

In diesem Zusammenhang ist auf die Rechtsprechung in Arbeitssachen hinzuweisen. Als Beispiel kann eine Entscheidung des OG vom 17. April 2009 angeführt werden.[748] Ein ehemaliges Vorstandsmitglied einer *S.A.* nahm die Gesellschaft auf Schadensersatz wegen Kündigung des Arbeitsvertrags mit sofortiger Wirkung in Anspruch. Die Gesellschaft kündigte dem Vorstandsmitglied den Arbeitsvertrag wegen unsorgfältiger Geschäftsführung, nachdem das Vorstandsmitglied im Namen der Gesellschaft einen Dritten unterbeauftragt hatte, der die Aufträge der *S.A.* durchführen sollte. Dabei prüfte das Vorstandsmitglied weder die Zuverlässigkeit des Unterbeauftragten noch schloss es einen schriftlichen Vertrag. Wegen Schlechterfüllung des Auftrags durch den Unterbeauftragten musste die *S.A.* ihrem Geschäftspartner eine Vertragsstrafe in Höhe von 100.000 PLN zahlen.[749]

Das OG hat die außerordentliche Kündigung für gerechtfertigt gehalten und die Klage des Vorstandsmitglieds abgewiesen. Bei der Frage, ob ein auf der Grundlage eines Arbeitsvertrags für die Gesellschaft tätiges Vorstandsmitglied seine Pflichten als Arbeitnehmer verletzt (Art. 52 § 1 Nr. 1 AGB), müsse berücksichtigt werden, ob es seine Pflichten als Organ mit der Sorgfalt eines ordentlichen und gewissenhaften Vorstandsmitglieds erfüllt habe. Ob die Sorgfaltspflicht verletzt wurde, sei nicht nur im Lichte der arbeitsrechtlichen Pflichten zu beurteilen, sondern „ebenso oder vielleicht vor allem" im Lichte der *„sich aus Art. 483 § 2 HGGB ergebenden Pflichten"* [Hervorhebung durch Verf.], die aus der Funktion eines Organmitglieds folgen.[750] Die arbeitsrechtliche Pflicht des Arbeitsnehmers, die Arbeit gewissenhaft und sorgfältig auszuführen und für das Wohl des Betriebs zu sorgen sowie dessen Vermögen zu schützen (Art. 100 § 1 und § 2 Nr. 4 AGB), muss für Organmitglieder um die organhaftungsrechtliche Sorgfaltspflicht ergänzt werden.[751]

iv. Entscheidung des Obersten Gerichts vom 24. Juli 2014

Eine Entscheidung des OG vom 24. Juli 2014 weist auf eine gewisse Änderung in der Rechtsprechung hin.[752] Das OG hielt zwar weiterhin daran fest, dass die

---

748 OG Urt. v. 17.4.2009, II PK 273/08, LEX 1157553; zuvor OG Urt. v. 28.1.2000, I PKN 482/99, OSNAPiUS 2001, Nr. 11 Pos. 378, LEX 41191.

749 OG Urt. v. 17.4.2009, II PK 273/08, LEX 1157553.

750 OG Urt. v. 17.4.2009, II PK 273/08, LEX 1157553.

751 OG Urt. v. 17.4.2009, II PK 273/08, LEX 1157553.

752 OG Urt. v. 24.7.2014, II CSK 627/13, LEX 1545031; dazu Anm. *Kłoda*, OSP 2016, Nr. 10 Pos. 95; *Berak*, Die Schadensersatzhaftung von Vorstandsmitgliedern, Legalis, ius.focus Dezember 2016; aus der instanzgerichtlichen Rechtsprechung siehe BerG Bialystok Urt. v. 30.9.2016, VII Ga 335/16, siehe unter http://orzeczenia.bialystok.

bloße Verletzung der Sorgfaltsplicht keine Haftung des Geschäftsführers nach Art. 293 §1 HGGB begründen könne, wich aber vom bisherigen Verständnis des Art. 201 HGGB hinsichtlich der Führung der Geschäfte des Unternehmens ab.

Somit knüpfte das OG an die Entscheidung des BerG Warschau vom 18. August 2011 an, in der die Gesellschafter aufgefordert worden waren, einen Katalog unredlicher und unsorgfältiger Handlungen der Geschäftsleiter im Gesellschaftsvertrag zu bestimmen, um auf diese Weise die Gesellschaft vor mangelnder Sorgfalt der Geschäftsführung zu schützen.[753] Dem BerG Warschau zufolge ist die fehlende Sorgfalt keine Verletzung des Art. 201 HGGB (Vertretung und Geschäftsführung einer *sp. z o.o.* durch die Geschäftsführer). Erst bei Verweigerung der Vertretung oder Geschäftsführung könne ein Verstoß gegen Art. 201 HGGB vorliegen. Ein unsorgfältiger Umgang mit dem Gesellschaftsvermögen oder das Eingehen überhöhter Risiken stelle für sich genommen keine Verletzung des Art. 201 HGGB dar, weil Art. 201 HGGB die Führung der Geschäfte einer Gesellschaft nicht definiert und diesbezüglich keine Hinweise enthalte.[754] Um solchen Fällen vorzubeugen, sollten die Gesellschafter im Gesellschaftsvertrag einen Katalog unzulässiger Handlungen oder Unterlassungen aufstellen. Fehlen entsprechende Satzungsbestimmungen oder Gesetzesvorschriften, sei es aussichtslos, den Geschäftsführer nach Art. 293 § 1 HGGB in Anspruch zu nehmen.[755]

Im Gegensatz zur der Entscheidung des BerG Warschau stellte das OG 2014 fest, dass sich die Pflicht des Geschäftsführers zur sorgfältigen Unternehmensführung aus Art. 201 § 1 HGGB ergibt. Vorliegend hielt das Gericht eine Reihe von Handlungen des Geschäftsführers der „Ka." sp. z o.o. für unsorgfältig. Der Geschäftsführer schloss einen fiktiven Dienstleistungsvertrag im Namen der Gesellschaft ab, obwohl er wusste, dass der Geschäftspartner die vertraglich geschuldeten Dienstleistungen nicht leisten würde, weil diese tatsächlich von der „Ka." sp. z o.o. durchgeführt werden sollten. Zudem sollte ein Teil der von „Ka." sp. z o.o. im Rahmen des Vertrags bezahlten Vergütung an den Geschäftsführer

---

so.gov.pl/content/$N/150505000003527_VII_Ga_000335_2016_Uz_2016-09-30_001 (abgerufen am 22.9.2017).

753 BerG Warschau Urt. v. 18.8.2011, I ACa 54/11, LEX 1120149; ähnlich BerG Lodz Urt. v. 19.12.2012, I ACa 946/12, LexisNexis 5047844; BerG Bialystok Urt. v. 22.10.2014, I ACA 375/14, Legalis 1163509.

754 Vgl. BerG Warschau Urt. v. 18.8.2011, I ACa 54/11, LEX 1120149; anders OG Urt. v. 24.7.2014, II CSK 627/13, LEX 1545031.

755 BerG Warschau Urt. v. 18.8.2011, I ACa 54/11, LEX 1120149; zustimmend *Błaszczyk*, MoP 1/2012, 47 ff.

der „Ka.“ sp. z o.o. zurückfließen. Infolge des Vertragsabschlusses entstand der „Ka.“ sp. z o.o. ein Schaden.

Dem OG zufolge haben sich die Entscheidungen über die Geschäftsführung ausschließlich am Gesellschaftsinteresse zu orientieren. Schuldhafte Handlungen, die ein vertretbares wirtschaftliches Risiko überschreiten, seien mit dem Interesse der Gesellschaft nicht zu vereinbaren. Sie verstießen gegen die in Art. 201 HGGB enthaltene allgemeine Pflicht zur sorgfältigen Geschäftsführung und begründeten dadurch die Haftung eines Geschäftsführers nach Art. 293 § 1 HGGB.

(3) Legalitäts-, Organisations- und Überwachungspflicht

Anders als im deutschen Recht wird in Polen nicht begrifflich zwischen Legalitäts-, Organisations- und Überwachungspflicht unterschieden, sondern sämtliche Anforderungen werden ausschließlich unter dem Stichwort Legalitätspflicht behandelt. Nach h. M. soll der Rechtsverstoß eines Vorstandsmitglieds eng ausgelegt werden.[756] Das HGGB selbst enthält zwar keinen geschlossenen Pflichtenkatalog, die enthaltenen Pflichten des Vorstands lassen sich aber in zwei Gruppen einteilen.[757] Zum einen sind das Pflichten, die sich aus der Stellung der Vorstands ergeben, der für die Gesellschaft als juristische Person handelt (etwa Art. 348, 349, 362, 397 HGGB), und zum anderen diejenigen Pflichten, die sich aus der Unternehmensführung *per se* ergeben (Art. 368 § 1 HGGB, Art. 483 § 2 HGGB). Während die Verletzung Ersterer in der Regel offensichtlich ist,[758] lässt sich diese im zweiten Fall nicht immer eindeutig und sofort feststellen.[759]

Zur zweiten Gruppe gehört nämlich eine umfassende, aber nur schwer definierbare Pflicht zur sorgfältigen Unternehmensführung. Sie ergibt sich aus der wirtschaftlichen Besonderheit der Kapitalgesellschaften, dass ein Vorstandsmitglied als Treuhänder fremden Vermögens im Interesse der Gesellschaft tätig ist. Gegen die Pflicht zur sorgfältigen Unternehmensführung verstoßen z. B. unternehmerische Entscheidungen ohne Berücksichtigung der finanziellen oder tatsächlichen Realisierungsmöglichkeiten; Entscheidungen, die mit einem unverhältnismäßigen Risiko verbunden sind, welches auch potenzielle Vorteile für die Gesellschaft überwiegt; Entscheidungen, die trotz erforderlicher Spezialkenntnisse ohne Expertenrat getroffen werden; der Abschluss von Darlehens- oder

---

756 *Strzelczyk* in Siemiątkowski/HGGB-Komm Art. 483 Rn. 2 m. w. N; *Bilewska*, Anmerkung zu OG Urt. v. 15.6.2005, IV CK 731/04, OSP 2007, Nr. 9 Pos. 103, LEX 177217.

757 *Siemiątkowski*, Odpowiedzialność, 2007, S. 182.

758 Vgl. *Siemiątkowski*, Odpowiedzialność, 2007, S. 182, der in solchen Fällen von einem „qualifizierten Rechtsverstoß“ spricht.

759 Vgl. *Buszmak*, PPH 5/2016, 51, 54 ff.

Finanzierungsverträgen trotz einer sich verschlechternden Unternehmenslage sowie das Unterlassen von Maßnahmen, die für die Gesellschaft positiv wären (z. B. Versäumung der Verjährungsfrist für Gesellschaftsansprüche).[760]

Darüber hinaus kann auch ein Verstoß gegen Satzungsbestimmungen zu einer Pflichtverletzung führen, z. B. wegen einer Handlung, die über den Unternehmensgegenstand hinausgeht,[761] die in der Satzung festgeschriebenen Verbote verletzt, Zustimmungserfordernisse des Aufsichtsrats oder eines Aufsichtsratsmitglieds missachtet oder die statutarische Kompetenzverteilung beeinträchtigt.[762]

Das Vorstandsmitglied handelt wiederum nicht pflichtwidrig, wenn es interne Geschäftsordnungen des Vorstands oder des Aufsichtsrats, die ihre Organisation und Zuständigkeiten gem. Art. 391 § 3 HGGB regeln, verletzt. Eine Satzungsbestimmung, die die Verletzung der Geschäftsordnung sanktionieren würde, wäre unwirksam, denn die Geschäftsordnung unterscheidet sich aufgrund ihres Ranges, ihres Charakters und der Form deutlich von der Satzung und ist ihr nicht gleichzustellen.[763] Rechtmäßig handelt auch ein Vorstandsmitglied, das einen Organbeschluss dann nicht ausführt, wenn dieser über die Organkompetenzen hinausgeht oder die Ausführung einen Schaden für die Gesellschaft verursachen könnte. Denn Vorstandsmitglieder sind nicht verpflichtet, rechts- oder satzungswidrige Beschlüsse anderer Organe zu befolgen.[764]

bb) Treuepflicht

Im HGGB fehlt es an einer gesetzlichen Regelung der Treuepflicht des Vorstands. Das Wettbewerbsverbot reguliert ausdrücklich Art. 380 HGGB und aus den Art. 368 und 483 HGGB lässt sich eine Loyalitätspflicht ableiten. Das Organverhältnis zwischen Vorstand und Gesellschaft nähert sich einem Auftragsvertrag an. Das Vorstandsmitglied übernimmt dabei die Rolle des Auftragnehmers und die Gesellschaft diejenige des Auftraggebers. Eine der Kernpflichten des Auftragnehmers ist die Pflicht, sich gegenüber dem Auftraggeber loyal zu verhalten.[765] Insofern besteht die Loyalitätspflicht des Vorstands unter anderem darin, das

760 *Oplustil*, Instrumenty, 2010, S. 766.
761 Siehe *Błaszczyk*, Prawo Spółek 6/2009, 2, 7.
762 Vgl. *Oplustil*, Instrumenty, 2010, S. 759; *Opalski* in Opalski/HGGB-Komm Art. 483 Rn. 14.
763 *Oplustil*, Instrumenty, 2010, S. 759.
764 *Oplustil*, Instrumenty, 2010, S. 759.
765 Vgl. *Cierpial* in Vorstandshaftung in Europa, 2005, S. 662.

Mandat im Interesse der Gesellschaft sorgfältig auszuüben.[766] Außerdem ergibt sich die Loyalitätspflicht aus der analogen Anwendung des aus Art. 354 ZGB folgenden allgemeinen Gebots von Treu und Glauben *(dobra wiara)* und der guten Sitten und Gebräuche *(dobre obyczaje)*.[767]

c) Verschulden

Die Verletzung der erforderlichen Sorgfalt, die sich aus dem beruflichen Charakter der Tätigkeit des Vorstandsmitglieds ergibt, impliziert in der Regel ein schuldhaftes Verhalten des Vorstandsmitglieds.[768] Hierauf finden die allgemeinen Vorschriften des ZGB Anwendung (Art. 472 ff. ZGB). Die Haftung tritt schon bei leichtestem Verschulden ein.[769] Daher löst ähnlich wie aufgrund des § 93 Abs. 1 S. 1 AktG schon die einfache Fahrlässigkeit die Haftung nach Art. 483 § 1 HGGB aus.[770]

d) Schaden und Kausalität

Der Schaden und der kausale Zusammenhang zwischen der Handlung des Vorstandsmitglieds und dem Schaden der Gesellschaft sind nach allgemeinen Zivilregeln zu ermitteln. Die Vorschriften des ZGB, insbesondere Art. 361 ZGB zum Umfang des Schadens, werden gemäß Art. 2 HGGB entsprechend angewandt.[771] Der Schaden umfasst sowohl den positiven Schaden *(damnum emergens)* als auch den entgangenen Gewinn *(lucrum cessans)*.[772] Das Schadensausmaß wird nach der Differenzhypothese ermittelt, wofür ein kausaler Zusammenhang zwischen Handlung und Schaden ausschlaggebend ist.[773] Ein Vorstandsmitglied haftet nur für die normalen Folgen des Handelns

---

766 Vgl. *Opalski*, KPP 2/2008, 467, 478.

767 Vgl. *Opalski*, KPP 2/2008, 467, 478.

768 *Popiołek* in *Pyzioł* in HGGB-Komm Art. 293 Rn. 7, theoretisch ließen sich Beispiele finden, wo trotz unsorgfältigen Verhaltens kein Verschulden vorzuwerfen ist.

769 *Bieniak* in Bieniak/HGGB-Komm Art. 483 Rn. 4.

770 *Strzelczyk* in Siemiątkowski/HGGB-Komm Art. 483 Rn. 4.

771 *Popiołek* in Pyzioł/HGGB-Komm Art. 293 Rn. 4; *Frąckowiak* in Popiołek/HGGB-Komm Art. 483 Rn. 2; *Rodzynkiewicz*, HGGB-Komm Art. 293 Rn. 1.

772 Zur Differenzhypothese siehe OG Urt. v. 10.11.2004, II CK 186/04, MoP 10/2004, 554, Legalis 82825; *Bieniak* in Bieniak/HGGB-Komm Art. 483 Rn. 5; *Bilewska*, Dochodzenie roszczeń (actio pro socio), 2008, S. 159; *Kupryjańczyk* in Jara/HGGB-Komm Art. 483 Rn. 5.

773 Dazu *Kaliński*, Szkoda, 2014, S. 182 ff.

oder Unterlassens (Adäquanztheorie).[774] Somit liegt ein ersatzfähiger Vermögensschaden dann vor, wenn eine Differenz zwischen dem gegenwärtigen Vermögenswert der Geschädigten und demjenigen besteht, der existieren würde, wenn die den Schaden verursachende Handlung nicht stattgefunden hätte.[775] Für den der Gesellschaft zugefügten Schaden haften die Vorstandsmitglieder unbegrenzt mit ihrem gesamten gegenwärtigen sowie zukünftigen Vermögen. Der Schuldner ist nach allgemeinen Zivilregeln (Art. 363 § 1 ZGB) verpflichtet, entweder den Zustand vor Eintritt des Schadens wiederherzustellen oder den entsprechenden Vermögensschaden zu ersetzen.[776] Da infolge eines rechtswidrigen Handelns des Vorstandsmitglieds in der Regel ein Vermögensschaden der Gesellschaft entsteht, spielt die Naturalrestitution kaum eine Rolle.

e) Beweislast

Verklagt die Gesellschaft ein Vorstandsmitglied auf Schadensersatz, muss sie den Schaden und den kausalen Zusammenhang zwischen dem entstandenen Schaden und dem Handeln des Vorstandsmitglieds sowie – anders als in Deutschland – die Pflichtwidrigkeit des Handelns des Vorstandsmitglieds beweisen. Wie § 93 Abs. 2 S. 2 AktG sieht Art. 483 § 1 HGGB i. V. m. Art. 6 ZGB eine Umkehr der Beweislast vor und bürdet diese dem Vorstandsmitglied auf.[777] Art. 483 § 1 HGGB verankert eine Verschuldensvermutung.[778] Um sich

---

774 Vgl. *Cierpial* in Vorstandshaftung in Europa, 2005, S. 661.

775 OG Urt. v. 11.7.1957, II CR 304/57, OSNCK 1958, Nr. 3 Pos. 76, LEX 4975.

776 Daher unklar *Szajkowski/Tarska* in Sołtysiński/HGGB-Komm AG Art. 483 Rn. 36, die zulassen, dass ein Vorstandsmitglied *unabhängig* von der Pflicht zum Ersatz des tatsächlichen Schadens sowie des entgangenen Gewinns zur Wiederherstellung des vorherigen Zustands verpflichtet werden kann. Die vereinfachte Aussage lässt sich darauf zurückführen, dass Art. 363 § 1 ZGB in der Rechtslehre umstritten ist. Hier ist nur die h. M. kurz zusammenzufassen. Danach stellt Art. 363 § 1 ZGB zwar eine Alternativschuld *(obligatio alternativa)* dar, dennoch ist der Schuldner zum entgeltlichen Schadensersatz verpflichtet, wenn sich die Naturalrestitution nachträglich als unmöglich herausstellt. Art. 363 § 1 S. 2 ZGB schließt nämlich die nachträgliche Unmöglichkeit der Erfüllung eines Schuldverhältnisses aus, und daher erlischt das Schuldverhältnis nicht nach Art. 475 § 1 ZGB. Andernfalls würde eine ungünstige Situation für den Gläubiger entstehen; dazu siehe *Kaliński*, Szkoda, 2014, Teil IV § 2.

777 Vgl. OG Urt. v. 24.9.2008, II CSK 118/08, OSNC 2009, Nr. 9 Pos. 131, LEX 469112.

778 Vgl. BerG Kattowitz Urt. v. 9.7.2009, V ACa 245/09, LEX 551987; OG Urt. v. 10.11.2004, II CK 186/04, MoP 10/2004, 554, Legalis 82825; OG Urt. v. 19.12.1997, II CKN 531/97, LEX 50550; *Kupryjańczyk* in Jara/HGGB-Komm Art. 483 Rn. 6; *Strzelczyk* in Siemiątkowski/HGGB-Komm Art. 293 Rn. 1.

zu entlasten, muss ein Vorstandsmitglied beweisen, dass es kein Verschulden trifft.[779] Ein fällig gebliebener Beweis des fehlenden Verschuldens geht zulasten des Vorstands.[780]

Dem ist die deliktische Haftung (Art. 415 ZGB), die keine Beweislastumkehr vorsieht, gegenüberzustellen. Die Beweislastumkehr hebt die Individualisierung der an die haftenden Personen gestellten Erwartungen hervor, wohingegen bei der deliktischen Haftung die an die haftenden Personen gestellten Erwartungen generalisiert werden. Denn ausschlaggebend ist für das Letztere der Maßstab einer typischen, durchschnittlichen Person, die verpflichtet ist, sich unter den gegebenen Umständen rechtmäßig zu verhalten. Die Individualisierung der Haftung ergibt sich wiederum zum einen aus einem besonderen, schon vor der haftungsbegründenden Handlung bestehenden Verhältnis und zum anderen aus der professionellen Tätigkeit der Vorstandsmitglieder.[781]

5. Unternehmerisches Ermessen und Business Judgment Rule

Das HGGB enthält keine gesetzliche Grundlage der BJR. Die Rechtslehre erkennt dennoch ein Geschäftsleiterermessen an.[782] Auch die Rechtsprechung gewährt den Organmitgliedern ein gewisses Ermessen bei der Ausübung ihrer Funktion und würdigt eine „Handlungsfreiheit beim Treffen der unternehmerischen Entscheidungen".[783] Die Unternehmensführung sowie der Abschluss von Verträgen seien ihrem Wesen nach damit verbunden, Entscheidungen zu treffen und Risiken einzugehen. Diese Entscheidungen stellen sich oft erst aus der *ex*

---

779 Siehe nur OG Urt. v. 24.7.2014, II CSK 627/13, LEX 1545031.

780 *Bieniak* in Bieniak/HGGB-Komm Art. 483 Rn. 4; *Szczęsny*, Prawo Spółek 3/2007, 22, 24.

781 *Siemiątkowski*, Odpowiedzialność, 2007, S. 81.

782 *Popiołek* in Strzępka/HGGB Art. 483 Rn. 7; *Siemiątkowski*, Odpowiedzialność, 2007, S. 183; *Okolski/Modrzejewski/Gasiński* in FS Sołtysiński, 2005, S. 495, 503; *Szumański* in FS Szpunar, 2004, S. 593, 599 f.; *Błaszczyk*, PPH 11/2009, 37, 39; *ders.* PiP 3/2012, 75, 75 f.; *ders.* Rzeczpospolita v. 31.7.2012, S. C7; *Opalski*, Rada nadzorcza, 2006, S. 426; *Opalski/Oplustil*, Rzeczpospolita v. 26.6.2012, S. C8; *dies.* Rzeczpospolita v. 19.12.2012, S. C7; *Opalski/Oplustil*, PPH 3/2013, 37, 37 f.; *Oplustil*, Instrumenty, 2010, S. 787 ff.; *Radwan*, Rzeczpospolita v. 29.8.2012, S. C7; *Romanowski*, Rzeczpospolita v. 7.9.2012, S. C6; *ders.*, Rzeczpospolita v. 23.10.2012, S. C8; *Wiśniewski*, Rzeczpospolita v.14.9.2012, S. C6.

783 OG Urt. v. 28.1.2000, I PKN 482/99, OSNAPiUS 2001, Nr. 11 Pos. 378, LEX 41191; siehe auch VerwG Warschau Urt. v. 16.9.2008, III SA/Wa 1140/08, LEX 513150; VerwG Warschau Urt. v. 23.6.2009, III SA/Wa 460/09, LEX 511329; OG Urt. v. 5.4.2005, I PK 208/04, OSNP 2006, Nr. 1-2 Pos. 3, Legalis 68281.

post-Perspektive als falsch heraus.[784] Dennoch wurde in der höchstrichterlichen Rechtsprechung bis heute der Kern der Idee eines „sicheren Hafens", nämlich unternehmerische Entscheidungen bei sorgfältigem Verhalten des Organmitglieds gerichtlicher Kontrolle zu entziehen, nicht thematisiert.[785] Es fehlen Entscheidungen des OG, die diese Frage mit dem Wagemut der ARAG/Garmenbeck-Entscheidung angegangen und auf diese Weise ein wirkliches Geschäftsleiterermessen statuiert hätten.

Die Entwicklung der BJR in Deutschland führt vor Augen, wie bescheiden die Debatte über die BJR in Polen ist. Die deutsche BJR gilt als ein Lehrbuchbeispiel für eine Rechtsheranbildung vom „Richterrecht zur Kodifizierung".[786] Vollzieht man die Etappen der Entwicklung der BJR in Deutschland nach, lässt sich feststellen, dass die Debatte in Polen jener *vor* dem UMAG in Deutschland entspricht, wobei dieser keine höchstrichterliche Rechtsprechung vorangeht. Der erste Vorschlag zur Gesetzesänderung kam in Polen ebenso aus dem Schrifttum.[787] Eine Reaktion seitens der Legislative in Form eines Gesetzesentwurfs blieb jedoch aus.

a) *Entwicklung in der Rechtsprechung*

aa) *Wirtschaftliches Risiko*

Der Schwerpunkt der bisherigen Rechtsprechung liegt nicht beim unternehmerischen Ermessen selbst, sondern beim Begriff des *zulässigen wirtschaftlichen Risikos*, an dessen Grenze zugleich der Maßstab der erforderlichen Sorgfalt des Vorstandsmitglieds angeknüpft wird: Ein sorgfältiger Geschäftsleiter habe das Wirtschaftsrisiko stets zu berücksichtigen und müsse die kurz- sowie langfristigen Wirkungen eines Risikos beurteilen können. Er sei verpflichtet, erforderliche Maßnahmen zu ergreifen, um das Interesse der Gesellschaft zu sichern und einem finanziellen Schaden vorzubeugen.[788] Von einem Vorstandsmitglied wird keine selektive, sondern eine umfassende Betrachtung der vorgenommenen

784 OG Urt. v. 17.4.2009, II PK 273/08, LEX 1157553, interessanterweise hat die Entscheidung nicht die Zivil-, sondern die Arbeitskammer des OG gefällt. Sie blieb in der Rechtslehre unbemerkt.

785 In dieser Richtung aber BerG Kattowitz Urt. v. 5.11.2004, I ACa 540/04, OSA 2004, Nr. 4 Pos. 8, Legalis 72489; BerG Breslau Urt. v. 1.12.2010, II AKa 326/10, OSA 2011, Nr. 3 Pos. 223, Legalis 357839.

786 *Fleischer*, ZIP 2005, 685; rechtsvergleichend *ders.* in FS Wiedemann, 2002, S. 827.

787 Dazu siehe C.II.5.c)bb).

788 BerG Breslau Urt. v. 11.12.2014, II AKa 362/14, Legalis 1186103.

Handlungen erwartet. Dabei hat ein Vorstandsmitglied zu beachten, dass der Gesellschaftszweck in der Gewinnerzielung, in dem laufenden Funktionieren sowie in der Entwicklung der Gesellschaft besteht. Ohne ständige Entwicklung kann die Gesellschaft kaum auf zukünftige Gewinne zählen, insbesondere, wenn sie im starken Wettbewerb steht. Die Handlung eines Vorstandsmitglieds, die das nicht berücksichtigt, kann nicht als loyal angesehen werden und darf daher nicht als sorgfältig gelten.[789]

Die Rechtslehre bezieht sich dabei vor allem auf Erkenntnisse des Wirtschaftsstrafrechts.[790] Hiernach sei entscheidend, ob das eingegangene Risiko im jeweiligen Wirtschaftssektor noch als adäquat angesehen werden kann.[791] Darunter sind vor allem Handlungen mit ungewissem Ausgang zu verstehen. Die Handlung darf nicht gegen Normen (soweit vorhanden), die ein bestimmtes Risiko definieren, verstoßen und muss sich ökonomisch lohnen. Die Wahrscheinlichkeit eines Gewinns muss größer als die eines Verlustes sein. Dabei soll die Art und Weise der Handlung dem wirtschaftlichen Ziel der Unternehmung gerecht werden, und das Ziel muss wiederum dem Charakter der Unternehmung entsprechen.[792] Die mit der Handlung einhergehende Unsicherheit darf nicht „die größte der möglichen" sein und nicht deutlich den durchschnittlichen Risikograd bei solchen Handlungen überschreiten.[793] Ist eine alternative sichere Vorgehensweise möglich, dann ist dieser zu folgen. Der Handelnde ist verpflichtet, entsprechende Maßnahmen zu ergreifen, um das Unternehmen vor den negativen Wirkungen des eingegangenen Risikos abzusichern.[794] Die Erkenntnisse der Strafrechtslehre behelfen sich mit deutungsoffenen Begrifflichkeiten, dennoch können sie – angesichts der wenigen Entscheidungen zum unternehmerischen Ermessen – für das Zivilrecht und die Auslegung des unternehmerischen Risikos hilfreich sein.[795]

Die bloße Bezugnahme eines Geschäftsführers auf ein wirtschaftliches Risiko reicht jedoch nicht aus, um sich von der Haftung zu befreien, wenn der Geschäftsführer unsorgfältig gehandelt hat.[796] Ergo erfodert ein „sicherer Hafen"

---

789 Vgl. OG Urt. v. 28.1.2000, I PKN 482/99, OSNAPiUS 2001, Nr. 11 Pos. 378, LEX 41191.

790 Vgl. *Opalski/Oplustil*, PPH 2013/3, 11, 20 m. w. N.

791 *Zawłocki*, Prawo karne gospodarcze, 2007, S. 379 f.; *Błaszczyk*, PPH 11/2009, 37, 38.

792 Vgl. *Zawłocki*, Prawo karne gospodarcze, 2007, S. 382.

793 *Zawłocki*, Prawo karne gospodarcze, 2007, S. 382.

794 Vgl. *Zawłocki*, Prawo karne gospodarcze, 2007, S. 382 f.

795 Dafür *Oplustil*, Instrumenty, 2010, S. 787.

796 OG Urt. v. 9.5.2000, IV CKN 117/00, Wokanda 2000, Nr. 10 Pos. 6, LEX 42351: „Die Bezugnahme des Beklagten [Geschäftsführers] auf das mit der unternehmerischen

die Erfüllung weiterer Voraussetzungen, die das OG aber nicht nennt. Daran anknüpfend, wird in der Rechtslehre – durch stumpfe Wiederholung des Leitsatzes – festgestellt, dass der bloße Bezug auf ein wirtschaftliches Risiko *de lege lata* keine Haftungsbefreiung nach Art. 483 § 1 HGGB rechtfertigen könne, wenn ein Vorstandsmitglied unsorgfältig gehandelt habe.[797] Das unternehmerische Risiko als solches entfalte keine Enthaftungswirkung.[798] Aber trifft das tatsächlich die Aussage des Gerichts? Das OG hat lediglich entschieden, dass die Enthaftungswirkung *nicht nur* einem unternehmerischen Risiko zugesprochen werden darf; es hat allerdings offengelassen, welche Voraussetzungen noch vorliegen müssen, um in den Genuss eines solchen Haftungsfreiraums zu kommen. Auf die Frage, inwieweit das notwendige Unternehmensrisiko berücksichtigt werden muss, ist das OG ebenso nicht eingegangen.[799]

bb) Gerichtliche Kontrolle

Bis heute hat sich die höchstrichterliche Rechtsprechung nicht dazu geäußert, ob unternehmerische Entscheidungen gerichtlicher Kontrolle unterliegen oder ihr entzogen sind. Einmal mehr ist es angezeigt, sich mit den Gerichtsentscheidungen unterer Instanzen eingehend zu beschäftigen. Dem BerG in Kattowitz zufolge ist ein Gericht nicht befugt, die Richtigkeit (Ordnungsmäßigkeit) der Mandatsausübung durch einen Geschäftsführer zu beurteilen und über Handlungen und Unterlassungen eines Geschäftsführers, die „keine rechtsbildenden Tatsachen darstellen“, zu entscheiden.[800] Das BerG in Breslau hat wiederum

---

Tätigkeit verbundene Risiko als ein Umstand, der ihn entsprechend der Regeln der vertraglichen Haftung von der Haftung gegenüber der Gesellschaft nach Art. 292 § 2 HGB-PL enthaften soll, kann nicht als wirksam anerkannt werden, wenn der Schaden infolge einer unsorgfältigen Führung der Geschäfte der Gesellschaft durch den Beklagten entstanden ist.“

797 Vgl. *Oplustil*, Instrumenty, 2010, S. 787; *Błaszczyk*, Odpowiedzialność, 2011, S. 43; *Okolski/Modrzejewski/Gasiński* in FS Sołtysiński, 2005, S. 495, 505.

798 Vgl. *Oplustil*, Instrumenty, 2010, S. 786.

799 Vgl. *Cierpial* in Vorstandshaftung in Europa, 2005, S. 663.

800 BerG Kattowitz Urt. v. 5.11.2004, I ACa 540/04, OSA 2004, Nr. 4 Pos. 8, Legalis 72489. Ein ausgeschiedenes Vorstandsmitglied hat eine Feststellungsklage gem. Art. 189 ZPO erhoben. Dadurch wollte es die gerichtliche Feststellung erzwingen, dass seine Haftung gegenüber der Gesellschaft trotz des Beschlusses, der ihm die Entlastung verweigert hat, nicht begründet sei. Die Klage wurde aufgrund der „zu unbestimmten Forderung“ des Vorstandsmitglieds abgewiesen. Dem Gericht zufolge hat die Klage darauf abgezielt, dass das Gericht zu prüfen gehabt hätte, ob der Kläger seine Rolle als Vorstandsmitglied richtig ausgeübt hat und damit die Handlungen

entschieden, dass bei einer Entscheidung über die Ordnungsmäßigkeit eines unternehmerischen Vorgehens durch ein Organmitglied eine gewisse Vorsicht geboten sei. Zwar ist die Entscheidung aufgrund strafrechtlicher Vorschriften über Untreue (Art. 296 StGB-PL[801]) ergangen. Dennoch kann der vom BerG Breslau geäußerte Gedanke, dass eine Beurteilung, ob gegenseitige Leistungen der Vertragsparteien äquivalent im Sinne des Art. 487 § 2 ZGB sind, in erster Linie den Organmitgliedern der Gesellschaften zusteht, auf das unternehmerische Ermessen eines Geschäftsleiters übertragen werden. Dem Gericht zufolge besteht, wenn die Satzung nichts anderes bestimmt, im privaten Geschäftsverkehr keine Pflicht, ein Grundstück zum Marktpreis zu kaufen. Den Kaufpreis vereinbaren die Parteien, die dem Prinzip der Äquivalenz der Leistungen folgen.[802] Die *Entscheidung* darüber, ob die gegenseitigen Verpflichtungen der Vertragsparteien äquivalent sind, obliegt in erster Linie den Organen einer juristischen Person.[803] Das Gericht hat die Haftung des Geschäftsführers einer *sp. z. o.o.* (hinsichtlich dieses konkreten Handelns) wegen Untreue gem. Art. 296 StGB-PL abgelehnt. Ob der Geschäftsführer auch unsorgfältig gehandelt hat, hatte das Gericht in dem Fall nicht zu entscheiden.

Es sollte sich jedoch über die soeben erläuterten unternehmensfreundlichen Gerichtsentscheidungen nicht verfrüht gefreut werden, denn die beiden Entscheidungen wurden lediglich von Berufungsgerichten getroffen. Dennoch darf die These gewagt werden, dass dies die ersten, wenn auch noch etwas holprigen Versuche polnischer Gerichte sind, zwischen gebundener und unternehmerischer Entscheidung zu differenzieren, indem sich bei der Prüfung unternehmerischer Entscheidungen sehr zurückgehalten wird. Es bleibt abzuwarten, ob die höchstrichterliche Rechtsprechung dieser Entscheidung folgt, und wenn ja, ob sie sich endlich zu einem mutigen und deutlichen Bekenntnis zur BJR durchringen wird.

---

und Verhaltensweisen, die keine rechtsbegründenden Tatsachen dargestellt haben, hätte beurteilen müssen.

801 Strafgesetzbuch v. 6.6.1997 (GBl. 1997 Nr. 88 Pos. 553).

802 BerG Breslau Urt. v. 1.12.2010, II AKa 326/10, OSA 2011, Nr. 3 Pos. 223, Legalis 357839.

803 BerG Breslau Urt. v. 1.12.2010, II AKa 326/10, OSA 2011, Nr. 3 Pos. 223, Legalis 357839.

b) *Empfehlung des Code of Best Practice (2005)*

Ein Ansporn zur Diskussion über das unternehmerische Ermessen der Unternehmensleiter hätte die Empfehlung Nr. 33 des Code of Best Practice (2005) sein können:[804]

> "When making decisions on corporate issues, management board members should act within the limits of justified business risk, i.e. after considering all information, analyses and opinions, which, in the reasonable opinion of the management board, should be taken into account in a given case in view of the company's interest." [Principle no. 33 of Code of Best Practice in Public Companies 2005]

Die Empfehlung konnte jedoch kaum von ihren Adressaten (börsennotierte Aktiengesellschaften) wahrgenommen werden, weil in der darauffolgenden Fassung des Code of Best Practice (2007) auf diese Empfehlung ohne jegliche Begründung verzichtet wurde.[805] Die Regel ist insofern zu begrüßen, als sie den ersten Versuch darstellte, das unternehmerische Ermessen auch in Polen zu Papier zu bringen.

c) *Debatte in der Rechtslehre*

In der Rechtslehre wird die Einführung der BJR grundsätzlich befürwortet.[806] Es fehlt jedoch an ausführlichen, umfassenden Beiträgen zur BJR. Die meisten Beiträge geben sich mit der Feststellung zufrieden, die BJR sei einzuführen, ohne sich weiter mit ihr auseinanderzusetzen. Auch fehlt es am gesetzgeberischen Willen, das Thema aufzugreifen. In der polnischen Rechtslehre wird mit Blick auf die deutsche Rechtslehre und Rechtsprechung betont, der Gesetzgeber müsse beachten, dass eine zu scharfe Haftung die Vorstandsmitglieder in ihrem unternehmerischen Handeln hemmen und die Bereitschaft, Risiken einzugehen, beeinträchtigen könne. Zugleich ist ein Risiko aber ein unentbehrlicher Bestandteil unternehmerischer Tätigkeit. Daher soll das Recht den Geschäftsleitern einen

---

804 Code of Best Practice (2005) (Fn. 640).

805 Code of Best Practice (2007) (Fn. 640).

806 Erster Vorschlag zur Änderung des Art. 483 HGGB siehe *Opalski/Oplustil*, PPH 3/2013, 11, 22; *dies.* Rzeczpospolita v. 19.12.2012, S. C7; daran anknüpfend *Guzewicz/Jagodziński*, PPH 11/2013, 47, 50; *Romanowski*, Rzeczpospolita v. 23.10.2012, S. C8; teilweise begrüßend, allerdings ohne konkreten Wortlaut *Błaszczyk*, PiP 3/2013, S. 75 ff.; *ders.*, Rzeczpospolita v. 31.7.2012, S. C7; *Oplustil*, Instrumenty, 2010, S. 914 ff.; erwähnend *Siemiątkowski*, Rechtssystem/KapGes sp. z o.o., § 43 Rn. 48 Fn. 155; *Sołtysiński*, KPP 1/2011, 47, 55; *Chełkowska*, PPH 10/2016, 31, 37 ff.

Entscheidungsspielraum bieten und sie unter bestimmten Voraussetzungen von der Haftung befreien, wenn Entscheidungen sich nachträglich als schädlich für die Gesellschaft erwiesen haben.[807]

Erst 2013 hat das Schrifttum mit dem ersten Vorschlag zur Kodifizierung der BJR geantwortet. Da beide Änderungsvorschläge zum größten Teil auf dem Grundsatz Nr. 33 des Code of Best Practice (2005) beruhen, wird die Analyse der Gesetzesänderungsvorschläge von *Opalski* und *Oplustil* sowie *Guziewicz* und *Jagodziński* nachstehend kombiniert durchgeführt.

aa) Keine Business Judgment Rule de lege lata – *Ansatz* Błaszczyks

Der erste ausschließlich der BJR gewidmete Beitrag war 2012 ein Aufsatz *Błaszczyks*, der anhand eines Rechtsvergleichs (vornehmlich zum amerikanischen Recht) die Innenhaftung der Geschäftsleiter analysiert hat, ohne jedoch einen konkreten Vorschlag zur Kodifizierung der BJR in Polen zu unterbreiten.[808] Nach Auffassung des Autors stellt *de lege lata* die Verletzung des Sorgfaltsmaßstabs keine Pflichtverletzung dar, worin das Hindernis für die Kodifizierung der BJR zu sehen sei. Für seinen Ansatz führt der Autor folgende Argumente an: Die Einführung der BJR ohne eine vorherige Änderung des Art. 483 § 2 HGGB bedeute, dass die Organmitglieder nicht nur bei der Verletzung des Sorgfaltsmaßstabs, sondern auch „in Fällen eindeutiger Rechtsverstöße" von der Haftung befreit wären, denn wenn die Tatbestandsmerkmale der BJR erfüllt seien, liege keine Verletzung des Verschuldensmaßstabs vor; die Organmitglieder treffe also kein Verschulden, das aber unentbehrlich sei, um die Haftung begründen zu können.[809] *De lege lata* kreiere die Einführung einer BJR eine Vermutung fehlenden Verschuldens. Ein derart liberales Verständnis der BJR beraube sie jeglicher praktischen Bedeutung. Wenn die BJR wiederum ähnlich wie in den USA oder in Deutschland konzipiert wäre und sie keine gebundenen Entscheidungen umfassen würde, würde das aufgrund des heutigen Art. 483 § 2 HGGB bedeuten, dass der Anwendungsbereich der BJR fast leer sei. Wenn ein Manager nicht rechts- oder satzungswidrig handele, sei es *de lege lata* ohnehin unmöglich, ihn haften zu lassen.[810]

Błaszczyk schlussfolgert, dass die Kodifizierung der BJR unnötig sei, weil die Enthaftung von Managern bei unternehmerischen Entscheidungen bereits

---

807 Vgl. *Oplustil*, Instrumenty, 2010, S. 915; *Buszmak*, PPH 2/2017, 40, 41 ff.

808 *Błaszczyk*, PiP 3/2012, 75 ff.

809 *Błaszczyk*, PiP 3/2012, 75, 84.

810 *Błaszczyk*, PiP 3/2012, 75, 84 f.

de lege lata möglich sei, indem ein Organwalter in einem konkreten Fall beweise, dass er den erforderlichen Sorgfaltsmaßstab angewandt habe.[811] Ebenso sei zu bezweifeln, dass eine Kodifizierung der BJR den Gerichten Hinweise geben würde, unter welchen Voraussetzungen das Kriterium der erforderlichen Sorgfalt erfüllt sei. Denn eine der Grundannahmen der BJR laute, dass Handlungen *contra legem* nicht erfasst würden. Sollten also konkrete Rechtsnormen verletzt werden, könne das Gericht die Vermutungen der BJR bei der Entscheidung über ein Verschulden des Vorstandsmitglieds ohnehin nicht anwenden. Fehle es an der Rechtswidrigkeit des Handelns, entstehe die Haftung nicht.[812]

Abschließend betont *Błaszczyk* die Nachteile der derzeitigen Rechtslage, die zur Marginalisierung der Haftung beitrage und die Anspruchsverfolgung durch die Gesellschaft erheblich erschwere. Daher solle *de lege ferenda* Art. 483 § 2 HGGB dergestalt geändert werden, dass bereits seine Verletzung – vorausgesetzt, die Gesellschaft erleidet einen Schaden – eine Haftung der Organmitglieder begründen könnte. Dann wäre die Einführung der BJR geboten, damit die Haftung der Organmitglieder nicht erheblich verschärft würde.[813] Offen lässt der Autor die Frage danach, wie die Beweislast zu verteilen sei.[814]

Błaszczyks Argumentation mag rechtssystematisch kohärent sein und mit der von ihm vertretenen Ansicht, dass eine Verletzung des Art. 483 § 2 HGGB für die Haftung eines Vorstandsmitglieds gegenüber der Gesellschaft nicht ausreiche, übereinstimmen. Dennoch geht sie von einem praxisfernen Ansatz aus und lässt sich leicht *ad absurdum* führen: Ein unsorgfältiges Handeln eines Vorstandsmitglieds ist durch die Aktionäre zu „dulden", wenn das Verhalten gleichzeitig nicht als rechts- oder satzungswidrig zählt. Dies schafft eine Rechtswidrigkeit zweiter Kategorie. Folgerichtig bemerkt selbst der Autor, dass ein solches Rechtsverständnis die BJR jeglicher praktischen Relevanz beraube. Trotzdem verabschiedet er sich nicht von der praxisfremden, sehr formalistischen Auslegung des OG. Der Autor bezweifelt die Notwendigkeit der Kodifizierung der BJR, denn *de lege lata* haften die Manager ohnehin nicht, wenn sie sorgfältig gehandelt haben.[815] Dabei lässt *Błaszczyk* die wesentliche Neuerung der BJR außer Acht: die subjektive Absicherung des unternehmerischen Freiraums eines Vorstandsmitglieds, der keiner Überprüfung durch die Gerichte unterliegt, besteht, solange

811 Vgl. *Błaszczyk*, PiP 3/2012, 75, 85; dazu auch *Sołtysiński* in Corporate Boards, 2013, S. 511, 540.

812 Vgl. *Błaszczyk*, PiP 3/2012, 75, 85.

813 Vgl. *Błaszczyk*, PiP 3/2012, 75, 85.

814 Vgl. *Błaszczyk*, PiP 3/2012, 75, 87.

815 Vgl. *Błaszczyk*, PiP 3/2012, 75, 87.

ein Vorstandsmitglied bei einer unternehmerischen Entscheidung vernünftigerweise annehmen durfte, ausreichend informiert zu sein und im Interesse der Gesellschaft zu handeln.

bb) Regelungsvorschlag von Opalski/Oplustil

Der erste konkrete Vorschlag zur Kodifizierung der BJR wurde von *Opalski* und *Oplustil* formuliert.[816] Die Unterschiede zum Wortlaut des geltenden Art. 483 HGGB sind hier kursiv wiedergegeben:

> „§ 1. Ein Mitglied des Vorstands, des Aufsichtsrates oder ein Liquidator haftet gegenüber der Gesellschaft für einen Schaden, *den es/er ihr durch Nichterfüllung oder Schlechterfüllung seiner Pflichten zugefügt hat*, es sei denn, dass es/ihn kein Verschulden trifft.
>
> § 2. Ein Mitglied des Vorstands, des Aufsichtsrates oder ein Liquidator hat bei der Erfüllung seiner Pflichten die Sorgfalt einzuhalten, die sich aus dem beruflichen Charakter seiner Tätigkeit ergibt. *Die Nichtanwendung der Sorgfaltspflicht stellt eine Verletzung der in § 1 genannten Pflicht dar.*
>
> *§ 3 Ein Mitglied des Vorstands, des Aufsichtsrats oder ein Liquidator verletzt die in § 1 genannte Pflicht nicht, wenn es/er beim Entscheiden über die Geschäfte des Unternehmens der Gesellschaft, im Rahmen des vertretbaren unternehmerischen Risikos und im Interesse der Gesellschaft, auf der Grundlage der Informationen, Analysen und Gutachten, die bei einer sorgfältigen Beurteilung unter den gegebenen Umständen berücksichtigt werden sollten, handelt.*“

Nach Auffassung der Autoren begründet die Verletzung der Sorgfaltsplicht *de lege lata* den Tatbestand der Pflichtverletzung.[817] *De lege ferenda* sei die Pflichtwidrigkeit der Sorgfaltsverletzung aber in Art. 483 § 2 S. 2 HGGB einzuführen, da eine autonome Änderung der Rechtsprechung des OG kaum zu erwarten sei.[818] Die Auffassung entspricht der hier vertretenen Meinung: Zum richtigen Verständnis des Art. 482 § 2 HGGB, in dem die Dualität des Überprüfungsmaßstabs zum Ausdruck kommt, ist keine Gesetzesänderung erforderlich, denn all dies lässt sich bereits der gesamten Rechtssystematik sowie dem Normzweck entnehmen. *De lege ferenda* mag eine Gesetzesänderung begründet sein, um die Doppelfunktion des Sorgfaltsmaßstabs klarzustellen. Die vorgeschlagene Gesetzesänderung sollte all

816 *Opalski/Oplustil*, PPH 3/2013, 11, 22, die Vorschläge wurden auf Grundlage des Art. 293 HGGB unterbreitet; aus Vereinfachungsgründen wird hier der Vorschlag dem wortgleichen Art. 483 HGGB angepasst.

817 Vgl. *Opalski/Oplustil*, PPH 3/2013, 11, 22; *dies.* Rzeczpospolita v. 19.12.2012, S. C7.

818 Vgl. *Opalski/Oplustil*, PPH 3/2013, 11, 22.

jene zufriedenstellen, für die eine ausdrücklich im Gesetz geregelte Pflichtwidrigkeit der Sorgfaltsverletzung ein *sine qua non* der BJR ist.[819]

Der nachfolgende Teil unterwirft die Vorschläge von *Opalski/Oplustil* einer kritischen Würdigung.

(1) Art. 483 § 1 HGGB

Die Umformulierung des *Art. 483 § 1 HGGB* soll verhindern, den Schwerpunkt bei der Auslegung der Norm unnötig auf Rechts- oder Satzungsverstöße durch ein Organmitglied zu legen, und zu einer Änderung der bisherigen formalistischen Auslegung des OG führen.[820] Sosehr der Ansatz zu begrüßen ist, so sehr ist zu bezweifeln, dass das OG seine Rechtsprechung infolge der vorgeschlagenen Gesetzesänderung ändern wird. Wie oben dargelegt, ist die restriktive höchstrichterliche Rechtsprechung nicht ausschließlich auf den Gesetzeswortlaut des Art. 483 § 2 HGGB zurückzuführen.[821] Wie im Falle des § 93 AktG ist die Haftung nach Art. 483 § 1 HGGB das, was „die Rechtsprechung und Lehre daraus macht".[822] Die umstrittene Auslegung des OG ignoriert den Normzweck, indem die Gesellschaft der Möglichkeit beraubt wird, Ansprüche gegen ein unsorgfältiges Vorstandsmitglied geltend zu machen. Lediglich dem Gesetzeswortlaut die Schuld zuzuschieben, wäre zu einfach. Die hohen Anforderungen an die Haftung wurden nämlich durch das OG - und zwar, ohne dass dies dem Gesetz zu entnehmen wäre - entwickelt.[823]

(2) Art. 483 § 2 HGGB

Es ist fraglich, ob es notwendig ist, § 1 und § 2 gleichzeitig zu ändern, denn *Art. 483 § 2 S. 2 HGGB* umfasst den *Art. 483 § 1 Hs. 2 HGGB*. Die Pflichtverletzung wegen Nichtbeachtung der erforderlichen Sorgfalt (*Art. 483 § 2 S. 2 HGGB*) würde sich ohnehin aus dem modifizierten *Art. 483 § 1 HGGB* ergeben, wenn man bedenkt, dass die Verletzung einer Sorgfaltspflicht letztendlich nur die Nichterfüllung oder Schlechterfüllung einer Verpflichtung bedeuten kann. Im Ergebnis würde *Art. 483 § 2 S. 2 HGGB* also keine inhaltliche Änderung bedeuten.

---

819 So z. B. *Błaszczyk*, PiP 3/2012, 75, 84.

820 Vgl. *Opalski/Oplustil*, PPH 3/2013, 11, 22.

821 Näher dazu siehe D.III.1.a).

822 *Bachmann*, Gutachten E 28.

823 Zuvor *Sabat*, WiRO 2014, 225, 226.

(3) Art. 483 § 3 HGGB

Nach Vorschlag von *Opalski/Oplustil* soll die BJR in einem separaten Paragrafen (*Art. 483 § 3 HGGB*) eingeführt werden. Die wiederholte Nennung des Adressatenkreises dehnt den Wortlaut aus, entspricht jedoch rechtssystematisch dem Aufbau der ersten beiden Paragrafen und passt sich in die Norm ein.

(a) Unternehmerische Entscheidung

Der Anwendungsbereich des *Art. 483 § 3 HGGB* wird eröffnet durch eine Entscheidung „in den Angelegenheiten des Unternehmens der Gesellschaft" seitens eines Vorstandsmitglieds. Die Formulierung ist nicht einwandfrei. Sie verkompliziert unnötig das wesentliche Tatbestandsmerkmal der BJR, nämlich die unternehmerische Entscheidung, und schwächt somit dessen Wirkung ab. Eine unternehmerische Entscheidung birgt nicht nur Entscheidungen, die mit einem gewissen Risiko verbunden und durch Prognosen und Einschätzungen sowie Abwägungselemente und alternative Handlungsmöglichkeiten geprägt sind. Vielmehr basiert die Definition der unternehmerischen Entscheidung auf einer Gegensätzlichkeit zur gebundenen Entscheidung.[824] Diese Abgrenzung ist der vorgeschlagenen Formulierung nicht zu entnehmen. „Entscheiden in Angelegenheiten des Unternehmens der Gesellschaft" deutet nicht nur auf wirtschaftliche Entscheidungen hin, weil genauso gut die gesetzlichen Pflichten des Vorstands darunter gefasst werden können, was dem Sinn der BJR widerspricht. Eine gesetzliche Abgrenzung zur gebundenen Entscheidung ist zwar nicht erforderlich,[825] weil der Anwendungsbereich der BJR erst durch das wesentliche Merkmal der unternehmerischen Entscheidung eröffnet wird.[826] Es sollte aber klargestellt werden, dass es sich um Entscheidungen handelt, die einen prognostischen, zukunftsbezogenen Charakter haben und mit der bewussten Auswahl einer unternehmerischen Handlungsmöglichkeit verbunden sind.

Der vorgeschlagene Wortlaut knüpft offensichtlich an die Empfehlung Nr. 33 des Code of Best Practice (2005) an, wobei es sich selbst dort um „Entscheidungen in den Angelegenheiten der Gesellschaft" handelte. Ebenso sieht z. B. Art. 368 § 1 HGGB vor, dass der Vorstand die Geschäfte der *Gesellschaft* – und nicht *„des Unternehmens der Gesellschaft"* – führt.

---

824 Vgl. *Paefgen*, AG 2004, 245, 251.

825 Dafür aber in Deutschland *Paefgen*, AG 2004, 245, 252.

826 Vgl. *Winnen*, Die Innenhaftung des Vorstandes, 2009, S. 106 ff.

Der Wortlaut knüpft ferner an Art. 55¹ ZGB an, der das Unternehmen in der sog. objektiven Bedeutung definiert.[827] Danach ist ein Unternehmen eine organisierte Gesamtheit von materiellen und immateriellen Komponenten, die zur Führung einer Wirtschaftstätigkeit bestimmt sind. Dem Gesetz ist ein offener Beispielskatalog von Unternehmenskomponenten zu entnehmen. Das Unternehmen umfasst u. a. Unternehmensname, Eigentum an Grundstücken und beweglichen Sachen, Rechte aus Miet- und Pachtverträgen, Forderungen, Rechte aus Wertpapieren und Geldmitteln, Konzessionen, Lizenzen und Genehmigungen oder Patente. Da aber ein Unternehmen an sich (objektive Bedeutung) mit dem Rechtsträger, der die Gesellschaft ist (subjektive Bedeutung), untrennbar verbunden ist, ist der vorgeschlagene Wortlaut verwirrend und der Zusatz *„Unternehmen"* überflüssig. Zwar umfasst die Geschäftsführung gem. Art. 368 § 1 HGGB Entscheidungen des Vorstands, die einzelne Komponenten des Unternehmens im Sinne des Art. 55¹ ZGB zum Gegenstand haben, beschränkt sich aber nicht darauf. Außerdem lädt die eindeutige Bezugnahme auf den Katalog des Art. 55¹ ZGB dazu ein, auf eine zu enge Auslegung zu verfallen. Dies ist gerade im Lichte der bisherigen Rechtsprechung des OG nicht unwahrscheinlich. Statt sich auf den eigentlichen Kern der unternehmerischen Entscheidung (prognostischer Charakter, Zukunftsbezogenheit, Ungewissheit) zu konzentrieren, könnten dadurch zu oft Vergleiche mit den in Art. 55¹ ZGB genannten Unternehmenskomponenten gesucht werden. Eine Bezugnahme auf Art. 55¹ ZGB wäre durch das einfacher formulierte Merkmal „unternehmerische Entscheidungen" genauso möglich. Außerdem entspricht diese Formulierung den internationalen Vorbildern; nicht nur der deutschen, sondern auch der zuletzt in Österreich kodifizierten BJR.[828]

(b) Ermessen des Vorstandsmitglieds

Ein Vorstandsmitglied darf nur *„im Rahmen des begründeten unternehmerischen Risikos und im Interesse der Gesellschaft"* handeln. Die Formulierung bestimmt ähnlich der Empfehlung Nr. 33 des Code of Best Practice (2005), dass ein sorgfältiger Vorstand das Risiko nicht überspannen darf. Wenn die Entscheidung unverantwortlich ist, dann scheidet die BJR aus, weil das Verhalten sich nicht mehr im Rahmen des unternehmerischen Ermessens bewegt. Trotz des gewährten Spielraums muss der Vorstand in diesem Rahmen bestimmte Grundsätze

827 Es werden noch eine subjektive (Kaufmann) und funktionale (wirtschaftliche Tätigkeit) Definition des Unternehmens unterschieden.

828 Vgl. § 84 Abs. 1a AktG-Ö.

einhalten, vor allem einzelne Aspekte und die damit verbundenen Risiken abwägen.[829] Angesichts einer nur bescheidenen Rechtsprechung, die das unternehmerische Ermessen der Vorstandsmitglieder behandelt, könnte diese Formulierung erwogen werden, wobei ihr kein subjektives Element – eine Einschätzung des Handelns durch ein Vorstandsmitglied – zu entnehmen ist. Gerade das Zusammenspiel subjektiver und objektiver Elemente, die das unternehmerische Ermessen bestimmen, kennzeichnet aber die BJR.[830] Der unternehmerische Freiraum wird durch subjektive Einschätzungen des Handelnden abgesichert („annehmen durfte", „rationally believes"[831], „acted [...] in honest belief"[832]) und zugleich durch das objektive Element („vernünftigerweise", „ohne grobe Fahrlässigkeit", „völlig unverantwortliche Weise"[833], „without gross negligence") verobjektiviert.[834]

Die Objektivierung des unternehmerischen Ermessens spiegelt sich in der amerikanischen und deutschen Rechtsprechung wider. Irrationalität ist die äußerste Grenze der BJR.[835] Der Entscheidung eines Managers, die aus der *ex ante*-Perspektive zu beurteilen ist, muss wenigstens ein „rational business purpose" innewohnen.[836] Nach der ARAG/Garmenbeck-Entscheidung ist die Grenze des unternehmerischen Ermessens dort zu setzen, wo die Bereitschaft, „unternehmerische Risiken einzugehen, in unverantwortlicher Weise überspannt" wird.[837] Eine objektive Einschätzung ist immer aus der Perspektive eines außenstehenden Dritten vorzunehmen. Sie ist nicht einer abstrakten Situation zu entnehmen, sondern soll stets die Umstände des Einzelfalls berücksichtigen.

Das subjektive Element ist auch nicht dem Erfordernis *„sorgfältiger Beurteilung"* zu entnehmen, die dem vorgeschlagenen *Art. 483 § 3 HGGB* zufolge *lediglich* die Angemessenheit der Informationsgrundlage umschreibt und sich allein auf den Prozess der Entscheidungsfindung bezieht. Im Gegensatz dazu

---

829 *Spindler* in MünchKommAktG § 93 Rn. 54.

830 Darauf sogar hinweisend *Oplustil*, Instrumenty, 2010, S. 789.

831 American Law Institute, Principles of Corporate Governance: Analysis and Recommendations, Parts I.-VI., §§ 4.01-4.03.

832 *Revlon, Inc. v. MacAndrews & Forbes Holding*, 506 A. 2d 173 (180) (Del. 1986).

833 RegE UMAG BT-Drucks. 15/5092, S. 11 mit Hinweis auf BGHZ 135, 244, 253 – ARAG/Garmenbeck.

834 So Hüffer/*Koch* AktG § 93 Rn. 21 ff.

835 *Brehm v. Eisner*, 746 A.2d 244 (264) (Del. 2000); dazu *Kock/Dinkel*, NZG 2004, 441, 446; *Merkt*, ZGR 2017, 129, 140.

836 *Sinclair Oil Corp v. Levien*, 280 A. 2d 717, 720 (Del. 1971); dazu *Paefgen*, AG 2004, 245, 254.

837 BGHZ 135, 244, 253 f. – ARAG/Garmenbeck.

unterliegen nach Grundsatz Nr. 33 des Code of Best Practice (2005) die Informationsdichte unter den jeweiligen Umständen *sowie* das Handeln im Interesse der Gesellschaft einer „reasonable opinion" des Vorstands. Die Entscheidung eines Geschäftsleiters über Handlungsvoraussetzungen, also über den erforderlichen Informationsumfang, muss wie die eigentliche unternehmerische Entscheidung selbst dem Beurteilungsspielraum unterliegen.[838] Das kontrastiert mit § 93 Abs. 1 S. 2 AktG, in dem der subjektiv-objektive Maßstab „vernünftigerweise annehmen durfte" sich auf zwei Merkmale bezieht: „auf der Grundlage angemessener Information" und „zum Wohle der Gesellschaft".[839] In dem Formulierungsvorschlag von *Opalski/Oplustil* fehlt es hingegen an einem subjektiven Element, was den Sinn der polnischen BJR in spe von vornherein infrage stellt. Ob auf das subjektive Element bewusst verzichtet wurde, lässt sich aus dem Beitrag nicht erschließen.

(c) Informationsgrundlage

Die Entscheidung soll *„auf der Grundlage der Informationen, Analysen und Gutachten"* fallen, *„die bei einer sorgfältigen Beurteilung, unter den gegebenen Umständen, berücksichtigt werden sollten"*. Ein sachlicher Grund für die Unterscheidung zwischen Informationen, Analysen und Gutachten ist nicht ersichtlich. Aus dem vorgeschlagenen Wortlaut ergibt sich dabei nicht, ob es sich um einen offenen oder geschlossenen Katalog von Informationsquellen handelt. Selbstverständlich wäre ein geschlossener Katalog abzulehnen, denn warum soll sich die Entscheidungsgrundlage auf Informationen, Analysen oder Gutachten beschränken und keine Vermerke, Notizen, Empfehlungen, Gespräche usw. berücksichtigen? Die Mittel beschreiben lediglich eine Form der Informationsvermittlung und unterfallen im Ergebnis dem allgemeinen Begriff der Information. Maßgeblich sind nur diejenigen Informationen, Analysen und Gutachten, die nach einer sorgfältigen Beurteilung unter den gegebenen Umständen berücksichtigt werden sollen.

Die Einschätzung der Angemessenheit der Informationsgrundlage wird einer *„sorgfältigen Beurteilung"* des Vorstands überlassen. Nicht alle Erkenntnisquellen müssen ausgeschöpft werden. Es reicht aus, eine angemessene Tatsachenbasis zu schaffen. Eine gesetzliche Verankerung der Angemessenheit der Informationen ist

838 *Kock/Dinkel*, NZG 2004, 441, 445.

839 Differenzierend Hüffer/*Koch* AktG § 93 Rn. 22: „Vernünftigerweise" sei großzügiger in Bezug auf das Merkmal „zum Wohl der Gesellschaft" als „auf der Grundlage angemessener Information" auszulegen.

zu begrüßen, um Zweifel auszuschließen, dass es sich nicht um alle verfügbaren Informationen handelt. Dennoch wäre ein knapper, präziser Wortlaut dieser unnötig langen Beschreibung vorzuziehen.

cc) Regelungsvorschlag von Guzewicz/Jagodziński

An *Opalskis* und *Oplustils* Vorschlag knüpft ein weiterer Vorschlag an, nämlich der von *Guzewicz* und *Jagodziński*.[840] Die Neuerungen zu Art. 483 HGGB wurden *kursiv* und die Unterschiede zu *Opalskis* und *Oplustils* Vorschlag **fett** wiedergegeben;

> „§ 1. Ein Mitglied des Vorstands, des Aufsichtsrates oder ein Liquidator haftet gegenüber der Gesellschaft für einen Schaden, den es/er ihr durch eine rechtswidrige oder den Bestimmungen der Satzung der Gesellschaft entgegenstehende Handlung oder Unterlassung zugefügt haben, es sei denn, dass es/ihn kein Verschulden trifft.
>
> § 2. Ein Mitglied des Vorstands, des Aufsichtsrates oder ein Liquidator hat bei der Erfüllung seiner Pflichten die Sorgfalt einzuhalten, die sich aus dem beruflichen Charakter seiner Tätigkeit ergibt (erforderliche Sorgfalt).
>
> § 3 ***Ein Mitglied des Vorstands, des Aufsichtsrates oder ein Liquidator haftet gegenüber der Gesellschaft, wenn es/er die erforderliche Sorgfalt nicht anwendet; auch dann, wenn sein Verhalten recht- oder satzungsmäßig war, es sei denn, dass es/ihn kein Verschulden trifft.***
>
> *§ 4 Ein Mitglied des Vorstands, des Aufsichtsrats oder ein Liquidator verletzt die in § 3 genannte Pflicht nicht, wenn es/er beim Entscheiden in den Angelegenheiten des Unternehmens der Gesellschaft, im Rahmen des begründeten unternehmerischen Risikos und im Interesse der Gesellschaft* ***sowie ohne eigenes Interesse****, auf der Grundlage der Informationen, Analysen und Gutachten, die bei einer sorgfältigen Beurteilung unter den gegebenen Umständen berücksichtigt werden sollten, handelt.“*

In *Art. 483 § 3 HGGB* wurde ebenso vorgeschlagen, die Verletzung der Sorgfaltspflicht als Pflichtwidrigkeit begründendes Verhalten zu kodifizieren. Insofern bleiben die dazu oben geäußerten Anmerkungen aktuell. Aufmerksamkeit erregt *Art. 483 § 3 Hs. 2 HGGB*. Danach haftet ein Vorstandsmitglied auch dann, wenn es den erforderlichen Sorgfaltsmaßstab nicht anwendet, obwohl es weder rechts- noch satzungswidrig gehandelt hat. Ergo stellt die Verletzung der Sorgfaltspflicht eine selbstständige Haftungsgrundlage dar. Zu demselben Ergebnis käme man

---

840 *Guzewicz/Jagodziński*, PPH 2013, 11, 47, 50; vgl. Erläuterungen zur möglichen Gesetzesformulierung auch *Romanowski*, Rzeczpospolita v. 23.10.2012, S. C8; *Chełkowska*, PPH 10/2016, 31, 38 f.

schon auf der Grundlage des vorgeschlagenen *Art. 483 § 3 Hs. 1 HGGB*; insofern ist *Art. 483 § 3 Hs. 2 HGGB* überflüssig.

Art. 483 § 4 HGGB legt ausdrücklich fest, dass ein Vorstandsmitglied im Interesse der Gesellschaft, also ohne Fremdeinfluss *(independent)*, und ohne eigenes Interesse *(desinterested)*, zu handeln hat. Die Ergänzung ist unschädlich, wenn auch sachlich ohne nennenswerte Bedeutung. Das Erfordernis, dass ein Vorstandsmitglied ohne Sonderinteressen und sachfremde Einflüsse zu handeln hat sowie frei von Interessenkonflikten sein muss, ist bereits aus dem Merkmal *„Handeln im Interesse der Gesellschaft"* ersichtlich. Der Aufforderung, die Unbefangenheit des Vorstandsmitglieds ausdrücklich zu kodifizieren, ist – weil überflüssig – nicht zuzustimmen.

6. Enthaftung

Eine satzungsmäßige Haftungsbegrenzung ist aufgrund des zwingenden Charakters[841] des Art. 483 HGGB unzulässig.[842] Dennoch kennt das HGGB rechtliche Instrumente, die die Haftung der Vorstandsmitglieder in einem gewissen Umfang beeinflussen können, deren Auswirkungen auf die Haftung des Vorstands in der Rechtslehre aber umstritten sind.

a) Entlastungsbeschluss

Das HGGB definiert die Entlastung der Vorstandsmitglieder durch die Hauptversammlung *(absolutorium)* nicht.[843] Art. 393 Nr. 1 HGGB und Art. 395 § 2 Nr. 3 HGGB regeln lediglich, wie und wann der Entlastungsbeschluss durch die Hauptversammlung zu fassen ist.

In der Rechtslehre sind die Rechtsfolgen des Entlastungsbeschlusses für die Vorstandsmitglieder umstritten, was die Erfüllung ihrer Pflichten im jeweiligen Geschäftsjahr betrifft. An den in der Rechtslehre bestehenden Meinungsunterschieden über die Wirkung der Entlastung für die Vorstandshaftung ist jedoch nicht die fehlende Definition schuld, sondern dass im HGGB kein Äquivalent

841 Auch Art. 293 HGGB für die *sp. z o.o.* hat zwingenden Charakter, obwohl es keine analoge Vorschrift zu Art. 304 § 3 HGGB (Satzungsstrenge) gibt.

842 Vgl. *Bilewska*, Dochodzenie roszczeń (actio pro socio), 2008, S. 172; *Okolski/Modzejewski/Gasiński* in FS Sołtysiński, 2005, S. 495, 507 *Oplustil*, Instrumenty, 2010, S. 770; a. A. *Popielarski*, PPH 6/2001, 5, 16.

843 *Pabis/Opalski* in Opalski/HGGB-Komm Art. 395 Rn. 43.

zu § 120 Abs. 2 S. 2 AktG existiert, das ausdrücklich bestimmen würde, dass die Entlastung keinen Verzicht auf Ersatzansprüche der Gesellschaft enthält.[844]

Nach h. M. führt die Entlastung zur Befreiung der Vorstandsmitglieder von der Haftung gegenüber der Gesellschaft, was sich einer Schuldbefreiung gem. Art. 508 ZGB oder einem Verzicht der Gesellschaft auf Geltendmachung ihrer Ansprüche gegenüber dem betroffenen Vorstandsmitglied annähert.[845] Der Entlastungsbeschluss wirkt haftungsbefreiend, vorausgesetzt, dass die Hauptversammlung von den haftungsbegründenden Tatsachen und Umständen (u. a. Schaden und Schadensverursacher) positive Kenntnis hatte.[846] Er befreit den Vorstand von der Haftung, sofern sich die Angaben, auf denen die Entlastung beruht, nicht nachträglich als falsch erwiesen haben. Liegen neue Umstände oder Erkenntnisse vor, die die Entlastung infrage stellen, kann der Beschluss nicht als haftungsbefreiend berücksichtigt werden. Die Hauptversammlung handelt nämlich in einem gewissen Vertrauen in den durch den Vorstand *selbst* dargelegten Sachverhalt. Dieser basiert auf dem Jahresabschluss und dem Lagebericht, die zwar durch Sachverständige kontrolliert werden; dem Entlastungsbeschluss liegen aber immer noch beschränkte Informationen zugrunde, was dem Entlastungsbeschluss seine Glaubhaftigkeit entziehen kann.[847]

Unter der Ägide des HGB-PL wurde die Entlastung noch als *Quittung* bezeichnet, was den formellen Charakter der Entlastung betonte und sie auf eine bloße Routinemaßnahme reduzierte. Daher wird in der Rechtslehre teilweise auch weiterhin die Ansicht vertreten, dass der Entlastungsbeschluss keinen Einfluss auf die Haftung ausübe.[848] Die Befürworter dieser Ansicht verweisen dabei auf den formellen Charakter des Beschlusses, der einen „internen Akt der Gesellschaft" darstelle und keine Wirkung nach außen habe.[849] Der Entlastungsbeschluss

844 Vgl. aber § 46 Nr. 5 GmbHG, der solchen Ausschluss nicht enthält; kritisch zur Differenzierung der Rechtswirkung der Entlastung in der GmbH und AG *Romanowski*, PPH 1/2002, 21, 22 f.

845 *Pabis/Opalski* in Opalski/HGGB-Komm Art. 395 Rn. 45 ff.; *Szwaja* in Sołtysiński/HGGB-Komm Art. 395 Rn. 62; *Romanowski*, PPH 1/2002, 21, 22; *Popiołek* in Strzępka/HGGB-Komm Art. 395 Rn. 10; *Siemiątkowski*, Odpowiedzialność, 2007, S. 186; ähnlich BerG Lodz Urt. v. 21.3.2013, I ACa 1259/12, Legalis 1024583; zum Meinungsstand in der Literatur siehe *Pabis*, MoP 1/2005, 13, 13 f.

846 Vgl. *Pabis/Opalski* in Opalski/HGGB-Komm Art. 395 Rn. 46; *Popiołek* in Strzępka/HGGB-Komm Art. 395 Rn. 10; *Opalski/Oplustil*, PPH 3/2013, 11, 21.

847 *Opalski/Oplustil*, PPH 3/2013, 11, 21.

848 *Czerniawski*, HGGB-Komm, S. 328 f.; *Kruczalak*, HGGB-Komm, S. 447 f., *Popielarski*, PPH 6/2001, 5, 7 ff.

849 Vgl. *Czerniawski*, HGGB-Komm, S. 328; so auch *Kruczalak*, HGGB-Komm, S. 447.

befreie die Vorstandsmitglieder nicht von der Ausübung ihrer Pflichten, sondern stelle eine „faktische Vermutung" dar, dass das Vorstandsmitglied seinen Pflichten nachgekommen sei.[850]

Der Streit um die Wirkungen des Entlastungsbeschlusses wirft einige weitere Fragen auf: Setzen sich die Aktionäre mit dem Beschluss über die Entlastung von Vorstandsmitgliedern sorgfältig genug auseinander? Wie viel Wert legen sie auf Sachlichkeit und Vollständigkeit der Beschlussgrundlage? Sind die Aktionäre sich der Beschlusstragweite und -folgen (angesichts der unklaren Rechtslage) bewusst? Und vor allem: Darf der Beschluss angesichts all dieser Unklarheiten wirklich eine Entlastungswirkung entfalten?[851]

Ein Entlastungsbeschluss liegt zwar im Ermessen der Hauptversammlung, dennoch darf die Entscheidung der Aktionäre nicht willkürlich sein. In der Praxis kann sich ein Vorstandsmitglied gegen eine ungerechtfertigte Verweigerung der Entlastung durch die Aktionäre aber kaum wehren, zumal die Verweigerung der Entlastung *de lege lata* keiner Begründung bedarf. Es hat keinen Anspruch auf Erteilung der Entlastung, sogar wenn die Verweigerung der Hauptversammlung unbegründet wäre, auf keinen sachlichen Gründen beruhte, sich aus der starken Position des Hauptaktionärs ergäbe oder – was gerade in staatlichen Unternehmen nicht auszuschließen ist – politisch motiviert wäre.[852] Dabei ist die Entlastung von großer persönlicher und beruflicher Bedeutung für das Vorstandsmitglied. Oft sind es die tatsächlichen – und nicht die rechtlichen – Konsequenzen einer fehlenden Entlastung, die für das einzelne Vorstandsmitglied deutlich spürbar sind (z. B. Auswirkungen auf die berufliche Laufbahn oder Beeinträchtigung des Ansehens im gesellschaftlichen und beruflichen Umfeld).[853] Daher lässt die Rechtslehre eine Feststellungsklage hinsichtlich der Pflichterfüllung durch das Vorstandsmitglied zu, auch wenn dem feststellenden Gerichtsurteil keine Wirkung im Sinne einer Entlastung zukommt. Dennoch spräche in einem Schadensersatzprozess ein solches Feststellungsurteil zugunsten des Vorstandsmitglieds. Vorbeugend kann ein Vorstandsmitglied daher beim Abschluss seines Anstellungsvertrags mit der Gesellschaft eine Entschädigung für den Fall einer rechtswidrigen Verweigerung der Entlastung aushandeln.[854] Eventuell

850 Vgl. *Popielarski*, PPH 6/2001, 5, 7 ff.

851 Näher dazu siehe D.IV.1.

852 BerG Kattowitz Urt. v. 5.11.2004, I ACa 540/04, OSA 2004, Nr. 4 Pos. 8, Legalis 72489.

853 Vgl. *Bachmann*, Gutachten E 26.

854 *Oplustil*, Instrumenty, 2010, S. 794.

könnten auch Ansprüche wegen der Verletzung des allgemeinen Persönlichkeitsrechts geltend gemacht werden (Art. 23-24 ZGB).[855]

b) *Kollegialprinzip*

Der Vorstand ist ein Kollegialorgan. Demgemäß haben die Vorstandsmitglieder in Angelegenheiten, die nach dem Gesetz oder der Satzung dem Vorstand zustehen, gemeinsam zu entscheiden. Mit der Pflicht zur gemeinsamen Handlung korreliert die Gesamthaftung nach Art. 485 HGGB für den Schaden, den sie der Gesellschaft gemeinsam zugefügt haben.[856] Dabei ist der kausale Zusammenhang zwischen der Handlung eines Vorstandsmitglieds und dem Schaden zu beachten. Entsteht der Gesellschaft infolge eines gesetz- oder satzungswidrigen Beschlusses des Vorstands ein Schaden, haften die Vorstandsmitglieder, die dazu beigetragen haben, den Beschluss anzunehmen, gemeinsam nach Art. 483 § 1 HGGB. Erfolglos bleibt ein Vorstandsmitglied mit dem Einwand, dass die Entscheidung ebenso gefallen wäre, wenn es sich der Stimme enthalten oder gegen den Beschluss gestimmt hätte. Denn maßgeblich für die Haftung ist der konkrete Zusammenhang zwischen dem Beschluss, den es gebilligt hat, und dem Schaden der Gesellschaft. Eine Befreiung von der Haftung kommt nur in Betracht, wenn ein Vorstandsmitglied gegen den rechts- oder satzungswidrigen Beschluss gestimmt hat und zudem seine Gegenstimme mit entsprechender Begründung protokollieren ließ.[857] Für eine Enthaftung reicht dies aber nicht aus. Vielmehr ist ein Vorstandsmitglied verpflichtet, nach Möglichkeit zu verhindern, dass ein rechtswidriger Beschluss ausgeführt wird.[858] Vor allem obliegt ihm eine Informationspflicht gegenüber dem Vorstandsvorsitzenden oder notfalls dem Aufsichtsrat, der dann seine Kontrollinstrumente nutzen kann: die Vorstandsmitglieder suspendieren, abberufen oder die Hauptversammlung einberufen, um Schaden von der Gesellschaft abzuwenden.[859]

Ebenso wie im Falle eines Entlastungsbeschlusses der Hauptversammlung wird auch bei der internen Kompetenzverteilung zwischen den Vorstandsmitgliedern erwogen, ob diese Einfluss auf die Haftung des betroffenen Organwalters haben könnte. Eine Aufgabenverteilung, die heute zur gängigen Praxis guter Unternehmensführung gehört und zumeist an sachliche oder geografische Kriterien

855 *Oplustil*, Instrumenty, 2010, S. 794.
856 Vgl. *Oplustil*, Instrumenty, 2010, S. 771.
857 Vgl. *Oplustil*, Instrumenty, 2010, S. 772; zuvor *Płonka*, KPP 2/1994, S. 207, 223.
858 Vgl. *Oplustil*, Instrumenty, 2010, S. 772.
859 Vgl. *Oplustil*, Instrumenty, 2010, S. 772.

anknüpft, ist in der Geschäftsordnung gem. Art. 371 § 6 HGGB möglich. Daraus folgen Autonomie und Ermessensspielraum des zuständigen Vorstandsmitglieds in dem ihm anvertrauten Bereich. Die Verteilung von Zuständigkeiten zwischen den Vorstandsmitgliedern individualisiert – wie vom Verschuldensprinzip vorausgesetzt – die Haftung, denn Art. 483 § 1 HGGB spricht von der Haftung einzelner Mitglieder des Vorstands und nicht des Organs.[860] Dennoch hebt die Zuständigkeitsverteilung nicht das Kollegialprinzip auf.[861] Die Gesamthaftung nach Art. 483 § 1 HGGB i. V. m. Art. 485 HGGB besteht bei grundlegenden Entscheidungen der Gesellschaft fort. Dabei handelt es sich um Entscheidungen, die bedeutsame Auswirkungen auf die finanzielle Lage und die Entwicklung der Gesellschaft haben können. *Oplustil* zufolge, der sich vielfach an der deutschen Rechtslehre orientiert,[862] soll diese Unternehmensleitung zum einen eine strategische Planung und Geschäftsführung und zum anderen die Festlegung der internen Organisationstruktur und Aufgabenverteilung in der Gesellschaft umfassen. Ebenso tritt das Kollegialprinzip nicht zurück, wenn das Gesetz oder die Satzung den gesamten Vorstand als Organ zur Handlung verpflichtet (z. B. Einberufung der Hauptversammlung oder Erstellung eines Lageberichts, Verlangen einer Zustimmung des Aufsichtsrats oder der Hauptversammlung).

Ähnlich wie in Deutschland wird angenommen, dass die Pflicht eines Vorstandsmitglieds sich in eine Überwachungspflicht gegenüber seinen Kollegen umwandelt.[863] Ein Vorstandsmitglied, das das unsorgfältige Handeln eines anderen Vorstandsmitglieds billigt und diesem nicht entgegenwirkt (z. B. durch Mitteilung an den Vorstandsvorsitzenden), kann selbst nach Art. 483 § 1 HGGB für die Verletzung der erforderlichen Sorgfalt haften. In der Rechtslehre wird dafür plädiert, die Informationspflicht des Vorstandsmitglieds gegenüber den übrigen Organmitgliedern ausdrücklich im Gesetz zu verankern, denn auf diese Weise könnte der Überwachungspflicht zu mehr Beachtung verholfen werden.[864]

---

860 Vgl. *Popiołek* in Pyzioł/HGGB-Komm Art. 293 Rn. 10; *Kidyba*, HGGB-Komm Art. 483 Rn. 1; *Strzelczyk* in Siemiątkowski/HGGB-Komm, Art. 483 Rn. 26; *Płonka*, KPP 2/1994, 207, 221 ff.

861 Allg. M., siehe nur *Oplustil*, Instrumenty, 2010, S. 773 m. w. N.

862 Vgl. *Oplustil*, Instrumenty, 2010, S. 773 mit Bezug auf *Fleischer*, ZIP 2003, 1 ff.

863 Vgl. BerG Kattowitz Urt. v. 5.11.1998, I ACa 322/98, OSA 2000, Nr. 2 Pos. 8, LEX 39398.

864 Ebenso *Oplustil*, Instrumenty, 2010, S. 773.

c) *Arbeitsvertrag*

Nach wie vor prägen in Polen Arbeitsverträge die Anstellungsverhältnisse zwischen dem Vorstandsmitglied und der Gesellschaft. Obwohl sich Managerverträge, auf die die Vorschriften über Auftragsverträge direkt anzuwenden sind (Art. 750 ZGB), flexibler gestalten lassen und somit den wirtschaftlichen Anforderungen besser gerecht werden können, gilt der Arbeitsvertrag - gerade in kleineren Gesellschaften - weiterhin als angemessen. In diesem Zusammenhang ist insbesondere der Frage nachzugehen, ob die arbeitsrechtlichen Regeln die Haftung eines Vorstandsmitglieds nach Art. 483 HGGB modifizieren.

Nach Art. 483 § 1 HGGB i. V. m. Art. 361 ZGB haften Vorstandsmitglieder bereits bei einfacher Fahrlässigkeit für den der Gesellschaft entstandenen Schaden in vollem Umfang (positiver Schaden und entgangener Gewinn). Demgegenüber wird der Schadensersatz für Arbeitnehmer zum einen auf den positiven Schaden (Art. 115 AGB) und zum anderen auf das Dreifache ihrer monatlichen Vergütung (Art. 119 AGB) begrenzt. Eine Haftungsbeschränkung ist jedoch nur dann möglich, wenn der Schaden infolge einer einfach oder grob fahrlässigen Handlung des Arbeitnehmers entstanden ist.[865] Während ein zivilrechtlicher Schadensersatz vor allem eine Kompensationswirkung hat, wird dem arbeitsrechtlichen Schadensersatz ein präventiver Charakter zugeschrieben, weswegen die Haftung summenmäßig beschränkt wird. Hierdurch kommt deutlich die schützende Wirkung des Arbeitsrechts zum Ausdruck.[866] Aus diesem Grund wird die Haftungsbeschränkung für leitende Angestellte in der Rechtslehre in Frage gestellt und *de lege ferenda* für ihre Abschaffung plädiert.[867] Zum einen werde sie den unterschiedlichen Stellungen von Arbeitnehmern (niedriger und mittlerer Stufen) und leitenden Angestellten nicht gerecht. Zum anderen führe sie dazu, dass leitende Angestellte aufgrund der gesetzlichen Beschränkung des Schadensersatzes auf den positiven Schaden *de facto* kaum haften. Denn die verursachten Schäden bestehen nur selten darin, dass leitende Angestellte Produktionsgegenstände des Arbeitgebers beschädigen, sondern vielmehr in dem entgangenen Gewinn, der infolge durch sie unsorgfältig (oder gar nicht) getroffener wirtschaftlicher Entscheidungen nicht realisiert werden konnte.[868]

---

865 OG Urt. v. 9.11.1977, IV PR 213/77, Legalis 20490; OG Urt. v. 22.12.1975, IV PR 273/75, Legalis 19179; *Korus* in Sobczyk/AGB-Komm Art. 119 Rn. 4.

866 Vgl. *Korus* in Sobczyk/AGB-Komm Art. 119 Rn. 1; *Muszalski*, AGB-Komm Art. 119 Rn. 1 f.

867 *Duraj*, MoPr 5/2011, 234, 237; *Kubot*, Odpowiedzialność, 1995, S. 113.

868 *Duraj*, MoPr 5/2011, 234, 237 f.

Anders als im Falle von leitenden Angestellten findet eine arbeitsrechtliche Haftungsbeschränkung auf Vorstandsmitglieder (auch auf solche mit Arbeitsvertrag) keine Anwendung.[869] Sosehr eine gesetzliche Deckelung im Falle „ordentlicher" Arbeitnehmer als gerechtfertigt anzusehen ist, sowenig wird sie den Anforderungen des Haftungsregimes nach Art. 483 HGGB gerecht und kann daher die Haftung eines Vorstandsmitglieds gemäß Art. 483 § 1 HGGB nicht ausschließen.[870] Vergleicht man – ausgehend von der zu befürchtenden Schadenshöhe im Verhältnis zu den gezahlten Gehältern – das jeweilige Risikopotenzial, das von gewöhnlichen Arbeitnehmern und von Vorstandsmitgliedern ausgeht, so dürfte die Deckelung der Haftsumme auf drei Monatsgehälter bei Letzteren für die Gesellschaft unbillig, zumindest aber wesentlich einschneidender sein.[871]

d) Organbeschluss

Ein Vorstandsmitglied kann sich nicht darauf berufen, in Anlehnung an den Beschluss eines anderen Organs gehandelt zu haben.[872] Das ergibt sich aus der besonderen Stellung des Vorstandsmitglieds, das dank eines umfassenden Kompetenzbündels einen selbstständigen gewissenhaften und verantwortlichen Unternehmensleiter verkörpern soll. Der Vorstand ist nämlich nicht verpflichtet, blind den Beschlüssen anderer Organe zu folgen, insbesondere wenn sie gegen Recht oder Satzung verstoßen.[873] Die Ausführung rechts- oder satzungswidriger Beschlüsse, aus denen ein Schaden der Gesellschaft resultiert, begründet die Haftung eines Vorstandsmitglieds nach Art. 483 § 1 HGGB. Das entspricht der

---

869 Für Vorstandsmitglieder von Genossenschaften ist dies in Art. 58 des Genossenschaftsgesetzes v. 16.09.1982 (GBl. 1982 Nr. 30 Pos. 210) mittlerweile ausdrücklich geregelt. Anders als bei Kapitalgesellschaften fanden vor der Gesetzesänderung 2005 die arbeitsrechtlichen Vorschriften über die Haftung von Arbeitnehmern noch entsprechende Anwendung.

870 OG Urt. v. 27.3.2007, II PZP 2/07, OSNAPiUS 2007 Nr. 15-16 Pos. 210, Legalis 81501; OG Urt. v. 17.12.2003, IV CK 305/02, Legalis 64168; so auch *Opalski* in Opalski/HGGB-Komm Art. 483 Rn. 2.; *Nowak*, Z Problematyki Prawa Pracy i Polityki Socjalnej 17/2008, 7, 22 f.; *ders.*, Gdańskie Studia Prawnicze 17/2007, 173, 182 f.; *Kubot* in Gesellschaft als eine wirtschaftliche Einheit, 1995, S. 95, 101; *Iwulski*, PP 9/1995, 28, 32 f.; *Duraj*, MoPr 5/2011, 234, 237; a. A. *Pisarczyk*, PiZS 1/1999, 23, 27, der der Gesellschaft überlassen will, auf welcher Grundlage (HGGB oder AGB) sie die Ansprüche gegen ein Organmitglied geltend macht.

871 Vgl. *Opalski* in Opalski/HGGB-Komm Art. 483 Rn. 2; *Korus* in Sobczyk/AGB-Komm Art. 119 Rn. 1.

872 *Szczęsny*, Prawo Spółek 3/2007, 22, 24.

873 *Szczęsny*, Prawo Spółek 3/2007, 22, 24.

ratio der Organhaftung, denn das Vorstandsmitglied hat stets im Interesse der Gesellschaft zu handeln. Demzufolge löst die Nichtausführung eines rechts- oder satzungswidrigen Beschlusses keine Haftung nach Art. 483 § 1 HGGB aus, denn ein Organbeschluss ist keine Pflichtenquelle im Sinne des Art. 483 § 1 HGGB.[874] Sogar die Verletzung eines „mit der Satzung der Gesellschaft übereinstimmenden" Beschlusses der Hauptversammlung führt zur keiner Haftung nach Art. 483 § 1 HGGB, weil die Norm nur Gesetz oder originäre Satzung als Pflichtenquelle vorsieht.[875] Eine Haftung kann nur durch ein gesetzes- oder satzungswidriges Verhalten im engeren Sinne ausgelöst werden.[876]

Wollen Vorstandsmitglieder die Beschlüsse der Hauptversammlung beanstanden, können sie gegen die Gesellschaft eine Anfechtungs- und eine Nichtigkeitsklage erheben. Allerdings sind die Anfechtungs- sowie Nichtigkeitsgründe beschränkt. Satzungs- und sittenwidrige Beschlüsse, die das Interesse der Gesellschaft verletzen oder die Schädigung eines Aktionärs bezwecken, können gem. Art. 422 § 1 und § 2 Nr. 1 HGGB angefochten werden. Rechtswidrige Beschlüsse können bereits allein aufgrund ihrer Rechtswidrigkeit nach Art. 425 § 1 i. V. m. Art. 422 § 2 Nr. 1 HGGB für nichtig erklärt werden. Im Unterschied zur Nichtigkeitsklage ist für die Anfechtungsklage daher erforderlich, dass der angegriffene Beschluss *zusätzlich* das Interesse der Gesellschaft beeinträchtigt oder einen Aktionär schädigt.

Aufgrund dessen sieht *Bieniak* „Ungereimtheiten" bei den HGGB-Vorschriften: Es sei möglich, dass im Rechtsverkehr ein Beschluss existiere, der nicht habe angefochten werden können und gleichzeitig als satzungswidrig durch den Vorstand nicht ausgeführt worden sei.[877] Die Argumentation ist jedoch praxisfern: Verstößt ein Beschluss gegen die Satzung, beeinträchtigt er in aller Regel – angesichts der weiten Auslegung des Begriffs – das Interesse der Gesellschaft oder schädigt die Aktionäre.[878] Bei Nichtigkeit taucht das Problem nicht auf, denn der Nichtigkeitsgrund wird stets durch einen Rechtsverstoß begründet. Die Rechtsfolgen einer Anfechtungsklage sind aufgrund eines Verweises in Art. 427 § 4 HGGB dieselben wie bei einer Nichtigkeitsklage. Ein rechtskräftiges, den Beschluss aufhebendes Urteil hat bindende Wirkung im Verhältnis zwischen der Gesellschaft und allen Aktionären sowie im Verhältnis zwischen der Gesellschaft und den Mitgliedern

874 *Bieniak* in Bieniak/HGGB-Komm Art. 483 Rn. 6.
875 *Bieniak* in Bieniak/HGGB-Komm Art. 483 Rn. 6.
876 *Bieniak* in Bieniak/HGGB-Komm Art. 483 Rn. 6.
877 *Bieniak* in Bieniak/HGGB-Komm Art. 483 Rn. 6.
878 Vgl. *Bilewska*, Dochodzenie roszczeń (actio pro socio), 2008, S. 59 f.

der Gesellschaftsorgane und ist durch den Vorstand innerhalb von sieben Tagen beim Registergericht anzumelden.

e) *Verzicht und Vergleich*

Ein nachträglicher Verzicht der Gesellschaft auf ihre Ansprüche gegen das Organmitglied ist gem. Art. 508 ZGB (Schuldbefreiung) in Form eines Erlassvertrags oder eines Vergleichs möglich und bedarf keiner besonderen Form.[879] Zulässig ist es, dass die Gesellschaft die Schadensersatzansprüche begrenzt.[880] Weder das HGGB noch das ZGB sehen hier starre Fristen oder andere besondere Voraussetzungen wie in § 93 Abs. 4 AktG vor. Vorausgesetzt wird lediglich ein wirksamer Beschluss der Hauptversammlung (Art. 393 Nr. 2 HGGB), der mit absoluter Mehrheit (es sei denn, die Satzung bestimmt Abweichendes) gefasst werden muss.[881] Die in Form eines Beschlusses geäußerte Erklärung der Gesellschaft über den Verzicht auf Schadensersatzansprüche ist nicht ausschließlich ein Internum der Gesellschaft. Sie wirkt auch prozessual, indem eine eventuelle, nachträgliche Klageerhebung durch Dritte ausgeschlossen wird. Der Verzicht auf Schadensersatzansprüche bzw. ein Vergleich ist bei jeglicher Pflichtverletzung zulässig, allerdings muss sich die Schuldbefreiung auf eine konkrete Situation beziehen, denn eine abstrakte zukunftsbezogene Schuldbefreiung wäre unwirksam.[882]

Wichtig ist, dass nach Art. 508 ZGB ein Schulderlass nur in Form eines Vertrags erfolgen darf. Daher kann der bloße Beschluss der Hauptversammlung über den Verzicht auf die Ansprüche nicht dem Schulderlass nach Art. 508 ZGB gleichgestellt werden.[883] Solch ein Schulderlass würde einen Vertrag zwischen der Gesellschaft, vertreten durch einen besonderen Bevollmächtigten oder den Aufsichtsrat (Art. 379 HGGB), und dem Organmitglied als Schuldner voraussetzen. Nach der Rechtsprechung wird aber der durch die Hauptversammlung geäußerte Wille zur Geltendmachung der Ansprüche für den der Gesellschaft zugefügten Schaden als sittenwidrig anzusehen sein,

---

879 *Bilewska*, Dochodzenie roszczeń (actio pro socio), 2008, S. 187 ff.

880 *Pabis* in Opalski/HGGB-Komm Art. 393 Rn. 16.

881 *Pabis* in Opalski/HGGB-Komm Art. 393 Rn. 23; *Krysik* in Jara/HGGB-Komm Art. 393 Rn. 15 f.

882 *Pabis* in Opalski/HGGB-Komm Art. 393 Rn. 17; *Bilewska*, Dochodzenie roszczeń (actio pro socio), 2008, S. 38 f., 186 f.

883 Vgl. *Bilewska*, Dochodzenie roszczeń (actio pro socio), 2008, S. 49 m. w. N.

wenn vorher das Organmitglied dahingehend durch die Hauptversammlung informiert wurde, dass keine Ansprüche gegen es bestehen.[884]

Jedoch ist Art. 487 HGGB über die Unwirksamkeit der Befreiung von der Haftung zu berücksichtigen. Wenn eine Klage auf der Grundlage von Art. 486 § 1 HGGB *(actio pro socio)* erhoben oder das Insolvenzverfahren über das Vermögen der Gesellschaft eröffnet wurde, können sich die zum Schadensersatz verpflichteten Personen weder auf den Entlastungsbeschluss der Hauptversammlung noch auf den von der Gesellschaft erklärten Verzicht berufen. Dies führt zu einem Schwebezustand, der die Frage aufwirft, ob die Organmitglieder sich auf einen Entlastungsbeschluss bzw. einen Erlassvertrag oder Vergleich gem. Art. 508 ZGB verlassen können. Es ist nämlich nicht auszuschließen, dass der Beschluss unwirksam sein wird. Zwar spielt die *actio pro socio* eine geringere Rolle, die Eröffnung eines Insolvenzverfahrens kommt im Wirtschaftsverkehr jedoch nicht selten vor.

f) D&O-Versicherung

Die „Haftpflichtversicherung der Manager" – wie die D&O-Versicherung in Polen meistens bezeichnet wird – gewinnt in den letzten Jahren kontinuierlich an Popularität.[885] Dennoch liegt Polen mit einer immer noch überschaubaren Anzahl abgeschlossener D&O-Versicherungen im Vergleich zu Deutschland (von den USA ganz zu schweigen) weit zurück. Zwar wurde die erste D&O-Versicherung sowohl in Polen als auch in Deutschland Anfang der Neunzigerjahre abgeschlossen, trotzdem wirkte sie jahrelang befremdlich.[886] Noch Mitte 2000 boten nicht alle Versicherungsunternehmen eine D&O-Versicherung an.[887] Laut einer 2001 im Auftrag eines großen Versicherungsunternehmens durchgeführten Umfrage hörten zwar 87 % der untersuchten Führungskräfte von einer D&O-Versicherung, dennoch verfügten nur 17 % der Befragten über eine entsprechende Versicherung, wovon 45 % der Befragten den Versicherungsumfang und 11 % der Manager den Versicherer nicht kannten.[888] Das Risiko, dass auf privates Vermögen des Organmitglieds zugegriffen wird, war zu diesem Zeitpunkt sehr gering, weil Vorstandsmitglieder für Schäden der

---

884 BerG in Warschau Urt. v. 23.11.2004, I ACa 1716/03, Legalis 72915.

885 Vgl. *Ślufińska*, Wiadomości Ubezpieczeniowe 3/2015, 109, 109 f.

886 Vgl. *Glapiak*, Rzeczpospolita v. 7.5.2014, S. B7; *Horwath/Cierpial*, LSE-Studie (Fn. 27), A 658.

887 Vgl. *Wajda*, Prawo Spółek 3/2007, 47, 48.

888 Zu den Ergebnissen siehe *o. V.*, GU 12/2001, S. 14.

Gesellschaft kaum in Anspruch genommen wurden.[889] Es fehlte an spektakulären Fällen, die Vorstände sowie Aktionäre auf die Vorteile einer Versicherung aufmerksam gemacht hätten.

Aktuellere Studien liegen zwar nicht vor.[890] Dennoch ist offensichtlich, dass sich die Manager des Nutzens einer D&O-Versicherung in den letzten Jahren zunehmend bewusst geworden sind.[891] Gewiss ist das Problem der Managerhaftung infolge der Finanzkrise spürbarer geworden. Zuletzt hat einer der wenigen Fälle, die durch die polnische Presse gegangen sind, wieder zu einem zunehmenden Interesse an D&O-Versicherungen geführt: Ein Versicherungsunternehmen hatte sich mit der betroffenen Gesellschaft auf eine – für polnische Verhältnisse bemerkenswert hohe – Summe von 15 Mio. PLN (ca. 3,75 Mio. Euro) aufgrund der abgeschlossenen D&O-Versicherung geeinigt.[892] Die beiderseitige Schutzwirkung der D&O-Versicherung (gegenüber dem Privatvermögen der Organmitglieder einerseits sowie dem Vermögen der Gesellschaft andererseits) wurde durch den Fall nochmals deutlich veranschaulicht.[893] Die Popularität der D&O-Versicherung lässt sich aber nicht nur dadurch ankurbeln, dass sich die Manager der Risiken der persönlichen Haftung und der Ermutigung der Aktionäre zur Geltendmachung der Ansprüche zunehmend bewusst werden, sondern auch durch eine steuerliche Begünstigung. Die Versicherungsbeiträge sind nämlich derzeit als einkommensteuerpflichtige Einkünfte der Versicherten zu qualifizieren. Ein Vorstandsmitglied ist somit verpflichtet, Steuern

---

889 Vgl. *Wajda*, Prawo Spółek 3/2007, 43, 48.

890 Eingehend zur D&O Versicherung, allerdings auch ohne Zahlen, *Ślufińska*, Wiadomości Ubezpieczeniowe 3/2015, 109, 110 ff.

891 Vgl. *Skibińska*, Rzeczpospolita v. 26.4.2012, S. D12; *Glapiak*, Rzeczpospolita v. 5.7.2014: 2013 hat AIG Poland (ein Versicherungsunternehmen) einen Anstieg der abgeschlossenen D&O-Versicherungen um 20 % mitgeteilt (30-%-Anstieg unter D&O-Versicherungen mit einer Versicherungssumme in Höhe von 50 Mio. PLN). Eine durchschnittliche Versicherungssumme betrug für nicht börsennotierte Gesellschaften ca. 15 Mio. PLN und für börsennotierte ca. 30 Mio. PLN.

892 Siehe *Błaszczak*, Rzeczpospolita v. 9.9.2009, S. B15; *Skibińska*, Rzeczpospolita v. 26.4.2012, S. D12: Der ehemalige Vorstandsvorsitzende der Glashütte Szopienice (zurzeit HMN Szopienice S.A. in Liquidation) wurde auf Schadensersatz in Höhe von 50 Mio. PLN (12,5 Mio. Euro) in Anspruch genommen. Grund dafür waren Termingeschäfte auf dem London Metal Exchange, die Verluste in Höhe von 55 Mio. PLN [13,75 Mio. Euro] verursacht haben; siehe unter http://www.parkiet.com/artykul/844615.html (abgerufen am 22.9.2017).

893 Zur Schutzwirkung *Oplustil*, Instrumenty, 2010, S. 751.

auf die erhaltenen Versicherungsleistungen zu zahlen.[894] Im Gegensatz dazu wird die D&O-Versicherung in den USA oder Großbritannien nicht als eine Einnahme des Versicherten qualifiziert.[895] Auch in Deutschland sind die Prämienzahlungen als betrieblich veranlasster Aufwand steuerfrei.[896]

Dass es für eine Gesellschaft zulässig ist, eine D&O-Versicherung für die Geschäftsleiter oder Aufsichtsratsmitglieder abzuschließen, wurde in Polen nicht infrage gestellt.[897] Heute wird sie vornehmlich für Vorstands- und Aufsichtsratsmitglieder (*S.A.*) bzw. Geschäftsführer sowie Mitglieder der Revisionskommission (*sp. z o.o.*) abgeschlossen. Der zulässige Adressatenkreis ist jedoch breiter und umfasst auch Prokuristen, Bevollmächtigte der Gesellschaft oder leitende Angestellte sowie Lebensgefährten und Erben der Versicherten.[898] Die D&O-Versicherung kann auch für Liquidatoren der Gesellschaft abgeschlossen werden.[899] Als eine Haftpflichtversicherung der Leitungs- und Aufsichtsratsmitglieder hat sie einen komplexen Charakter und enthält außer einer klassischen Haftpflichtversicherung auch Elemente anderer Versicherungsarten wie etwa Rechtsschutz- oder Vermögensversicherungen.[900] Die D&O-Versicherung ist in Polen ebenso wie in Deutschland gesetzlich nicht gesondert geregelt. Sie unterliegt allgemeinen Regeln über Versicherungsverträge nach dem ZGB (Art. 805 ZGB ff.).[901] Im Regelfall enthält ein D&O-Versicherungsvertrag einen

---

894 Zuletzt OVerwG Urt. v. 28.2.2014, II FSK 270/12, LEX 1463712; anders VerwG Warschau Urt. v. 21.4.2010, III SA/Wa 1870/10, MoPod 6/2011, 4, Legalis 328475, bisher aber nicht durch OVerwG bestätigt.

895 *Wajda,* Prawo Spółek 3/2007, 47, 52.

896 Klargestellt durch Erlass des Finanzministeriums Niedersachsen v. 25.1.2002, abgedruckt in DB 2002, 399 ff; zum vorherigen Streit siehe *Hemeling* in FS Hoffmann-Becking, 2013, S. 491 ff.

897 Zu den vor dem VorstAG geäußerten Zweifeln in Deutschland siehe *Fleischer* in Spindler/Stilz AktG § 93 Rn. 226 f.

898 *Wajda,* Prawo Spółek 3/2007, 47, 49.

899 *Nartowski,* Nasz Rynek Kapitałowy 6/2002, 26 f.: Der unter Versicherern verbreiteten Annahme, ein Haftungsrisiko sei größer beim Handeln von Liquidatoren als von Geschäftsführern oder Vorstandsmitgliedern, fehle es an einer sachlichen Grundlage, denn meistens würden die Geschäftsführer oder Vorstandsmitglieder selbst zu Abwicklern bestellt.

900 *Orlicki/Raczyński,* Rzeczpospolita v. 7.11.2012, S. G2.

901 *Wajda,* Prawo Spółek 3/2007, 47, 49: Eine D&O-Versicherung wird auf Antrag des Versicherten nach Einschätzung der Haftungssumme und Berechnung der Versicherungsbeiträge abgeschlossen und mit einer Versicherungsurkunde bestätigt (Art. 809 § 1 ZGB). Danach ist der Versicherte verpflichtet, den Versicherer über jede Änderung von Umständen zu informieren, die die Wahrscheinlichkeit eines

detaillierten Katalog mit Ausschlussgründen. Meist greift die D&O-Versicherung nicht, wenn der Schaden auf einem vorsätzlichen Handeln oder Unterlassen eines Vorstandsmitglieds beruht. Ebenso werden Schäden, die infolge von Straftaten oder Ordnungswidrigkeiten entstanden sind, nicht gedeckt. Einem ähnlichen Ausschluss unterliegen Steuerverpflichtungen, Vertragsstrafen, Gerichts- und Verwaltungsbußen sowie andere Geldbußen. Häufig werden auch Ansprüche wegen Privatisierungen oder Börsengängen ausgeschlossen.[902]

Ähnlich wie in Deutschland wird auf das Problem des begrenzten Zeitrahmens einer Versicherung hingewiesen. Die meisten D&O-Versicherungsverträge sehen eine sog. *Claims-made*-Regelung vor.[903] Da D&O-Versicherungen in Polen meist für ein Jahr abgeschlossen werden,[904] entleert die *Claims-made*-Regel die Versicherung ihrer gewünschten Wirkung, denn dadurch, dass die Schäden in aller Regel erst nach Ablauf der *Claims-made*-Periode eintreten, können sie nicht mehr gegenüber der Versicherung geltend gemacht werden. Denn wird der Schaden dem Versicherer erst nach Ablauf der Anspruchserhebungsfrist durch die Gesellschaft mitgeteilt, so ist er von der Leistung befreit. Um dem entgegenzuwirken, werden in der Praxis häufig sog. verlängerte Versicherungszeiträume *(extended reporting periods)* vereinbart. Diese ermöglichen der Gesellschaft, ihre Ansprüche auch nach dem Ablauf des Versicherungsvertrags gegenüber dem Versicherer anzumelden, vorausgesetzt, dass der Schaden infolge einer Handlung eines Vorstandsmitglieds entstanden ist und die Handlung während der Geltungsdauer des D&O-Versicherungsvertrags stattgefunden hat.[905] Allerdings sehen D&O-Versicherungen für nachträglich mitgeteilte Schäden oft strengere Voraussetzungen vor.[906]

III. Rechtsverfolgung

1. Grundlagen

Über die Rechtsverfolgung von Ersatzansprüchen gegen Organmitglieder einer *S.A.* entscheidet die Hauptversammlung. Die Geltendmachung von Ansprüchen sowie die Entscheidung über die Unterlassung der Geltendmachung

---

Ereignisses betreffen, nach dem der Versicherer sich vor Vertragsabschluss erkundigt hat (Art. 815 § 3 ZGB).

902 Vgl. *Pokrzywniak*, Rzeczpospolita v. 14.7.2011, S. D8.

903 *Wajda*, Prawo Spółek 3/2007, 47, 51.

904 *Skibińska*, Rzeczpospolita v. 26.4.2012, S. D12.

905 *Schnyder* in FS Rey, 2003, S. 319, 325.

906 Vgl. *Pokrzywniak*, Rzeczpospolita v. 14.7.2011, S. D8; *Wajda*, Prawo Spółek 3/2007, 47, 51.

erfordert gem. Art. 393 Nr. 2 HGGB einen vorherigen Beschluss der Hauptversammlung. Im Rechtsstreit mit dem Vorstandsmitglied wird die Gesellschaft durch den Aufsichtsrat oder einen Bevollmächtigten, den die Hauptversammlung bestellt (Art. 379 § 1 HGGB), vertreten. Macht die Gesellschaft Ersatzansprüche gegen die Organe innerhalb eines Jahres nach Offenlegung der schädigenden Handlung nicht geltend, steht nach Art. 486 HGGB jedem Aktionär die *actio pro socio* zu.

2. Anspruchsverfolgung durch den Aufsichtsrat

De lege lata darf der Aufsichtsrat nicht selbstständig darüber entscheiden, ob Ersatzansprüche gegen Vorstandsmitglieder geltend gemacht werden. Er darf erst dann handeln, wenn die Hauptversammlung einen Beschluss über die Inanspruchnahme der Vorstandsmitglieder gefasst hat. Umstritten ist, welche Rechtsfolgen eintreten, wenn der Aufsichtsrat eine Schadensersatzklage trotz fehlenden Hauptversammlungsbeschlusses erhebt.[907] Nach einer der vertretenen Ansichten führt ein fehlender Beschluss der Hauptversammlung nach Art. 17 § 1 und § 2 HGGB zur Unwirksamkeit der Geltendmachung der Schadensersatzansprüche der Gesellschaft durch den Aufsichtsrat.[908] Nach Art. 17 § 1 HGGB sind nämlich Rechtsgeschäfte der Gesellschaft, die nach HGGB, insbesondere nach Art. 379 HGGB, der Zustimmung der Hauptversammlung bedürfen (hierunter fällt auch die Geltendmachung von Schadensersatzansprüchen), ohne einen entsprechenden zustimmenden Beschluss nichtig. Anderenfalls hätte die Voraussetzung eines vorherigen Beschlusses der Hauptversammlung, um Schadensersatzansprüche nach Art. 393 Nr. 2 HGGB geltend zu machen, keine praktische Bedeutung, sodass diese Norm gegenstandslos wäre.[909]

Nach anderer Ansicht treten die Rechtsfolgen lediglich im Prozessrecht ein, wobei auch hier kein einheitliches Meinungsbild existiert. Manche fordern die Gerichte auf, derartige Klagen abzuweisen.[910] Für andere stellt der fehlende Hauptversammlungsbeschluss lediglich einen Mangel bei der Prozessfähigkeit

907 Zum Meinungsstand siehe *Błaszczyk*, Odpowiedzialność, 2011, S. 311 ff.

908 *Szwaja* in Sołtysiński/HGGB-Komm Art. 393 Rn. 45; *Szumański* in Sołtysiński/HGGB-Komm Art. 393 Rn. 32 ff.; *Strzępka/Zielińska* in Strzępka/HGGB-Komm Art. 393 Rn. 2; *Rożnowska*, PPH 2/2004, 31, 32 ff.; a. A. *Litwińska-Werner*, HGGB-Komm Art. 17 Rn. 4; *Cudny*, PPH 4/2016, 25, 29.

909 *Szwaja* in Sołtysiński/HGGB-Komm Art. 393 Rn. 45; ähnlich *Krysik* in Jara/HGGB-Komm Art. 393 Rn. 12.

910 *Pabis*, Komm sp. z o.o., Art. 210 Rn. 32; *Rodzynkiewicz*, HGGB-Komm Art. 210 Rn. 10.

dar, der bei Einhaltung der durch das Gericht bestimmten Frist nach Art. 70 § 1 ZPO beseitigt werden könne. Erst wenn der Aufsichtsrat dieser Aufforderung (z. B. aufgrund der Verweigerung des Beschlusses durch die Hauptversammlung) nicht nachkommt, sei die Klage abzuweisen (Art. 199 § 1 Nr. 3 und § 2 ZPO).[911] Wieder anderen zufolge kommt es aber letztlich nicht darauf an, ob die Geltendmachung von Ansprüchen ohne vorherigen Beschluss der Hauptversammlung Auswirkungen auf die Schadensersatzklage hat, denn das Gericht sei nicht berechtigt zu prüfen, ob der Geltendmachung von Ersatzansprüchen gegen Vorstandsmitglieder ein Beschluss zugrunde liegt, weil diese Voraussetzung lediglich im Innenverhältnis der Gesellschaft eine Rolle spiele.[912]

Unabhängig davon, welcher der referierten Ansichten man den Vorzug geben mag: Der Aufsichtsrat ist *de lege lata* nicht befugt, Ansprüche gegen Vorstandsmitglieder selbstständig geltend zu machen.[913]

3. Anspruchsverfolgung durch die Aktionäre

a) Hauptversammlung

Die Entscheidung über die Geltendmachung von Schadensersatzansprüchen gehört zur Beschlusskompetenz der Hauptversammlung (Art. 393 Nr. 2 HGGB). Während in Deutschland § 119 AktG keine Zustimmung der Hauptversammlung vorsieht, um Ersatzansprüche gegen Vorstandsmitglieder geltend zu machen, bestimmt dies Art. 393 HGGB bereits an der zweiten Stelle des Katalogs der zustimmungsbedürftigen Geschäfte. Die Tragweite dieser Kompetenz der Hauptversammlung betont auch die Rechtsprechung: Die Gesellschaft handele durch ihre Organe und konkret durch die Willensakte, die ihre Organe durch die abgegebenen Erklärungen äußern. Dasjenige Organ, das den Willen, Ansprüche gegen Vorstandsmitglieder geltend zu machen, äußern dürfe, sei ausschließlich die Hauptversammlung. Es bedarf daher eines ausdrücklichen Beschlusses zur Anspruchsgeltendmachung, wohingegen ein Beschluss, der dem Vorstand bloß die Entlastung verweigert, keine ausreichende Grundlage für die Geltendmachung von Schadensersatzansprüchen ist.[914] Hiervon kann aufgrund

911 *Bilewska*, Dochodzenie roszczeń (actio pro socio), 2008, S. 45 ff.; zustimmend *Błaszczyk*, Odpowiedzialność, 2011, S. 314 ff.

912 *Siemiątkowski*, Odpowiedzialność, 2007, S. 258.

913 Vgl. BerG Warschau Urt. v. 30.8.2011, VI ACa 1273/10, LEX 1120214.

914 BerG Warschau Urt. v. 30.8.2011, VI ACa 1273/10, LEX 1120214.

des zwingenden Charakters von Art. 393 Nr. 2 HGGB auch nicht in der Satzung abgewichen werden.[915]

Art. 393 Nr. 2 HGGB umfasst ausdrücklich die Ansprüche wegen der Schäden, die bei der Errichtung der Gesellschaft sowie bei der Ausübung der Tätigkeit des Vorstands aus der Geschäftsführung entstanden sind. Dennoch wird die Regelung auch auf vertragliche Ansprüche nach Art. 471 ZGB und deliktische Ansprüche nach Art. 415 ZGB angewandt.[916] Der Aufsichtsrat ist in die Rechtsverfolgung miteinbezogen und vertritt die Gesellschaft im Falle eines Rechtsstreits mit dem Vorstandsmitglied. Anders als in Deutschland besteht die Vertretungszuständigkeit lediglich gegen amtierende Vorstandsmitglieder.[917] Ob bei ausgeschiedenen Vorstandsmitgliedern tatsächlich das Risiko des Interessenkonflikts entfällt, sodass die allgemeinen Vertretungsregeln wieder eintreten dürfen, ist zweifelhaft, in der Rechtsprechung aber anerkannt.[918] Ferner kann die Hauptversammlung einen speziellen Bevollmächtigten bestellen, der die Gesellschaft in Rechtsgeschäften bzw. bei Rechtsstreitigkeiten mit den Vorstandsmitgliedern vertritt (Art. 379 § 1 HGGB).[919] Die Norm ist *ius cogens*, und daher kann hiervon in der Satzung oder in einem Beschluss der Hauptversammlung nicht abgewichen werden.[920] Ein amtierendes Vorstandsmitglied kann nicht zum Be-

---

915 Eine abweichende Regelung lässt die Satzung lediglich zur Veräußerung und zum Kauf eines Grundstücks zu (Art. 393 Nr. 4 HGGB), vgl. *Szwaja* in Sołtysiński/HGGB Art. 393 Rn. 74.

916 *Popiołek* in Strzępka/HGGB Art. 393 Rn. 10.

917 Vgl. BGHZ 157, 151, 153f.

918 OG Urt. v. 4.10.2008, II PK 134/08, LEX 483282; OG Urt. v. 23.1.2004, I PK 213/03, MoP 5/2004, 203, LEX 83382; OG Urt. v. 21.3.2001, I PKN 322/00, OSNAPiUS 2002, Nr. 24 Pos. 600; OG Urt. v. 4.10.2007, I PK 127/07, MoP 4/2008, 193; siehe auch *Bieniak* in Bieniak/HGGB-Komm Art. 379 Rn. 10; *Szumański* in Sołtysiński/HGGB-Komm Art. 379 Rn. 3 m. w. N.

919 Trotz der Unterschiede kann ein spezieller Bevollmächtigter einem besonderen Vertreter i. S. d. § 147 Abs. 1 AktG gleichgestellt werden. Ein spezieller Bevollmächtigter kann allerdings auch Verträge mit Vorstandsmitgliedern abschließen; siehe *Liebscher/Oplustil*, WiRO 2008, 97, 100, irreführend als „Rechtsanwalt" übersetzt.

920 BerG Warschau Urt. v. 6.9.1995, I ACR 595/95, Prawo Gospodarcze 4/1996, 4, 37; *Szumański* in Sołtysiński/HGGB-Komm Art. 379 Rn. 4; umstritten OG Urt. v. 6.3.2012, I PK 110/11, OSNP 2013, Nr. 3-4 Pos. 29: Der Aufsichtsrat müsse die Gesellschaft nicht in allen Angelegenheiten betreffend den Arbeitsvertrag des Vorstandsmitglieds vertreten. Die Hauptversammlung könne den Arbeitgeber bei der Präzisierung eines Arbeitsvertrags vertreten; zu Recht kritisch *Szczurowski* in Jara/HGGB-Komm Art. 379 Rn. 10; umstritten OG Urt. v. 14.12.2004, III PK 50/04, MoP 8/2005, 20:

vollmächtigten i. S. d. Art. 379 § 1 bestellt werden. Dies würde dem Normzweck „Schutz der Gesellschaft bei einem Interessenkonflikt" zuwiderlaufen.[921]

Es ist umstritten, ob die Ernennung eines speziellen Bevollmächtigten den Aufsichtsrat in seiner Vertretungsmacht verdrängt oder lediglich seine Kompetenzen schmälert. Die Meinungsunterschiede sind aufgrund des unterschiedlichen Wortlauts der Art. 379 § 1 HGGB (für die *S.A.*) und des Art. 210 § 1 HGGB (für die *sp. z o.o*) entstanden. Während Art. 379 § 1 HGGB bestimmt, dass bei einem Vertragsabschluss oder Rechtsstreit zwischen der Gesellschaft und dem Vorstandsmitglied die Gesellschaft *entweder* durch den Aufsichtsrat *oder* einen durch die Hauptversammlung bestellten Bevollmächtigten vertreten wird *(ausschließendes Oder)*, enthält Art. 210 § 1 HGGB ein *konjunktionales Oder* und drückt Alternativität aus *(nicht-ausschließendes Oder)*. Aus diesem Grund ist die h. M. der Ansicht, dass die Bestellung eines speziellen Bevollmächtigten in einer *S.A.* den Aufsichtsrat von der Vertretung verdränge.[922] Angesichts des Sinns und Zwecks der Norm ist dies – trotz des abweichenden Wortlauts – auch für eine *sp. z o.o.* anzunehmen.[923] Nach einer Gegenansicht beeinträchtigt die Ernennung eines speziellen Bevollmächtigten den Aufsichtsrat in seiner Vertretungsbefugnis gegenüber Vorstandsmitgliedern nicht, denn ein spezieller Bevollmächtigter könne parallel zum Aufsichtsrat handeln.[924]

Nach *Bieniaks* Auffassung (Ernennung eines speziellen Bevollmächtigten verdrängt den Aufsichtsrat nicht) kann es zu einer „interessanten Situation" in der Praxis kommen: Die Kontrolle über die Verträge mit Vorstandsmitgliedern würde einerseits der spezielle Bevollmächtigte und andererseits der Aufsichtsrat ausüben.[925] Dabei betont der Autor, dass das Verhältnis eines speziellen

---

Die Gesellschafter können die Gesellschaft wirksam vertreten, ohne einen Bevollmächtigten zu ernennen.

921 Vgl. *Popiołek* in Strzępka/HGGB-Komm Art. 379 Rn. 15 m. w. N.; anders VerwG Bialystok (bis 31.12.2003 als Hauptverwaltungsgericht in Bialystok) Urt. v. 8.4.1999, SA/Bk 94/98, MoP 1/2000, 40, Legalis 44727.

922 *Bilewska*, Dochodzenie roszczeń (actio pro socio), 2008, S. 40; *Błaszczyk*, Odpowiedzialność, 2011, S. 313; *Popiołek* in Strzępka/HGGB Art. 379 Rn. 14; *Sołtysiński* in Rechtssystem/KapGes S.A. § 23 Rn. 41; *Szczurowski* in Jara/HGGB-Komm Art. 379 Rn. 9; *Szumański* in Sołtysiński/HGGB-Komm Art. 379 Rn. 13 m. w. N.

923 Ebenso aufgrund teleologischer Reduktion *Bilewska*, Dochodzenie roszczeń (actio pro socio), 2008, S. 40; ähnlich *Kidyba*, HGGB-Komm Art. 210 Rn. 5; a. A. *Błaszczyk*, Odpowiedzialność, 2011, S. 313, da dies gegen den Wortlaut verstoße; *de lege ferenda* sei die Vereinheitlichung beider Normen anzustreben.

924 Vgl. *Bieniak* in Bieniak/HGGB-Komm Art. 379 Rn. 4; *Szczęsny*, Zarząd, 2004, S. 160.

925 *Bieniak* in Bieniak/HGGB-Komm Art. 379 Rn. 4.

Bevollmächtigten zur Hauptversammlung grundsätzlich vertrauter sei als das zwischen Aufsichtsrat und Hauptversammlung.[926] Dieser Behauptung lässt sich jedoch nicht entnehmen, warum die Ernennung eines speziellen Bevollmächtigten den Aufsichtsrat von der Handlung nicht verdrängt. Vielmehr legt die Gefahr einer „interessanten Situation" eine entgegengesetzte Schlussfolgerung nahe. Mehr noch: Wie wäre ein Konflikt zwischen dem Aufsichtsrat und dem Bevollmächtigten zu lösen, wenn beide handlungsbereit wären, sich jedoch nicht einigen könnten? Wer dürfte jetzt vorrangig handeln?

In der Rechtslehre ist darüber hinaus umstritten, ob die Ermächtigung eines speziellen Bevollmächtigten für Rechtsgeschäfte oder Rechtsstreitigkeiten mit den Vorstandsmitgliedern auf Dauer erfolgen darf oder ob jeweils ein neuer Beschluss gefasst und „ein spezieller Vertreter ad hoc"[927] bestellt werden muss. Die h. M. nimmt an, dass die Ernennung eines speziellen Bevollmächtigten für alle Handlungen in der Zukunft wirksam ist, es sei denn, es ergibt sich etwas anderes aus dem Beschluss.[928] Dafür sprechen vor allem die geringeren Kosten, denn die Hauptversammlung muss nicht jedes Mal neu einberufen werden.[929] Dem lässt sich entgegenhalten, dass gerade in der Aktiengesellschaft, bei der der Aufsichtsrat im Gegensatz zu der *sp. z o.o.* obligatorisch ist, für größere Rechtssicherheit der Gesellschaft zu sorgen ist mit der Folge, dass ein spezieller Bevollmächtigter jedes Mal neu ernannt werden muss. Darüber hinaus würde anderenfalls aufgrund einer dauerhaften Ermächtigung ein Quasi-Organ ins Leben gerufen, das zugleich die Kompetenzen des Aufsichtsrats begrenzen würde. Daher empfiehlt auch *Szumański* für eine *S.A.*, jedes Mal einen neuen Beschluss zu fassen.[930] Angesichts dessen verwundert jedoch seine darauffolgende Feststellung, es gebe „keine eindeutigen Rechtsargumente", die für die eine oder andere Auffassung sprechen würden.[931]

Ganz im Gegenteil: Einige Argumente sprechen dafür, der Bevollmächtigung nach Art. 379 § 1 HGGB einen dauerhaften Charakter zu verweigern. Art. 379 § 1 HGGB bezweckt, die Gesellschaft bei Interessenkonflikten zu schützen. Daher ist auch die Rechtssicherheit für die Gesellschaft größer, wenn

926 *Bieniak* in Bieniak/HGGB-Komm Art. 379 Rn. 4.

927 *Szczurowski* in Jara/HGGB-Komm Art. 379 Rn. 7.

928 *Bieniak* in Bieniak/HGGB-Komm Art. 379 Rn. 4; *Szczurowski* in Jara/HGGB-Komm Art. 379 Rn. 4; a. A. *Szumański* in Sołtysiński/HGGB-Komm AG Art. 379 Rn. 14; *Litwińska-Werner* HGGB-Komm Art. 210 Rn. 4.

929 *Bieniak* in Bieniak/HGGB-Komm Art. 379 Rn. 5.

930 *Szumański* in Sołtysiński/HGGB-Komm Art. 379 Rn. 14.

931 *Szumański* in Sołtysiński/HGGB-Komm Art. 379 Rn. 14.

die Hauptversammlung jedes Mal die Möglichkeit hat, einen speziellen Bevollmächtigten zu ernennen. Das praktische Argument der Kostenersparnis lässt sich nicht gänzlich von der Hand weisen. Zu bedenken ist aber, dass ein spezieller Bevollmächtigter nicht für jedes Rechtsgeschäft (bzw. für jeden Rechtsstreit) ernannt werden muss, denn die Gesellschaft kann auch durch den Aufsichtsrat vertreten werden. Ein spezieller Bevollmächtigter ist eher eine Absicherung für die Aktionäre, wenn sie Zweifel an der Neutralität des Aufsichtsrats dem Vorstand gegenüber haben. Auf den besonderen Charakter der Ermächtigung eines speziellen Bevollmächtigten weist ebenso die Rechtsprechung hin.[932] Dem OG zufolge finden die Vorschriften über die Vollmacht nach Art. 103 ff. ZGB auf die Bevollmächtigung im Sinne des Art. 210 § 1 (für eine *sp. z o.o.*; entspricht Art. 379 § 1 für die *S.A.*) keine Anwendung.[933] So streitbar dieser Teil der Entscheidung sein mag, so zutreffend sind die Ausführungen des OG hinsichtlich des Charakters der Bevollmächtigung nach Art. 210 § 1 HGGB. Für den besonderen Charakter der Bevollmächtigung nach Art. 210 § 1 HGGB im Vergleich zu einer „normalen" Vollmacht spricht vor allem ihr beschränkter Umfang: Sie umfasst lediglich Verträge und Rechtsstreitigkeiten mit den Vorstandsmitgliedern. Der spezielle Bevollmächtigte übernimmt dann die Rolle eines Quasi-Verwalters, um konkrete Rechtsgeschäfte auszuführen, die sonst zur Kompetenz des Aufsichtsrates gehören.[934] Dem ist beizupflichten. Im Umkehrschluss würde ein auf Dauer ernannter Bevollmächtigter den Sinn der Norm verkehren, wenn durch ihn dem Aufsichtsrat die Vertretungszuständigkeit genommen wäre.

Art. 393 Nr. 2 HGGB bestimmt den Inhalt des Beschlusses nicht, in der Rechtslehre wird aber angenommen, dass er zumindest Angaben zum Organmitglied (Vorname, Name) und dem schadensbegründenden Sachverhalt enthalten müsse. Es sollte auch geschildert werden, worin die Pflichtwidrigkeit bestand. Die Höhe des Schadensersatzes muss in dem Beschluss nicht genannt werden, weil diese oft noch nicht bekannt ist oder erst durch einen Gutachter festgestellt werden muss.[935] Es ist auch nicht notwendig, die rechtlichen Grundlagen für die Ersatzansprüche anzugeben. Art. 393 Nr. 2 HGGB setzt dem zuständigen Organ

---

932 OG Urt. v. 15.6.2012, II CSK 217/11, OSNC 2013, Nr. 2 Pos. 27, Legalis 537333; zuletzt bestätigt OG Urt. v. 22.4.2016, II CSK 441/15, Legalis 1482776; kritisch *Szczurowski* in Jara/HGGB-Komm Art. 379 Rn. 7 ff; zustimmend *Kidyba*, HGGB-Komm Art. 210 Rn. 5.

933 OG Urt. v. 15.6.2012, II CSK 217/11, OSNC 2013, Nr. 2 Pos. 27, Legalis 537333.

934 OG Urt. v. 15.6.2012, II CSK 217/11, OSNC 2013, Nr. 2 Pos. 27, Legalis 537333.

935 Vgl. *Szwaja* in Sołtysiński/HGGB-Komm Art. 393 Rn. 102 f.

keine Frist für die Geltendmachung der Ersatzansprüche, daher soll sich die Frist aus dem Beschluss ergeben.[936]

b) Actio pro socio

Fasst die Hauptversammlung keinen Beschluss, Ersatzansprüche gegen Vorstandsmitglieder geltend zu machen, steht den Minderheitsaktionären eine *actio pro socio* zu.[937] Schon Art. 477 HGB-PL ermöglichte jedem Aktionär, die Ansprüche der Gesellschaft geltend zu machen, wenn die Hauptversammlung dies unterließ. Die heutige Regelung in Art. 486 § 1 HGGB entspricht größtenteils der alten Vorschrift und bestimmt, dass jeder Aktionär oder jede Person, dem/der ein Recht zur Teilnahme am Gewinn oder an der Vermögensverteilung zusteht,[938] eine Klage auf Ersatz des der Gesellschaft zugefügten Schadens erheben kann, vorausgesetzt, die Gesellschaft hat innerhalb eines Jahres nach dem Tag des Bekanntwerdens der schädigenden Handlung keine Schadensersatzklage erhoben. Zur Klageerhebung ist also jeder Aktionär berechtigt: Weder die Zahl noch der Wert seiner Anteile an der Gesellschaft ist relevant, denn entscheidend ist lediglich der Status als Aktionär.[939]

Die *actio pro socio* ist eine Schadensersatzklage und knüpft somit an Art. 363 ZGB an. Danach hat der Schadensersatz so zu erfolgen, dass entweder der vorherige Zustand wiederhergestellt oder ein angemessener Geldbetrag gezahlt wird. Ist es jedoch unmöglich, den voherigen Zustand wiederherzustellen, oder würde dies übermäßige Schwierigkeiten oder Kosten für den Verpflichteten nach sich ziehen, so beschränkt sich der Anspruch des Geschädigten auf eine Geldleistung. Nach einer Ansicht umfasst Art. 486 HGGB mit seiner Hypothese diejenigen Schäden, die durch die Haftungsvorschriften im

---

936 *Szwaja* in Sołtysiński/HGGB-Komm Art. 393 Rn. 104.

937 Dazu *Bieniak* in Bieniak/HGGB-Komm Art. 486 Rn. 1: Die *actio pro socio* sei ein Schutzinstrument in „entarteten Verhältnissen“ gegen missbräuchliches Verhalten der zur Klage befugten *Organe* [Hervorhebung durch Verf.: Vermutlich meinte *Bieniak* nur ein Organ, nämlich die Hauptversammlung, die ausschließlich die Geltendmachung von Schadensersatzansprüchen einleiten kann].

938 Es handelt sich vor allem um Inhaber von Obligationen, Gründerscheinen oder Zwischenscheinen, ausgeschlossen sind jedoch Inhaber von Wandelschuldverschreibungen oder Vorrechtschuldverschreibungen, wenn sie zur Teilnahme am Gewinn nicht berechtigt sind; siehe *Kupryjańczyk* in Jara/HGGB-Komm Art. 486 Rn. 1; *Popiołek* in Strzępka/HGGB-Komm Art. 486 Rn. 3. Nachfolgend ist aus Gründen der besseren Lesbarkeit jedoch nur von Aktionären die Rede.

939 Vgl. *Kupryjańczyk* in Jara/HGGB-Komm Art. 486 Rn. 1.

HGGB geregelt (Art. 480-484 HGGB[940]) sowie Schäden, die infolge einer Verletzung der vertraglichen Pflichten (Art. 471 ZGB) sowie aufgrund unerlaubter Handlung entstanden (Art. 415 ZGB) sind.[941] Nach anderer Auffassung, die hier befürwortet wird, ist der Schaden eng zu verstehen und *nur* an die Regelungen des HGGB anzulehnen.[942] Die *actio pro socio* ist ein Instrument des Gesellschaftsrechts und nicht des allgemeinen Zivilrechts. Sie stellt eine Ausnahme von der Anspruchsgeltendmachung, die an erster Stelle der Hauptversammlung obliegt, dar und ist daher eng auszulegen. Demnach ist der Schaden lediglich aufgrund der HGGB-Vorschriften zu definieren. Für denjenigen Schaden, der infolge vertraglicher oder deliktischer Haftung entstanden ist, ist allein das ZGB maßgeblich.

Der Aktionär erhebt die Klage im eigenen Namen, aber zugunsten der Gesellschaft.[943] Die Frist, nach deren Ablauf ein Aktionär oder eine berechtigte Person gem. Art. 486 § 1 HGGB eine Klage erheben kann, läuft ab dem Tag, an dem der Schaden der Gesellschaft bekannt wird. Daher ist entscheidend, wann der Schaden bekannt wurde, und nicht, wann er entstanden ist.[944] Der Schaden muss der Gesellschaft und nicht einem Aktionär bekannt werden. Vor Fristablauf ist ausschließlich die Gesellschaft berechtigt, die Klage zu erheben. Daher wäre die Klage eines Aktionärs aufgrund mangelnder Prozessführungsbefugnis abzuweisen. Umgekehrt kann die Gesellschaft trotz des Fristablaufs weiterhin Klage erheben oder einem laufenden Schadensersatzverfahren als Streithelfer *(interwenient samoistny)* beitreten.[945] Umstritten ist jedoch, ob eine dann bereits erhobene *actio pro socio* eine eigene Klageerhebung nach Fristablauf durch die Gesellschaft sperrt oder nicht. Nach hier vertretener Ansicht führt die *actio pro socio* zur Rechtshängigkeit des Streits, weswegen das Gericht

---

940 Dies betrifft nicht Art. 479 HGGB, der den Schaden der Gesellschaftsgläubiger regelt.

941 *Bieniak* in Bieniak/HGGB-Komm Art. 486 Rn. 1; *Pabis*, Prawo Spółek 12/2000, 24; *Szajkowski/Tarska* in Sołtysiński/HGGB-Komm Art. 486 Rn. 4; so auch OG Urt. v. 15.6.2005, IV CK 731/04, OSP 2007, Nr. 9 Pos. 103, LEX 177217.

942 BerG Kattowitz Urt. v. 28.9.2005, I ACa 597/05, LEX 164621; zustimmend *Bilewska*, Glosa 3/2007, 41 ff., *Kupryjańczyk* in Jara/HGGB-Komm Art. 486 Rn. 1.

943 Statt vieler siehe *Szajkowski/Tarska* in Sołtysiński/HGGB-Komm Art. 486 Rn. 12 m. w. N.

944 *Bieniak* in Bieniak/HGGB-Komm Art. 486 Rn. 2.

945 Anwendbar sind die Vorschriften über die einheitliche Streitgenossenschaft nach Art. 81 ff. ZPO; vgl. *Szajkowski/Tarska* in Sołtysiński/HGGB-Komm Art. 486 Rn. 13; ebenso *Bieniak* in Bieniak/HGGB-Komm Art. 486 Rn. 3.

die spätere Klage der Gesellschaft abzuweisen hat.[946] Andernfalls könnten mehrere Schadensersatzklagen, die denselben Schadensersatzanspruch der Gesellschaft zum Gegenstand haben, bei Gericht anhängig sein. Eine solche rechtlich unklare Situation wäre weder für die Gesellschaft noch für das betroffene Vorstandsmitglied wünschenswert.

Den Aktionären, die zur Erhebung unbegründeter „Erpressungsklagen" neigen könnten, soll eine Kaution entgegenwirken. Das Gericht kann nämlich anordnen, eine Kaution zu hinterlegen, mit der der dem Vorstandsmitglied drohende Schaden abgesichert werden soll, vorausgesetzt dass das Vorstandsmitglied die Kaution während der ersten Prozesshandlung verlangt. Höhe und Art der Kaution bestimmt das Gericht nach eigenem Ermessen und weist die Klage ab, wenn die Kaution nicht innerhalb der gesetzten Frist hinterlegt wird. Gegen diesen Beschluss steht dem klagenden Aktionär kein Rechtsmittel zur Verfügung. Das Vorstandsmitglied ist nach Art. 486 § 3 HGGB berechtigt, sich vor anderen Gläubigern aus der Kaution zu befriedigen. Allerdings soll nicht nur die Kaution unbegründeten Klagen entgegenwirken: Wenn die Klage unbegründet ist und der Aktionär die Klage bösgläubig erhoben hat, ist er nach Art. 486 § 4 HGGB verpflichtet, dem Vorstandsmitglied den zugefügten Schaden zu ersetzen.[947] Dabei ist der böse Glauben eng auszulegen.[948] Es handelt sich um die Kenntnis des Aktionärs von der Unbegründetheit der Klage im Moment der Klageerhebung und nicht bloß um mangelnde Sorgfalt.[949] Dabei trägt das Vorstandsmitglied die Beweislast, die bösgläubige Handlung des Aktionärs nachzuweisen.[950] Eine aufgrund einer *actio pro socio* erfolgte Gerichtsentscheidung ist zwischen der Gesellschaft und dem Vorstandsmitglied wirksam. Die

---

946 So auch *Bilewska*, Dochodzenie roszczeń (actio pro socio), 2008, S. 275; *Kidyba*, HGGB-Komm Art. 486 Rn. 2; a. A. *Pabis*, Komm sp. z o.o., Art. 295 Rn. 11; *Siemiątkowski*, Odpowiedzialność, 2007, S. 265.

947 Eingehend dazu *Bilewska*, Dochodzenie roszczeń (actio pro socio), 2008, S. 281 ff.; *dies*, MoP 3/2009, 127 ff.; *Jagodziński*, Rejent 3/2012, 34 ff.

948 *Goszczyk* in Opalski/HGGB-Komm Art. 486 Rn. 32; *Bilewska*, Dochodzenie roszczeń (actio pro socio), 2008, S. 281; *dies.*, Palestra 9-10/2009, 28, 33 f.

949 *Bilewska*, Dochodzenie roszczeń (actio pro socio), 2008, S. 281 f.; a. A. *Popiołek* in Strzępka/HGGB-Komm Art. 486 Rn. 6: Der böse Glaube liege nicht nur dann vor, wenn der Kläger wisse, dass die Klage unbegründet sei, sondern auch dann, wenn er dies bei einem sorgfältigen Handeln hätte wissen müssen.

950 *Popiołek* in Strzępka/HGGB-Komm Art. 486 Rn. 6.

Vollstreckung erfolgt zugunsten der Gesellschaft. Davon müssen die Gerichtskosten gedeckt werden, die dem Aktionär zu erstatten sind.[951]

IV. Reformüberlegungen

2015 haben Vertreter der Rechtslehre anlässlich der achtzigjährigen Kodifizierung des polnischen Handelsrechts in Warschau getagt.[952] Angesichts der erarbeiteten Thesen lässt sich allerdings keine baldige umfassende Reform des HGGB erhoffen, denn das Gesetzbuch sei bereits zu oft geändert worden. Seit dem Inkrafttreten des Gesetzes seien zu viele einzelne Änderungen vorgenommen worden. Statt vieler häufiger seien seltenere, aber wohlüberlegte Eingriffe des Gesetzgebers anzustreben, die von einer tiefgründigen und vielseitigen Diskussion begleitet werden sollen.[953] Fragen der Organhaftung wurden nicht angesprochen, denn die Problematik der Haftung von Geschäftsleitern tritt erst langsam in das Bewusstsein der Öffentlichkeit.

Zwar hatte im Jahre 2012 eine interessante Diskussion zur Haftung der Geschäftsleiter infolge unsorgfältigen Verhaltens die Wirtschaftspresse fest im Griff.[954] Die Debatte betraf vor allem das bereits oben geschilderte Problem der Doppelfunktion des Sorgfaltsmaßstabs. Bemerkenswert ist, dass die Einführung der BJR angesprochen, meist positiv gesehen und teilweise sogar deren Einführung im Rahmen der Stärkung von Corporate-Governance-Mechanismen gefordert wurde.[955] Zuvor war bereits Reformbedarf bei der Effektuierung der Aktionärsklage gesehen worden.[956]

Bis jetzt wurden die Reformvorschläge jedoch nicht vom Gesetzgeber aufgegriffen. Eine der deutschen Regierungskommission Corporate Governance vergleichbare Initiative hat der polnische Gesetzgeber noch nicht ins Leben gerufen. Die Kommission für die Kodifizierung des Zivilrechts beschäftigte sich vornehmlich mit der Reform des allgemeinen Zivilrechts einschließlich der Einführung eines neuen Zivilgesetzbuchs.[957] Zu befürworten ist die Tätigkeit der

951 *Popiołek* in Strzępka/HGGB-Komm Art. 486 Rn. 5; *Goszczyk* in Opalski/HGGB-Komm Art. 486 Rn. 29.

952 Ausführlich dazu *Weber/Osajda*, PPH 4/2015, 29 ff.

953 Vgl. *Weber/Osajda*, PPH 4/2015, 29, 31.

954 Näher dazu siehe C.II.4.b)aa)(2)(a); Nachweise siehe Fn. 736, 737.

955 Siehe vor allem *Opalski*, Rada nadzorcza, 2006, S. 507 ff.; *Oplustil*, Instrumenty, 2010, S. 865 ff.; zuletzt für Kodifizierung der BJR *Opalski/Oplustil*, PPH 3/2013, 11-23; *dies.*, PPH 12/2013, 26-29.

956 *Bilewska*, Dochodzenie roszczeń (actio pro socio), 2008, S. 290 ff.

957 Verordnung des Ministerrats v. 22.4.2002 (GBl. 2002 Nr. 55 Pos. 476).

Warschauer Börse, die den Code of Best Practice erlässt und regelmäßig anpasst. In diesem Zusammenhang verwundert, dass die bereits in der Fassung von 2005 enthaltene Empfehlung zur anzuwendenden Sorgfalt in den Text der neuen Fassung nicht mehr aufgenommen wurde.[958]

V. Zusammenfassung

Art. 483 HGGB stellt die zentrale Norm der Organhaftung in einer *S.A.* dar. Auf den ersten Blick regelt Art. 483 HGGB die Verantwortlichkeit des Vorstands gegenüber der Gesellschaft ähnlich wie § 93 AktG. Dennoch führen die Meinungsverschiedenheiten über die Doppelfunktion des Sorgfaltsmaßstabs, die infolge einer strengen, grammatikalischen Auslegung des OG aufgeblüht sind, zu Schwierigkeiten bei der Anwendung der Norm. Verklagt die Gesellschaft ein unsorgfältiges Vorstandsmitglied auf Schadensersatz, muss sie stets eine *konkrete* Gesetzesvorschrift nennen, die das Vorstandsmitglied verletzt habe, wobei die Verletzung des in Art. 483 § 2 HGGB genannten Sorgfaltsmaßstabs davon ausgeklammert wird. Die vorhandene Rechtsprechung begünstigt die Vorstandsmitglieder gegenüber der Gesellschaft.

Auf der anderen Seite stehen die starken Personalkompetenzen der Hauptversammlung gegenüber den Vorstandsmitgliedern, die nach Art. 368 § 4 S. 2 HGGB zu jeder Zeit abgerufen werden können. Die Stellung der Hauptversammlung gegenüber einem Vorstandsmitglied stärkt ferner die dispositive Regelung in Art. 368 § 4 HGGB. Da die Vorstandsmitglieder nicht zwingend erforderlich durch den Aufsichtsrat bestellt werden müssen, wird diese Befugnis oft der Hauptversammlung gewährt, aber auch ein Einzelaktionär kann dazu berechtigt werden, indem die Satzung einem individuell bestimmten Aktionär sog. persönliche Rechte einräumen kann, die insbesondere das Recht umfassen können, die Mitglieder des Vorstands oder des Aufsichtsrates zu bestellen oder abzuberufen (Art. 354 § 1 HGGB).

Die BJR regelt das HGGB nicht. Vergebens sucht man danach auch in der Rechtsprechung. Ein gewisses Geschäftsleiterermessen eines Vorstandsmitglieds erkennen aber sowohl Rechtsprechung als auch Rechtslehre an.

Wegen der Satzungsstrenge ist eine mildere Satzungsbestimmung zu Fragen der Haftung ausgeschlossen. Zu erwähnen sind die Enthaftungsmechanismen, die Einfluss auf die Haftung des Vorstands haben. Umstritten ist vor allem, wie sich Entlastungsbeschlüsse und die immer noch weitverbreiteten Arbeitsverträge für Manager auf die Haftung der Vorstandsmitglieder auswirken. Nach hier

958 Näher dazu siehe C.II.5.b).

vertretener Ansicht verhindert weder der Entlastungsbeschluss einen Schadensersatzanspruch der Gesellschaft, noch begrenzt ein Arbeitsvertrag die Höhe des Schadensersatzes. Ein Entlastungsbeschluss kann zwar einen Hinweis auf die Beachtung der erforderlichen Sorgfalt geben, entscheidet letztlich aber nicht über die Haftung. Die Kompetenzverteilung kann die Haftung individualisieren, hebt jedoch das Kollegialprinzip nicht auf.

Ein verpflichtender Selbstbehalt bei der D&O-Versicherung ist im HGGB nicht geregelt, daher müssen hierzu die allgemeinen Vorschriften über Versicherungsverträge zu Hilfe genommen werden.

Der Aufsichtsrat ist auf den Beschluss der Hauptversammlung über die Geltendmachung der Schadensersatzansprüche der Gesellschaft angewiesen und darf ohne solchen nicht handeln. Bleibt die Gesellschaft ein Jahr lang untätig, seitdem ihr der Schaden bekannt geworden ist, kann auch ein einzelner Aktionär im Wege einer *actio pro socio* Klage erheben.

D. Gegenüberstellung und Vergleich

I. Vorüberlegungen

Die vorangegangene Darstellung hat neben zahlreichen Übereinstimmungen auch einige strukturelle Unterschiede zu Tage gefördert. Dies betrifft vor allem die Stellung des Organs (II.), seine Innenhaftung (III.) sowie Fragen der Enthaftung (IV.) und der Anspruchsverfolgung (V.). Im Folgenden ist durch Gegenüberstellung und Vergleich zu untersuchen, wie sich die unterschiedlichen rechtlichen Gegebenheiten auf die jeweilige Haftung des Vorstands in einer Aktiengesellschaft auswirken.

II. Stellung des Vorstands in einer *S.A.*

Eine Debatte über die Vorstandshaftung kommt nicht ohne eine Beleuchtung der Rechtsverhältnisse zwischen dem Vorstand und den übrigen Organen einer *S.A.*, insbesondere der Hauptversammlung, aus. Eine möglichst effiziente Ausübung der unternehmerischen Funktionen durch den Vorstand sollte durch eine entsprechend zugeschnittene materielle Unternehmensverfassung gestützt werden. Dabei ist zu beachten, wie umfassend, verflochten und gegenseitig abhängig die Rechtsverbindungen zwischen den Gesellschaftsorganen sind; es existiert keine hierarchische Struktur, sondern es dominiert die Suche nach einem Machtgleichgewicht.[959]

In der polnischen Rechtslehre wird – zu Recht – auf die negativen Auswirkungen eines zu starken Einflusses der Aktionäre auf die Unternehmensführung in der *S.A.* hingewiesen.[960] Ob Art. 368 § 1 HGGB dem Vorstand tatsächlich die eigenverantwortliche Leitung der Gesellschaft gewährt, kann durchaus hinterfragt werden. Die Geschäfte der Gesellschaft führt zwar der Vorstand, die Hauptversammlung kann aber durch wiederkehrende Maßnahmen (z. B. Entlastungsbeschluss), vor allem aber durch Personalbefugnisse gegenüber den Vorstandsmitgliedern unmittelbar die Entscheidungen des Vorstands beeinflussen. Insbesondere in Aktiengesellschaften mit einem Mehrheitsaktionär ist

959 Vgl. Hüffer/*Koch* AktG § 76 Rn. 5; *Mertens/Cahn* in KölnerKommAktG Vor § 76 Rn. 1; *Spindler* in MüKoAktG Vor § 76 Rn. 42 ff.; *Wiedemann*, GesR Bd. I § 6 IV.

960 Vgl. *Oplustil*, Instrumenty, 2010, S. 515 f.

das ein strukturelles Problem.[961] Dennoch ist es abzulehnen, die Effektuierung der Haftung auf dem Wege der Verantwortlichkeit der Aktionäre zu erreichen zu versuchen.[962] Vielmehr empfiehlt es sich, sich vorsichtig an die einschlägigen Vorschriften zu den Kompetenzen der Hauptversammlung, insbesondere an die Personalbefugnisse gegenüber dem Vorstand, heranzutasten, anstatt die rechtliche Verfassung der *S.A.* zu revolutionieren. Die Bestellungs- und Abberufungsregeln in Polen weichen erheblich von denen des deutschen Aktienrechts ab und tragen zur unsicheren Situation der Vorstandsmitglieder bei. Daher drängen sich folgende Fragen auf: Soll die Regelung der Bestellung und Abberufung des Vorstands durch den Aufsichtsrat *dispositiv* bleiben? Ist die zwingende Kompetenz der Hauptversammlung, den Vorstand abzuberufen oder zu suspendieren, zweckmäßig? Sollte die Abberufung des Vorstands auf *einen wichtigen Grund* beschränkt werden?

1. Aufsichtsrat versus Hauptversammlung

Die Übertragung der Bestellungs- und Abberufungskompetenz von der Hauptversammlung (so aufgrund des HGB-PL) auf den Aufsichtsrat (HGGB) ist als positiv zu beurteilen. Im Vergleich zur Hauptversammlung verfügt der Aufsichtsrat als ein professionelles Organ über Kompetenz, Fähigkeit und notwendiges Wissen, um qualifizierte Vorstandsmitglieder zu bestellen.[963] Angesichts eines disziplinierenden Charakters der Bestellungsbefugnis ist der Aufsichtsrat als Überwachungsorgan dafür geeignet.[964] Um dies weiter zu verfestigen, ist eine Stärkung seiner Kompetenz bei der Bestellung der Vorstandsmitglieder einer *S.A.* anzustreben. Denn Kleinaktionäre können Vorstandsmitglieder aufgrund der Notwendigkeit einer „kollektiven Aktion" sowie der damit verbundenen „rationale[n] Apathie" tatsächlich nicht selbst überwachen.[965] Nicht nur gehen sie oft davon aus, dass ihre einzelne Stimme kaum Einfluss auf die letztendlich getroffene Entscheidung hat und überlassen das Handeln daher den Mehrheitsaktionären; auch die Kosten der Stimmausübung können eine effektive Sperre darstellen. Aber nicht nur Geld, sondern auch Zeit muss ein Aktionär

961 *Windbichler*, GesellschaftsR § 27 Rn. 1; BerG in Warschau Urt. v. 7.2.2007, I ACa 1033/06, LEX 1640890.

962 In dem Sinne aber *Tajer*, Prawo Spółek 5/2012, 34, 43.

963 Vgl. *Opalski*, Rada nadzorcza, 2006, S. 396; *Davies/Hopt/Nowak/van Solinge* in Corporate Boards, 2013, S. 3, 38.

964 *Oplustil*, Instrumenty, 2010, S. 535.

965 *Arnold*, Die Steuerung des Vorstandshandelns, 2007, S. 74 f.

einsetzen, wenn er nicht einen Vertreter beauftragt, was allerdings ebenso Kosten verursacht. Schließlich erfordert eine effektive Stimmausübung auch einen gewissen Aufwand, wenn man sich mit den Beschlussgegenständen auseinandersetzen will.[966] In diesem Zusammenhang ist eine *bewusste* Entscheidung über die Zusammensetzung des Vorstands eher einem Mehrheitsaktionär als dem verstreuten Aktionariat zuzutrauen, eine *objektive* Entscheidung wiederum eher den Kleinaktionären als einem Mehrheitsaktionär. Angesichts dessen sowie der mangelnden permanenten Präsenz der Hauptversammlung als Organ der Gesellschaft ist die enge Anbindung der Hauptversammlung an Unternehmensangelegenheiten schlichtweg nicht immer durchzuhalten.[967] Ist der Aufsichtsrat für Berufung und Abberufung des Vorstands zuständig, bestehen weniger Zweifel an der Zweckmäßigkeit seiner Entscheidung.

2. Dispositive Regelung

Es erscheint angezeigt, die Bedenken an der Zweckmäßigkeit des dispositiven Charakters des Art. 368 § 4 S. 1 HGGB mit einer Auswertung stichprobenartig ausgewählter Statuten börsennotierter Aktiengesellschaften in Polen zu zerstreuen. Nur eine von dreißig verglichenen Satzungen börsennotierter Aktiengesellschaften (WIG 30) sieht vor, dass die Vorstandsmitglieder von der Hauptversammlung zu bestellen sind.[968] Die Regel stellt also die in Art. 368 § 4 S. 1 HGGB vom Gesetzgeber vorgesehene Lösung dar. Auch rechtsvergleichend ist die polnische Regelung kein Einzelfall, denn auch in Frankreich sowie in der Europäischen Aktiengesellschaft ist diese Regelung dispositiv.[969]

Es sind eher kleinere Aktiengesellschaften, bei denen die Personalbefugnisse der Hauptversammlung überlassen werden, weil die Aktionäre hierdurch

966 Vgl. *Arnold*, Die Steuerung des Vorstandshandelns, 2007, S. 74.

967 Hinsichtlich der engen Bindung des Vorstands an Entschließungen der Hauptversammlung in Unternehmensentscheidungen siehe BGHZ 159, 30, 44 – Gelatine I.

968 Es handelt sich um die KERNEL Holding S.A. Die Satzungen sind auf der Webseite der Warschauer Börse zugänglich: https://www.gpw.pl/list-of-companies (abgerufen am 22.9.2017).

969 Vgl. *Oplustil*, Instrumenty, 2010, S. 535. Bei der SE liegt die Kompetenz zur Bestellung und Abberufung der Vorstandsmitglieder grundsätzlich beim Aufsichtsrat. Die Mitgliedstaaten können jedoch eine besondere abweichende Regelung einführen, die die Bestellung und Abberufung des Vorstands in Übereinstimmung mit dem jeweiligen eigenen Aktienrecht regelt, Art. 39 Abs. 2 Verordnung (EG) Nr. 2157/2001 des Rates vom 8. Oktober 2001 über das Statut der Europäischen Gesellschaft (SE) (ABl. v. 10.11.2001, L 294/12).

die Zusammensetzung des Vorstands beeinflussen wollen.[970] Zugleich ist davon auszugehen, dass die Aktionäre in einer kleineren *S.A.* mehr Interesse an der Gesellschaft haben und die Personalbefugnisse bewusster und engagierter (und eher wie Gesellschafter einer GmbH) ausüben. Die dispositive Regelung ist zu befürworten. Gerade in einer *S.A.* mit einem festen oder sogar geschlossenem Aktienbesitz kann ein unmittelbarer Einfluss der Hauptversammlung auf die Zusammensetzung des Vorstands durchaus gerechtfertigt sein. Hier droht grundsätzlich nicht das „rationale Desinteresse der Kleinaktionäre",[971] da sie oft ein größeres Interesse an der Gesellschaft haben und Gebrauch von den ihnen zustehenden Rechten machen. Gleichzeitig sind in geschlossenen Kapitalgesellschaften i. d. R. die Informationskosten niedriger und die Erwartung einer informierten Stimmrechtsentscheidung der Aktionäre höher, da diese besser die Auswirkungen der Handlungen des Managements abschätzen können.[972]

Die dispositive Regelung kommt des Weiteren dem Postulat der Lockerung der Satzungsstrenge entgegen.[973] Soweit in der konkreten Gesellschaft eine andere Kompetenzverteilung gewünscht wird, könnte die Satzung der Hauptversammlung aufgrund des derzeitigen Art. 368 § 4 S. 1 HGGB immer noch eine Bestellungs- und Abberufungsbefugnis einräumen. Somit trägt die dispositive Regelung in Art. 368 § 4 S. 1 HGGB den unterschiedlichen Gegebenheiten in börsen- und nichtbörsennotierten Aktiengesellschaften Rechnung. Sie könnte auch in Deutschland einen Beitrag zur eingeleiteten Debatte über die Differenzierung zwischen börsennotierten und geschlossenen Aktiengesellschaften und insbesondere bei der Frage, ob sich abweichende Regeln für beide Gesellschaftstypen mit besonderer Berücksichtigung der Satzungsstenge nach § 23 Abs. 5 AktG empfehlen, leisten.[974] Gewiss ist heutzutage im Aktienrecht die Tendenz zu beobachten, mehr Satzungsautonomie für die Aktionäre zu fordern. Für personalistisch strukturierte Aktiengesellschaften mit einem engagierten,

970 Ebenso *Oplustil*, Instrumenty, 2010, S. 542.

971 *Wagner*, ZHR 178 (2014), 227, 241.

972 Vgl. *Wagner*, ZHR 178 (2014), 227, 241, der darauf in Zusammenhang mit der Aktionärsklage des § 148 AktG hinweist.

973 Dafür *Bąk/Oplustil*, Czasopismo Kwartalne Całego Prawa Handlowego, Upadłościowego oraz Rynku Kapitałowego, 2/1997, 141 ff.

974 Mit dem Deregulierungsproblem befasste sich 2008 der 67. DJT, der letztendlich an § 23 Abs. 5 AktG festgehalten hat. Ebenso wurden ausgewogene Gestaltungsspielräume für nicht börsennotierte Gesellschaften abgelehnt; für den Grundsatz der Satzungsstrenge *Bayer*, Gutachten zum 67. DJT, S. 81 ff.; für mehr Satzungsautonomie *Spindler*, AG 2008, 598, 600 ff.; *Windbichler*, JZ 2008, 840, 844 ff.

möglicherweise geschlossenen Aktionariat fügt sich die dispositive Norm des Art. 368 § 4 S. 1 HGGB in dieses Bild ein. Für all jene Gesellschaften mit einem wenig objektiven, aber umso aktiveren Großaktionär und Kleinaktionären, die von ihren Rechten keinen Gebrauch machen, ist die dispositive Regelung des Art. 368 § 4 S. 1 HGGB aber wohl eher ein Danaergeschenk.

Andererseits würde ein Entzug der Personalbefugnisse der Hauptversammlung gegenüber dem Vorstand einen geringeren Einfluss der Hauptversammlung auf die Unternehmensleiter bedeuten. Das würde eine engere Zusammenarbeit zwischen dem Vorstand und dem Aufsichtsrat ermöglichen, sodass eine faktische Kooperation stattfände und für eine „langfristige Nachfolgeplanung“[975] gesorgt wäre.[976] Zurzeit könnte jedoch eine enge Zusammenarbeit zwischen dem Vorstand und dem Aufsichtsrat in einer *S.A.* erschwert werden, wenn die Satzung die Hauptversammlung berechtigt, den Vorstand zu bestellen. Allerdings sollte an dieser Stelle gerechterweise bemerkt werden, dass die derzeitige HGGB-Regelung - anders als § 84 Abs. 1 und 3 AktG - nicht dazu veranlasst, dem Vorstand und dem Aufsichtsrat eine falsch verstandene Kollegialität vorzuwerfen: Ein Vorstandsmitglied muss sich nicht um das Vertrauen des Aufsichtsrats bemühen, um erneut bestellt zu werden.

3. Abberufung durch die Hauptversammlung (Art. 368 § 4 S. 2 HGGB)

Es ist zu erwägen, ob eine disziplinierende Personalbefugnis der Hauptversammlung gegenüber dem Vorstand, verstärkt durch die Möglichkeit, diesen grundsätzlich zu jeder Zeit abzuberufen, nicht zu sehr zugunsten der Hauptversammlung in die Waagschale fällt - egal, wie sehr dies aus ökonomischer Sicht mit dem Vermögensinteresse der Aktionäre übereinstimmen mag.[977]

Die „erweiterte“ Personalbefugnis der Hauptversammlung, ein Vorstandsmitglied nach Art. 368 § 4 S. 2 HGGB zu jeder Zeit abzuberufen oder es zu suspendieren, kann aus vielerlei Gründen nicht weiterbestehen. Die Regelung beeinträchtigt die Autonomie des Vorstands und kann zu einem rechtlich zulässigen Erpressungsinstrument eines Mehrheitsaktionärs werden. Sie verdoppelt die Abberufungszuständigkeit, was zu einem Kompetenzstreit zwischen den

975 Ziff. 5.1.2 DCGK.

976 Vgl. in der deutschen Rechtslehre *Windbichler*, GesellschaftsR § 27 Rn. 1.

977 Vgl. *Arnold*, Die Steuerung des Vorstandshandelns, 2007, S. 39: Die Interessen der Stakeholder (darunter auch Arbeitnehmer) sollten grundsätzlich nicht berücksichtigt werden.

Organen führen kann. Bedenkt man noch, dass die Hauptversammlung – vorbehaltlich einer abweichenden Satzungsbestimmung – auch die Aufsichtsratsmitglieder bestellen und abberufen kann (Art. 385 § 1 und § 2 HGGB),[978] wäre also eine Konstellation denkbar und zulässig, in der die Hauptversammlung sowohl den Vorstand als auch den Aufsichtsrat abberufen kann.

a) Autonomie des Vorstands

Art. 368 § 4 S. 2 HGGB stellt den Aktionären als wirtschaftlichen Eigentümern der Gesellschaft eine weitere Kontrollbefugnis zur Verfügung: Sie können einem Vorstandsmitglied relativ schnell seinen Posten entziehen, wenn dessen Handlungen für negativ befunden wurden. Dies kann in der vorherigen Verweigerung der Entlastung zum Ausdruck kommen, bedingt aber nicht die Zulässigkeit der Abberufung.[979] Diese erweiterte Befugnis der Hauptversammlung konfligiert mit der Weisungsunabhängigkeit nach Art. 375^1 HGGB.[980] Die Gefahr, abberufen zu werden, kann den Vorstand dazu bewegen, vorher geplante und mit dem Aufsichtsrat abgestimmte strategische Entwicklungen der Gesellschaft zu ändern, wenn die ursprünglich geplante Strategie mit den Entwicklungsplänen eines Mehrheitsaktionärs nicht übereinstimmt. Es ist nachvollziehbar, dass der Vorstand den Empfehlungen anderer Organe (hier der Hauptversammlung) folgen würde, statt sich selbst der Gefahr auszusetzen, abberufen zu werden.[981] Ein unverbindlicher Empfehlungsbeschluss wird in der Wirklichkeit oft faktisch zu einem bindenden Beschluss. Die drohende Abberufung wird dadurch zu einem Kontrollinstrument, mit dem ein Mehrheitsaktionär eigene Interessen realisieren kann. In öffentlichen Unternehmen, wo der Mehrheitsaktionär der

---

978 Eine Besonderheit des polnischen Aktienrechts ist die Möglichkeit, den Aufsichtsrat in einer Gruppenwahl zu bestellen, unabhängig davon, wie der Aufsichtsrat statutarisch bestellt wird (Art. 385 § 5 HGGB). Dies setzt einen Antrag der Aktionäre voraus, die gemeinsam mindestens 20 % des Grundkapitals vertreten; ausführlich dazu *Oplustil*, Instrumenty, 2010, S. 590 ff.; *Davies/Hopt/Nowak/von Solinge* in Corporate Boards, 2013, S. 3, 41 f.; *Opalski*, Rada nadzorcza, 2006, S. 514.

979 Vgl. *Oplustil*, Instrumenty, 2010, S. 890.

980 Diese Besonderheit der indirekten Einflussnahme der Aktionäre wird z. B. im schweizerischen Recht besonders deutlich, wo auf der Entscheidungsebene des Verwaltungsrates einzelnen Aktionärskategorien das Recht auf einen Vertreter im Verwaltungsrat, zu dessen Aufgaben wiederum die Ernennung und Abberufung der Geschäftsleitung gehört, zugesichert wird; siehe *Ruffner*, Die ökonomischen Grundlagen, 2000, S. 188 ff.

981 Vgl. *Sołtysiński* in Corporate Boards, 2013, S. 511, 525.

Staat ist, kann Art. 368 § 4 S. 2 HGGB wiederum zu einem politischen Instrument werden.[982]

Die Hauptversammlung kann ihre Kompetenz nach Art. 368 § 4 S. 2 HGGB insbesondere dann in Anspruch nehmen, wenn ein neuer Mehrheitsaktionär eine Umbesetzung des Vorstands anstrebt, um diesen mit vertrauten Personen zu besetzen, der Aufsichtsrat sich aber solch einer Änderung verweigert. Es besteht die Gefahr, dass ein Mehrheitsaktionär ein eigenes Interesse realisieren will, ohne dabei Rücksicht auf das Interesse der Gesellschaft oder der Minderheitsaktionäre zu nehmen. Diese Gefahr wird zusätzlich von Art. 393 Nr. 2 HGGB gesteigert, wonach die Schadensersatzklage den Beschluss der Hauptversammlung voraussetzt, wofür ein Mehrheitsaktionär seine Zustimmung möglicherweise nicht gibt.[983] Den Minderheitsaktionären wird somit jeglicher Rechtsschutz entzogen.

Dabei sieht das HGGB kein Instrument vor, das dem Missbrauch des Art. 368 Abs. 4 S. 2 HGGB durch einen Mehrheitsaktionär vorbeugen oder diesen Missbrauch sanktionieren würde. Ein Vorstandsmitglied kann zwar den Beschluss der Hauptversammlung anfechten, bis zu einer rechtskräftigen Gerichtsentscheidung bleibt der Abberufungsbeschluss jedoch in Kraft, und dem ausgeschiedenen Vorstandsmitglied stehen keine Befugnisse in der Gesellschaft mehr zu.

Wenn die Vorstandsmitglieder so gravierend von den Personalentscheidungen der Hauptversammlungen abhängen und stets das Vertrauen der Aktionäre erkämpfen müssen, könnte infrage gestellt werden, ob sie bei der Geschäftsführung tatsächlich ohne Einfluss sachfremder Interessen und zum Wohle der Gesellschaft handeln.[984] Es wäre zwar naiv anzunehmen, dass der Vorstand ohne jeglichen Einfluss der Hauptversammlung handeln würde, wenn diese ihn weder berufen noch abberufen könnte, denn solch ein Einfluss ist auch in der deutschen Aktiengesellschaft nicht ganz zu vermeiden. Sicherlich wäre er aber geringer, wenn Art. 368 § 4 S. 2 HGGB gestrichen würde. Abgesehen von dieser Befugnis kann nämlich die Hauptversammlung auch auf anderem Wege Einfluss auf die Zusammensetzung des Vorstands nehmen. Die Satzung kann gem. Art. 368 § 4 S. 1 HGGB vom Gesetz abweichen und die Abberufung (sowie Berufung) des Vorstands der Hauptversammlung überlassen. Schweigt die Satzung darüber, kann die Hauptversammlung immer noch die Zusammensetzung des Vorstands durch Besetzung des Aufsichtsrats mittelbar beeinflussen.

---

982 *Oplustil*, Instrumenty, 2010, S. 544.

983 Vgl. *Oplustil*, Instrumenty, 2010, S. 545.

984 Ebenso *Oplustil*, Instrumenty, 2010, S. 535.

b) *Kompetenzstreit*

De lege lata ist es möglich, dass die Berufungs- und Abberufungskompetenz unterschiedlichen Organen zukommt. Dies kann zum einen durch eine entsprechende Satzungsbestimmung geschehen (Art. 368 § 4 S. 1 HGGB). Zum anderen kann es aber auch dadurch zu einer Zersplitterung der Personalkompetenzen kommen, dass die Hauptversammlung ihre Befugnis gem. Art. 368 § 4 S. 2 HGGB ausübt. Die polnische Regelung ist eine Ausnahme von der Regel, dass die Kompetenz zur Bestellung und zu deren Widerruf zumeist demselben Organ zusteht.[985] Somit kann sich die Befugnis der Hauptversammlung und des Aufsichtsrats, die Vorstandsmitglieder abzuberufen, überlappen und zu einer Konfliktsituation führen.[986] Nicht zu erwähnen ist die Überflüssigkeit des Art. 368 § 4 S. 2 HGGB in den Fällen, in denen die Hauptversammlung ohnehin durch die Satzung dazu ermächtigt ist, den Vorstand abzuberufen (Art. 368 § 1 HGGB).

c) *Minderheitsaktionäre*

Gegen einen Eingriff des Gesetzgebers in Art. 368 § 4 S. 2 HGGB könnte allerdings das Schutzbedürfnis von Minderheitsaktionären in Aktiengesellschaften mit gestreutem Aktionariat (kein Mehrheitsaktionär) sprechen, die von einem nicht vertrauenserweckenden Vorstandsmitglied Abschied nehmen wollen. Das Argument ist jedoch wenig überzeugend, wenn man die in der Praxis häufige Passivität der Kleinaktionäre berücksichtigt. Insbesondere in Aktiengesellschaften mit gestreutem Aktienbesitz haben die Aktionäre oft kein Interesse, ihre Rechte aktiv und engagiert auszuüben, und überlassen dies den sie vertretenden Personen oder Institutionen. Diese wiederum neigen meist dazu, den Aufsichtsrat in seinen Personalentscheidungen zu unterstützen. Dennoch könnte erwogen werden, statt Art. 368 § 4 S. 2 HGGB ganz zu streichen, seinen Anwendungsbereich zu verkürzen und auf diejenigen Fälle zu begrenzen, wo die Berufung eines Vorstandsmitglieds einem Aktionär gem. Art. 354 § 1 HGGB oder einem Dritten überlassen wird. Folgerichtig hätte ein solcher Aktionär oder Dritter das Recht, ein berufenes Vorstandsmitglied abberufen zu können.

---

985 Ähnlich nur in England, vgl. *Davies/Hopt/Nowak/van Solinge* in Corporate Boards, 2013, S. 3, 43.

986 Zutreffend *Oplustil*, Instrumenty, 2010, S. 544; *Czerniawski*, HGGB-Komm, S. 255 f.; ebenso *Davies/Hopt/Nowak/van Solinge* in Corporate Boards, 2013, S. 3, 43.

Ausgehend von der vorstehenden Analyse der Personalbefugnisse der Hauptversammlung gegenüber dem Vorstand einer *S.A.* bietet es sich daher an, den Satz 2 des Art. 368 § 4 HGGB zu streichen:

§ 1. „Der Vorstand führt die Geschäfte der Gesellschaft und vertritt sie.

§ 2. Der Vorstand besteht aus einem oder mehreren Mitgliedern.

§ 3. In den Vorstand können Personen aus der Mitte der Aktionäre oder außerhalb dieses Kreises berufen werden.

§ 4. Die Vorstandsmitglieder werden vom Aufsichtsrat berufen und abberufen, es sei denn, dass dies durch die Satzung der Gesellschaft anderweitig geregelt ist. ~~Ein Vorstandsmitglied kann auch durch die Hauptversammlung abberufen oder von seinem Amt suspendiert werden~~.

§ 5. Durch Beschluss der Hauptversammlung oder die Satzung der Gesellschaft können Voraussetzungen bestimmt werden, die Kandidaten für den Vorstandsposten erfüllen sollen."

4. Wichtiger Grund

Die Unabhängigkeit des Vorstands in der Unternehmensleitung von dem zur Bestellung befugten Organ (meistens Aufsichtsrat) kann aufgrund des heutigen Wortlauts des Art. 370 § 1 HGGB angezweifelt werden. Art. 370 § 1 HGGB entspricht § 38 GmbHG, wonach der Widerruf der Geschäftsführer zu jeder Zeit möglich ist. Während § 38 GmbHG einem engeren, auf Vertrauen zwischen Geschäftsführer und Gesellschaftern basierenden Verhältnis entspricht, ist die Regelung im polnischen Aktienrecht fehl am Platz. Es kann insbesondere bezweifelt werden, ob der Vorstand die Gesellschaft unter eigener Verantwortung tatsächlich leiten kann, wenn er sich nicht darauf verlassen kann, dass der Aufsichtsrat ihn nur bei erheblichen Nachlässigkeiten abberufen kann.[987] Von allen Aufsichtsinstrumenten über den Vorstand greift der Widerruf der Bestellung am weitesten, weshalb der Aufsichtsrat mit diesem Mittel vorsichtig umgehen und es nur in begründeten Fällen in Anspruch nehmen sollte.[988] In der Praxis könnte jedoch das zur Abberufung des Vorstands befugte Organ seine Befugnis ausnutzen, um Einfluss auf den Vorstand auszuüben.

987 Allg. M., siehe OLG München NZG 2006, 313, 313 f.; Begründung RegE AktG 1965 in *Kropff*, Aktiengesetz, 1965, S. 106; *Fleischer* in Spindler/Stilz AktG; *Pentz* in Hdb. VorstandsR § 16 Rn. 13; *Spindler* in MünchKommAktG § 84 Rn. 113.

988 Vgl. *Opalski*, Rada nadzorcza, 2006, S. 406.

In Ermangelung einer gesetzlichen Beschränkung des Widerrufs der Abberufung der Vorstandsmitglieder auf einen wichtigen Grund entfallen ein Pfeiler der Unabhängigkeit des Vorstandes und das rechtliche Fundament für den ihm zugebilligten weiten unternehmerischen Handlungsspielraum, dem in Deutschland § 84 Abs. 3 AktG Rechnung trägt.[989] In der deutschen Rechtslehre wird betont, dass das Zusammenwirken von beschränkter Amtszeit der Vorstandsmitglieder und begrenzten Abberufungsmöglichkeiten dem Vorstand eine gewisse Unabhängigkeit gewähre und seine Bereitschaft zu unternehmerischen Handlungen stärke.[990] Die Kontrolle durch den Aufsichtsrat gewährleistet, dass der Vorstand seine Rolle in der Gesellschaft wahrnimmt und sich seiner Verantwortlichkeit bewusst ist. Entfällt der zweite Punkt, weil die Satzung die Abberufung nicht auf einen wichtigen Grund beschränkt, ist die Unabhängigkeit des Vorstands infrage gestellt.[991] Eine „bedingte Unabhängigkeit" ist kaum zufriedenstellend, eine Beschränkung der Abberufung auf einen wichtigen Grund im Gesetz daher geboten.

Von *Opalski* wird angemerkt, dass der Aufsichtsrat ein Vorstandsmitglied *de facto* nicht ohne einen „wesentlichen Grund"[992] abberufen kann. Denn das Entscheidungsermessen des Aufsichtsrates sei durch die Pflicht, sorgfältig und im Interesse der Gesellschaft zu handeln, insoweit beschränkt.[993] Die Abberufung sei das stärkste Überwachungsinstrument, wovon der Aufsichtsrat nur dann Gebrauch machen solle, wenn es gerechtfertigt und notwendig ist.[994] Anders als der Aufsichtsrat könnten die Aktionäre freier darüber entscheiden, ob ein Vorstandsmitglied seinen Posten entzogen bekommt, denn eine Loyalitätspflicht gegenüber der Gesellschaft treffe nur strategische Aktionäre, und das auch nur in einem sehr geringen Umfang.[995] Diese Differenzierung wurde mit dem

---

989 *Dauner-Lieb* in Henssler/Strohn, GesellschaftsR § 84 AktG Rn. 30; *Fleischer* in Spindler/Stilz AktG § 84 Rn. 99; *K. Schmidt*, GesellschaftsR § 28 II 2 c), *Henze*, BB 2000, 209, 211.

990 *Windbichler*, GesellschaftsR § 27 Rn. 10.

991 Nur eine von dreißig verglichenen Satzungen börsennotierter Aktiengesellschaften (WIG 30) beschränkt die Abberufung der Vorstandsmitglieder auf einen wichtigen Grund; vgl. § 19 Abs. 4 der Satzung der PKO BP S.A, siehe unter https://www.gpw.pl/list-of-companies (abgerufen am 22.9.2017).

992 Der Begriff eines „wesentlichen Grunds", der die Abberufung begründen kann, sei dem gesetzlichen Begriff eines „wichtigen Grunds", der die Abberufung beschränkt, nicht gleich, vgl. *Opalski*, Rada nadzorcza, 2006, S. 406.

993 Vgl. *Opalski*, Rada nadzorcza, 2006, S. 406.

994 Vgl. *Opalski*, Rada nadzorcza, 2006, S. 407.

995 Vgl. *Opalski*, Rada nadzorcza, 2006, S. 407.

unterschiedlichen Charakter der Organe und ihrer unterschiedlichen Stellung in der Gesellschaft begründet.[996] Sie mag rechtssystematisch richtig sein, wird jedoch durch den Wortlaut der einschlägigen Normen nicht bestätigt. Eine solche Unterscheidung, die die Voraussetzungen des Widerrufs von Vorstandsmitgliedern für den Aufsichtsrat und die Hauptversammlung abweichend regelt, wäre - ohne den Normwortlaut zu ändern - nicht möglich und letztlich auch nicht zweckmäßig.

Alternativ könnte erwogen werden, ob die Abberufung aus einem wichtigen Grund ein gesetzlicher Regelfall wäre, eine abweichende statutarische Regelung aber zulässig wäre. Die Aktionäre könnten somit in der Satzung auf das Vorliegen eines wichtigen Grunds verzichten. Dies könnte allerdings ein gewisses Misstrauen gegenüber den Vorstandsmitgliedern ausdrücken, da die statutarische Bestimmung sie im Vergleich zum gesetzlichen Grundfall benachteiligen würde - nicht die beste Grundlage für den Beginn einer vertrauensvollen Zusammenarbeit.

Anzustreben ist, die Abberufung des Vorstands auf einen wichtigen Grund zu beschränken. Eine Gesetzesänderung würde bezwecken, die selbstständige Unternehmensleitung der Gesellschaft durch den Vorstand zu verwirklichen, denn die so geschaffene gesetzliche Kompetenz des Aufsichtsrats entspräche den Grundsätzen eines dualistischen Modells, in dem der Aufsichtsrat der Vertreter der Aktionäre gegenüber dem Vorstand ist.[997] Rechtssystematisch wäre dadurch das Verschwimmen der Aufsichtsratskompetenzen mit den Kompetenzen der Hauptversammlung beseitigt. Die Gesetzesänderung würde ferner den Unterschied zwischen einer Aktiengesellschaft und einer GmbH hervorheben.

Für Polen bieten sich daher folgende Änderungen des Art. 370 § 1 HGGB bei gleichzeitigem Verzicht auf § 2 an (die Textänderung wurde kursiv abgebildet):

> § 1 „Ein Vorstandsmitglied darf ~~jederzeit~~ *nur aus wichtigem Grund* abberufen werden. Dies lässt jedoch seine Ansprüche aus dem Arbeitsverhältnis oder aus einem anderen Rechtsverhältnis, welches die Ausübung der Funktion als Vorstandsmitglied betrifft, unberührt.“[998]

996 Vgl. *Opalski*, Rada nadzorcza, 2006, S. 407.

997 *Oplustil*, Instrumenty, 2010, S. 545.

998 Auf Polnisch ist Art. 370 § 1 HGGB folgendermaßen zu formulieren: „Członek zarządu może być odwołany *jedynie z ważnego powodu*. Nie pozbawia go to roszczeń ze stosunku pracy lub innego prawnego dotyczącego pełnienia funkcji członka zarządu.“

~~§ 2. Die Satzung der Gesellschaft kann andere Bestimmungen enthalten, insbesondere kann sie das Recht auf Abberufung eines Vorstandsmitglieds auf wichtige Gründe beschränken~~.

5. Zwischenergebnis

In Bezug auf die Verhältnisse zwischen dem Vorstand und dem Aufsichtsrat sowie der Hauptversammlung in einer *S.A.* sollten die hier vorgeschlagenen Änderungen Berücksichtigung finden:

Eine Ergänzung des Art. 368 § 1 HGGB nach Vorbild des § 76 Abs. 1 AktG ist abzulehnen. Zwar mangelt es im HGGB an einer Hervorhebung der Leitungsfunktion des Vorstands, diese ist jedoch auch dem polnischen Aktienrecht nicht fremd und kommt indirekt durch andere Rechtsnormen zum Ausdruck, insbesondere durch die Kompetenzvermutung zugunsten des Vorstands und die Weisungsunabhängigkeit gegenüber der Hauptversammlung und dem Aufsichtsrat. Die bloße Ergänzung des Art. 368 § 1 HGGB *(„der Vorstand leitet die Gesellschaft in eigener Verantwortung")* wäre daher überflüssig. Vielmehr ist ein ausdrücklicher Ausschluss der Hauptversammlung und des Aufsichtsrats von der Geschäftsführung – in Anlehnung an § 119 Abs. 2, § 84 Abs. 4 S. 1 AktG – zu erwägen.

Um die Stellung des Vorstands in der Gesellschaft zu stärken, sind die Personalbefugnisse der Aktionäre gegenüber dem Vorstand zu beschneiden. Bei der Änderung des Art. 368 § 4 HGGB betreffend die Zusammensetzung des Vorstands ist allerdings Vorsicht geboten und ein schonender Vorschlag zur Gesetzesänderung einer automatischen Übertragung der deutschen Lösung in § 84 AktG vorzuziehen.

Es sollte zunächst beim dispositiven Charakter des Art. 368 § 4 S. 1 HGGB bleiben, obwohl gute Gründe für eine zwingende Regelung sprechen. Sehr wohl könnte befürchtet werden, dass die Bestellung und Abberufung des Vorstands durch die Hauptversammlung den partikularen Interessen der Mehrheitsaktionäre bzw. Gründer, die die Zusammensetzung des Vorstands weiterhin in ihren Händen halten wollen, dienen könnte. Stattdessen wäre vorzuschlagen, die Personalbefugnisse der Hauptversammlung gegenüber dem Vorstand zu schmälern.[999]

Der Hauptversammlung sollte die Kompetenz, die Vorstandsmitglieder gem. Art. 368 § 4 S. 2 AktG abzuberufen oder zu suspendieren, entzogen werden.

---

999 Vgl. *Oplustil*, Instrumenty, 2010, S. 545, der die Gesetzesänderung auf die börsennotierte *S.A.* beschränkt.

Zu Recht wird auch in der polnischen Rechtslehre die Abberufung des Vorstands als ein alternativ zur Haftung einsetzbares Steuerungsinstrument gesehen.[1000] Umso mehr sollte der Widerruf der Bestellung der Vorstandsmitglieder auf einen wichtigen Grund beschränkt werden.[1001] Dies könnte durch eine Änderung des Art. 370 § 1 HGGB bei gleichzeitigem Verzicht auf dessen § 2 erreicht werden. Zwischen den zur Abberufung berechtigten Organen sollte nicht differenziert werden: Sowohl der Aufsichtsrat als auch die Hauptversammlung müssten einen wichtigen Grund nennen, wobei aus Gründen der Rechtssicherheit der Vorstandsmitglieder ein Beispielkatalog von wichtigen Gründen ins Gesetz aufgenommen werden könnte. Als Orientierung könnten zum Beispiel § 84 Abs. 3 AktG und die hierzu vorhandene umfassende Rechtsprechung des BGH sowie die Rechtsprechung des polnischen OG zur außerordentlichen Kündigung herangezogen werden.

III. Innenhaftung des Vorstands

Die Ausgestaltung gerechter und klarer Haftungsregeln für Vorstandsmitglieder wird im polnischen Recht nicht nur durch die restriktive Auslegung der Haftungstatbestandsmerkmale, sondern auch durch das Fehlen der BJR erschwert, die weder im Gesetz noch in der Rechtsprechung *eindeutig* zu finden ist. Die Rechtsprechung erkennt die Tragweite dieses Instituts nicht, und die Rechtslehre unterschätzt sie. Hinzu kommt die Lückenhaftigkeit der Auseinandersetzung mit den Pflichten eines sorgfältigen und gewissenhaften Geschäftsleiters. Die Pflichten wie Treue-, Legalitäts-, Organisations- und Überwachungspflicht oder die Pflicht zur sorgfältigen Unternehmensführung sind zwar ebenso wie in Deutschland auch in Polen anerkannt, dennoch gehen weder Rechtsprechung noch Rechtslehre ausführlich und umfangreich genug auf diese Problemkreise ein, was mitunter die Auslegung der Vorstandspflichten erschwert.

1. Sorgfaltsmaßstab

Gem. Art. 474 § 2 HGB-PL hatte ein Mitglied des Vorstands oder Aufsichtsrats sowie ein Liquidator die Sorgfalt eines ordentlichen Kaufmanns anzuwenden und *haftete* gegenüber der Gesellschaft für den Schaden, der ihr infolge einer Verletzung der Sorgfaltspflicht entstanden ist. Im Unterschied dazu regelt Art. 483 § 2 HGGB nicht ausdrücklich, dass der Mangel an erforderlicher

---

1000 Vgl. *Chełkowska*, PPH 10/2016, 31, 38; zustimmend *Buszmak*, PPH 2/2017, 40, 45.
1001 Änderungsvorschlag siehe unter D.II.4.

Sorgfalt die Pflichtverletzung eines Vorstandsmitglieds begründet. Angesichts dieser Änderung im Wortlaut vertritt die h. M. die Ansicht, dass die Verletzung der Sorgfaltspflicht in Art. 483 § 2 HGGB selbst noch keine Haftung von Vorstandsmitgliedern begründe, und verneint die Doppelfunktion des Sorgfaltsmaßstabs. Auch die Rechtsprechung folgt dieser Auffassung.[1002]

Auch wenn der Streit über die (mangelnde) Doppelfunktion der Sorgfaltspflicht aus deutscher Perspektive irrelevant, wenngleich nachvollziehbar sein mag,[1003] so muss das Erfordernis, für jede Haftbarmachung eine konkrete Gesetzes- oder Satzungsbestimmung nennen zu müssen, um die Pflichtwidrigkeit des Verhaltens eines Vorstandsmitglieds zu begründen, verwundern.[1004] Zu Recht, denn hierdurch wird den Vorstandsmitgliedern ein echtes rechtliches *Vakuum* beschert: Immer dann, wenn keine konkrete Vorschrift benannt werden kann, aber ein unsorgfältiges Verhalten eines Geschäftsleiters zum Schaden der Gesellschaft geführt hat, kann sich ein Vorstandsmitglied – in der Regel ohne größeren Aufwand – der Haftung gegenüber der Gesellschaft entziehen. Die umstrittene Rechtsprechung des OG verschärft die Anforderungen an die Haftung wesentlich, ohne dass dies dem Gesetz zu entnehmen wäre.[1005] Erstaunlicherweise stößt diese Rechtsprechung in Polen aber nur teilweise auf Kritik. Immerhin gewinnt die hier vertretene Ansicht neue Befürworter[1006] oder veranlasst die bis jetzt skeptischen Vertreter der Rechtslehre dazu, ihre Auffassung zu revidieren oder zumindest zu hinterfragen.[1007]

Das Bestreiten der Doppelfunktion des Sorgfaltsmaßstabs in Art. 483 § 2 HGGB sowie das Erfordernis, stets eine konkrete Gesetz- oder Satzungsbestimmung benennen zu müssen, um die Haftung eines Organmitglieds zu begründen, können aus den nachstehend angeführten Gründen nicht überzeugen.

1002 Näher dazu bereits oben C.II.4.b)aa).

1003 Zu den in der Vergangenheit geäußerten Zweifel an der Doppelfunktion des Sorgfaltsmaßstabs siehe B.II.4.b)aa)(2) mit Nachwiesen in Fn. 143.

1004 Ebenso kritisch *Opalski/Oplustil*, PPH 3/2012, 11, 20.

1005 Vgl. *Sabat*, WiRO 2014, 225, 226.

1006 *Popiołek* in Pyzioł/HGGB-Komm Art. 293 Rn. 3, ohne Stellungnahme; zuletzt aber für Doppelfunktion *ders.* in Strzępka/HGGB Art. 493 Rn. 4.

1007 Die Meinungen schwanken zwischen den Kommentarauflagen *Strzępka/Zielińska* in Strzępka/HGGB Art. 293 Rn. 7, erst dagegen (5. Aufl., 2012), zuletzt unklar (6. Aufl., 2014), denn die entsprechende Passage wurde gestrichen.

a) Grammatische Auslegung

Bei einer aufmerksamen Analyse der heutigen und der vorherigen Fassung der Haftungsvorschrift muss folgendes Detail auffallen: Die Änderung der grammatikalischen Form des Verbs *anwenden* in Art. 483 § 2 HGGB (ebenso in Art. 293 § 2 HGGB für die *sp. z o.o.*) ist im Vergleich zu Art. 474 § 2 HGB-PL auf keine Resonanz in der Rechtslehre gestoßen. Das Verb „dokładać“ (a. F.) wurde durch „dołożyć“ (n. F.) ersetzt.[1008] Beides bedeutet zwar *anwenden*, allerdings in unterschiedlicher grammatikalischer Verbform, wo sich der Unterschied auf die Bedeutung des Verbs auswirkt. Während die erste Verbform einen kontinuierlichen, dauerhaften Prozess wiedergibt (sog. unvollendetes Verb), verankert die zweite Verbform ein einmaliges Handeln (sog. vollendetes Verb). In der deutschen Sprache ist der Unterschied nur schwierig zu erahnen, da eine derartige Unterscheidung zwischen vollendeten und unvollendeten Verben eine Besonderheit der slawischen Sprachen ist.[1009] Zum besseren Verständnis des sprachlichen Problems kann der Begriff eines sog. Aspekts (lat. für Blickrichtung) zu Hilfe genommen werden, der in der Linguistik eine verbale Kategorie bezeichnet, die die Haltung des Sprechers zur zeitlichen Struktur von Handlungen oder Ereignissen ausdrückt.

Es ließe sich zwar argumentieren, dass der Änderung lediglich eine sprachliche Verbesserung zugrunde gelegen habe, da aufgrund der Streichung des zweiten Halbsatzes in Art. 483 § 2 HGGB („und haftet [das Vorstandsmitglied] gegenüber der Gesellschaft für den Schaden, der *infolge* der Verletzung der Sorgfaltspflicht entstanden ist“) die Anpassung im endgültigen Gesetzesentwurf erforderlich geworden sei. Das Argument geht jedoch fehl, da der Verzicht auf den zitierten Halbsatz überhaupt keine grammatikalische oder stilistische Nachbesserung nach sich zog, weil der Wortlaut auch ohne diesen Eingriff sprachlich korrekt geblieben wäre. Die Änderung bringt jedoch eine andere, viel bedeutsamere Konsequenz mit sich, die die Schwäche der heutigen Norm bestätigt: Die geänderte grammatikalische Form des Verbs beeinflusst die Wahrnehmung der dort verankerten Sorgfaltspflicht des Vorstandsmitglieds. Die Sorgfaltspflicht ist an sich eine Pflicht, die das Vorstandsmitglied die ganze Zeit, ständig, dauerhaft, ununterbrochen bei der Ausübung seiner Funktion (unvollendetes Verb) und

1008 Vgl. HGGB-E, Studia Prawnicze 1-2/1998, S. 7, 111 und HGGB-E Drucks. Nr. 1687/2000, S. 86.

1009 Die deutsche Sprache kennt den Aspekt als grammatische Kategorie nicht und muss sich daher anderer Ausdrucksmittel bedienen. Den unvollendeten Aspekt vermitteln z. B. Adverbien wie „gerade“ oder „immer“.

nicht nur ab und zu, bei abgegrenzten Handlungen (vollendetes Verb), zu beachten hat. Sie wirkt somit auf die Gesamtheit der Handlungen des Vorstandsmitglieds. Infolge der Änderung ist dieser Bedeutungsunterschied verschwommen. Die ursprüngliche Form hat den zeitlichen Aspekt hervorgehoben und dadurch deutlicher den permanenten Charakter der erforderlichen Sorgfalt widergespiegelt. Die heutige Verbform täuscht wiederum, indem sie den Eindruck einer Einmaligkeit der erforderlichen sorgfältigen Handlung erweckt.

Der misslungene Wortlaut der Norm sorgt für Unsicherheit. Es ginge jedoch über das Ziel hinaus, den Gesetzgeber allein aus diesem Grund zum Handeln aufzufordern, da der Wortlaut im Zivilrecht lediglich der Anfang weiterer Auslegung ist.[1010] Der dargelegte Mangel lässt sich in diesem Fall mit einer historischen, systematischen und teleologischen Auslegung beheben.

b) Historische Auslegung

Auf der Suche nach einer Erklärung für den redaktionellen Fehlgriff des Gesetzgebers ist zunächst die Entstehungsgeschichte der Vorschrift unter die Lupe zu nehmen. Der ursprüngliche Entwurf des HGGB ist noch der Spur des HGB-PL gefolgt, indem er ausdrücklich vorsah, dass ein Vorstandsmitglied „der Gesellschaft für den Schaden [haftet], *der infolge der Verletzung* [Hervorhebung durch Verf.] der Sorgfaltspflicht entstanden ist“[1011]. Dennoch enthielt der überarbeitete Gesetzesentwurf, der dem Parlament zur Verabschiedung vorgelegt und der letztendlich angenommen wurde, Art. 483 HGGB in der heutigen Fassung.[1012] Ein Grund für den abweichenden Normwortlaut ist der Gesetzesbegründung nicht zu entnehmen. Ebenso findet sich im Schrifttum keine Erklärung hierzu. Auch die damalige Parlamentsdebatte nachzuverfolgen, erbringt keine zufriedenstellenden Antworten, denn entgegen dem in der Gesetzesbegründung geäußerten Gedanken, die in der Praxis erprobte Rechtsvorschrift solle nicht um jeden Preis geändert werden,[1013] hat eine unverständliche Änderung doch stattgefunden. Es gibt auch keinen Hinweis darauf, dass der Gesetzgeber die Haftung nach Art. 483 HGGB im Vergleich zu Art. 474 HGB-PL hätte ändern wollen. Ganz im Gegenteil: Aus der Begründung zum Gesetzesentwurf geht hervor, dass die bisherigen Haftungsregeln für Organmitglieder sowie Liquidatoren

---

1010 Vgl. *Bachmann*, WM 2015, 105, 106.

1011 HGGB-E, Studia Prawnicze 1-2/1998, S. 7, 111.

1012 HGGB-E Drucks. Nr. 1687/2000, S. 86; zu weiteren Unterschieden zwischen den Entwürfen bereits oben C.II.1.b).

1013 Richtlinien zum GesetzesE HGGB, KPP 2/1997, 319, 329 Pkt. b).

grundsätzlich übernommen und nur die Verjährungsfrist der Schadensersatzansprüche auf drei Jahre verkürzt sowie das Verschulden des Organmitglieds ausdrücklich geregelt werden sollten.[1014]

Die Analyse der Rechtsprechung zeigt, dass nicht nur der geänderte Wortlaut – der sich letztendlich auf eine Ungenauigkeit des Gesetzgebers zurückführen lässt – an der restriktiven Auslegung des Art. 483 HGGB schuld ist. In einer Entscheidung vom 24. September 2008 hat das OG (noch auf der Grundlage des HGB-PL, aber bereits nach dem Inkrafttreten des HGGB) entschieden, dass weder Art. 292 HGB-PL noch Art. 293 HGGB eine selbstständige Grundlage für die Haftung der Organmitglieder darstelle.[1015] Die Norm ergänze nur die vertragliche Haftung nach Art. 471 ff. ZGB. Das Ziel einer separaten Regelung der Haftung der Organmitglieder liege darin, die Tatbestandsmerkmale der Nichterfüllung oder Schlechterfüllung des organisationsrechtlichen Verhältnisses zwischen einem Vorstandsmitglied und einer Gesellschaft zu präzisieren. Die Nichterfüllung oder Schlechterfüllung des Schuldverhältnisses sei stets mit der Verletzung von Gesetzesvorschriften oder Satzungsbestimmungen verbunden.[1016] Die Schlussfolgerung des OG überrascht: Art. 293 HGGB sei – trotz des unterschiedlichen Wortlauts – im Lichte des Art. 292 HGB-PL auszulegen. Die Verletzung konkreter Gesetzesnormen oder Gesellschaftsvertragsbestimmungen sei für die Haftung nach Art. 292 HGB-PL unentbehrlich.[1017]

c) Systematische Auslegung

Rechtssystematisch ist eine enge Auslegung der Pflichtwidrigkeit als Tatbestandsmerkmal, die sich lediglich auf konkrete Rechts- oder Satzungsnormen beschränkt, nicht begründet. In der Rechtslehre des allgemeinen Zivilrechts wird die Pflichtwidrigkeit weit verstanden: Pflichtwidrig ist ein Verhalten, das gegen allgemein in der Gesellschaft anerkannte Regeln, Verbote oder Gebote, die nicht *explizit* in den Rechtsnormen genannt werden müssen, verstößt. Das Verhalten kann auch dann pflichtwidrig sein, wenn es ein gewisses Vorsichtserfordernis, das

---

1014 Begründung HGGB-E Drucks. Nr. 1687/2000, S. 41.

1015 Vgl. OG Urt. v. 24.9.2008, II CSK 128/05, Legalis 97968.

1016 OG Urt. v. 24.9.2008, II CSK 128/05, Legalis 97968.

1017 OG Urt. v. 24.9.2008, II CSK 128/05, Legalis 97968; ähnlich OG Urt. v. 10.11.2004, II CK 186/04, MoP 10/2009, 554, Legalis 82825: Für die Haftung nach Art. 474 HGB-PL sei kennzeichnend, dass sie sich lediglich auf die Fälle beschränke, wo der Schaden einer Gesellschaft durch ein Handeln des Vorstandsmitglieds, das gegen das Gesetz oder die Satzung verstoßen habe, entstanden sei; dazu auch *Opalski/Oplustil*, PPH 3/2012, 11, 12.

sich aus den in der Gesellschaft akzeptierten Grundsätzen des gesellschaftlichen Zusammenlebens ergibt, missachtet wird – und das sogar dann, wenn das Verhalten nicht ausdrücklich im Gesetz verboten wird.[1018] Dies lässt sich problemlos auf das HGGB übertragen.[1019] Das Organisationsverhältnis[1020] zwischen der Gesellschaft und einem Vorstandsmitglied setzt sich aus der allgemeinen Sorgfaltsplicht sowie besonderen gesetzlichen Pflichten der Vorstandsmitglieder zusammen. Der Kern des Organisationsverhältnisses zwischen Vorstandsmitglied und Gesellschaft besteht in der Pflicht zum sorgfältigen Handeln *(zobowiązanie starannego działania)*. Für die Haftung des Schuldners reicht daher die bloße Verletzung der Sorgfaltspflicht aus. Daraus folgt, dass ein Vorstandsmitglied gerade deswegen auf Schadensersatz haftet, weil es seiner Sorgfaltspflicht gegenüber der Gesellschaft als Gläubigerin nicht nachgekommen ist.[1021] Daher reicht die Verletzung des Art. 483 § 2 HGGB *an sich* bereits aus, um den Vorstand zur Verantwortung ziehen zu können.[1022]

Außerdem kann die Pflicht zur Geschäftsführung gem. Art. 368 § 1 HGGB nicht isoliert von der Sorgfaltspflicht gem. Art. 483 § 2 HGGB ausgelegt werden, denn Art. 483 § 2 HGGB erfüllt die in Art. 368 § 1 HGGB normierte Pflicht erst mit Leben.[1023] Die Ansicht, Art. 368 § 1 und 382 § 1 HGGB schrieben nur eine allgemeine Pflicht zur Geschäftsführung bzw. Überwachung und Vertretung der Gesellschaft vor, ohne dabei Bezug auf die einzuhaltende Sorgfalt nach Art. 483 § 2 HGGB zu nehmen, überzeugt daher nicht.[1024]

Dies stimmt auch mit dem Konzept der Vorstandspflichten überein. Grundsätzlich beziehen sich die Pflichten der Vorstandsmitglieder einerseits auf die Tätigkeit der Gesellschaft als juristischer Person (Art. 348, 349, 362, 397 HGGB) und andererseits auf die Unternehmensführung als solche (Art. 368 § 1 HGGB), die mit der sich aus dem beruflichen Charakter der Tätigkeit ergebenden Sorgfalt ausgeübt und je nach Art und Größe des Unternehmens bestimmt werden muss.

1018 *Oplustil*, Instrumenty, 2010, S. 765, Fn. 1 mit Verweis auf *Czachórski*, Zobowiązania, 2009, S. 215.

1019 Anders *Guzewicz/Jagodzinski*, PPH 11/2013, 47, 48.

1020 So namentlich *Opalski/Oplustil*, PPH 3/2013, 11, 17.

1021 *Opalski/Oplustil*, PPH 3/2013, 11, 17.

1022 So auch *Opalski/Oplustil*, PPH 3/2013, 11, 17.

1023 Anders *Błaszczyk*, PPH 11/2009, 37, 41; *ders.*, Prawo Spółek 6/2009, 2, 8.

1024 So aber BerG Warschau Urt. v. 18.8.2011, I ACa 54/11, Legalis 385358; zustimmend *Błaszczyk*, MoP 1/2012, 47; *ders.*, Prawo Spółek 6/2009, 3, 8; ähnlich OG Urt. v. 24.7.2014, II CSK 627/13, LEX 1545031, ohne Art. 293 § 2 HGGB als Haftungsgrundlage anzuerkennen; vgl. auch *Siemiątkowski*, Odpowiedzialność, 2007, S. 182.

Die Pflichtwidrigkeit eines Verstoßes gegen Normen der ersten Gruppe ergibt sich bereits aus dem Gesetz und kann die Haftung nach Art. 483 § 2 HGGB ohne Weiteres begründen. In dem Fall geht mit der Pflichtwidrigkeit des Handelns des Vorstands die Verletzung der Sorgfaltspflicht automatisch einher. Der Beweis, dass das Vorstandsmitglied pflichtwidrig handelte, weist also darauf hin, dass sein Verhalten unsorgfältig war, z. B. wenn der Vorstand zulässt, dass die Gesellschaft eigene Aktien entgeltlich erwirbt, obwohl nach Art. 362 § 1 Nr. 7 HGGB nur der unentgeltliche Erwerb eigener vollständig gedeckter Aktien zulässig ist. Demgegenüber besteht der Kern der Verletzung des Art. 368 § 1 HGGB in dem Verstoß gegen die Sorgfaltspflicht. Daher lässt sich die Haftung gem. Art. 368 § 1 HGGB nicht ohne Bezug auf Art. 483 § 2 HGGB begründen.[1025]

Bei der Auslegung des Art. 483 § 2 HGGB dürfen die allgemeinen Grundsätze des Zivilrechts nicht außer Acht gelassen werden. Die Befürworter der umstrittenen Entscheidung des OG übergehen aber die allgemeinen Grundsätze des Zivilrechts. Vor allem sollte Art. 354 § 1 ZGB nicht übersehen werden. Danach hat der Schuldner die Verpflichtung in Übereinstimmung mit ihrem Inhalt und auf eine Art und Weise zu erfüllen, die dem sozioökonomischen Zweck der Verpflichtung sowie den Grundsätzen des gesellschaftlichen Zusammenlebens und, falls in diesem Bereich besondere anerkannte Gebräuche gelten, dann auch diesen Gebräuchen entspricht. Denn diesen, die ihr Vermögen Dritten anvertrauen – also den Aktionären –, gebührt ein besonderer Schutz.[1026]

Die unten dargestellte Analyse des Sorgfaltsmaßstabs quer durch Regelungen des ZGB und HGGB bestätigt die These, dass aus Art. 483 § 2 HGGB das Merkmal der Pflichtwidrigkeit infolge der Sorgfaltsverletzung abzuleiten ist.

aa) Erforderliche Sorgfalt (Art. 355, 471 ff. ZGB)

Als allgemeine Grundlage einer Sorgfalt im Schuldrecht gilt Art. 355 ZGB, der sich im Allgemeinen Teil des ZGB befindet. Mit Art. 354, 355 ZGB korrespondiert die Haftung *ex contractu*. Daraus ergibt sich, dass eine Haftung des Schuldners besteht, wenn er nicht die erforderliche Sorgfalt anwendet.[1027] Gem. Art. 355 § 1 ZGB ist der Schuldner verpflichtet, die in den Verhältnissen der jeweiligen Art allgemein erforderliche Sorgfalt anzuwenden (erforderliche Sorgfalt). Die erforderliche Sorgfalt eines Schuldners im Bereich der von ihm ausgeübten Wirtschaftstätigkeit wird gem. Art. 355 § 2 ZGB unter Berücksichtigung des beruflichen Charakters

1025 So *Siemiątkowski*, Odpowiedzialność, 2007, S. 183.
1026 *Romanowski*, Rzeczpospolita v. 7.9.2012, S. C6.
1027 Vgl. *Banaszczk/Grancecki*, Palestra 7-8/2002, 12, 15.

dieser Tätigkeit bestimmt (erhöhte Sorgfalt). Bei der Analyse des Sorgfaltsmaßstabs in Art. 483 § 2 HGGB, ist daher Art. 355 § 2 ZGB – als allgemeine Grundlage des erhöhten Sorgfaltsmaßstabs – zurate zu ziehen. Nach hier vertretener Ansicht entspricht Art. 483 § 2 HGGB aber den §§ 1 *und* 2 des Art. 355 ZGB und nicht lediglich Art. 355 § 2 ZGB. Zwar legt Art. 355 § 2 ZGB einen erhöhten Sorgfaltsmaßstab fest, dennoch ist die Pflicht des Schuldners („ist verpflichtet") bereits in Art. 355 § 1 ZGB verankert. Würden beide Paragrafen miteinander verschmolzen, entstände eine Art. 483 § 2 HGGB entsprechende Regelung. Der Schuldner hätte die im Bereich der von ihm ausgeübten Wirtschaftstätigkeit erforderliche Sorgfalt einzuhalten (Art. 355 § 1 ZGB, Art. 483 § 2 Hs. 1 HGGB), die unter Berücksichtigung des beruflichen Charakters dieser Tätigkeit bestimmt wird (Art. 355 § 2 ZGB, Art. 483 § 2 Hs. 2 HGGB).

Das Organisationsverhältnis zwischen einem Vorstandsmitglied und der Gesellschaft beruht auf der Mitgliedschaft in dem Organ und konstituiert eine schuldvertragliche Verpflichtung zum sorgfältigen Handeln.[1028] Der Inhalt dieses Verhältnisses wird durch die Vorschriften des HGGB, darunter Art. 483 § 2 HGGB, bestimmt. Das Organisationsverhältnis weist Ähnlichkeiten mit einem Auftragsvertrag nach Art. 750 ff. ZGB auf. Im Rahmen dieses gegenseitigen Vertrags hat ein Vorstandsmitglied seinen Pflichten sorgfältig nachzukommen und die Gesellschaft ihn dafür zu vergüten. Auch wenn das Vorstandsmitglied seine Aufgaben grundsätzlich persönlich zu erfüllen hat, ist tatsächlich eine Delegation von Aufgaben möglich und üblich. Das Verhältnis beruht auf Vertrauen und kann durch jede Partei beendet werden. Im Falle der Pflicht zu sorgfältigem Handeln *(zobowiązanie starannego działania)*, in deren Anwendungsbereich auch das Rechtsverhältnis zwischen dem Vorstandsmitglied und der Gesellschaft fällt, reicht die Verletzung der Sorgfaltspflicht aus, um einen Schadensersatzanspruch entstehen zu lassen.[1029]

Die Verletzung der Sorgfaltspflicht in Schuldverhältnissen regelt Art. 472 ZGB, der § 276 Abs. 1 BGB entspricht. Die Regelung schützt die Vertragsparteien, wenn sie den für die Haftung des Schuldners maßgeblichen Verschuldensgrad nicht gesondert vereinbart haben. Soweit sich aus einer besonderen Gesetzesvorschrift oder einem Rechtsgeschäft nichts anderes ergibt, ist der Schuldner für die Nichteinhaltung der erforderlichen Sorgfalt verantwortlich. Der Schuldner haftet immer gegenüber dem Gläubiger, unabhängig vom Grad des Verschuldens.[1030] Die

1028 Vgl. *Opalski/Oplustil*, PPH 3/2013, 11, 14.
1029 Vgl. *Czachórski*, Zobowiązania, 2009, S. 157.
1030 BerG Stettin Urt. v. 29.5.2014, I ACa 889/13, LEX 1496526.

objektive Sorgfalt nach Art. 355 § 1 ZGB schützt das Interesse der Parteien, indem die Sorgfalt den jeweiligen Verhältnissen anzupassen ist. Erst der Nachweis der Nichterfüllung oder Schlechterfüllung eines Schuldverhältnisses wegen fehlender Sorgfalt eröffnet die Möglichkeit zur weiteren Prüfung, ob ein Verschulden überhaupt vorliegt.[1031]

Ein zentrales Tatbestandsmerkmal der vertraglichen zivilistischen Haftung ist nicht das Verschulden, sondern die Pflichtwidrigkeit, die sich in der Verletzung der Sorgfaltsplicht ausdrückt. Es kann nicht von einer Erfüllung einer Verpflichtung ausgegangen werden, ohne das Verhalten als sorgfältig anzuerkennen. Handelt ein Schuldner sorgfältig und kommt es dennoch nicht zu einer Erfüllung der Verpflichtung, haftet er nicht, denn es handelt sich um die Pflicht zu sorgfältigem Handeln. Zutreffend wird dazu bemerkt, dass es im Falle eines verobjektivierten Verhaltensmaßstabs schwerfalle, zwischen *Verletzung der objektiven Verhaltensregel* (z. B. der Vorstand beruft die Hauptversammlung zur Beschlussfassung über das Fortbestehen der Gesellschaft nicht ein, obwohl die aufgestellte Bilanz einen Verlust ausweist, der die Summe der Kapitalrücklagen und -rückstellungen sowie die Hälfte des Grundkapitals übersteigt; Verletzung des Art. 397 HGGB) und *Nichtbeachtung der erforderlichen Sorgfalt* (z. B. der Vorstand trifft unsorgfältig – weil ohne entsprechende Informationen – eine Entscheidung über enorme Investitionen in neue Märkte trotz einer schwierigen finanziellen Lage der Gesellschaft; Verletzung des Art. 483 § 2 HGGB) in der Praxis zu unterscheiden. Denn letztendlich ist ein Verhalten dann pflichtwidrig, wenn es einen objektiven Verhaltensmaßstab verletzt *und* gegen Pflichten, die sich aus den allgemeinen Grundsätzen des Rechtsverkehrs ergeben und zugleich Pflichten des sorgfältigen Verhaltens darstellen, verstößt.[1032] Somit nähert sich ein pflichtwidriges Verhalten einer Sorgfaltsverletzung an und ist davon nur schwer abzugrenzen. In dem Zusammenhang ist ein separates Konstrukt einer „objektiven Fahrlässigkeit" als *lediglich* ein Typ oder Element des Verschuldens unnötig, da es sich ohnehin am Ende um eine Pflichtwidrigkeit handeln würde.[1033]

Daher kann die umstrittene Rechtsprechung des OG (Nennung einer konkreten Gesetzesvorschrift)[1034] nur dann hingenommen werden, wenn Art. 483 § 2 HGGB als konkrete Rechtsvorschrift anerkannt würde, insbesondere dann, wenn kein qualifizierter Rechtsverstoß vorliegt.

1031 Vgl. *Opalski/Oplustil*, PPH 3/2013, 11, 15 f.

1032 Vgl. *Opalski/Oplustil*, PPH 3/2013, 11, 16 mit Hinweis auf *Pajor*, Odpowiedzialność, 1982, S. 86.

1033 Siehe *Sośniak*, Należyta staranność, 1980, S. 129 f.

1034 Siehe vor allem OG Urt. v. 9.2.2006, V CSK 128/05, MoP 5/2006, 226, LEX 401516.

bb) Weitere Vorschriften des ZGB

Die Pflicht zur erforderlichen Sorgfalt ist auch in weiteren Vorschriften des ZGB zu finden. Rechtssystematisch empfiehlt es sich, die Vorschriften in zwei Gruppen einzuteilen. Zu der ersten (größeren) Gruppe gehören diejenigen, die ähnlich Art. 483 § 2 HGGB lediglich bestimmen, dass die betroffene Partei die erforderliche Sorgfalt einzuhalten hat, ohne ausdrücklich die Haftung wegen der Verletzung der Sorgfalt zu nennen. Die Vorschriften der zweiten Gruppe legen nicht nur die Pflicht zur erforderlichen Sorgfalt fest, sondern bestimmen ähnlich wie Art. 474 HGB-PL ausdrücklich, dass die Partei für die Verletzung der Sorgfaltspflicht haftet.

Das prägnanteste Beispiel der ersten Gruppe ist Art. 752 ZGB, der die Geschäftsführung ohne Auftrag regelt: Wer eine fremde Angelegenheit ohne Auftrag besorgt, hat im Interesse des Geschäftsherrn und nach seinem vermutlichen Willen zu handeln und ist verpflichtet, bei der Besorgung der Angelegenheit die erforderliche Sorgfalt einzuhalten. Die Regelung setzt bei der Geschäftsführung ohne Auftrag eine erforderliche Sorgfalt voraus. Ein erhöhter Sorgfaltsmaßstab wird dann angelegt, wenn der Geschäftsführer ohne Auftrag die Angelegenheit im Rahmen seiner wirtschaftlichen oder beruflichen Tätigkeit führt. Die Nichtbeachtung der erforderlichen Sorgfalt – trotz fehlenden Hinweises in der Vorschrift – resultiert in einer Entschädigungshaftung des Geschäftsführers ohne Auftrag gem. Art. 471 ff. ZGB gegenüber dem Geschäftsherrn.[1035] Als weitere Beispiele finden sich die speziellen Regelungen über die Gefahr der Verschlechterung bzw. des Verderbs der Sache beim Kaufvertrag (Art. 567 § 2 ZGB), den Kommissionsverkauf (Art. 769 § 1 ZGB) sowie den Lagervertrag (Art. 859 ZGB). Selbst ohne in die Tiefe zu gehen, lässt sich aufgrund dieser Vorschriften pauschal Folgendes feststellen: Wenn eine Sache der Verschlechterung (dem Verderb) ausgesetzt ist, ist der Verkäufer (Kommissionär, Lagerunternehmer) berechtigt und – soweit es das Interesse der Gegenpartei erfordert – verpflichtet, die Sache unter Einhaltung der erforderlichen Sorgfalt zu verkaufen. In der Rechtslehre wird angenommen, dass die Verletzung einer Sorgfaltspflicht zur Haftung des Schuldners nach Art. 471 ff. ZGB führe. Infolge eines säumigen, unsorgfältigen oder nicht durchgeführten Verkaufs *haftet* der Schuldner also für die Verletzung der Sorgfaltspflicht.[1036]

1035 Vgl. *Dubis* in Gniewek/ZGB-Komm Art. 752 Rn. 8; *Kołakowski* in Bieniek/ZGB-Komm Art. 752 Rn. 3; *Stecki* in Rechtssystem/ZGB Schuldrecht § 68 Rn. 43 ff.

1036 Siehe zum Kaufvertrag *Gawlik* in Kidyba/ZGB-Komm Art. 567 Rn. 5; Kommissionsvertrag *Kopaczyńska-Pieczniak* in Kidyba/ZGB-Komm Art. 769 Rn. 2; Lagervertrag *dies.*, in Kidyba/ZGB-Komm Art. 859 Rn. 2.

In die zweite Gruppe fällt z. B. die Ausführung eines Auftrags- oder Verwahrungsvertrags durch einen externen Dritten (Art. 738 § 1 S. 2; Art. 840 § 1 S. 2 ZGB). Der Beauftragte (der Verwahrende) ist verpflichtet, dem Auftraggeber (dem Hinterleger) die Person und den Wohnort seines Vertreters (wo und bei wem er die Sache hinterlegt hat) unverzüglich mitzuteilen. Hat er dies getan, so *haftet* er nur für die Nichteinhaltung der erforderlichen Sorgfalt bei der Auswahl des Vertreters.

Die Analyse der Rechtslehre sowie der Rechtsprechung zu den oben genannten Vorschriften bestätigt, dass eine bloße Sorgfaltspflichtverletzung auch dann eine Haftungsgrundlage darstellt, wenn die Vorschrift dies nicht ausdrücklich bestimmt. Weder aufgrund der Vorschriften aus der ersten noch aufgrund der Vorschriften aus der zweiten Gruppe lässt sich die Haftung eines Schuldners anzweifeln. Überträgt man diese Schlussfolgerung auf den Art. 483 § 2 HGGB, der der ersten Gruppe zuzuordnen wäre, so bestehen keine Bedenken, dass die Haftung der Vorstandsmitglieder bereits allein wegen der Verletzung des Art. 483 § 2 HGGB eintreten kann.

cc) Haftungsvorschriften im HGGB

Ähnlich wie vier weitere HGGB-Vorschriften in Teil 7 Abschnitt 8 bezweckt auch Art. 483 HGGB, das Gesellschaftsvermögen zu schützen. Anders aber als die übrigen Vorschriften ist der Anwendungsbereich des Art. 483 HGGB viel weiter und beschränkt sich nicht auf die Tatbestände, die sich aus konkreten Ereignissen (z. B. Gründung der Gesellschaft, Prüfung des Jahresbeschlusses) ergeben und einen abgeschlossenen Zeitraum betreffen.[1037]

Die vier übrigen Vorschriften regeln die Haftung von Vorstandsmitgliedern wegen falscher Angaben in Erklärungen über Einzahlungen auf Aktien und über Sacheinlagen bei der Eintragung der Gesellschaft oder einer Erhöhung des Grundkapitals (Art. 479 HGGB), Schäden bei der Gründung der Gesellschaft (Art. 480 HGGB), Schäden wegen unangemessener Vergütungen oder Sondervorteile (Art. 481 HGGB) sowie Schäden bei der Abschlussprüfung (Art. 482 HGGB). Diese Vorschriften schalten sich nach der entsprechenden Handlung ein und betreffen einen abgeschlossenen Sachverhalt. Art. 483 HGGB wiederum begleitet die Vorstandsmitglieder, solange Schadensersatzansprüche der Gesellschaft geltend gemacht werden können. Der generelle Charakter der Vorschrift ist dadurch begründet, dass er wesentlich mehr Haftungsfälle umfassen

---

1037 Ebenso *Kupryjańczyk* in Jara/HGGB-Komm Art. 483 Rn. 1; *Kidyba*, HGGB-Komm Art. 483 Rn. 1.

muss. Denn eine kasuistische Aufzählung kann dem nicht gerecht werden, wenn die Gefahr gebannt werden soll, etwas zu übersehen oder das Gesetzbuch wegen der dynamischen wirtschaftlichen Umstände regelmäßig anpassen zu müssen. Dem kommt Art. 483 § 2 HGGB entgegen. Primär sind die Rechts- und Satzungsverstöße haftungsbegründend. Fehlt es an einer Rechts- oder Satzungsnorm, hat das Vorstandsmitglied aber durch sein unsorgfältiges Verhalten der Gesellschaft einen Schaden zugefügt, haftet es aufgrund des Art. 483 § 1 HGGB.

Wie weit der Anwendungsbereich des Art. 483 § 2 HGGB ist, zeigt folgendes Beispiel: Zutreffend wird in der Rechtslehre die Ansicht vertreten, die Annahme des Vorstandspostens trotz fehlender Qualifikationen oder erforderlicher Kenntnisse zur Geschäftsführung der Gesellschaft stelle eine Verletzung der Sorgfaltspflicht dar.[1038] Das Vorstandsmitglied würde nicht gegenüber der Gesellschaft haften, wenn es nachweisen würde, dass der Schaden auch dann eingetreten wäre, wenn ein qualifizierter Manager gehandelt hätte.[1039] Dies erfordert keinen gleichzeitigen Verstoß gegen eine Rechtsvorschrift oder eine Satzungsbestimmung.[1040] Dies würde nämlich Folgendes bedeuten: Wenn die Satzung entsprechende Qualifikationen für Vorstandsmitglieder nicht voraussetzen würde, könnte sich das betroffene Vorstandsmitglied trotz unsorgfältigen Handelns, bedingt durch mangelnde Qualifikationen, der Haftung entziehen. Denn das polnische Recht (mit einigen Ausnahmen z. B. im Bankrecht) sieht keine besonderen Voraussetzungen hinsichtlich der Qualifikationen vor, die Vorstandsmitglieder erfüllen sollen. Verneinte man hier die Möglichkeit, das Vorstandsmitglied gem. Art. 483 § 2 HGGB in Anspruch zu nehmen, würde es (wieder) an einer Haftungsgrundlage fehlen.

Daher überzeugt das Argument nicht, dass Art. 483 § 2 HGGB nur deswegen keine Pflichtenquelle sei, weil die Vorschrift in dem Teil betreffend die Zivilhaftung der Organmitglieder und nicht unter den anderen Pflichten des Vorstands verankert wurde.[1041] Denn anderenfalls würde missachtet werden, dass die Sorgfaltspflicht – formuliert als Generalklausel – gerade die Lücken füllt und füllen soll, wo die Haftung der Vorstandsmitglieder auf der Hand liegt, es aber an einer *konkret* verletzten Rechtsnorm fehlt.

1038 *Popiołek* in Pyzioł/HGGB-Komm Art. 293 Rn. 3; in diesem Sinne *Bieniak* in Bieniak/HGGB-Komm Art. 483 Rn. 7; a. A. *Siemiątkowski*, Odpowiedzialność, 2007, S. 178.

1039 So aber *Siemiątkowski*, Odpowiedzialność, 2007, S. 178.

1040 So aber *Kidyba*, HGGB-Komm Art. 483 Rn. 6; *Strzelczyk* in Siemiątkowski/HGGB-Komm Art. 483 Rn. 6.

1041 *Błaszczyk*, PiP 3/2013, 75, 83.

d) Teleologische Auslegung

Der Wortlaut des Art. 483 HGGB ist insoweit misslungen, als die Vorschrift nicht ausdrücklich das wiedergibt, was zwischen den Zeilen zu lesen ist. Die redaktionelle Schwäche der Vorschrift, insbesondere des § 2, darf allerdings nicht den Blick auf den tatsächlichen Charakter der Norm versperren. Wird dies im Auge behalten, so wird keine ausdrückliche Regelung der Haftung wegen der Verletzung der Sorgfaltspflicht im Gesetz benötigt.

Viele neigen dazu, den Schwerpunkt der Norm in der Verletzung des Gesetzes oder der Satzung durch ein Organmitglied zu sehen.[1042] Zudem verweigern sie, eine Pflichtwidrigkeit in Art. 483 § 2 HGGB anzuerkennen, und tragen damit dazu bei, dass die Haftungsnorm entleert und ihres Sinnes – Schutz der Gesellschaft vor einem unredlichen Verhalten eines Organwalters – beraubt wird. Denn dürfte auf der Grundlage von Art. 483 § 1 HGGB allein keine Haftung des Vorstandsmitglieds erfolgen, würde ein unfähiges, unsorgfältiges Vorstandsmitglied nicht haften, wenn es zwar nicht gegen geschriebenes Recht oder Satzungsbestimmungen verstieße, der Gesellschaft aber dennoch einen Schaden zufügen würde.[1043]

Dieses durch die Vorschrift nicht begründete *sine qua non* wirft die Frage nach dem Normzweck auf: Wozu sollte eine solche Begrenzung dienen? Gerade bei der Vielfältigkeit der Geschäftsführungskompetenz kann eine Verletzung der erforderlichen Sorgfalt weitaus schwerere Konsequenzen für die Gesellschaft haben als ein Rechts- oder Satzungsverstoß, der sich oft nachträglich verhindern lässt (z. B. aufgrund des Art. 17 HGGB oder im Wege eines korrigierenden Vorstandsbeschlusses). Die Rechtsprechung des OG beraubt die Vorschrift ihres Ziels, effektiv mögliche Haftungsfälle abzudecken. Lässt sich das mit dem Interesse der Aktionäre als tatsächliche Eigentümer der Gesellschaft vereinbaren? Kann vernünftigerweise angenommen werden, dass die Aktionäre darauf eingehen würden, mit einem Vorstandsmitglied einen Vertrag abzuschließen, in dem die Geltendmachung der Ansprüche dermaßen erschwert wäre? Dies widerspricht ihrem ökonomischen Interesse.[1044]

Das OG kommt den Gesellschaften nicht entgegen, weil es mitunter unmöglich ist, einen Beweis für rechtswidriges Handeln vorzulegen. Oft entsteht der Schaden nicht wegen der Verletzung konkreter Rechts- oder Satzungsbestimmungen, sondern aufgrund mehrerer unsorgfältiger Maßnahmen, die von dem

---

1042 Vgl. *Opalski* in FS Zehn Jahre HGGB, 2013, S. 20, 35 f.

1043 So *Rodzynkiewicz*, HGGB-Komm Art. 293 Rn. 2.

1044 Ebenso *Radwan*, Rzeczpospolita v. 29.8.2012, S. C7.

Vorstandsmitglied durchgeführt wurden und im Ergebnis zu einem Schaden der Gesellschaft geführt haben. Dies bestätigen sogar die Befürworter der umstrittenen Rechtsprechung und die Rechtsprechung selbst, indem sie anerkennen, dass die Übernahme der Funktion eines Vorstandsmitglieds (Geschäftsführers), obwohl die zur Unternehmensführung erforderliche Ausbildung, Kenntnisse oder Berufserfahrung fehlen, als eine *Verletzung* der erforderlichen Sorgfalt und Gewissenhaftigkeit qualifiziert werden sollte.[1045] Bedenkt man aber, dass weder das HGGB noch andere Rechtsvorschriften (außer dem Bankrecht) grundsätzliche Anforderungen an die Qualifikationen und Kenntnisse stellen, die zur Übernahme einer Organmitgliedsfunktion notwendig wären, stellt man fest, dass die Haftungsgrundlage einzig und allein in Art. 483 § 2 HGGB bestehen *muss*. Folgte man der umstrittenen Gegenansicht und bestritte man die Doppelfunktion des Art 483 § 2 HGGB, würde das Gesetz gerade dann versagen, wenn ein Vorstandsmitglied sich von vornherein als unsorgfältig herausstellt: Es würde nicht haften, da keine andere Gesetzesvorschrift oder Satzungsbestimmung *außer* Art. 483 § 2 HGGB verletzt worden wäre, obwohl ihn ein entsprechendes Verschulden (Verletzung des Sorgfaltsmaßstabs) träfe. Diese Widersprüchlichkeit stellt die Schwäche der umstrittenen Rechtsprechung deutlich heraus.

Die umstrittene Rechtsprechung des OG lässt sich auch nicht dadurch rechtfertigen, dass das Vorstandsmitglied gegen eine unbegründete Inanspruchnahme durch die Gesellschaft bzw. die Aktionäre *(actio pro socio)* geschützt werden müsse. Der Gesetzgeber sieht in den Vorstandsmitgliedern professionelle Berufsträger, deren berufliche Tätigkeit darin besteht, der Gesellschaft Dienste zu leisten. Die Leistungserbringung an Dritte erfordert eine Sorgfalt, die unentbehrlicher Teil des Rechtsverhältnisses ist. Die Verletzung der Sorgfalt beeinträchtigt ein zwischen den Parteien bestehendes Rechtsverhältnis. Art. 483 § 2 HGGB bezweckt, mithilfe einer *Generalklausel*, die zwar keine unbedingte Rechtssicherheit gewährleistet, aber sämtliche möglichen Tatbestände erfasst,[1046] ein unsorgfältiges Handeln des Vorstandsmitglieds zu sanktionieren.

Die Befürworter dieser Ansicht lehnen in solchen Fällen die Haftung an ein sekundäres vertragliches Verhältnis zwischen dem Vorstandsmitglied und der Gesellschaft an, z. B. an den Managervertrag, der den Vorstandsmitgliedern umfangreiche Pflichten auferlegt. Die Pflichten des geschäftsführenden Managers

---

1045 BerG Lodz Urt. v. 16.4.2014, I ACa 1157/13, Legalis 1067291; BerG Lodz Urt. v. 30.10.2014, I ACa 933/14, Legalis 1185917; BerG Lodz Urt. v. 19.12.2012, I ACa 946/12, LexisNexis 5047844; *Kidyba*, HGGB-Komm Art. 483 Rn. 6.

1046 *Opalski*, KPP 2/2008, 467, 478.

gehen in der Regel über die Beachtung des Rechts und der Satzung hinaus.[1047] Die Konstruktion dieser Ansicht ist aber unzutreffend, da sie auf der Suche nach der Haftungsgrundlage nicht auf die primäre Quelle (HGGB) abstellt, sondern sich mit dem Vertrag behilft, der es gebietet, die allgemeinen vertraglichen Haftungsregeln (Art. 471 ff. ZGB) anzuwenden. Auf diese Weise wird das besondere Haftungsregime umgangen, das durch den Gesetzgeber auf die Organmitglieder zugeschnitten wurde, und sich mit allgemeinen Haftungsregeln beholfen, obwohl diese erst dann Anwendung finden dürfen, wenn das HGGB schweigt (Grundsatz der begrenzten Autonomie des Handelsgesellschaftsrechts, Art. 2 HGGB). Noch fragwürdiger ist die vorgeschlagene Lösung, die Haftung primär aus dem Vertrag zwischen dem Vorstandsmitglied und der Gesellschaft herleiten zu wollen,[1048] wenn es sich um einen Arbeitsvertrag handelt. Ein nicht gewissenhaftes Vorstandsmitglied würde nach Art. 114 AGB für den Schaden der Gesellschaft haften, allerdings bloß bis zur Höhe seiner dreifachen monatlichen Vergütung. Die Haftung aufgrund arbeitsrechtlicher Vorschriften könnte in den meisten Fällen nur einen Bruchteil des entstandenen Schadens ersetzen und daher der Organhaftung nicht gerecht werden. Da die arbeitsrechtlichen Haftungsregeln nach h. M. ohnehin auf die Organhaftung nicht anwendbar sind, beeinflusst Art. 114 i. V. m. Art. 119 AGB eine Haftung nach Art. 483 § 2 HGGB nicht. Der Rechtsanwender landet also wieder im Haftungsregime des HGGB. Ein Gleichlauf der vertraglichen und gesetzlichen Haftung von Managern ist möglich. Die Haftungsgrundlagen sind aber getrennt zu halten.

e) Praktische Auswirkungen: eine Sackgasse?

Die Verneinung der Doppelfunktion des Sorgfaltsmaßstabs nach Art. 483 § 2 HGGB verliert spätestens dann ihre Grundlage, wenn die Ansicht mit den praktischen Auswirkungen ihrer Auslegung konfrontiert wird. Zunächst entkräftet das Bestreiten der Doppelfunktion des Sorgfaltsmaßstabs die Haftung und lässt sie lediglich auf dem Papier streng aussehen. Ein unsorgfältiges Verhalten müsste toleriert werden, wenn keine den Verstoß begründende Rechts- oder Satzungsnorm zu benennen wäre, was gerade bei unternehmerischen Entscheidungen oft vorkommt, weswegen sich die Gesellschaft in einem haftungsrechtlichen Vakuum wiederfände. In der Praxis lässt sich oft vielen Handlungen der Geschäftsleiter kein nennenswerter Schaden auf Unternehmensseite zuordnen, und dennoch sind die Verhaltensweisen „symptomatisch für unzureichendes

---

1047 *Rodzynkiewicz*, HGGB-Komm Art. 293 Rn. 2.

1048 So aber *Rodzynkiewicz*, HGGB-Komm Art. 293 Rn. 2.

Geschick oder unzureichende Loyalität gegenüber dem Unternehmen".[1049] Dies stellt geradezu ein wahres „Paradies" und nicht nur einen „sicheren Hafen" für Vorstandsmitglieder dar.[1050] Ein so weitgehender Schutz der Organmitglieder, der zugleich die präventive Funktion der Haftung konterkariert, lässt sich nicht begründen. Vielmehr wäre eine Absenkung der Haftungsstandards in den Kapitalgesellschaften zu beobachten, wo doch die treuhänderische Verwaltung fremden Vermögens durch eine strenge Haftung der Organmitglieder ausgeglichen werden sollte. In der Folge wird der Rechtsschutz der Aktionäre deutlich geschwächt und eine präventive Wirkung der Haftung beeinträchtigt - eine *Sackgasse*.[1051]

Die Rechtsprechung des OG, gefolgt von weiteren Judikaten der Berufungsgerichte, ist kritisch zu beurteilen.[1052] Sie steuert nämlich auf einen kasuistischen Katalog von Fällen zu, die eine Haftung von Vorstandsmitgliedern begründen. Die Zweckmäßigkeit einer Generalklausel (Sorgfaltspflicht) im Gegensatz zu einem kasuistischen Pflichtenkatalog hat bereits der Gesetzgeber bei der Einführung des HGB-PL 1934 betont, eine Aufzählung der denkbaren Haftungsfälle wäre unmöglich gewesen. Solch eine Aufzählung hätte nur dann ihren Zweck erfüllen und die Organhaftung effektiv gestalten können, wenn sie einen erschöpfenden Charakter gehabt hätte.[1053] Allein die Berücksichtigung der Komplexität eines modernen wirtschaftlichen Umfeldes und dessen ständiger Entwicklung müsste schnell zu der Einsicht führen, dass Bemühungen um einen entsprechenden Katalog heute umso mehr scheitern würden. Detaillierte Pflichten in Zusammenhang mit der Geschäftsführung zu beschreiben, deren Verletzung eine Haftung auslöst, ist weder möglich noch angesichts der unbefristeten Zeitdauer des Rechtsverhältnisses zweckmäßig.[1054] Im Übrigen würde dies gegen die

---

1049 *Kallmeyer*, ZGR 1993, 104, 106.

1050 *Sabat*, WiRO 2014, 225, 229.

1051 Vgl. *Oplustil*, Instrumenty, 2010, S. 763.

1052 Zur Debatte über die Konsequenzen der verschärften Voraussetzungen der Vorstandshaftung und deren Tragweite für die Praxis siehe *Błaszczyk*, Rzeczpospolita v. 31.7.2012, S. C7; *Bilewska*, Rzeczpospolita v. 4.7.2012, S. C7; *Opalski/Oplustil*, Rzeczpospolita v. 26.6.2012, S. C8; *dies.*, Rzeczpospolita v. 19.12.2012, S. C7; *Radwan*, Rzeczpospolita v. 29.8.2012, S. C7; *Romanowski*, Rzeczpospolita v. 7.9.2012, S. C6; *ders.*, Rzeczpospolita v. 23.10.2012, S. C8; *Wiśniewski*, Rzeczpospolita v. 14.9.2012, S. C6.

1053 Vgl. Begr. HGB-PL i. d. F. v. 27.6.1934, Art. 292 (*sp. z o.o.*), abgedruckt in *Tomkiewicz/Bloch*, Komm HGB 1934, S 247.

1054 Ähnlich *Szajkowski/Tarska/Szumański* in Sołtysiński/HGGB-Komm Art. 368 Rn. 41; vgl. für das Aktienrecht im Allgemeinen *Ruffner*, Die ökonomischen Grundlagen des Rechts, 2000, S. 162.

Natur der Satzung einer Aktiengesellschaft verstoßen, die als ein sog. relationaler Vertrag im Unterschied zu einem vollständigen Vertrag lediglich die Ordnungsstruktur und nicht alle Erwartungen oder Risikozuordnungen zu spezifizieren hat.[1055]

Die Gegner würden erwidern, man könne sich mit einer Generalklausel in den Satzungsbestimmungen behelfen. Es lassen sich aber auch hier Gegenargumente finden. Erstens stände dies im Widerspruch zur Rechtsprechung des OG:[1056] Wenn eine konkrete Rechts- oder Satzungsbestimmung erforderlich ist, um die Haftung eines Vorstandsmitglieds zu begründen, darf diese Satzungsbestimmung nicht eine Generalklausel sein. Zweitens kann davon ausgegangen werden, dass – auch angesichts des Charakters der Satzung als ein in der Regel ebenso unvollständiger offener Rahmenvertrag *(open-ended contract)* – auf das Entwerfen von Satzungen mehr Wert gelegt werden müsste. Um möglichst viele Haftungsfälle zu umfassen, müsste in die Satzung außer einem Pflichtenkatalog auch eine Generalklausel zur Pflicht der sorgfältigen Handlung als ein „Sicherheitsventil für alle Fälle" eingebaut werden.

Wie aber oben bereits dargelegt, genügt eine Generalklausel in der Satzung nicht den Anforderungen der Rechtsprechung des OG zur Nennung einer konkreten Satzungsbestimmung. Die Rechtsprechung des OG kann nur dann hingenommen werden, wenn gleichzeitig ein Umdenken erfolgen und die Verletzung des Art. 483 § 2 HGGB als ein pflichtwidriges, haftungsbegründetes Verhalten im Sinne des Art. 483 § 1 HGGB anerkannt würde. Die letzten Entscheidungen weichen aber von dieser umstrittenen Ansicht nicht ab, was sich weder mit der hohen Zahl an Haftungsfällen noch mit Problemen bei der Anwendung der Vorschrift begründen lässt. Sie entwickelt keinen begründeten Bezug zu den tatsächlichen Umständen der wirtschaftlichen Praxis, wenn ein Vorstandsmitglied sich unberührt aus einem begründeten Haftungsfall herauswinden kann, und bedeutet – mit Blick auf die Entwicklung eines wirksamen Corporate-Governance-Systems in Polen – eher einen Schritt zurück als nach vorne.

De lege lata erfüllt Art. 483 § 2 HGGB eine Doppelfunktion, auch wenn sein misslungener Wortlaut für Unsicherheit sorgt. Sieht man allerdings von einer restriktiven grammatikalischen Auslegung ab, so braucht der Gesetzgeber nicht einzugreifen. Auch in der Rechtslehre setzt sich diese Auffassung nach und nach durch. *De lege ferenda* würde eine Präzisierung des Art. 483 § 2 HGGB

1055 *Ruffner*, Die ökonomischen Grundlagen des Rechts, 2000, S. 163.
1056 OG Urt. v. 9.2.2006, V CSK 128/05, MoP 5/2006, 226, Legalis 72648.

zur Rechtssicherheit beitragen, umso mehr, als die Rechtsprechung bis jetzt der Gegenansicht folgt und ein Umschwenken nicht zu erwarten ist.

2. Business Judgment Rule

Fügt sich die BJR in kontinentale Rechtsordnungen genauso gut ein wie in das US-amerikanische Recht? Oder wird sich an dem imposant klingenden englischen Begriff berauscht, als ob es ein Zauberheilmittel für die Schwäche der eigenen Rechtsordnung wäre? Die Antwort ist in dem Ziel des Rechtsinstituts *Business Judgment Rule* zu suchen, dem bisherige kontinentale Rechtsordnungen nicht gerecht wurden. Eine BJR gewährt Geschäftsleitern einen Haftungsfreiraum, indem sie unternehmerische Entscheidungen im Rahmen der Organhaftungsprozesse einer gerichtlichen Überprüfung entzieht und hierdurch der Gefahr vorbeugen soll, dass Richter – in aller Regel ohne ausreichende Kenntnis der Unternehmensprozesse – über unternehmerische Entscheidungen aus der Perspektive später eingetretener Tatsachen entscheiden.[1057] Gleichzeitig soll insofern einer möglichen Risikoaversion von Managern entgegengewirkt werden, weil diese aus Angst vor Haftung mitunter sicherere Lösungen bevorzugen, die das Unternehmen allerdings nicht voranbringen.[1058] Empfiehlt es sich vor diesem Hintergrund auch für das polnische Recht, eine Regelung der BJR in das HGGB aufzunehmen?

a) Rechtsgrundlagen

Die Erarbeitung der dogmatischen Grundlagen einer polnischen Variante einer BJR stößt auf dieselben Probleme wie in Deutschland vor gut zehn Jahren. Umstritten ist vor allem die Doppelfunktion des Sorgfaltsmaßstabs. Hinzu kommt, dass § 93 AktG an § 76 Abs. 1 AktG anknüpft,[1059] es eine § 76 Abs. 1 AktG vergleichbare Norm im HGGB aber nicht gibt. Auch die Beweisregelung bereitet Schwierigkeiten.

1057 *Kindler* in FS Goette, 2011, S. 231, 232; *Fleischer* in FS Wiedemann, 2002, 827, 831 f.; dazu bereits *Westermann* in Karlsruher Forum 1993, S. 15, 16; siehe auch die Entscheidung des Delaware Supreme Court Freedman v. Restaurant Associates Industries, Inc. Des. Sec. L. Rep. (CCH) 93, 502 (Del. Sh. 1987): „One of the most important reasons for the existence of the Business Judgment Rule is the institutional incompetence of courts to pass upon the wisdom of business decisions."

1058 So auch *Kraakman*, The Anatomy of Corporate Law, 2009, S. 79.

1059 *Horn*, ZIP 1997, 1129, 1134.

Die These der Doppelfunktion des Sorgfaltsmaßstabs in Art. 483 § 2 HGGB *de lege lata* wurde an anderer Stelle begründet und bedarf hier keiner weiteren Ausführung.[1060] Richtig ist somit, die Pflichtbindung eines Vorstandsmitglieds zur sorgfältigen Handlung anzuerkennen. Des Weiteren ist darauf hinzuweisen, dass – im Gegensatz zur amerikanischen *Duty of Loyalty* und *Duty of Care* – die Abgrenzung zwischen Treue- und Sorgfaltspflicht, ohne dabei die BJR zur Hilfe zu nehmen, Schwierigkeiten bereitet, weil die Sorgfalt eines Vorstandsmitglieds nach § 93 Abs. 1 S. 1 AktG sowie Art. 483 § 2 HGGB an eine Treuhandfigur anknüpft, in der die Treu- und Sorgfaltspflichten zusammenfallen. Versteht man unter der Sorgfalt eines Organmitglieds das Verbot einer Gesellschaftsschädigung, so kommt man einer Erfolgshaftung sehr nah, die unternehmerischer Tätigkeit widerspricht.[1061] Die BJR beseitigt diese Diskrepanz, indem sie die „Loyalität des Entscheidungsträgers zur Voraussetzung der Anwendbarkeit eines auf der grundsätzlichen Anerkennung des unternehmerischen Ermessens beruhenden, auf das Entscheidungsverfahren bezogenen Sorgfaltsmaßstabs macht".[1062]

Das Fehlen einer Norm, die die eigenverantwortliche Leitungsmacht des Vorstands in einer *S.A.* in einer mit § 76 AktG vergleichbaren Form ausdrücken würde, sollte die Kodifizierung der BJR nicht zunichtemachen. Die BJR in Deutschland knüpft an die Leitungsaufgabe des Vorstands in § 76 Abs. 1 AktG an, wo die Grundlage des unternehmerischen Ermessens verankert ist.[1063] Wie bereits zuvor erläutert, sind unentbehrliche Komponenten der Leitungsaufgaben in anderen Normen im HGGB verstreut. Vor allem ist auf Art. 368 § 1 i. V. m. Art. 375^1 HGGB hinzuweisen, wonach der Vorstand die Geschäfte der Gesellschaft führt und weisungsfrei handelt.[1064] Daraus wird das unternehmerische Ermessen des Vorstands in der Rechtsprechung abgeleitet. Soll den Vorstandsmitgliedern aber tatsächlich ein unternehmerischer haftungsfreier Raum gewährt werden, sind die Personalbefugnisse der übrigen Organe, insbesondere der Hauptversammlung, gegenüber dem Vorstand zu schwächen. *De lege ferenda* sollte die Einführung der BJR mit der Änderung des Art. 368 Abs. 4 S. 2 HGGB einhergehen.

Ausgangspunkt der scharfen Kritik an der BJR in Deutschland ist mitunter die Beweisregel des § 93 Abs. 2 AktG. Dennoch ist im Grundsatz auch für die hiesige Untersuchung an der Umkehr der Beweislast festzuhalten. Die polnische

---

1060 Näher dazu siehe D.III.1.

1061 So *Paefgen*, AG 2004, 245, 248 f.

1062 *Paefgen*, AG 2004, 245, 249.

1063 Vgl. *Kindler*, ZHR 162 (1998), 101, 105; *Horn*, ZIP 1997, 1129, 1134.

1064 Näher dazu siehe C.II.3.a).

Haftungsregelung nähert sich der deutschen Lösung an, nach der das in Anspruch genommene Vorstandsmitglied und nicht die Gesellschaft die Beweislast trägt. Somit wäre es bei Einführung einer BJR in das HGGB folgerichtig, die Beweislastumkehr zu übernehmen.

Die *ratio legis* der BJR ist – im Unterschied zu den dogmatischen Grundlagen – durch ein ökonomisches Argument geprägt: Die Haftung für Misserfolge würde die Risikobereitschaft der Manager erheblich beeinträchtigen. Die BJR schafft also einen fairen Kompromiss, da von dem den Vorstandsmitgliedern gewährten Handlungsraum auch die Aktionäre profitieren, die sich Gewinne erhoffen. Die mit dem UMAG erreichte Effektuierung der Aktionärsklage sollte durch die Einführung der BJR ausgeglichen werden.[1065] Dieses Spannungsverhältnis wurde in den wenigen polnischen Beiträgen zur BJR bis jetzt nicht angesprochen. Im Unterschied sowohl zum AktG 1937 als auch zur derzeitigen Fassung des AktG kannte bereits das HGB-PL 1934 die *actio pro socio* (im engeren Sinne). Obwohl sich die Prüfung der Zulässigkeit einer *actio pro socio* gem. Art. 496 HGGB – wie schon im HGB-PL 1934 – lediglich darauf beschränkt, den Ablauf der Sperrfrist festzustellen, haben die niederschwelligen Klagezulassungsvoraussetzungen bis heute *nichts* an dem strukturellen Problem der Geltendmachung von Schadensersatzansprüchen geändert. Die Zahl der Haftungsfälle, die die Gerichte aufgrund von Aktionärsklagen erreichen, ist in Polen weiterhin sehr gering.

b) Kodifizierung ja oder nein?

Besteht in Polen *tatsächlich* Bedarf an einer Kodifizierung der BJR? In Deutschland hat die Einführung der BJR in das Gesetz eine Klarstellungsfunktion erfüllt.[1066] Es sollte bekräftigt werden, was der BGH ohnehin schon in der ARAG/Garmenbeck-Entscheidung dargelegt hatte. In Polen wiederum müsste sich der Gesetzgeber bei der Kodifizierung der BJR „von außen nähern".[1067] Insbesondere ist die Frage berechtigt, ob die Einführung einer BJR in Polen nicht etwas voreilig ist, wenn man bedenkt, wie lange sich der Gedanke über eine Kodifizierung der BJR in Deutschland erst setzen musste.[1068] Zweifel sollten sich aber bereits dadurch zerstreuen lassen, dass mit einem Kurswechsel in der Rechtsprechung des OG, der eine Alternative zur Kodifizierung bieten könnte, kaum zu rechnen ist. Daher ist die einleitende Frage zu bejahen: Das Organhaftungsrecht in Polen

---

1065 Näher dazu siehe B.III.3.b).

1066 Vgl. *Dauner-Lieb* in Henssler/Strohn GesellschaftsR § 93 AktG Rn. 18.

1067 *Fleischer* in FS Wiedemann, 2002, S. 827, 847.

1068 In dem Sinne *Ihrig*, WM 2004, 2098, 2102.

braucht die BJR im Gesetz, da die durch sie zu realisierenden Ziele anders als durch eine Gesetzesänderung realistischerweise nicht zu erreichen sind.

aa) Rechtsvergleich

Die Übernahme der BJR vom deutschen ins polnische Recht wäre ein klassischer *Legal Transplant.*[1069] Die Idee einer gesetzlichen Verankerung der Figur des Geschäftsleiterermessens ist in Polen bekannt, ist jedoch nach wie vor ein unerforschtes Gebiet. Daher bedarf es eines eigenen Entwicklungsprozesses, bei dem die ausländischen Rechtslösungen an die Besonderheiten der inländischen Rechtssystematik erst angepasst und zu einem Element des eigenen Lebens und Denkens gemacht werden müssen,[1070] wurde doch auch in Deutschland bei der Rezeption der amerikanischen BJR in das AktG zur Vorsicht aufgerufen.[1071]

Für den Übernahmeprozess der BJR in Deutschland ist kennzeichnend, dass jeder Etappe dieser Entwicklung ein bestimmtes Ereignis – sei es die höchstrichterliche Rechtsprechung (ARAG/Garmenbeck-Entscheidung), eine kritische Stimme in der Rechtslehre (*Fleischers* Vorschlag[1072]) oder ein Gesetzesentwurf (UMAG) – zuzuordnen war.[1073] An solchen Auslösern mangelt es in Polen. So lässt sich auch erklären, warum sich die bis jetzt im polnischen Schrifttum erschienenen wissenschaftlichen Beiträge überwiegend auf andere Rechtsordnungen stützen und sich gerade nicht mit dem eigenen Rechtssystem und dessen Dogmatik beschäftigen.[1074] In Anlehnung an die Rechtsökonomie lässt sich dem entgegenhalten, dass bei der rechtsvergleichend inspirierten Entstehung von Gesetzen eine „praktische" Sichtweise im Vordergrund steht und als gemeinsames Grundgerüst dient. Der dogmatische Aufbau wird dann dabei beiseitegelassen

---

1069 Dazu rechtsvergleichend *Fleischer* in FS Wiedemann, 2002, S. 827, 833; ebenso *Peafgen*, AG 2004, 245, 248.

1070 Vgl. *Fleischer*; ZIP 2004, 685, 688 nach *Wieacker*, Privatgeschichte der Neuzeit, 1967, S. 128; in diesem Sinne in Hinblick auf die Kodifizierung der BJR in Spanien *Sánchez* in FS Baums Bd. II, 2017, S. 997, 999.

1071 So *Westermann* in Karlsruher Forum 1993, S. 15, 19; zuletzt dazu auch *Bachmann*, Gutachten E 25; vor einer „unreflektierte[n] Übernahme anglo-amerikanischer Haftungsmechanismen" warnend *Faßbender*, NZG 2015, 501, 508.

1072 *Fleischer*, ZIP 2004, 685, 689.

1073 In diesem Zusammenhang ist die Rolle des DJT als Schnittstelle zwischen Rechtslehre und Gesetzgebung von erheblicher Bedeutung; dazu vgl. Beschluss Nr. III 1 in Verhandlungen des 63. DJT, Bd. II/1, O 79.

1074 So bzgl. der Übernahme der BJR in das deutsche Recht *Westermann* in Karlsruher Forum 1993, S. 15, 19.

und stattdessen vorerst die wirtschaftlich-sozialen Sachprobleme aufgedeckt.[1075] Mit weniger Aufwand lässt sich dank des Rechtsvergleichs eine neue Rechtsfigur in die heimische Rechtsordnung *effizient* einpflegen.

Auch aus Sicht des Gesetzgebers ist eine Rezeption eine wesentliche Vereinfachung. Bedenkt man, dass der Gedanke der BJR bereits in einigen anderen Ländern erfolgreich Fuß gefasst hat, sollten sich die Ängste vor einer Kodifizierung abstreifen lassen (die BJR wurde laut der LSE-Studie von 2014 außer in Deutschland auch in Griechenland, Kroatien, Portugal und Rumänien kodifiziert,[1076] in Lichtenstein ist die BJR bereits 2009 Gesetz geworden,[1077] in den letzten Jahren fand die BJR ihren Platz in den Gesetzen in Spanien,[1078] Tschechien[1079] und zuletzt in Österreich[1080]). Dank des Rechtsvergleichs würde der polnische Gesetzgeber nicht nur die theoretischen Erwägungen an die Hand bekommen, sondern auch ein Rechtsinstrument, das in der Praxis bereits angewandt wird. Da aber hierdurch der Weg abgekürzt und weniger aus der eigenen Rechtsprechung oder Rechtslehre geschöpft wird, ist bei der Übernahme des deutschen Konzepts der BJR eine besondere Sensibilität gegenüber den Besonderheiten des eigenen Rechtssystems geboten.

In diesem Zusammenhang ist den zuletzt in Österreich und in Tschechien erfolgten Gesetzesänderungen – insbesondere im Hinblick auf die Gründe für die Kodifizierung – Aufmerksamkeit zu schenken.

In *Österreich* wurde die BJR 2016 ins Gesetz eingeführt.[1081] Lange wurde eine ausdrückliche Normierung für nicht erforderlich gehalten, weil die BJR in

---

1075 Zu dem Zusammenhang zwischen Rechtsökonomie und -vergleich siehe *Fleischer* in FS Wiedemann, 2002, 827, 846 ff.

1076 Vgl. LSE-Studie (Fn. 27), S. 146.

1077 Art. 182 Abs. 2 S. 2 des Personen- und Gesellschaftsrechts v. 20.1.1926 (LGBl. 2009 Nr. 268).

1078 Art. 226 des Kapitalgesellschaftengesetzes v. 3.7.2010 (BOE Nr. 161 v. 3.7.2010), zuletzt geändert durch das Gesetz Nr. 31/2014 v. 3.12.2014; vgl. *Sánchez* in FS Baums Bd. II, 2017, S. 997, 997.

1079 § 55 Abs. 1 des Handelskorporationengesetzes v. 25.1.2012 (Nr. 90/2012 Sb).

1080 § 84 Abs. 1a des Bundesgesetzes über Aktiengesellschaften v. 31.3.1965 (BGBl. Nr. 98/1965) und § 25 Abs. 1 des Gesetzes über Gesellschaften mit beschränkter Haftung v. 6.3.1906 (RGBl. Nr. 58/1906).

1081 Die BJR wurde in das AktG-Ö sowie GmbHG-Ö infolge der Änderung des § 153 StGB-Ö eingeführt (Strafrechtsänderungsgesetz v. 13.8.2015, BGBl. I Nr. 112/2015). Danach missbraucht seine Befugnis nur derjenige, der in unvertretbarer Weise gegen solche Regeln verstößt, die dem Vermögensschutz des wirtschaftlich Berechtigten dienen. Aus gesellschaftsrechtlicher Sicht wird diese Bestimmung durch die Neuerungen

der Lehre[1082] und in der Rechtsprechung[1083] anerkannt war. Der österreichische OG hat den Organmitgliedern einer AG sowie einer GmbH einen weiten unternehmerischen Ermessensspielraum eingeräumt und eine Pflichtverletzung lediglich bei einer eklatanten[1084] oder unvertretbaren[1085] Überschreitung des unternehmerischen Freiraums angenommen. In einer Entscheidung aus dem Jahre 1998 hat er festgehalten, dass „das Fehlschlagen unternehmerischer, durch das Organ getroffener Entscheidungen nicht bereits an sich haftungsbegründend ist, würde doch sonst dem Organ nahezu in Form einer Erfolgshaftung das typische, die Gesellschaft treffende Unternehmerrisiko aufgebürdet werden"[1086]. Voraussetzung für diesen unternehmerischen Freiraum war aber immer, dass der Betroffene seine unternehmerische Entscheidung auf Basis ausreichender Information und frei von Interessenkonflikten, zum Wohle der Gesellschaft, trifft. Nun sind diese Voraussetzungen in § 84 Abs. 1a AktG-Ö (entsprechend in § 25 Abs. 1a GmbHG-Ö für eine GmbH) geregelt:

> „(1a) Ein Vorstandsmitglied handelt jedenfalls im Einklang mit der Sorgfalt eines ordentlichen und gewissenhaften Geschäftsleiters, wenn er sich bei einer unternehmerischen Entscheidung nicht von sachfremden Interessen leiten lässt und auf der Grundlage angemessener Information annehmen darf, zum Wohle der Gesellschaft zu handeln".

In der österreichischen Rechtslehre wurde betont, dass die Gesetzesänderung zwar inhaltlich nichts völlig Neues gebracht, sondern nur die Grundsätze festgeschrieben habe, die aus der bisherigen Rechtslehre und Rechtsprechung folgten.[1087] Dennoch wurde es begrüßt, dass diese Voraussetzungen nun auch ausdrücklich ins Gesetz aufgenommen wurden und auf diese Weise die Rechtssicherheit erhöht wird.[1088] Der kodifizierte Tatbestand des unternehmerischen Ermessens habe zwar „Unschärfen, Graubereiche und einen Auslegungsspielraum", der aber durch die Kodifizierung kleiner geworden sei.[1089] In diesem Zusammenhang ist allerdings darauf hinzuweisen, dass die BJR während des

---

in § 84 AktG-Ö und § 25 GmbHG-Ö ergänzt; zur Strafgesetzesänderung 2015 siehe *Eckert/Spani/Wess*, ZWF 2015, 258 ff.

1082 Siehe z. B. *Adensamer/Eckert* in Vorstandshaftung in Europa, 2005, S. 176 f.; *Kunz*, GesRZ 2007, 91 ff.; zuletzt *Kalss*, GesRZ 2014, 159, 161 ff.

1083 Siehe z. B OGH Urt. v. 24.6.1998, 3 Ob 34/97i, SZ 71/108 = ecolex 1998, 774.

1084 OGH Urt. v 26.2.2002, 1 Ob 144/01k, GesRZ 2002, 86 = ecolex 2003, 34.

1085 OGH Urt. v. 11.6.2008, 7 Ob 58/08t, GesRZ 2008, 378 = ecolex 2008, 926.

1086 OGH Urt. v. 24.6.1998, 3 Ob 34/97i, SZ 71/108 = ecolex 1998, 774.

1087 *Kalss*, GesRZ 2014, 159, 163.

1088 Vgl. *Kalss*, GesRZ 2014, 159, 163.

1089 *Kalss*, GesRZ 2014, 159, 163.

Gesetzgebungsverfahrens nicht im Vordergrund stand. Durch die gleichzeitige Änderung des StGB-Ö, AktG-Ö und GmbH-Ö wollte der österreichische Gesetzgeber vor allem den Gleichlauf der strafrechtlichen Untreue und der zivilrechtlichen Sorgfaltspflichtverletzung erreichen.[1090] Die Kodifizierung der BJR war insofern eine Folge der Änderung des Untreue-Tatbestands.

In *Tschechien* wurde die BJR in § 55 HandelsKorpG-CZ bereits 2012 eingeführt, wobei die neue Vorschrift erst 2014 in Kraft getreten ist.[1091] Die Norm knüpft ebenfalls an die deutsche Lösung in § 93 Abs. 1 S. 2 an:

> "Carefully and with needed information acts, who takes a business decision and in good faith may reasonably assume that he acts on informed basis and in justifiable interest of the corporation; that is not applicable in case such decision was not made with required loyalty."[1092]

Im Gegensatz zu Österreich wurde die BJR in Tschechien vor der Einführung ins HandelsKorpG-CZ weder in der Rechtsprechung noch in der Rechtslehre intensiv behandelt.[1093] Daher wurde die gesetzliche Regelung unter anderem als zu *voreilig* kritisiert.[1094]

Angesichts der wenigen gerichtlichen Entscheidungen zum unternehmerischen Ermessen weist die Rechtslage in Polen mehr Ähnlichkeiten mit der Rechtslage in Tschechien als in Österreich vor der gesetzlichen Regelung der BJR in beiden Ländern auf. In Polen könnte ein Gesetzesvorschlag eine Debatte in der Rechtslehre intensivieren sowie die Aufmerksamkeit der Gerichte auf die Problematik lenken und ist insofern nicht als voreilig abzulehnen, sondern als diskussionsfördernd zu begrüßen. Auch der Prozess der Gesetzwerdung der BJR in Deutschland zeigt, dass keine Notwendigkeit besteht, nur deswegen auf einen fachlichen Diskurs und eine allmähliche Heranreifung der Konzeption zu verzichten, weil ein Gesetzesvorschlag vorliegt.

bb) Rechtssicherheit

Vor der Kodifizierung der BJR in Deutschland hat die Rechtslehre darauf hingewiesen, dass das Absehen von einer Kodifizierung die Gerichte zu einer – nicht

---

1090 *Eckert/Spani/Wess*, ZWF 2015, 258, 259.

1091 Siehe Fn. 1079.

1092 Die Übersetzung ist zu finden bei *Kožiak*, Business judgement rule in Czech Corporations Act, Juridical Tribune, 2013, Bd. 3/2, S. 126, 130.

1093 Siehe *Pokornă* in FS Posch, 2011, S. 579, 580 ff.

1094 *Kožiak*, Business judgement rule in Czech Corporations Act, Juridical Tribune, 2013, Bd. 3/2, S. 126, 134.

gewünschten – inhaltlichen Überprüfung der unternehmerischen Entscheidungen ermuntert und somit das Managerermessen durch ein Richterermessen ersetzt habe.[1095] Ebenso wurde der Präzisierungsbedarf hervorgehoben, da die ARAG/Garmenbeck-Entscheidung viele wertende Elemente („weiter Handlungsspielraum", „deutlich überschreiten", „in unverantwortlicher Weise überspannt") aufgeworfen hatte.[1096] Andererseits wurden auch Bedenken geäußert, ob das Geschäftsleiterermessen einer gesetzlichen Regelung bedürfe[1097] und ob diese bereits ausreichend rechtspolitisch diskutiert worden sei.[1098]

Eine Haftungsprivilegierung des Vorstands nach dem Vorbild der BJR kann in Polen bis jetzt keiner Entscheidung der höchstrichterlichen Rechtsprechung entnommen werden. Daher wäre die Einführung einer BJR keine Gesetzes*klarstellung*, sondern eine Gesetzes*reform*. Gewiss zählen zu den Vorteilen einer Kodifizierung die Stärkung der Rechtssicherheit sowie ein Zugewinn an Transparenz und Legitimation.[1099] Zwar sollte den Gerichten klar sein, dass die Vorstände unternehmerische Entscheidungen oft auf der Grundlage unvollständiger Informationen treffen müssen und dass eine so ergangene unternehmerische Entscheidung kein automatisches *sine qua non* einer Sorgfaltsverletzung ist sowie dass einer nachträglichen Betrachtung einer Entscheidung immer bessere – und um die Erkenntnisse der *ex post*-Perspektive ergänzte – Informationen zugrunde liegen. Dennoch kann nicht davon ausgegangen werden, dass die Gerichte dies stets beachten, solange es für die BJR in Polen keine gesetzliche Grundlage gibt. Es gibt zu wenige einschlägige Entscheidungen des OG, als dass von einer fundierten Richtung in der Rechtsprechung gesprochen werden könnte. Somit ist hier der Gesetzgeber gefordert, die Innenhaftung des Vorstands so zu gestalten, dass einerseits das Interesse der Gesellschaft, ihrer Aktionäre und Gläubiger ausreichend geschützt wird und andererseits den Managern ein rechtlicher und rechtssicherer Rahmen geschaffen wird. Auf diesem Wege könnte ein Raum sichergestellt werden, in dem die wirtschaftlichen, mit einem gewissen Risiko verbundenen Entscheidungen von der Haftung ausgenommen werden, sogar wenn sie sich nachträglich als falsch herausstellen sollten.[1100]

1095 *Thümmel*, DB 2004, 471, 472; ebenso *Paefgen*, AG 2004, 245, 248.

1096 *Thümmel*, DB 2004, 471, 472.

1097 Vgl. DAV-Handelsrechtsausschuss, NZG 2004, 555 ff.

1098 Für und Wider abwägend *Fleischer*, ZIP 2004, 685, 687; in dem Sinne auch *Ulmer*, DB 2004, 859, 859.

1099 So *Fleischer*, ZIP 2004, 685, 687.

1100 Ähnlich *Oplustil*, Instrumenty, 2010, S. 757.

Aber Achtung: Eine Kodifizierung – obwohl als Klarstellung angedacht – kann paradoxerweise Meinungsunterschiede erst heraufbeschwören. Am Beispiel Deutschlands könnte folgende These gewagt werden: Wäre § 93 Abs. 1 S. 2 AktG nicht durch das UMAG ins Gesetz gekommen und hätte man sich weiterhin mit der ARAG/Garmenbeck-Formel behelfen müssen, dürfte es heute keinen Streit geben um den objektiven Maßstab, der einem Vorstandsmitglied bei einer unternehmerischen Entscheidung aufzuerlegen ist.[1101] Die Rechtsanwender hätten mit einem unscharfen Begriff umgehen müssen, wonach die Bereitschaft, Risiken einzugehen, nicht „in unverantwortlicher Weise überspannt" und die Grenzen unternehmerischen Ermessens nicht „deutlich überschritten" werden dürften. Denn erst durch eine Kodifizierung mauert man ein Konzept ins Gesetz, ohne zu wissen, welche Sachprobleme, die noch nicht bekannt oder thematisiert wurden, noch auftauchen werden, denn der Gesetzgeber greift oft in einen noch nicht abgeschlossenen Prozess der Rechtsgestaltung ein. Demgegenüber bietet die Rechtsprechung eine gewisse Flexibilität und ermöglicht die weitere Präzisierung einer Rechtsfigur durch die Gerichte sowie die Anpassung an die jeweiligen, sich dynamisch ändernden Umstände des wirtschaftlichen Lebens.[1102]

cc) Risikoabneigung

Eine BJR bezweckt, einem Vorstandsmitglied einen haftungsfreien Raum einzuräumen, damit es nicht bei jeder kleinsten Fehlentscheidung Haftungsfolgen fürchten muss.[1103] Andernfalls wäre mit einer derartigen Risikoaversion zu rechnen, die zukünftig das Vorstandsmitglied auf Geschäftschancen für das Unternehmen verzichten ließe. Ein umsichtiger Gesetzgeber sollte also dafür sorgen, dass Risikobereitschaft und Investitionsfreude der Geschäftsleitung wegen der Strenge der Haftungsregeln nicht verloren gehen.[1104]

Auf die Frage, ob die persönliche Haftung der Vorstände ein effektives Instrument zur Steuerung der Handlungen von Managern sei, gibt es keine einhellige

1101 Den Streit führt vor allem die Rechtslehre. Der BGH hatte bis jetzt nur Fälle auf der Grundlage einer ungeschriebenen BJR zu entscheiden, vgl. dazu *Bachmann*, Gutachten, E 46: die Anwendung des § 93 Abs. 1. S. 2 AktG durch die Gerichte unterer Instanzen sei zu begrüßen.

1102 Vgl. *Fleischer*, ZIP 2004, 685,687.

1103 *Fleischer* in FS Wiedemann, 2002, S. 827, 830.

1104 *Fleischer* in FS Wiedemann, 2002, S. 827, 830.

Antwort.[1105] Die Forderung der Öffentlichkeit, die Vorstände strengen Haftungsregeln zu unterwerfen, ist menschlich. Der Weite des Handlungsspielraums muss die Schärfe der Konsequenzen entsprechen. Die erheblichen Ermessenspielräume bei der Geschäftsführung eines Unternehmens korrespondieren mit einer scharfen Haftung der Organmitglieder gegenüber der Gesellschaft. Dabei spielt eine „ausgewogene" Haftungsregelung eine disziplinierende Rolle und wird als Garant wirtschaftlichen Erfolgs gesehen.[1106] Die BJR entspricht somit den regelmäßigen Erwartungen des Wirtschaftslebens. Der Kodifizierung der BJR wird eine Appellwirkung zugeschrieben, indem sie einer unbegründeten Inanspruchnahme von Vorstandsmitgliedern bei jeder Fehlentscheidung (insbesondere durch Aktionäre mit geringerem Aktienbesitz) vorbeugen sollte.[1107] In diesem Zusammenhang bleibt zu hoffen, dass die Diskussion über die BJR in Polen die Organhaftung belebt.

c) *Eigener Vorschlag*

Die BJR fasst in Polen erst Fuß. Umso mehr verwundert, warum die Regelung der BJR im Code of Best Practice aus dem Jahre 2005 abgeschafft wurde.[1108] Dadurch wurde die Chance verpasst, bestimmte Rechtslösungen erst als *Soft Law* zu testen, anstatt die Schwächen einer Gesetzesänderung erst nach ihrem Inkrafttreten zu entdecken.

Angesichts der obigen Anmerkungen und vor dem Hintergrund der bisherigen Vorschläge aus der Rechtslehre, die der besseren Übersichtlichkeit und Verständlichkeit halber bereits unter C.II.5.c) dargestellt und eingehend gewürdigt wurden, ist folgende Ergänzung des Art. 483 HGGB zur Diskussion zu stellen, wobei sich dank einer entsprechenden Formulierung des hinzugefügten § *3* eine Änderung der derzeitigen §§ 1 und 2 des Art. 483 HGGB vermeiden lässt:

> „§ 1. Ein Mitglied des Vorstands, des Aufsichtsrates und ein Liquidator haftet gegenüber der Gesellschaft für einen Schaden, den es/er ihr durch eine rechtswidrige oder den Bestimmungen der Satzung der Gesellschaft entgegenstehende Handlung oder Unterlassung zugefügt hat, es sei denn, dass es/ihn kein Verschulden trifft.

1105 *Arnold*, Die Steuerung des Vorstandshandelns, 2007, S. 3; bejahend *Fleischer* in FS Wiedemann, 2002, S. 827, 829.

1106 *Arnold*, Die Steuerung des Vorstandshandelns, 2007, S. 3.

1107 *Ihring*, WM 2004, 2098, 2102.

1108 Näher dazu C.II.5.b).

§ 2. Ein Mitglied des Vorstands, des Aufsichtsrates und ein Liquidator hat bei der Erfüllung seiner Pflichten die Sorgfalt anzuwenden, die sich aus dem beruflichen Charakter seiner Tätigkeit ergibt.

§ 3. Trifft ein Mitglied des Vorstands, des Aufsichtsrats oder ein Liquidator eine unternehmerische Entscheidung und konnte es/er dabei ohne grobe Fahrlässigkeit berechtigterweise annehmen, angemessen informiert zu sein und im Interesse der Gesellschaft zu handeln, verletzt es/er die Pflicht im Sinne des § 2 nicht."[1109]

aa) Klarstellung der Doppelfunktion des Sorgfaltsmaßstabs

De lege lata ist die Doppelfunktion des Sorgfaltsmaßstabs durch rechtssystematische und teleologische Auslegung bereits aus Art. 483 HGGB herauszulesen. Daher ist die Aufforderung der herrschenden Meinung, klarzustellen, dass Art. 483 § 2 HGGB nicht nur einen Sorgfaltsmaßstab enthält, sondern auch die objektiven Verhaltenspflichten des Vorstands umschreibt, zwar nachvollziehbar, nach hier vertretener Auffassung aber nicht erforderlich. Schließt man sich trotzdem der Ansicht der h. M. an, wäre zu empfehlen, sich auf Art. 474 § 2 HGB-PL als Vorbild zurückzubesinnen. Da das HGGB auf dem HGB basiert und die Haftungsvorschriften grundsätzlich unverändert übernommen hat, könnte Art. 483 § 2 HGGB dementsprechend folgendermaßen ergänzt werden: „Ein Mitglied des Vorstands, des Aufsichtsrates und ein Liquidator hat bei der Erfüllung seiner Pflichten die Sorgfalt anzuwenden, die sich aus dem beruflichen Charakter seiner Tätigkeit ergibt, *und haftet für die Nichtanwendung dieser Sorgfalt.*"

Nach hier vertretener Ansicht kann dieses Ziel ebenso gut durch die Einführung der BJR in *Art. 483 § 3 HGGB* erreicht werden. Denn durch die hier gewählte Formulierung *(„verletzt es/er die Pflicht im Sinne des § 2 nicht")* wird beiläufig impliziert, dass Art. 483 § 2 HGGB nicht nur einen Verschuldensmaßstab darstellt, sondern auch die objektiven Verhaltenspflichten eines Vorstandsmitglieds umschreibt.[1110] Somit würde der Aufforderung der Rechtslehre zur Klarstellung des Sorgfaltsmaßstabs nachgekommen, ohne den Wortlaut der heutigen Fassung des Art. 483 § 1 und § 2 HGGB ändern zu müssen.

1109 Auf Polnisch ist folgender Wortlaut der BJR vorzuschlagen: *„§ 3 Jeżeli członek zarządu, rady nadzorczej oraz likwidator przy podejmowaniu decyzji biznesowej mógł bez rażącego niedbalstwa słusznie założyć, że jest odpowiednio poinformowany oraz działa w interesie spółki, nie narusza obowiązku, o którym mowa w § 2."*

1110 Ähnlich nach dem UMAG *Koch*, ZGR 2006, 769, 784; zuletzt Hüffer/*Koch*, AktG § 93 Rn. 5: Der Sinn der Worte „Pflichtverletzung liegt nicht vor" in § 93 Abs. 1 S. 2 ergebe sich nur, wenn in § 93 Abs. 1 S. 1 eine positive Umschreibung des Pflichtenstandards enthalten sei.

Die Einführung der BJR in einem separaten Paragrafen wiederholt zwar den Adressatenkreis (statt des unpersönlichen Wortlauts „eine Pflichtverletzung liegt nicht vor"). Dennoch ist die vorgeschlagene Formulierung rechtssystematisch kohärent und fügt sich in den Normaufbau des Art. 483 HGGB ein.

Durch die Einführung der BJR in einem separaten Paragrafen würde die in der deutschen Rechtslehre aufgeworfene Frage, ob es sich bei der BJR um einen Tatbestandsausschlussgrund oder eine Konkretisierung des Sorgfaltsmaßstabs handele, entfallen.[1111] Die rechtssystematischen Argumente (die BJR sei eine Konkretisierung der Sorgfalt, weil sie in § 93 Abs. 1 S. 2 AktG verankert wurde; sie könnte nur dann einen Tatbestandsausschlussgrund darstellen, wenn § 93 Abs. 2 AktG sie regeln würde) laufen ins Leere, denn die Regelung der BJR in einem separaten Paragrafen des Art. 483 HGGB würde nicht verhindern, die BJR sowohl als Konkretisierung der Sorgfalt als auch als Tatbestandsauschlussgrund anzuerkennen.

bb) Tatbestandsmerkmale

In der Rechtsprechung wurden die Strukturelemente der BJR angesprochen, die BJR selbst jedoch in keiner der Entscheidungen formuliert. Da die entsprechenden Entscheidungen bereits an anderer Stelle besprochen wurden,[1112] ist hier nur noch einmal auf die Aussagen der Gerichte einzugehen, die *de facto* Tatbestandsmerkmale der künftigen BJR beschreiben. Unumstritten ist, dass unternehmerische Entscheidungen ein unentbehrlicher Bestandteil wirtschaftlicher Tätigkeit sind,[1113] weshalb den Organmitgliedern ein unternehmerisches Ermessen zusteht,[1114] das sich im Rahmen des zulässigen unternehmerischen Risikos befinden muss.[1115] Droht der Gesellschaft eine Zahlungsunfähigkeit, verengt sich auch das unternehmerische Ermessen in Bezug auf das rechtlich hinnehmbare Risiko.[1116] Die ersten Abgrenzungsversuche zwischen unternehmerischer und gebundener Entscheidung sind bis jetzt lediglich zwei Entscheidungen von Berufungsgerichten zu verdanken.[1117] Aus der Rechtsprechung lassen sich

---

1111 Zur Diskussion in Deutschland siehe B.II.5.g)aa).

1112 Näher dazu C.II.4.b)aa)(2)(b).

1113 OG Urt. v. 17.4.2009, II PK 273/08, LEX 1157553.

1114 OG Urt. v. 28.1.2000, I PKN 482/99, OSNAPiUS 2001, Nr. 11 Pos. 378, LEX 41191.

1115 BerG Lodz Urt. v. 25.10.2007, II AKa 136/07, Prokuratura i Prawo 2008, Nr. 6 Pos. 36, Legalis 99310.

1116 *Oplustil*, Instrumenty, 2010, S. 789.

1117 BerG Kattowitz Urt. v. 5.11.2004, I ACa 540/04, OSA 2004, Nr. 4 Pos. 8, Legalis 72489; BerG Breslau Urt. v. 1.12.2010, II AKa 326/10, OSA 2011, Nr. 3 Pos. 223, Legalis 357839.

aber vor allem Hinweise zu den Anforderungen an die erforderliche Sorgfalt erschließen. Das Handeln eines Organmitglieds, das den in der Gewinnerzielung liegenden Zweck der Gesellschaft außer Acht lässt, ist Ausdruck eines illoyalen Verhaltens und kann nicht als sorgfältig gesehen werden.[1118] Die den Organmitgliedern abverlangte Sorgfalt setzt voraus, dass sie eine Entscheidung sorgfältig treffen. Dabei müssen sich die Entscheidungen nicht stets als korrekt erweisen und Gewinne erbringen.[1119] Soweit erforderlich, können die Entscheidungen anhand externer Gutachten getroffen werden. Im Umkehrschluss bedeutet die Einholung externen Expertenrates nicht automatisch, dass ein Vorstandsmitglied sich sorgfältig verhalten hat, denn es kann die Geschäftsführung nicht einfach auf Dritte übertragen. Allerdings kann die Beauftragung Dritter als Hinweis auf ein sorgfältiges Handeln gelten.[1120] Die Rechtsprechung konkretisiert somit die erforderliche Sorgfalt nach Art. 483 § 2 HGGB, geht jedoch kaum auf die BJR ein. Daher empfiehlt es sich, bei der Auslegung einzelner Tatbestandsmerkmale (auch) an die deutsche Rechtslehre anzuknüpfen.[1121]

cc) Subjektiv-objektiver Maßstab

Im Unterschied zu den beiden Vorschlägen der Rechtslehre sollte sich aus dem Gesetzestext ergeben, dass die Angemessenheit der Informationsgrundlage sowie das Handeln im Interesse der Gesellschaft – obwohl objektiv zu beurteilen – immer subjektiviert werden müssen, indem sie im Ermessenspielraum des Vorstands liegen. Ob das Vorstandsmitglied zum Wohle der Gesellschaft gehandelt hat, ist aus dessen subjektiver *ex ante*-Sicht zu beurteilen. Dennoch muss eine subjektive Überzeugung des Vorstands objektiv nachvollziehbar sein: ausreichend ist die Informationsgrundlage, die das Vorstandsmitglied als angemessen erachten durfte. Insofern war der Grundsatz Nr. 33 des Code of Best Practice (2005) zu begrüßen: Die Empfehlung knüpfte an § 4.1 (c) ALI Principles an und setzte voraus, dass die unternehmerische Entscheidung aufgrund einer „reasonable opinion" des Vorstands sorgfältig getroffen wurde. Das Vorstandsmitglied haftet nicht, wenn es *„berechtigterweise ohne grobe Fahrlässigkeit"* annehmen konnte, unter den gegebenen Umständen angemessen informiert zu sein und im

1118 OG Urt. v. 28.1.2000, I PKN 482/99, OSNAPiUS 2001, Nr. 11 Pos. 378, LEX 41191; OG Urt. v. 17.4.2009, II PK 273/08, LEX 1157553.

1119 OG Urt. v. 17.4.2009, II PK 273/08, LEX 1157553.

1120 BerG Lodz Urt. v. 19.12.2012, I ACa 946/12, LexisNexis 5047844; BerG Posen Urt. v. 11.12.2012, I ACa 336/12, LEX 1292726; BerG Danzig Urt. v. 29.7.2014, V ACa 781/13, LEX 1526966.

1121 Dazu siehe B.II.5.f).

Interesse der Gesellschaft zu handeln. Der Haftungsfreiraum ist dann für unternehmerische Entscheidungen eröffnet.

Das Ziel des „sicheren Hafens“ kann nur dann abgesichert werden, wenn die Haftung innerhalb der BJR sich von der Haftung außerhalb der BJR (Art. 483 § 2 HGGB) unterscheiden würde.[1122] Die Wortwahl in *Art. 483 § 3 HGGB* und der Rückgriff auf grobe Fahrlässigkeit wurde nicht ohne Abwägung der erläuterten Vor- und Nachteile getroffen, denn auch im polnischen Zivilrecht ist bei der Haftung die einfache Fahrlässigkeit der Regelfall.[1123] Das Merkmal „ohne grobe Fahrlässigkeit“ mit einer anderen Formulierung wie z. B. „vernünftigerweise“ zu umschreiben, würde die Aussage nur unnötig entkräften, denn die Haftung der Vorstandsmitglieder für den Schaden der Gesellschaft wegen unsorgfältiger Handlung soll erst bei einem grob fahrlässigen Verhalten eintreten.[1124] Auch wenn es sich hierbei letztendlich um einen „low standard of liability“ [1125] handelt, so wird er doch durch zweierlei gerechtfertigt: die Vermeidung einer unverhältnismäßigen Risikoaversion von Managern sowie die Befürchtung, dass existenzvernichtende Schadensersatzansprüche zunehmend die Kandidaten für Vorstandsposten abschrecken.[1126]

Die Abgrenzung zwischen einfacher und grober Fahrlässigkeit ist schwierig zu bestimmen und stets einzelfallabhängig.[1127] Intuitiv lässt sich der Unterschied an den Ausdrücken „kann vorkommen“ und „darf nicht vorkommen“ ablesen.[1128] Um eine grobe Fahrlässigkeit annehmen zu können, muss vorher die einfache Fahrlässigkeit (Art. 355 § 1 ZGB) festgestellt werden.[1129] Einfache Fahrlässigkeit *(zwykłe niedbalstwo; culpa lata)* wird als Nichtanwendung der erforderlichen

1122 Vgl. *Kraakman*, The Anatomy of Corporate Law, 2009, S. 80: § 93 Abs. 1 S. 2 AktG „(…) appears to protect *non-negligent* business decisions from legal attack. By contrast, the U.S. rule protects *negligent* decisions that were made in good faith from judicial review“.

1123 Zum deutschen Recht siehe *Schulze* in Schulze BGB § 276 Rn. 19.

1124 Zu Recht *Bachmann*, WM 2015, 105, 107: Man solle auch „den Mut aufbringen, die mit der BJR intendierte Begrenzung der Haftung auf offensichtliche Fehler (vulgo: grobe Fahrlässigkeit) offen beim Namen zu nennen und sich nicht aus Angst vor der eigenen Courage hinter der Fassade des tradierten Verständnisses zu verstecken“.

1125 So *Kraakman*, The Anatomy of Corporate Law, 2009, S. 79.

1126 Ebenso *Peltzer* in FS Hoffmann-Becking, 2013, S. 861, 865.

1127 OG Urt. v. 19.2.2003, V CKN 1680/00, Legalis 60944.

1128 Siehe *Grundmann* in MünchKommBGB § 276 Rn. 94 mit Hinweis auf *Frey*, ArbuR 1953, 7, 8.

1129 OLG Warschau Urt. v. 4.7.2007, XX GC 519/04, nicht veröffentlicht.

Sorgfalt nach Art. 355 § 1 ZGB verstanden.[1130] Grobe Fahrlässigkeit *(rażące niedbalstwo; culpa levis)* liegt demgegenüber erst dann vor, wenn die erforderliche Sorgfalt in besonders schwerem Maße verletzt wurde, indem die elementaren offensichtlichen Sorgfaltsgrundsätze überschritten wurden[1131] und das Verhalten von den üblichen Standards „drastisch abweicht".[1132] Dies veranschaulicht das Verständnis der groben Fahrlässigkeit eines Organmitglieds in der Rechtsprechung (z. B. mündlicher Vertragsabschluss mit einem zahlungsunfähigen Vertragspartner,[1133] rechtswidrige Gewährung einer überhöhten Vergütung an Vorstandsmitglieder eines staatlichen Unternehmens durch die Aufsichtsratsmitglieder[1134]).

Im Unterschied zur leichten Fahrlässigkeit tritt bei grober Fahrlässigkeit neben das objektive Kriterium (Schwere des Sorgfaltsverstoßes) eine subjektive Komponente (individuelle Gegebenheiten in der Person des Handelnden).[1135] Ein Organmitglied handelt nicht im Rahmen des akzeptablen unternehmerischen Risikos, wenn sein Handeln „offensichtlich" über das ihm eingeräumte Geschäftsleiterermessen hinausgeht und „eindeutig" dem Interesse der Gesellschaft widerspricht.[1136] Von einem vertretbaren Risiko kann keine Rede sein, wenn eine vernünftige nachträgliche Beurteilung einer Entscheidung die Feststellung mit „an Sicherheit grenzender Wahrscheinlichkeit"[1137] ermöglichen würde, dass sie negativ für die Gesellschaft wäre und die Realisierung eines Vorhabens keine Chancen auf Erfolg hätte. Risikoreiche Entscheidungen ohne ökonomische Begründung können und dürfen nicht als vernünftig gelten. In der Wirklichkeit führe eine solche Handlung des Vorstandsmitglieds, dessen Aufgabe es eigentlich ist, das Vermögen der Gesellschaft zu behüten, zur Verschwendung des

---

1130 OG Urt. v. 10.3.2004, IV CK 151/03, LEX 151642.

1131 OG Urt. v. 4.11.2010, IV CSK 153/10, LEX 1232801; OG Urt. v. 7.3.2008, III CSK 270/07, LEX 487542.

1132 OG Urt. v. 22.4.2004, II CK 142/03, LEX 484721; OG Urt. v. 26.1.2006, V CSK 90/05, LEX 195430.

1133 OG Urt. v. 17.4.2009, II PK 273/08, LEX 1157553.

1134 BerG Lodz Urt. v. 19.12.2012, I ACa 946/12, LexisNexis 5047844. Für die zulässige Höhe der Vergütung von Vorstandsmitgliedern eines staatlichen Unternehmens ist das Gesetz über die Vergütung der Geschäftsleitung staatlicher und kommunaler Unternehmen und Institutionen (GBl. v. 2000 Nr. 26 Pos. 306) maßgeblich.

1135 Vgl. aufgrund des deutschen Rechts BGH NJW 2001, 2092, 2093.

1136 OG Urt. v. 22.9.2005, IV CK 100/05, LEX 187120: Bei der kaufmännischen Tätigkeit sei ein erhöhter Sorgfaltsmaßstab zu beachten (Art. 355 § 2 ZGB).

1137 *Oplustil*, Instrumenty, 2010, S. 789.

Gesellschaftsvermögens.[1138] Zutreffend hat auch das OG den Unterschied hervorgehoben, indem es entschieden hat, dass der Geschäftsführer einer *sp. z o.o.* sich nicht nur unsorgfältig verhalten (Art. 292 § 2 HGB-PL), sondern auch die Geschäfte der Gesellschaft „auf leichtsinnige Weise geführt“ habe.[1139]

Bei der Auslegung des Verschuldensgrades „grobe Fahrlässigkeit“ kann die arbeitsrechtliche Rechtsprechung zu Hilfe genommen werden, insbesondere zu Art. 52 § 1 Nr. 1 AGB, der eine außerordentliche Kündigung ihm Falle einer vorsätzlichen oder grob fahrlässigen Verletzung der Arbeitspflichten durch den Arbeitnehmer ermöglicht. Das Verhalten eines arbeitsvertraglich angestellten Vorstandsmitglieds kann nicht nur unter dem Gesichtspunkt der Ausübung seiner Arbeitspflichten nach Art. 100 AGB beurteilt werden, „sondern auch oder vor allem“ nach den sich aus Art. 483 § 2 HGGB ergebenden Pflichten, die mit der Ausübung der Funktion eines Vorstandsmitglieds einhergehen.[1140] Eine Person, die Geschäfte für eine andere (z. B. die Gesellschaft) führt, sollte ihre Pflichten mit besonderer (erhöhter) Sorgfalt ausüben, z. B. alle Maßnahmen ergreifen, um einem Schaden am Gesellschaftsvermögen vorzubeugen. Bei der Beurteilung der Sorgfalt sind Art. 100 § 1 AGB und Art. 100 § 2 Nr. 4 AGB sowie Art. 483 § 2 HGGB i. V. m. Art. 355 § 2 ZGB zu berücksichtigen.[1141] Dabei sei zu bedenken, dass der Gesellschaftszweck die Gewinnerzielung, die Aufrechterhaltung des laufenden Geschäftsbetriebs sowie dessen Entwicklung seien. Das Verhalten eines Vorstandsmitglieds, das diese Gesellschaftszwecke missachtet, spreche für seine mangelnde Loyalität gegenüber der Gesellschaft und könne daher nicht als mit der gewissenhaften und sorgfältigen Ausführung der Arbeitspflichten (Art. 100 § 1 AGB), dem Sorgen für das Wohl des Betriebs (Art. 100 § 2 Nr. 4 AGB) sowie der Pflicht zur Anwendung der Sorgfalt eines sorgfältigen und gewissenhaften Kaufmanns (Art. 474 § 2 HGB-PL) übereinstimmend angesehen werden.[1142] Die grobe Fahrlässigkeit kommt „im völligen Ignorieren von Handlungsfolgen, wenn die Art der ausgeübten Pflichten oder der eingenommenen Stelle eine besondere Behutsamkeit und Vorsicht voraussetzen“, zum Ausdruck.[1143]

1138 *Oplustil*, Instrumenty, 2010, S. 789.

1139 OG Urt. v. 9.5.2000, IV CKN 117/00, Wokanda 2000, Nr. 10 Pos. 6, LEX 42351.

1140 OG Urt. v. 17.4.2009, II PK 273/08, LEX 1157553.

1141 OG Urt. v. 25.5.2000, I PKN 655/99, OSNAPiUS 2001, Nr. 22 Pos. 658.

1142 Zum Ganzen OG Urt. v. 28.1.2000, I PKN 482/99, OSNAPiUS 2001, Nr. 11 Pos. 378, LEX 41191.

1143 OG Urt. v. 11.9.2001, I PKN 034/2000, OSNP 2003, Nr. 16 Pos. 381.

Die grobe Fahrlässigkeit verschiebt die Grenze der Haftung zugunsten des Schuldners. Allerdings wird dieser Effekt bei der BJR in zweierlei Hinsicht gebremst: durch den erhöhten Sorgfaltsmaßstab eines ordentlichen und gewissenhaften Kaufmanns und die Erfüllung der gesetzlich bestimmten Tatbestandsmerkmale. Ein Vorstandsmitglied muss sich die Grundlage für die über einfache Fahrlässigkeit hinausgehende Haftungsprivilegierung erst erarbeiten (angemessene Informationsgrundlage, Handeln zum Wohle der Gesellschaft). Wird dieser Bestand mit den übrigen Normen verglichen,[1144] wo die Haftung eines Schuldners erst bei Vorsatz oder grober Fahrlässigkeit eintritt, fällt auf, dass keine vergleichbar präzisen Tatbestandsmerkmale existieren, die eine Haftungserleichterung begründen würden. Die dortigen Haftungserleichterungen hängen von keinen zusätzlichen Voraussetzungen ab, die der Schuldner zunächst erfüllen müsste, um die Haftungserleichterung in Anspruch nehmen zu können.

Das Tatbestandsmerkmal „vernünftigerweise annehmen *dürfen*" muss umschrieben werden *(„berechtigterweise")*, denn im Polnischen unterscheiden sich die Modalverben „dürfen" und „können" in ihrer Bedeutung, ohne dass jedoch dafür zwei unterschiedliche Worte benutzt würden.

d) Zwischenergebnis

De lege lata ist die Dualität des Überprüfungsmaßstabs Art. 483 HGGB zu entnehmen. Die Schwäche des Wortlauts lässt sich mithilfe historischer, rechtssystematischer und teleologischer Auslegung beheben. Die Gegenauffassung verkennt den Normzweck. Daher hindert der heutige Art. 483 § 2 HGGB die Kodifizierung der BJR nicht. Es könnte erwogen werden, die Pflichtwidrigkeit der Sorgfaltsverletzung klarzustellen. Dies ließe sich durch eine entsprechende Formulierung der BJR erreichen, ohne den heutigen Wortlaut des Art. 483 HGGB ändern zu müssen.

Die Kodifizierung der BJR ist zu befürworten, denn die bisherige höchstrichterliche Rechtsprechung stellt keine Alternative zu einem Tätigwerden des Gesetzgebers dar. Bei der Auslegung einzelner Tatbestandsmerkmale können die Erkenntnisse des deutschen Rechts zu § 93 AktG fruchtbar gemacht werden. Von den bisherigen Vorschlägen zur Kodifizierung der BJR liegt der Grundsatz Nr. 33 des Code of Best Practice (2005) den Erfordernissen der BJR am

---

1144 Vgl. im ZGB z. B. Art. 757, Art. 777 § 1, Art. 788 § 1, Art. 791 § 1, Art. 801 § 1, Art. 827 § 1, Art. 849 § 2, Art. 852, Art. 855 § 4, Art. 981 § 1; im AGB: Art. 52 sowie im BGB: §§ 300 I, 521, 599, 680, 968; zu Beispielen aus dem deutschen Recht siehe *Reiner/Schulze* in Schulze BGB § 276 Rn. 20.

nächsten. Insbesondere sollte in der Definition der BJR der subjektiv-objektive Maßstab, der dem Vorstandsmitglied den Beurteilungsspielraum erst eröffnet, nicht fehlen.

IV. Enthaftung

Zu Recht wurde die BJR in dem Gutachten von *Bachmann* als Enthaftungsinstrument qualifiziert.[1145] Eine direkte Anknüpfung der BJR an Art. 483 HGGB und ihre Einführung ins HGGB wurden bereits oben *de lege ferenda* bejaht. Nachstehend werden weitere Enthaftungsinstrumente untersucht, wobei es sich zum einen um bereits bekannte Institute handelt, deren Rechtsfolgen allerdings für die Organhaftung umstritten sind (Entlastungsbeschluss, Arbeitsvertrag), und zum anderen um die Frage, ob neue Rechtslösungen anzustreben sind (gesetzliche Haftungsabsenkung, verpflichtender Selbstbehalt bei der D&O-Versicherung).

1. Entlastungsbeschluss

Ob ein Entlastungsbeschluss der Hauptversammlung einen Verzicht auf Schadensersatzansprüche der Gesellschaft nach Art. 483 § 1 HGGB bedeutet, ist in der Rechtslehre unklar. Die vertretenen Meinungen weichen stark voneinander ab. Einige schreiben der Entlastung eine schuldbefreiende Wirkung zu, während für andere ein Entlastungsbeschluss lediglich prozessuale Rechtsfolgen oder sogar gar keine Bedeutung hat.[1146] Keine der Ansichten kann überzeugen.

Ein Vertrag über eine Schuldbefreiung weist im Vergleich mit einem Entlastungsbeschluss mehr abweichende als gemeinsame Elemente auf.[1147] Erstens setzt Art. 508 ZGB einen Vertrag zwischen der Gesellschaft und dem Organmitglied voraus, während die Entlastung eine einseitige Erklärung der Hauptversammlung ist. Zweitens fehlt es an der Schuld, von der das Vorstandsmitglied befreit werden muss. Die Hauptversammlung äußert sich zur Erfüllung der Pflichten der Vorstandsmitglieder (Art. 395 § 2 Nr. 3 HGGB) und nicht zu ihrem unsorgfältigen Verhalten.[1148] *De lege lata* könne zwar die Entlastung auch dann erteilt werden, wenn der Hauptversammlung ein unsorgfältiges Verhalten des Vorstands bekannt war.[1149] Auch wenn sich dies dem Verzicht auf Schadensersatzansprüche bereits stark annähern würde, fehlt hier ebenso ein Vertrag

1145 *Bachmann*, Gutachten E 43 ff.

1146 Ausführlich zu den Meinungsunterschieden siehe *Romanowski*, PPH 4/2002, 9 ff.

1147 Ebenso *Popielarski*, PPH 6/2001, 5, 8.

1148 Vgl. *Oplustil*, Instrumenty, 2010, S. 792.

1149 So *Popiołek* in Strzępka/HGGB-Komm Art. 395 Rn. 10.

zwischen der Gesellschaft und dem Vorstandsmitglied. Dabei wird betont, dass die Entlastung nur so lange Bestand haben könne, bis neue, das Vorstandsmitglied belastende Informationen und Umstände offenbar würden und die Entlastungsgrundlage hinterfragten.[1150] Das führt wiederum zu einem unerwünschten Schwebezustand in der Gesellschaft und einer unsicheren Situation für das Vorstandsmitglied, denn Schadensersatzansprüche können so lange geltend gemacht werden, bis sie verjährt sind (Art. 483 i. V. m. Art. 488 HGGB). Somit erfüllt die Entlastung die ihr zugeschriebene Stabilisierungsrolle nicht.

Die prozessualen Auswirkungen wurden durch die Befürworter der schuldbefreienden Wirkung der Entlastung ebenso übersehen. Macht die Gesellschaft nachträglich Schadensersatzansprüche gegen ein entlastetes Vorstandsmitglied geltend, muss sie beweisen, dass der Entlastung falsche Angaben zugrunde lagen. Das würde die Beweislast praktisch der Gesellschaft aufbürden, obwohl in einem Schadensersatzprozess den Beweis des sorgfältigen rechtmäßigen Verhaltens das Vorstandsmitglied tragen würde und die Gesellschaft lediglich den Schaden und den kausalen Zusammenhang zu beweisen hätte. Aus diesem Grund kann die Rechtswirkung einer Entlastung auch nicht lediglich im Prozessrecht Geltung behalten.[1151]

Fraglich ist auch das Argument *Romanowskis*, das für eine entlastende Wirkung des *Absolutoriums* sprechen sollte. Gestützt auf die historische und grammatikalische Auslegung, vergleicht er den heutigen Art. 413 § 1 HGGB mit dem diesem entsprechenden Art. 406 HGB-PL. Gem. Art. 413 § 1 HGGB hat sich der Aktionär seiner Stimme bei der Beschlussfassung zu enthalten, wenn seine Haftung gegenüber der Gesellschaft aus irgendeinem Rechtsgrund betroffen ist. Deswegen darf er bei einer Entscheidung über die *Entlastung*, die Befreiung von einer Verpflichtung gegenüber der Gesellschaft oder über einen Rechtsstreit zwischen ihm und der Gesellschaft nicht mitstimmen. Die Vorschrift enthält einen offenen Beispielskatalog von Beschlüssen, erwähnt aber – anders als Art. 406 HGB-PL – ausdrücklich den Entlastungsbeschluss.[1152] Aus dem Wortlaut des Art. 413 § 1 HGGB ergebe sich, dass ein Entlastungbeschluss die Haftung von Organmitgliedern betreffe und eine haftungsbefreiende Wirkung habe.[1153] Das überzeugt weder dogmatisch noch teleologisch: dogmatisch nicht, weil es der These angepasst wird, anstatt sie zu begründen, und teleologisch nicht, weil der Autor unzutreffenderweise den engen Anwendungsbereich der

1150 Vgl. *Popiołek* in Strzępka/HGGB-Komm Art. 395 Rn. 10.

1151 Dafür aber *Błaszczyk*, PPH 3/2009, 21, 29; *Popielarski*, PPH 6/2001, 5, 10.

1152 Vgl. *Romanowski*, PPH 1/2002, 21, 23 f.

1153 *Romanowski*, PPH 1/2002, 21, 23.

Regelung auf alle Vorstandsmitglieder ausdehnt. Die Vorschrift betrifft lediglich diejenigen Organmitglieder, die gleichzeitig auch Aktionäre sind und deshalb von der Beschlussfassung ausgeschlossen werden müssen.[1154] Die ausdrückliche Erwähnung der Entlastung in Art. 413 § 1 HGGB entspricht dem Regelungszweck und hebt den Grundsatz hervor, dass niemand Richter in eigener Sache sein darf: Vorstandsmitglieder, die gleichzeitig Aktionäre sind, können Beschlüsse, die ihre Haftung betreffen, nicht fassen.

Andererseits sollte die Entlastung der Vorstandsmitglieder nicht jeglicher Bedeutung beraubt werden. Die Entlastung stellt ein spezifisches gesellschaftsrechtliches Instrument dar.[1155] Sie wirkt auf die Vergangenheit (Billigung der Geschäftsführung für das vorherige Geschäftsjahr) sowie auf die Zukunft (Äußerung des Vertrauens gegenüber dem Vorstand für das nächste Geschäftsjahr). Sie sei eine Erklärung der Aktionäre gegenüber dem Vorstand: Die Gesellschaft billige die Geschäftsführung des Vorstands und gebe zur Kenntnis (einseitige Verpflichtung), Schadensersatzansprüche gegen Vorstandsmitglieder nicht geltend zu machen.[1156] Zu Recht wird also dem Entlastungsbeschluss eine gewisse Bedeutung zugeschrieben. Er stellt einen Hinweis darauf dar, dass ein Vorstandsmitglied seine Pflichten erfüllt hat (vgl. Wortlaut des Art. 395 § 2 Nr. 3 HGGB) und die Hauptversammlung sein Handeln für richtig hält.[1157] Somit wirkt die Entlastung wie eine widerlegbare Vermutung.[1158] Dennoch lässt sie künftige Schadensersatzansprüche der Gesellschaft unberührt.

Zwar sind im HGGB Vorschriften zu finden, wonach der Vorstand trotz eines Entlastungsbeschlusses haftbar gemacht werden kann. Allerdings beschränkt sich deren Anwendungsbereich auf konkrete Tatbestände. So kann sich nach Art. 487 HGGB die zum Schadensersatz verpflichtete Person nicht auf den Entlastungsbeschluss sowie auf den von der Gesellschaft erklärten Verzicht auf Schadensersatzansprüche berufen, wenn die Klage als *actio pro socio* oder nach der Anmeldung der Insolvenz der Gesellschaft erhoben wurde. Ebenso kann die Haftung des Vorstands wegen der Gewährung unzulässiger Leistungen an Aktionäre aufgrund des zwingenden Charakters des Art. 350 § 1 S. 3 HGGB weder ausgeschlossen noch unter Verweis auf die erteilte Entlastung abgewendet werden.

1154 *Popielarski*, PPH 6/2001, 5, 7.
1155 *Oplustil*, Instrumenty, 2010, S. 791.
1156 *Romanowski*, PPH 1/2002, 21, 24.
1157 *Romanowski*, PPH 1/2002, 21, 24.
1158 *Kupryjańczyk* in Jara/HGGB-Komm Art. 483 Rn. 8.

Die Rechtsunsicherheit hinsichtlich der Rechtswirkung der Entlastung von Vorstandsmitgliedern könnte durch eine Ergänzung des Art. 395 HGGB behoben werden. Rechtssystematisch käme auch Art. 393 Nr. 2 HGGB infrage, der die zustimmungsbedürftigen Geschäfte der Hauptversammlung auflistet. Letzterer Vorschlag ist aber letztlich abzulehnen, denn Art. 393 HGGB enthält einen Katalog der zustimmungsbedürftigen Angelegenheiten, ohne auf diese weiter einzugehen. Eine zusätzliche, wenn auch präzisierende Bestimmung zu Rechtsfolgen eines ausgewählten Beschlusses der Hauptversammlung würde an dieser Stelle wie ein Fremdkörper wirken. Daher ist die folgende Ergänzung *(kursiv)* des Art. 395 § 3 HGGB vorzuschlagen:

> „Die Vorschrift des § 2 Ziffer 3 betrifft alle Personen, die im letzten Geschäftsjahr die Funktion eines Mitglieds der Gesellschaftsorgane ausgeübt haben. Die Mitglieder der Gesellschaftsorgane, deren Mandate vor dem Tag der Hauptversammlung erloschen sind, sind berechtigt, an der Hauptversammlung teilzunehmen, die in § 4 genannten Unterlagen einzusehen und ihre Anmerkungen dazu schriftlich vorzulegen. Das Verlangen bezüglich der Wahrnehmung dieser Rechte ist dem Vorstand spätestens eine Woche vor der Hauptversammlung schriftlich vorzulegen. *Die Entlastung der Mitglieder der Gesellschaftsorgane wegen der Erfüllung ihrer Pflichten lässt die Schadensersatzansprüche der Gesellschaft im Sinne des Art. 483 § 2 unberührt.*“[1159]

2. Arbeitsvertrag

Arbeitsverträge mit Vorstandsmitgliedern sind auch heute in Polen immer noch keine Ausnahme, obwohl Managerverträge der Unternehmenspraxis besser Rechnung tragen können. Sie sind insofern problematisch, als sich ein geschäftsführendes Organ durch eine fehlende „Unterordnung“ arbeitsrechtlichen Grundsätzen entzieht. Eines der wichtigsten Merkmale eines Arbeitsverhältnisses ist die Unterordnung des Arbeitnehmers dem Arbeitgeber gegenüber (Art. 22^1 AGB).[1160] Bereits hier bestehen Zweifel, ob der Arbeitsvertrag aufgrund

---

1159 Auf Polnisch ist folgender Wortlaut des Art. 395 § 3 HGGB vorzuschlagen: „Przepis § 2 pkt 3 dotyczy wszystkich osób, które pełniły funkcję członków organów spółki w ostatnim roku obrotowym. Członkowie organów spółki, których mandaty wygasły przed dniem walnego zgromadzenia, mają prawo uczestniczyć w zgromadzeniu, przeglądać dokumenty, o których mowa w § 4, oraz przedkładać do nich uwagi na piśmie. Żądanie dotyczące skorzystania z tych uprawnień powinno być złożone zarządowi na piśmie najpóźniej na tydzień przed walnym zgromadzeniem. *Udzielenie członkom organów spółki absolutorium z wykonania przez nich obowiązków nie pozbawia spółki roszczeń z tytułu naprawienia szkody w rozumieniu Art. 483 § 2.*“

1160 Ähnlich *Opalski* in Opalski/HGGB Art. 370 Rn. 15.

des HGGB überhaupt rechtmäßig sein kann. Ein Vorstandsmitglied ist weder dem Vorstandsvorsitzenden noch seinen Kollegen untergeordnet.[1161] Eine Rangdifferenzierung zwischen den Vorstandsmitgliedern innerhalb des Organs ergibt sich nicht aus dem Gesetz. Die Satzung kann zwar vorsehen, dass im Falle der Stimmengleichheit die Stimme des Vorstandsvorsitzenden entscheidend ist und ihm bestimmte Befugnisse im Bereich der Führung des Organs einräumen. Dennoch lässt sich Art. 371 § 2 S. 2 HGGB entnehmen, dass die Befugnisse des Vorstandsvorsitzenden lediglich der Organisation der Arbeit (effiziente Arbeitsverteilung und Optimierung der Arbeitsabläufe) dienen und nicht in die Kompetenzen einzelner Vorstandsmitglieder eingreifen dürfen. Eine Dienstaufsicht über die übrigen Organmitglieder wäre unzulässig.

Der Vorstand ist auch keinem anderen Organ in der Gesellschaft untergeordnet, vielmehr ist er weisungsunabhängig. Zustimmungserfordernisse der Hauptversammlung oder des Aufsichtsrats für bestimmte Geschäftsführungsmaßnahmen, sei es aufgrund des Gesetzes oder aufgrund einer Satzungsbestimmung, stehen dem nicht entgegen. Denn Zustimmungserfordernisse übernehmen die Rolle einer präventiven Kontrollmaßnahme in der Gesellschaft und stellen nicht die Stellung des Vorstands als unabhängiges Organ infrage. Angesichts der Leitungsaufgabe des Vorstands ist vielmehr anzunehmen, dass die Vorstandsmitglieder als gesetzliche Vertreter der Aktiengesellschaft selbst eine arbeitgebernahe Funktion übernehmen. Ein Vorstandsmitglied kann dementsprechend nicht Arbeitnehmer sein, wenn es zugleich die Funktionen eines Arbeitgebers in der Gesellschaft wahrnimmt.[1162]

Problematisch ist ebenso die Anwendung einer arbeitsrechtlichen Vorschrift (Art. 45 § 1 AGB), wonach im Falle einer ungerechtfertigten Kündigung eines unbefristeten Arbeitsvertrages dem Arbeitnehmer ein Anspruch auf Wiedereinstellung zu den bisherigen Konditionen zusteht. 2012 hat das OG entschieden, dass dieser Anspruch auch einem Vorstandsmitglied zustehen kann.[1163] In einer früheren Entscheidung hatte das OG dies noch abgelehnt.[1164] Auch die

1161 Daher unzutreffend *Łakomy*, PPH 11/2004, 17 ff.

1162 Vgl. *Opalski* in Opalski/HGGB-Komm Art. 370 Rn. 15; OG Urt. v. 17.4.2009, II PK 273/08, LEX 1157553; ähnlich in der deutschen Rechtslehre *Mertens* in KölnerKomm AktG § 84 Rn. 34f.; *K. Schmidt*, GesellschaftsR § 28 II 2 d); *Fleischer* in Spindler/Stilz AktG § 76 Rn. 11.

1163 OG v. 15.5.2015, III PZP 3/12, OSNP 2012, Nr. 23-24 Pos. 279, Legalis 464220.

1164 OG Urt. v. 17.8.2006, III PK 53/06, OSNAPiUS 2007, Nr. 17-18 Pos. 245, Legalis 273937; ähnlich *Opalski* in Opalski/HGGB-Komm Art. 370 Rn. 15.

arbeitsrechtliche summenmäßige Haftungsbeschränkung für Vorstandsmitglieder wird von Rechtsprechung und Rechtslehre abgelehnt.[1165]

Vor diesem Hintergrund entspricht selbst ein Arbeitsvertrag zwischen Vorstandsmitglied und Gesellschaft *de facto* einem Auftragsvertrag. Auch wenn die für den Arbeitnehmerschutz typischen Normen des AGB (Haftungsbeschränkung, Wiederherstellung des Arbeitsverhältnisses) keine entsprechende Anwendung finden und Organhaftungsfälle in Polen bis jetzt nicht zu derart hohen Schadensersatzsummen geführt haben, dass sich die Frage nach einer Haftungsreduktion nach arbeitsrechtlichen Vorbild gestellt hat, erscheint es voreilig, den Arbeitsvertrag als Form des Anstellungsvertrags nicht weiter zuzulassen. Sollte sich die Organhaftung in der Zukunft als zu streng herausstellen, so wäre es nicht ausgeschlossen, im Arbeitsrecht eine Haftungsmilderung zu suchen.[1166] So könnte – jenseits einer pauschalen Beschränkung des Schadensersatzes auf ein Vielfaches der Vergütung des Vorstandsmitglieds oder den positiven Schaden – erwogen werden, ob andere arbeitsrechtliche Mittel zur Haftungsmilderung Anwendung finden könnten. Hier ist insbesondere die Möglichkeit in Betracht zu ziehen, den Schadensersatz im Wege eines gerichtlichen (Art. 121 § 1 AGB) oder außergerichtlichen Vergleichs zwischen dem Arbeitnehmer und dem Arbeitgeber sowie im Wege eines Urteils des Arbeitsgerichts (Art. 121 § 2 AGB) herabzusetzen.[1167]

Eine Modifikation der Beweisregeln nach arbeitsrechtlichem Vorbild, wonach der Arbeitgeber *alle* Haftungstatbestandsmerkmale (Rechtswidrigkeit, Verschulden, Schaden und kausalen Zusammenhang) beweisen muss (Art. 116 AGB), ginge hingegen zu weit. Im Unterschied zu der Beweislast nach Art. 483 § 1 HGGB i. V. m. Art. 6 ZGB müsste ein Vorstandsmitglied dann nämlich nicht einmal mehr beweisen, dass es kein Verschulden trifft. Da aber bereits die derzeitige Beweislastverteilung wesentlich „vorstandsfreundlicher"

1165 OG Urt. v. 17.12.2003, IV CK 305/02, Legalis 64168; BerG Warschau Urt. v. 14.7.2016, VI ACa 423/15, Legalis 1546543; *Korus* in Sobczyk/AGB-Komm Art. 114 Rn. 3.

1166 Vgl. die Diskussion in der deutschen Rechtslehre unter B.IV.4; jüngst *Bachmann*, ZIP 2017, 841 ff.

1167 Die Mäßigung des Schadensersatzes kann gerichtlich (ein gerichtlicher Vergleich oder ein Urteil) sowie außergerichtlich (ein außergerichtlicher Vergleich) erfolgen. Nach h. M. schließt jedoch ein vorsätzliches Verhalten eines Arbeitnehmers die gerichtliche Herabsetzung des Schadensersatzes (sei es durch Vergleich oder durch Urteil) aus, vgl. *Korus* in Sobczyk/AGB-Komm Art. 121 Rn. 1; *Wratny*, AGB-Komm Art. 121 Rn. 2; a. A. *Muszalski*, AGB-Komm Art. 121 Rn. 2.

als in Deutschland ist, ist eine weitere Verlagerung der Beweislast zulasten der Gesellschaft nicht angezeigt.

3. Gesetzliche Haftungsmilderung

Eine gesetzliche Haftungsmodifikation könnte zum einen darin bestehen, den Verschuldensmaßstab zu mildern, jedoch höchstens bis auf vorsätzliches Handeln gem. Art. 473 § 2 ZGB. Zum anderen könnte die Haftungssumme im Verhältnis zur monatlichen Vergütung - von entsprechenden arbeitsrechtlichen Regelungen inspiriert - beschränkt oder die Höhe des Schadensersatzes (prozentual oder auf den tatsächlichen Schaden der Gesellschaft unter Ausschluss der entgangenen Gewinne[1168]) begrenzt werden. Wegen des zwingenden Charakters des Art. 483 HGGB ist jedoch eine Modifikation der Haftung weder in der Satzung noch in einem Anstellungsvertrag zwischen dem Vorstand und der Gesellschaft möglich.[1169] Für einen dispositiven Charakter des Art. 483 § 1 HGGB kann auch nicht der Grundsatz der Vertragsfreiheit gem. Art. 355 § 1 ZGB sprechen,[1170] der nur subsidiär nach Art. 2 angewandt werden könnte, vorausgesetzt, dass es Art. 304 § 3 und § 4 HGGB nicht geben würde.

Gestützt auf die Differenzierung zwischen dem organisatorischen Rechtsverhältnis (Bestellung) und dem Grundverhältnis (Managervertrag) zwischen der Gesellschaft und einem Vorstandsmitglied könnte erwogen werden, ob nicht eine Haftungsmodifikation im Managervertrag möglich wäre. Ein Auftrags- bzw. Managervertrag unterliegt den allgemeinen Haftungsvorschriften nach Art. 471 ff. ZGB, weswegen eine vorherige vertragliche Haftungsmilderung nach Art. 473 § 1 ZGB (Vorsatz ausgenommen)[1171] vordergründig möglich erscheint. Eben diese Möglichkeit ist aber aufgrund des zwingenden Charakters des Art. 483 HGGB ausgeschlossen.[1172] Daher sind Vertragsklauseln, die von den

1168 So der Vorschlag von *Oplustil*, Instrumenty, 2010, S. 769.

1169 Statt vieler siehe *Kupryjańczyk* in Jara/HGGB-Komm Art. 483 Rn. 1; anders noch auf der Grundlage des HGB-PL *Dziurzynski* in Dziurzynski/Fenichel/Honzatko/Kommentar-HGB 1934, S. 322 f.: Wenn die Gesellschaft auf Schadensersatzansprüche verzichten könne, könne sie die Ersatzansprüche auch auf Vorsatz oder Sorgfalt wie in eigenen Angelegenheiten beschränken.

1170 Ebenso *Oplustil*, Instrumenty, 2010, S. 769.

1171 So noch auf der Grundlage von Art. 292 und Art. 474 HGB-PL *Płonka*, KPP 2/1994, 207, 211, die eine Haftungsmodifikation sowohl in der Satzung als auch in einem Vertrag gem. Art. 473 § 1 ZGB zulässt: Das sei zu befürworten, weil das HGB den Grundsatz der Satzungsstrenge nicht gekannt habe.

1172 Ebenso *Oplustil*, Instrumenty, 2010, S. 770.

gesetzlichen Haftungsregeln abweichen, nach Art. 58 § 1 ZGB unwirksam.[1173] Abgesehen davon wohnte der Gegenansicht die Gefahr inne, dass durch die Vertragsbestimmungen über die Milderung des Sorgfaltsmaßstabs oder die Deckelung des Schadensersatzes versucht werden könnte, Art. 483 HGGB zu umgehen.[1174] Dies wird durch die Rechtssystematik bestätigt. Der Gesetzgeber lässt nämlich in den anderen Vorschriften des HGGB nur einen *nachträglichen* Haftungsausschluss zu, der einen Beschluss der Hauptversammlung benötigt.[1175] Ein Beschluss der Hauptversammlung, der eine Milderung der Haftung des Vorstands für die Zukunft vorsieht, wäre unwirksam.

4. Verpflichtender Selbstbehalt

Das Interesse der Rechtslehre an der D&O-Versicherung fällt im Vergleich zu Deutschland bescheiden aus. Die rechtliche Aufarbeitung des Themas D&O-Versicherung ist sehr dürftig, sodass sich mit Presseartikeln der Versicherungsbranche beholfen werden muss.[1176] Zugleich wird die D&O-Versicherung – irreführend – als „Luxusversicherung"[1177] oder „Schutzschirm für Manager"[1178] bezeichnet: Es sei einfacher und ruhiger, den beruflichen Pflichten nachzugehen, wenn man wisse, dass für eventuelle Fehler keine finanziellen Konsequenzen drohen.[1179] Die Auswirkungen der D&O-Versicherung auf die Haftung der Manager fand bis jetzt allerdings kaum Beachtung und auch dem Selbstbehalt als verhaltenssteuerndem Instrument der Managerhaftung wird keine große Aufmerksamkeit geschenkt.[1180] Eine mit § 93 Abs. 2 S. 3 AktG vergleichbare Regelung, die den Selbstbehalt im Falle einer Versicherung der Vorstandsmitglieder ausdrücklich regeln würde, ist dem polnischen Recht nicht bekannt. Sofern eine gesetzliche Pflicht zur D&O-Versicherung abzulehnen ist, könnte (insbesondere in Anbetracht der befürworteten Einführung der BJR) erwogen werden, eine Pflicht zum Selbstbehalt der Organmitglieder gesetzlich zu regeln. Angesichts

---

1173 *Frąckowiak* in Popiołek/HGGB-Komm Art. 483 Rn. 8.

1174 Vgl. *Oplustil*, Instrumenty, 2010, S. 770.

1175 Vgl. Art. 393 Pkt 2, 413, 487 HGGB; dazu *Oplustil*, Instrumenty, 2010, S. 770.

1176 *Wajda*, Prawo Spółek 3/2007, 47 ff.; *Oplustil*, Instrumenty, 2010, S. 51 ff; 755 f.; Bedenken werden vornehmlich hinsichtlich der steuerrechtlichen Seite der D&O-Versicherung geäußert, siehe C.II.6.f).

1177 *Ślufińska*, Wiadomości Ubezpieczeniowe 3/2015, 109, 110.

1178 *Błaszczak*, Rzeczpospolita v. 9.9.2009, S. B15; *Skibińska*, Rzeczpospolita v. 11.12.2013, S. D6.

1179 *Skibińska*, Rzeczpospolita v. 26.4.2012, S. D12.

1180 Nur in Ansätzen *Oplustil*, Instrumenty, 2010, S. 755 f.

mangelnder Aufarbeitung des Themas in Polen muss abermals auf die Erkenntnisse der deutschen Rechtslehre sowie auf die nach dem Inkrafttreten des VorstAG gewonnenen Erfahrungen zurückgegriffen werden.

Der Abschluss einer D&O-Versicherung wird als eine Stärkung der kompensatorischen Ausgleichsfunktion der Organhaftung befürwortet. Das spielt insbesondere für größere (börsennotierte) Aktiengesellschaften eine wichtige Rolle, denn die Schäden belaufen sich zumeist auf höhere Summen, die oft unmöglich aus dem persönlichen Vermögen eines Vorstandsmitglieds ersetzt werden können oder ein existenzvernichtendes Ausmaß annehmen.[1181] Die Übernahme des finanziellen Risikos durch einen Versicherer belebt die Kompensationsrolle der Organhaftung, beraubt sie aber zugleich ihrer präventiven hemmenden Wirkung, indem Vorstandsmitglieder weder die negativen Konsequenzen ihrer Handlungen noch die finanziellen Belastungen der durch die Gesellschaft übernommenen Versicherungsbeiträge zu spüren bekommen. Zutreffend weist *Oplustil* darauf hin, dass die D&O-Versicherung zu einer übermäßigen Risikobereitschaft sowie der Gefahr unsorgfältigen Verhaltens eines Vorstandsmitglieds beitragen kann.[1182] Dabei berücksichtigt er aber nicht, dass eine D&O-Versicherung die Gefahr der Inanspruchnahme von Vorstandsmitgliedern nicht völlig beseitigen kann. Für den Ausgleich zu besagtem „D&O-Paradies" sorgen zahlreiche „Aber-Mechanismen".[1183] Unabhängig von der D&O-Versicherung muss ein Vorstandsmitglied mit dem Widerruf der Bestellung wegen seines unsorgfältigen Handelns oder mit der Verweigerung einer Entlastung und den damit einhergehenden Reputationsverlusten rechnen, die nicht selten zur Beendigung seiner Karriere führen. Des Weiteren dürfen die zahlreichen Versicherungsausschlüsse sowie die praktischen Probleme bei der Inanspruchnahme der D&O-Versicherung (vor allem sog. *Claims-made*-Regeln) nicht außer Acht gelassen werden.

Um die präventive Wirkung der Haftung zu erhalten, schlägt *Oplustil* – unter Hinweis auf § 93 Abs. 2 S. 3 AktG – vor, die Versicherungskosten zum Teil den Vorstandsmitgliedern aufzuerlegen oder die Vorstandsmitglieder dazu zu verpflichten, einen bestimmten Prozentsatz des Schadensersatzes selbst zu zahlen.[1184] Diesem Vorschlag – so vernünftig er auch klingen mag – sollte nicht voreilig beigepflichtet werden. Nicht ohne Grund wird in Deutschland an dem

1181 *Oplustil*, Instrumenty, 2010, S. 756.

1182 *Oplustil*, Instrumenty, 2010, S. 51 ff.; 755 ff.

1183 Dazu *Hölters* in Hölters AktG § 93 Rn. 399.

1184 *Oplustil*, Instrumenty, 2010, S. 756.

Selbstbehalt Kritik geübt.[1185] Es stellt sich nämlich die Frage: Erfüllt der Selbstbehalt gem. § 93 Abs. 2 S. 3 tatsächlich seine Rolle als verhaltenssteuerndes Instrument? Die kritischen Stimmen aus dem deutschen Schrifttum lassen daran zweifeln. Zwar wurde ansatzweise bereits vor dem VorstAG für eine Vereinbarung eines Selbstbehalts plädiert, denn ohne diesen sei eine D&O-Versicherung *de lege lata* unzulässig, weil sie die präventive Wirkung der Haftung nach § 93 Abs. 2 konterkariere.[1186] Das Argument wird aber durch den praktischen Umgang mit der D&O-Versicherung und die „Aber-Mechanismen" entkräftet. Die h. M. zweifelt an der Steuerbarkeit des Vorstandsverhaltens durch die Selbstbeteiligung an dem Schadensersatz.[1187] Die Einführung eines verpflichtenden Selbstbehalts sollte die Organmitglieder zu sorgfältigem Handeln anhalten. Der Gesetzesänderung lag die Annahme zugrunde, dass die Manager aufgrund der in der bisherigen Form bestehenden D&O-Versicherung dazu tendieren, die Sorgfalt außer Acht zu lassen.[1188] Praktisch wird die durch den Gesetzgeber angestrebte Wirkung des Selbstbehalts (Verstärkung der präventiven Haftung) abgeschwächt, indem die Vorstandsmitglieder den Selbstbehalt versichern lassen.[1189] Meistens wird dies aus der entsprechend angepassten Vergütung eines Vorstandsmitglieds gedeckt. Ebenso werden Prämienzahlungen oft in die Vorstandsvergütung eingerechnet.[1190]

Trotz der Kritik an dem Selbstbehalt werden seine positiven Seiten in der Steigerung des Bewusstseins der Vorstandsmitglieder hinsichtlich des Versicherungsumfangs und des Risikos persönlicher Haftung gesehen.[1191] Dadurch wurde eine größere Aufmerksamkeit auf die Vorstandshaftung gelenkt und diese in der Öffentlichkeit thematisiert. Wenn allein das ein ausreichendes Regelungsanliegen sein sollte,[1192] dann wäre es zweckmäßig, den polnischen Gesetzgeber dazu anzuregen; umso mehr, als D&O-Versicherungen in Polen keine Selbstverständlichkeit sind.

1185 Nicht fremd sind Überlegungen zur Abschaffung des Selbstbehalts oder seiner Verlagerung in den DCGK, siehe dazu *Bachmann*, Gutachten E 47; näher dazu siehe B.IV.9.

1186 Vgl. *Ulmer* in FS Canaris Bd. II, 2007, S. 451, 464; kritisch *Dreher*, AG 2008, 429, 438.

1187 Zu Nachweisen siehe Fn. 527.

1188 Eingeführt durch das Gesetz zur Angemessenheit der Vorstandsvergütung (VorstAG) v. 5.9.2009 (BGBl. I 2009, 2509 ff.); vgl. dazu Beschlussempfehlung u. Bericht des Rechtsausschusses, BT-Drucks. 16/13433, S. 11; *Albers*, CCZ 2009, 222 ff.

1189 *Hölters* in Hölters AktG § 93 Rn. 406.

1190 *Hopt*, ZIP 2014 1793, 1801; *Spindler*, AG 2013, 889, 897.

1191 So *Bachmann*, Gutachten E 47, nach dem das Bewusstsein der Vorstandsmitglieder allerdings immer noch nicht zufriedenstellend sei; zuvor *Albers*, CCZ 2009, 222, 226.

1192 Siehe *Bachmann*, Gutachten E 47.

Es könnte aber überlegt werden, ob sich die erhoffte Popularisierungswirkung auf anderem Wege nicht genauso (wenn nicht besser) erreichen ließe. So könnte ein verpflichtender Selbstbehalt in Form einer Empfehlung in den Code of Best Practice aufgenommen und mit der Einführung eines gesetzlichen Selbstbehalts im HGGB zunächst abgewartet werden. Wie das deutsche Beispiel zeigt, muss die Kodifizierung einer BJR nicht zwingend mit der Einführung einer gesetzlichen Pflicht zum Selbstbehalt einhergehen. Gewiss ist anfänglich nicht mit großer Resonanz zu rechnen, und doch scheint dies ein geeigneteres Mittel zu Popularisierungszwecken zu sein (Vorstandshaftung nicht nur in der Theorie möglich; größere Wahrscheinlichkeit der Deckung des Schadens einer Gesellschaft) als eine gesetzliche Regelung, die sich am Ende als unwirksam herausstellt.[1193]

Das Thema der D&O-Versicherung ist nicht *ad acta* zu legen, da die Organhaftung sich von der D&O-Versicherung nicht mehr trennen lässt und Letztere das Haftungsregime der unbegrenzten persönlichen Haftung der Organmitglieder korrigiert.[1194] Auch deswegen sollte daran mitgewirkt werden, die D&O-Versicherung zu verbreiten, weil dadurch eine Effektuierung der Vorstandshaftung zu erhoffen ist, indem es dem Aufsichtsrat moralisch erleichtert wird, das Vorstandsmitglied in Anspruch zu nehmen.[1195]

5. Zwischenergebnis

Eine Ergänzung des Art. 395 § 2 Nr. 3 HGGB ist nicht zwingend geboten. Sie würde lediglich eine klarstellende Funktion erfüllen, da die *einheitliche* Rechtsprechung, die der Entlastung der Vorstandsmitglieder durch die Hauptversammlung keinen Verzicht auf Schadensersatzansprüche der Gesellschaft beimisst, die Meinungsunterschiede in der Rechtslehre vergessen macht. Sollte sich der Gesetzgeber trotzdem für eine Gesetzesänderung entscheiden, wäre eine Orientierung an § 120 Abs. 2 S. 2 AktG anzuraten.

Es ist anzuregen, Art. 370 § 1 HGGB zu ändern. Arbeitsverträge werden den rechtlichen sowie tatsächlichen Bedürfnissen der Kapitalgesellschaften nicht gerecht. Ein Vorstandsmitglied als geschäftsführendes Organmitglied entspricht schlichtweg nicht dem vom Gesetz vorausgesetzten arbeitsrechtlichen Bild eines Arbeitnehmers.

1193 Vgl. *Bachmann* Gutachten E 47: „symbolische Bedeutung"; *Peltzer* in FS Hoffmann-Becking, 2013, S. 861, 866: „wenig effektiv".

1194 Vgl. *Hemeling* in FS Hoffmann-Becking, 2013, S. 491, 508.

1195 Vgl. *Peltzer* in FS Hoffmann-Becking, 2013, S. 861, 861 f.

Eine gesetzliche Haftungsreduktion in Art. 483 HGGB ist abzulehnen. Die wenigen bis jetzt bekannten Organhaftungsfälle in Polen lassen die Haftung nicht als zu streng erscheinen. Einer Haftungsmilderung würde auch die Einführung der BJR mit dem abgesenkten Verschuldensmaßstab *grober Fahrlässigkeit* Rechnung tragen.

Die Popularisierung der D&O-Versicherung in Polen ist anzustreben. Mit der Kodifizierung der BJR könnte die Einführung eines gesetzlichen Selbstbehalts für Vorstandsmitglieder einhergehen. Dennoch ist mit einer gesetzlichen Verankerung noch abzuwarten und stattdessen die Einführung einer entsprechenden Empfehlung in den Code of Best Practice zu forcieren.

V. Anspruchsverfolgung

Die Durchsetzung von Schadensersatzansprüchen lässt in Polen noch viel zu wünschen übrig. Dies lässt sich darauf zurückführen, dass die Geltendmachung von Schadensersatzansprüchen durch den Aufsichtsrat von einem Beschluss der Hauptversammlung abhängt. Die Schuld am Scheitern der *actio pro socio* kann in Polen wiederum nicht etwaigen hohen Hürden eines Klagezulassungsverfahrens angelastet werden, da Art. 486 schlichtweg kein vergleichbares Verfahren vorsieht. Die Aktionärsklage kommt in Polen den Aktionären mehr entgegen als in Deutschland: Jeder Aktionär kann sie erheben. Trotzdem wird sie – angesichts des großen finanziellen Aufwandes – kaum in Anspruch genommen.[1196] Zusätzlich schwächt in einem solchen Fall die einjährige Sperrfrist (Art. 486 HGGB) die praktische Bedeutung der *actio pro socio* ab. Nur wenn die Gesellschaft nicht innerhalb eines Jahres Klage erhebt, darf der klagewillige Aktionär handeln. Dadurch entsteht die paradoxe Situation, dass der Einzelaktionär ein Jahr lang abwarten muss, obwohl er regelmäßig davon ausgehen kann, dass eine Gesellschaft mit einem Mehrheitsaktionär, der nicht daran interessiert ist, gegen den Vorstand vorzugehen, ohnehin keine Schadensersatzklage erheben wird.

1. Grünes Licht für den Aufsichtsrat?

Eine effektive Organhaftung erfordert einen Gleichlauf zwischen materiellem und prozessualem Recht. Während in Deutschland die Geltendmachung der Ersatzansprüche unabhängig von einem Hauptversammlungsbeschluss zu den Aufgaben des Aufsichtsrats (bzw. Vorstands) gehört[1197] und § 147 AktG nur dort

---

1196 Vgl. *Oplustil*, Instrumenty, 2010, S. 545.

1197 *Schröer* in MünchKommAktG § 147 Rn. 32.

zum Tragen kommt, wo die Gesellschaftsorgane nicht dazu verpflichtet sind, Ersatzansprüche geltend zu machen, oder sich dieser Verpflichtung entziehen,[1198] ist es in Polen jedes Mal erforderlich, vorher die Zustimmung der Hauptversammlung nach Art. 393 Nr. 2HGGB durch entsprechenden Beschluss einzuholen.[1199] Der Unterschied ergibt sich daraus, dass § 147 Abs. 1 AktG kein Äquivalent im polnischen HGGB findet. Art. 393 HGGB legt einen Katalog zustimmungsbedürftiger Rechtsgeschäfte fest und entspricht somit grundsätzlich § 119 AktG (wobei § 119 AktG selbst keine Zustimmung der Hauptversammlung zur Geltendmachung der Ersatzansprüche vorsieht). Dieser Unterschied schmälert erheblich die Möglichkeit, die Ersatzansprüche einer *S.A.* gegenüber dem Vorstand durchzusetzen, da dem Aufsichtsrat insoweit die Möglichkeit selbstständigen Handelns entzogen wird.

Nicht klar ist, welche Rechtsfolgen die Geltendmachung der Schadensersatzansprüche durch den Aufsichtsrat ohne vorherigen Beschluss der Hauptversammlung hat. Die Beschränkung der Rechtswirkungen lediglich auf das prozessuale Recht überzeugt am meisten, denn Art. 17 § 1 HGGB, der die Nichtigkeit bzw. Unwirksamkeit eines Rechtsgeschäfts der Gesellschaft ohne die erforderliche Zustimmung eines anderen Organs regelt, bezieht sich auf Rechtsgeschäfte und nicht auf Prozesshandlungen. Daher wird Art. 17 § 1 HGGB in dem hier betrachteten Fall nicht angewandt: Der Beschluss der Hauptversammlung hat einen prozessualen Charakter und fällt nicht unter Art. 17 § 1 HGGB.[1200] Ein fehlender Beschluss der Hauptversammlung soll jedoch nicht dazu führen, dass eine Schadensersatzklage gegenüber dem Vorstand sofort abgewiesen wird. Die Situation lässt sich vielmehr mit der einer mangelnden Vollmacht vergleichen, in der der Mangel dadurch beseitigt wird, dass der Beschluss der Hauptversammlung nachträglich eingereicht wird. Erst nach Ablauf einer hierfür festzusetzenden Frist kann das Gericht die Klage als unzulässig abweisen.[1201]

Daraus ergibt sich auch der unterschiedliche Charakter der Kompetenz der Hauptversammlung, über Ersatzansprüche gegen Vorstandsmitglieder entscheiden zu können. Der Zweck des Art. 393 Nr. 2 HGGB ist – anders als in Deutschland – kein Mittel, um die Rechtsverfolgung durch den

1198 Die Zustimmung der Hauptversammlung betrifft den Verzicht und den Vergleich nach § 93 Abs. 4 S. 3 AktG sowie die Übernahme strafrechtlicher Geldsanktionen pflichtvergessener Vorstände; dazu siehe BGH ZIP 2014, 1728, 1732 Rn. 31 f.

1199 Vgl. *Szumański* in Sołtysiński/HGGB-Komm Art. 381 Rn. 16; *Popiołek* in Strzępka/HGGB-Komm Art. 393 Rn. 10.

1200 Ebenso *Bilewska*, Dochodzenie roszczeń (actio pro socio), 2008, S. 43.

1201 Ebenso *Błaszczyk*, Odpowiedzialność, 2011, S. 317.

Aufsichtsrat zu erzwingen, sondern eine Befugnis der Hauptversammlung, in den grundlegenden Angelegenheiten der Gesellschaft zu entscheiden. Die Aktionäre einer *S.A.* verfügen über das Recht, den Schaden der Gesellschaft hinzunehmen oder ihn durch das persönlich haftende Vorstandsmitglied erstatten zu lassen, was ihre Stellung als tatsächliche Eigentümer der Gesellschaft hervorhebt. Denn auch darüber, inwieweit es unterlassen werden soll, Schadensersatzansprüche geltend zu machen, muss die Hauptversammlung beschließen. Der Aufsichtsrat bleibt zunächst passiv und kann die Hauptversammlung höchstens mittelbar (Hinweise, Mitteilungen) beeinflussen. Dabei verfügt aber die Hauptversammlung über weniger Informationen zur Gesellschaftslage als der Aufsichtsrat,[1202] wobei die wenigen Informationen größtenteils aus dem durch den Vorstand vorbereiteten Lagebericht und dem Jahresabschluss stammen. Dies führt zu einer – in Deutschland durch § 142 AktG bewältigten – Informationsasymmetrie, die dadurch verstärkt wird, dass die Hauptversammlung wesentlich seltener als der Aufsichtsrat zusammentritt. Wie soll also die Hauptversammlung als ein Gremium-Organ effektiv handeln können und die Vorstandsmitglieder in Anspruch nehmen? Das missachtet auch die *ratio* des Art. 379 § 1 HGGB, indem die Gesellschaft durch den Aufsichtsrat vertreten werden soll, wenn eine Konfliktsituation im Raume steht, das Vorstandsmitglied für die Gesellschaft nicht handeln darf, das Gesellschaftsinteresse aber schutzbedürftig ist.

Angesichts dessen wird das Fehlen der gesamten ARAG/Garmenbeck-Problematik deutlich – vor allem das Fehlen der sich daraus ergebenden grundsätzlichen Pflicht des Aufsichtsrats, Ansprüche gegen die Vorstandsmitglieder gem. § 93 Abs. 2 AktG i. V. m. § 116 AktG geltend zu machen sowie auf die Geltendmachung nur unter bestimmten Voraussetzungen verzichten zu dürfen. Da der Aufsichtsrat aufgrund von Art. 393 Nr. 2 HGGB nicht selbstständig handeln darf und auf die Hauptversammlung angewiesen ist, wäre die Debatte über den Ermessenspielraum des Aufsichtsrats bei der Rechtsverfolgung gegenstandslos. Die Regelung des Art. 393 Nr. 2 HGGB erschwert die Anspruchsverfolgung, wenn man bedenkt, dass die Hauptversammlung grundsätzlich nur einmal im Jahr einberufen wird. Zwar kann der Aufsichtsrat gem. Art. 399 § 2 HGGB eine außerordentliche Hauptversammlung einberufen. Derartiges ist – in Anbetracht der oftmals passiven Rolle der Aufsichtsräte – aber eher nicht zu erwarten. Von

1202 Vgl. aber *Tröger*, ZHR 179 (2015), 453, 486 ff., der die Hauptversammlung einer deutschen AG für sachkompetent und ausreichend informiert hält.

dem Vorstand ist ebenso nicht zu erwarten, dass er die außerordentliche Hauptversammlung einberuft, um auf eigene Fehler hinzuweisen.

Fraglich ist also, ob sich eine *Pflicht* des Aufsichtsrats zur Rechtsverfolgung aus seiner organschaftlichen Tätigkeit als Überwachungs- und Kontrollorgan herleiten lässt und, wenn ja, ob eine so hergeleitete Pflicht nicht *contra legem* wäre. Denn während in Deutschland § 119 AktG dem nicht entgegensteht, ist in Polen die entsprechende Regelung in Art. 393 Nr. 2 HGGB nicht zu ignorieren, wonach die Entscheidung darüber, inwieweit die Gesellschaft Schadensersatzansprüche gegen den Vorstand geltend macht, eines Beschlusses der Hauptversammlung bedarf. Darauf, ob der Gesetzgeber in dieser Hinsicht zu Änderungen aufgefordert werden sollte, kann an dieser Stelle nicht ausführlich eingegangen werden. Dennoch ist es eine Überlegung wert, wie der Aufsichtsrat aktiver mit der Hauptversammlung zusammenarbeiten könnte, um diese zu entsprechenden Haftungsbeschlüssen zu ermutigen. Welche Mittel sollten dem Aufsichtsrat zur Verfügung gestellt werden, um von den möglichen Ansprüchen Kenntnis zu erlangen und diese an die Hauptversammlung weiterzuleiten? *De lege ferenda* muss vor allem eine stärkere Einbeziehung des Aufsichtsrats in die Angelegenheiten des Unternehmens erreicht werden.

2. Stärkere Einbindung des Aufsichtsrats

Der Aufsichtsrat ist verpflichtet, die Geschäftsführung zu überwachen. Kann er aber seiner Pflicht sorgfältig nachkommen, wenn ihm die dazu nötigen Kontrollinstrumente fehlen? Zwar kann der Aufsichtsrat aufgrund des Art. 382 § 4 HGGB alle Unterlagen der Gesellschaft prüfen, vom Vorstand und von den Mitarbeitern Berichte und Erläuterungen anfordern sowie eine Revision des Vermögensstandes der Gesellschaft durchführen. Das aktive Informationsrecht des Aufsichtsrats wird aber nicht durch ein passives Recht auf Informationen ergänzt, denn im Gegensatz zu § 90 Abs. 1 und 2 AktG hat der Vorstand keine Informationspflicht gegenüber dem Aufsichtsrat. Die Informationsasymmetrie, die für das dualistische Modell charakteristisch ist, wird dadurch noch verstärkt. Der Aufsichtsrat kann zwar den Vorstand auffordern, bestimmte Informationen offenzulegen – denn wer nicht fragt, bleibt dumm. Allerdings muss er vorher zumindest die Probleme identifizieren können, um relevante Fragen zu formulieren. Die Wahrscheinlichkeit, dass der Aufsichtsrat die wesentlichen Informationen bekommt, die vielleicht eine schädigende Handlung des Vorstands enthüllen würden, ist von der „Fragekunst“ abhängig, die ihrerseits davon abhängt, inwiefern der Aufsichtsrat seiner Pflicht sorgfältig und eifrig nachkommt. Die Einführung einer gesetzlichen Informationspflicht des Vorstands gegenüber dem Aufsichtsrat könnte hier einiges verbessern.[1203]

Um den Informationsfluss und die Arbeit des Aufsichtsrats zu verbessern, wäre darüber hinaus zu überlegen, ob das Recht, Informationen vom Vorstand zu erhalten, nicht jedem Aufsichtsratsmitglied einzeln gewährt werden sollte anstatt nur dem ganzen Aufsichtsrat als Gremium, wie dies der derzeitige Art. 382 § 4 vorsieht. Das Recht, vom Vorstand Informationen zu verlangen, könnte beispielsweise jedem Aufsichtsratsmitglied einzeln zustehen, die Antwort des Vorstands sollte aber an den Aufsichtsrat als kollegiales Organ adressiert sein. Denn dies wäre eine Kompromisslösung zwischen einem individuellen Recht eines Aufsichtsratsmitglieds und der Stärkung des Aufsichtsrats als Organ.[1204] Zugleich würde dadurch die Gefahr verringert, dass die Informationspflicht gegenüber dem Aufsichtsrat die Arbeit des Vorstands beeinträchtigen würde. Ebenso würden Schwierigkeiten bei der Ausübung der Aufgaben durch den Aufsichtsrat als ein Kollegialorgan (Beschlussfassung, seltene Sitzungen) behoben. Schließlich sind die *einzelnen* Aufsichtsratsmitglieder – und nicht das Organ als Ganzes – die Adressaten der Pflicht zur sorgfältigen Handlung nach Art. 483 § 2 HGGB.

3. Zwischenergebnis

Die Verfolgung von Schadensersatzansprüchen der Gesellschaft gegenüber dem Vorstand weist strukturelle Schwächen auf. Die passive Rolle des Aufsichtsrats ist nicht auf eine falsch verstandene Kollegialität gegenüber dem Vorstand, sondern auf Art. 393 Nr. 2 HGGB zurückzuführen: Im Gegensatz zu § 119 AktG setzt die Geltendmachung der Ansprüche gegen den Vorstand in Polen einen Beschluss der Hauptversammlung voraus. Somit darf der Aufsichtsrat nicht selbstständig handeln, sondern lediglich die Hautversammlung auf unsorgfältiges Handeln des Vorstands hinweisen. Um dies effektiver auszugestalten, sollte eine gesetzliche Informationspflicht des Vorstands gegenüber dem Aufsichtsrat eingeführt werden. Dies würde zugleich dazu beitragen, dass der Aufsichtsrat die Kontrollaufgabe aktiver wahrnimmt. Liegt ein Beschluss der Hauptversammlung vor, muss der Aufsichtsrat analog zu § 147 Abs. 1 AktG handeln.

1203 Ebenso *Oplustil*, Instrumenty, 2010, S. 891 f.; in dem Sinne auch *Opalski*, Rada nadzorcza, 2006, S. 353.

1204 Ebenso *Oplustil*, Instrumenty, 2010, S. 892.

VI. Zusammenfassung

Obwohl das HGGB dem AktG sehr ähnelt, handelt es sich nicht um eine „slavish imitation of the German model".[1205] Die Unterschiede zwischen beiden Rechtssystemen enthüllen die Schwäche der Organhaftung in Polen und sorgen zugleich für einen spannenden Rechtsvergleich. Dessen Ergebnis sind *Vorschläge* an den polnischen Gesetzgeber.

Die eigenverantwortliche Leitungsfunktion des Vorstands in einer *S.A.* wird nicht mit der Deutlichkeit des § 76 Abs. 1 AktG betont. In Ermangelung einer ähnlichen Vorschrift im HGGB stellt sich die Frage, ob es andere Normen gibt, die die Eigenverantwortlichkeit des Vorstands hervorheben und für eine vergleichbare Autonomie bei der Unternehmensführung sorgen.

Für eine Schwächung des Vorstands sorgt auch die zwingende Kompetenz der Hauptversammlung zu seiner Abberufung (ggf. Suspendierung) gem. Art. 368 § 4 S. 2 HGGB.

Die Vorstandsmitglieder in Deutschland und in Polen haben die erhöhte Sorgfalt eines ordentlichen und gewissenhaften Geschäftsleiters zu beachten. Während eine Verletzung der Sorgfaltspflicht nach § 93 Abs. 1 AktG zugleich Verschulden und Pflichtverletzung bedeutet, wird die Doppelfunktion der Sorgfaltsplicht in Polen bestritten. Dies wirkt sich enorm auf die Haftung der Vorstandsmitglieder nach Art. 483 § 1 HGGB aus.

Die Rechtsprechung und Rechtslehre in Polen räumen dem Vorstand einen gewissen unternehmerischen Ermessensspielraum ein. Nicht zu vergleichen ist jedoch die Vielzahl der einschlägigen Entscheidungen des BGH mit der eher bescheidenen Rechtsprechung des OG zu diesem Thema. Die BJR wurde in Polen weder in der Rechtsprechung formuliert noch in eine Gesetzesform gegossen.

Kaum Interesse erweckt in Polen die Frage nach der Erforderlichkeit einer gesetzlichen Regelung des Selbstbehalts bei der D&O-Versicherung (§ 93 Abs. 2 S. 3 AktG).

Ebenso bescheiden ist im Vergleich die Debatte über Compliance-Richtlinien im Unternehmen. Aufgrund mangelnder Regelungen zur Einrichtung eines Frühwarnsystems (§ 91 Abs. 2 AktG) wird den Compliance-Pflichten des Vorstands kein vergleichbar großer Wert beigemessen. Eine *S.A.* kann freiwillig den unverbindlichen Regeln des Code of Best Practice folgen. Eine § 161 AktG entsprechende Pflicht des Vorstands bzw. Aufsichtsrats, eine Entsprechenserklärung abzugeben, ergibt sich im Gegensetz zu Deutschland nicht aus aktienrechtlichen Vorschriften, sondern aus der Börsenordnung der Warschauer Börse.

1205 *Sołtysiński* in Corporate Boards, 2013, S. 511, 513.

In beiden Rechtsordnungen ist der Aufsichtsrat dafür zuständig, Schadensersatzansprüche gegen den Vorstand zu verfolgen. Der große Unterschied liegt hier aber darin, dass der Aufsichtsrat einer *S.A.* auf „grünes Licht“ seitens der Hauptversammlung angewiesen ist. Ob es nun an dieser zusätzlichen Hürde oder an dem Fehlen einer OG-Rechtsprechung à la ARAG/Garmenbeck (und der damit verbundenen intensiven Debatte) liegt oder daran, dass die Aufsichtsräte einfach zu wenige Informationen erreichen: Das Problem der vernachlässigten Anspruchsverfolgung ist in Polen weitaus brennender als in Deutschland, denn östlich der Oder sind Organhaftungsfälle bis jetzt sehr selten und die Schadensersatzsummen eher moderat. Deswegen ist auch die in Deutschland zu Recht aufgeworfene Frage, ob das Vorstandsmitglied „wegen eines leichten Missgriffs plötzlich Haus und Hof verlieren“[1206] soll, in Polen noch völlig fremd.

Die *actio pro socio* ist beiden Rechtssystemen bekannt, allerdings weicht sie in Einzelheiten ab. In Polen kann ein Einzelaktionär – unabhängig von einem Mindestanteil an der Gesellschaft – Schadensersatzklage gegen den Vorstand erheben, wenn auch erst nach Ablauf einer Jahresfrist, wenn die Gesellschaft trotz Kenntnis der schädigenden Handlung des Vorstands untätig bleibt. Über ein elaboriertes Klagezulassungsverfahren verfügt das HGGB nicht.

1206 *Bachmann*, Gutachten E 9.

E. Zusammenfassung und Thesen

Die Haftung der Vorstandsmitglieder ist im deutschen Aktienrecht zwar gefestigt, aber nicht eingerostet. Dazu trägt eine lebendige Diskussion über die Organhaftung und ihre Durchsetzung bei. Mit dem UMAG hat sich der Gesetzgeber entschlossen, die BJR zu kodifizieren und die Aktionärsklage zu vereinfachen.

Wie der angestrebte Gleichklang zwischen materiellem und prozessualem Recht erreicht werden soll, ist in der Rechtslehre nicht unumstritten. Eines aber ist sicher: Die Vorstandshaftung in Deutschland ist streng. Vorstandsmitglieder haften bereits bei leichter Fahrlässigkeit (nach h. M. ist das auch innerhalb der BJR der Fall), pflichtwidriges Verhalten und Verschulden des Organträgers werden vermutet, die Schadensersatzansprüche erreichen oft existenzbedrohende Summen, und die Beschränkung der Haftung, sei es in der Satzung oder im Anstellungsvertrag, ist unzulässig. Die Anwendung der BJR ist komplizierter, als es § 93 Abs. 1 S. 2 AktG zu entnehmen wäre, denn vor der Einfahrt in den „safe harbor" hat das Vorstandsmitglied so manche – bisweilen unwägbare – Klippe zu umschiffen.

Die BJR untermauert den rechtlichen Rahmen des Entscheidungsermessens bei der Unternehmensleitung. Denn Vorstandsmitglieder müssen sich auch irren dürfen und Aktionäre sollten dafür Verständnis haben: „Shareholders may stand to lose more from […] 'defensive management' than they stand to gain from deterring occasional negligence".[1207]

Das Thema der Innenhaftung des Vorstands ist in Polen wegen der umstrittenen Rechtsprechung des OG, die die Doppelfunktion des Sorgfaltsmaßstabs und somit Art. 483 § 2 HGGB als selbstständige Haftungsgrundlage verneint, auf die Agenda gekommen. Diese schwächt die Haftung der Organmitglieder gegenüber der Gesellschaft, anstatt sie zu effektuieren.

Das HGGB liegt in vielerlei Hinsicht hinter dem – zwar älteren, aber dennoch moderneren – AktG zurück. Was gestern noch richtig war, ist heute schon überholt: Die Reformen der Organhaftung in den letzten Jahren sprechen dafür, dass der deutsche Gesetzgeber diesem Aphorismus gefolgt ist und den Bedarf erkannt hat, das Recht an die wirtschaftlichen Gegebenheiten anzupassen.

Sollte auch der polnische Gesetzgeber diesen Grundsatz beherzigen, sind an ihn folgende Anregungen zu richten:

1207 *Kraakman*, The Anatomy of Corporate Law, 2009, S. 79.

I. Die Stellung des Vorstands als leitendes Organ einer *S.A.* drückt sich durch den Grundsatz der Weisungsunabhängigkeit und der Kompetenzvermutung aus. Eine Ergänzung des Art. 368 § 1 HGGB um das Merkmal der *Eigenverantwortlichkeit* nach dem Vorbild des § 76 Abs. 1 AktG ist daher nicht geboten. Die selbstständige Leitungsaufgabe mit unternehmerischem Ermessen würde durch die Kodifizierung einer BJR zusätzlich hervorgehoben.

II. Die Stärkung der Autonomie des Vorstands ist anzustreben. Allerdings sollte es zunächst bei dem dispositiven Charakter der Kompetenz des Aufsichtsrats zur Bestellung und Abberufung des Vorstands (Art. 368 § 4 S. 1 HGGB) verbleiben. Die Personalbefugnisse der Hauptversammlung gegenüber dem Vorstandsind zu schmälern: Auf die zwingende Befugnis der Hauptversammlung, ein Vorstandsmitglied abzuberufen oder zu suspendieren, sollte verzichtet werden (Art. 368 § 4 S. 2 HGGB). *De lege ferenda* ist Art. 368 § 4 S. 2 HGGB zu streichen.

III. Die Abberufung eines Vorstandsmitglieds durch den Aufsichtsrat oder die Hauptversammlung sollte nur aus wichtigem Grund erfolgen dürfen (Art. 371 § 1 HGGB).

IV. Die Rechtsprechung erkennt im Grundsatz die Handlungsfreiheit der Organmitglieder beim Treffen unternehmerischer Entscheidungen an. Dazu, ob unternehmerische Entscheidungen richterlicher Kontrolle zu entziehen sind, findet sich jedoch in der höchstrichterlichen Rechtsprechung kein eindeutiger Hinweis. Vorsichtige Andeutungen, die in diese Richtung gehen, sind lediglich Entscheidungen unterer Instanzen zu entnehmen. Es ist weiterhin unklar, welche Stellung das OG hierzu beziehen würde.

V. Die Tatbestandsmerkmale des Art. 483 § 1 HGGB sowie die in der Norm enthaltene Beweisregel bedürfen zunächst keiner Modifikation. Verklagt die Gesellschaft ein Vorstandsmitglied auf Schadensersatz, muss sie den Schaden und den kausalen Zusammenhang zwischen dem entstandenen Schaden und dem Handeln des Vorstandsmitglieds sowie – anders als in Deutschland – die Pflichtwidrigkeit des Handelns oder des Unterlassens eines Vorstandsmitglieds beweisen. Ein Vorstandsmitglied muss beweisen, dass es kein Verschulden trifft.

VI. Art. 483 § 2 HGGB regelt sowohl den Verschuldensmaßstab als auch die Pflichtwidrigkeit. Trotz des misslungenen Wortlauts des Art. 483 § 2 HGGB lässt sich die Doppelfunktion des Sorgfaltsmaßstabes mithilfe historischer, rechtssystematischer und teleologischer Auslegung begründen. Daher besteht kein Reformbedarf beim Sorgfaltsmaßstab eines Vorstandsmitglieds.

VII. Die BJR sollte in einem neuen *Art. 483 § 3 HGGB* kodifiziert werden: *„Trifft ein Mitglied des Vorstands, des Aufsichtsrats oder ein Liquidator eine unternehmerische Entscheidung und konnte es/er dabei ohne grobe Fahrlässigkeit berechtigterweise annehmen, angemessen informiert zu sein und im Interesse der Gesellschaft zu handeln, verletzt es/er die Pflicht im Sinne des § 2 nicht.“* Die Einführung des *§ 3* würde die Doppelfunktion der Sorgfalt bejahen, ohne die §§ 1 und 2 des Art. 483 HGGB ändern zu müssen.

VIII. Trotz der Meinungsunterschiede in der Rechtslehre zu den Auswirkungen eines Entlastungsbeschlusses auf die Haftung des Vorstandsmitglieds ist eine klarstellende Ergänzung des Art. 395 HGGB entsprechend § 120 Abs. 2 S. 2 AktG nicht erforderlich, da die Rechtsprechung die Entlastung ohnehin nicht einem Verzicht auf Schadensersatz durch die Gesellschaft gleichstellt.

IX. Arbeitsverträge entsprechen nicht den Erfordernissen des Rechtsverhältnisses zwischen Vorstand und Gesellschaft. Angesichts der einschlägigen Rechtsprechung, die in Anspruch genommenen Vorstandsmitgliedern eine arbeitsrechtliche Haftungsprivilegierung verweigert, ist ein pauschaler Ausschluss solcher Verträge in Art. 370 § 1 HGGB nicht geboten. Sollte sich die Organhaftung in Polen in der Zukunft als zu streng herausstellen, wäre es nicht ausgeschlossen, andere Haftungsmilderungen im Arbeitsrecht zu suchen.

X. Ein verpflichtender Selbstbehalt beim Abschluss einer D&O-Versicherung ist zunächst als Empfehlung in den Code of Best Practice aufzunehmen.

XI. Art. 393 Nr. 2 HGGB, wonach die Geltendmachung von Schadensersatzansprüchen gegen Vorstandsmitglieder eines zustimmenden Beschlusses der Hauptversammlung bedarf, erschwert die Geltendmachung von Ersatzansprüchen und reduziert den Aufsichtsrat *de facto* zu einem Organ, das bloß noch die Beschlüsse der Hauptversammlung ausführt. Ein Gleichlauf der Kompetenzen des Aufsichtsrats und der Hauptversammlung bei der Rechtsverfolgung ist anzustreben. Ohne eine Änderung des Art. 393 Nr. 2 HGGB ist dies jedoch nicht zu erreichen.

XII. Zur effektiven Überwachung des Vorstands sollte eine Informationspflicht des Vorstands gegenüber dem Aufsichtsrat entsprechend § 90 Abs. 1 und 2 AktG eingeführt werden.